高等院校财务与会计系列教材
课证融通·课程思政·校企合作

基础会计

主　编◎陶红梅
副主编◎李耀萍　陈莲枝

图书在版编目(CIP)数据

基础会计 / 陶红梅主编. -- 上海：立信会计出版社, 2024.8. -- ISBN 978-7-5429-7686-4
Ⅰ. F230
中国国家版本馆 CIP 数据核字第 20242M3J94 号

策划编辑　　孙　勇
责任编辑　　张巧玲
助理编辑　　战小雨
美术编辑　　北京任燕飞工作室

基础会计
JICHU KUAIJI

出版发行	立信会计出版社		
地　　址	上海市中山西路 2230 号	邮政编码	200235
电　　话	(021)64411389	传　真	(021)64411325
网　　址	www.lixinaph.com	电子邮箱	lixinaph2019@126.com
网上书店	http://lixin.jd.com		http://lxkjcbs.tmall.com
经　　销	各地新华书店		
印　　刷	上海华业装潢印刷有限公司		
开　　本	787 毫米×1092 毫米　　1/16		
印　　张	20.25		
字　　数	493 千字		
版　　次	2024 年 8 月第 1 版		
印　　次	2024 年 8 月第 1 次		
书　　号	ISBN 978-7-5429-7686-4/F		
定　　价	49.00 元		

如有印订差错，请与本社联系调换

前 言

新时代的会计理论需要直面时代要求和实践难题,持续提升解释力和指导力,以促进会计事业更好更快发展。作为会计学科的入门课程,"基础会计"主要介绍会计的基本理论、基本方法和基本技能,该课程的内容涉及会计工作的全过程和各岗位,着力于学生会计核算能力的培养和引导学生熟悉会计整体工作体系。为了使本教材在传授基本理论时深入浅出、方法清晰明了,并达到易学易教的目的,编者在总结多年会计教学经验的基础上,广泛汲取同类教材之长,精心整合会计理论与实务经验,将理论与实践有机地结合起来,注重对学生实际操作能力和解决问题能力的培养。

在本教材编写过程中,编者力求本教材呈现以下特点:

第一,素养为本。本教材各模块融入课程思政案例,旨在在潜移默化中培养学生的会计职业道德。

第二,强化基础。本教材借鉴最新会计准则和会计研究成果,简明、系统地阐述了会计基础理论、基本方法和基本流程。

第三,理实结合。本教材各模块设有实训任务,将理论与实践有机地结合在一起,以实践检验理论,以理论指导实践,形成理论和实践相互促进的良性循环。

第四,学考融通。本教材提供课证融合同步训练,助力学生参加会计职业资格证书考试,有利于增强学生就业竞争力、提高学生自信心,也有利于教师完善课堂教学内容、优化教学资源。

本教材是普洱学院和云南农业大学热作学院多名教师精诚合作的成果,由陶红梅教授担任主编,李耀萍高级审计师、陈莲枝副教授(云南农业大学热作学院)担任副主编。具体编写分工如下:第一模块、第二模块和第七模块由陶红梅执笔;第十模块由李耀萍执笔;第五模块由陈莲枝执笔;第九模块由唐娇执笔;第四模块由罗娜执笔;第六模块由吴怡欣执笔;第八模块由杨迪执笔;第三模块由何亭亭执笔;杨熹微负责全书思维导图的整理工作。陶红梅负责全书写作大纲的拟订和编写的组织工作,并总纂定稿;李耀萍、陈莲枝负责全书审阅和修改。

本教材可作为会计学、财务管理、审计学等财经类专业本专科生的教学用书,还可作为广大经营管理者和会计工作者的入门参考书。

虽然我们在编写本教材时做了很多努力，但由于水平有限，书中如有错漏或不妥之处，我们诚恳地期待使用本教材的各位专家和广大读者不吝指正，以便我们对本教材进行进一步的修订和完善，相关意见、建议请发送至邮箱(smhmbl4@163.com)。

编　者

2024 年 7 月

目 录

模块一　总论 ·· 1
　任务一　会计概述 ··· 2
　任务二　会计的职能、目标和任务 ··· 6
　任务三　会计假设与会计基础 ·· 9
　任务四　会计信息质量要求 ··· 12
　任务五　会计核算基本程序与方法 ··· 15
　任务六　会计分类与会计职业 ·· 18
　本模块小结 ·· 21
　课证融通同步训练 ··· 23
　本模块实训任务 ·· 27

模块二　会计要素与会计等式 ··· 28
　任务一　会计对象 ··· 29
　任务二　会计要素 ··· 30
　任务三　会计等式 ··· 37
　任务四　会计要素确认与计量 ·· 40
　本模块小结 ·· 42
　课证融通同步训练 ··· 45
　本模块实训任务 ·· 49

模块三　账户与复式记账 ·· 51
　任务一　会计科目与账户 ··· 52
　任务二　复式记账 ··· 56
　任务三　账户的平行登记 ··· 64
　任务四　账户按用途和结构的分类 ··· 67
　本模块小结 ·· 71
　课证融通同步训练 ··· 73
　本模块实训任务 ·· 77

模块四 企业主要经济业务的核算 ······ 78
- 任务一 企业主要经济业务概述 ······ 79
- 任务二 资金筹集业务的核算 ······ 80
- 任务三 供应过程业务的核算 ······ 89
- 任务四 生产过程业务的核算 ······ 101
- 任务五 销售过程业务的核算 ······ 108
- 任务六 利润形成及分配业务的核算 ······ 113
- 任务七 期末账项调整 ······ 120
- 本模块小结 ······ 123
- 课证融通同步训练 ······ 127
- 本模块实训任务 ······ 133

模块五 会计凭证 ······ 136
- 任务一 会计凭证的作用与种类 ······ 137
- 任务二 原始凭证 ······ 138
- 任务三 记账凭证 ······ 146
- 任务四 会计凭证的传递与保管 ······ 151
- 本模块小结 ······ 153
- 课证融通同步训练 ······ 155
- 本模块实训任务 ······ 159

模块六 会计账簿 ······ 163
- 任务一 会计账簿概述 ······ 164
- 任务二 会计账簿的设置与登记 ······ 167
- 任务三 错账的更正方法 ······ 173
- 任务四 结账与对账 ······ 177
- 任务五 账簿的更换与保管 ······ 180
- 任务六 账务处理程序 ······ 181
- 本模块小结 ······ 186
- 课证融通同步训练 ······ 189
- 本模块实训任务 ······ 195

模块七 成本计算 ······ 197
- 任务一 成本计算概述 ······ 198
- 任务二 成本计算的要求和一般程序 ······ 199
- 任务三 计入资产的成本 ······ 201

本模块小结 ··· 212

　　课证融通同步训练 ··· 215

　　本模块实训任务 ··· 219

模块八　财产清查 ·· 221

　　任务一　财产清查概述 ··· 222

　　任务二　财产清查的方法 ··· 224

　　任务三　财产清查结果的处理 ·· 228

　　本模块小结 ··· 232

　　课证融通同步训练 ··· 235

　　本模块实训任务 ··· 239

模块九　财务报告 ·· 240

　　任务一　财务报告概述 ··· 241

　　任务二　资产负债表 ·· 244

　　任务三　利润表 ··· 252

　　任务四　现金流量表 ·· 256

　　任务五　所有者权益（或股东权益）变动表 ······································ 260

　　任务六　会计报表附注 ··· 263

　　本模块小结 ··· 264

　　课证融通同步训练 ··· 267

　　本模块实训任务 ··· 273

模块十　会计规范 ·· 277

　　任务一　会计规范概述 ··· 278

　　任务二　会计法律规范 ··· 281

　　任务三　会计机构与会计人员 ·· 285

　　任务四　会计核算和会计监督 ·· 289

　　任务五　新时代会计职业道德规范 ·· 293

　　任务六　会计档案规范 ··· 299

　　本模块小结 ··· 305

　　课证融通同步训练 ··· 307

　　本模块实训任务 ··· 313

参考文献 ·· 314

模块一 总　论

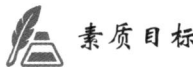 **素质目标**

1. 培育会计文化素养
2. 培育会计技术素养
3. 培育服务意识

  知识目标

1. 了解会计的产生和发展
2. 理解会计的特点
3. 掌握会计的基本职能、拓展职能及目标
4. 了解会计的分类与会计职业

  职业能力目标

1. 正确认识会计工作的基本内容
2. 熟悉会计核算工作流程
3. 熟悉会计机构、岗位及会计人员任职要求

  知识框架结构

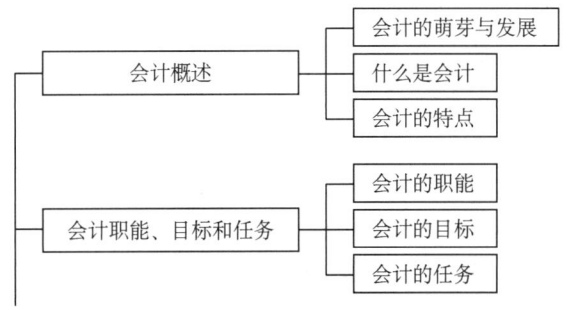

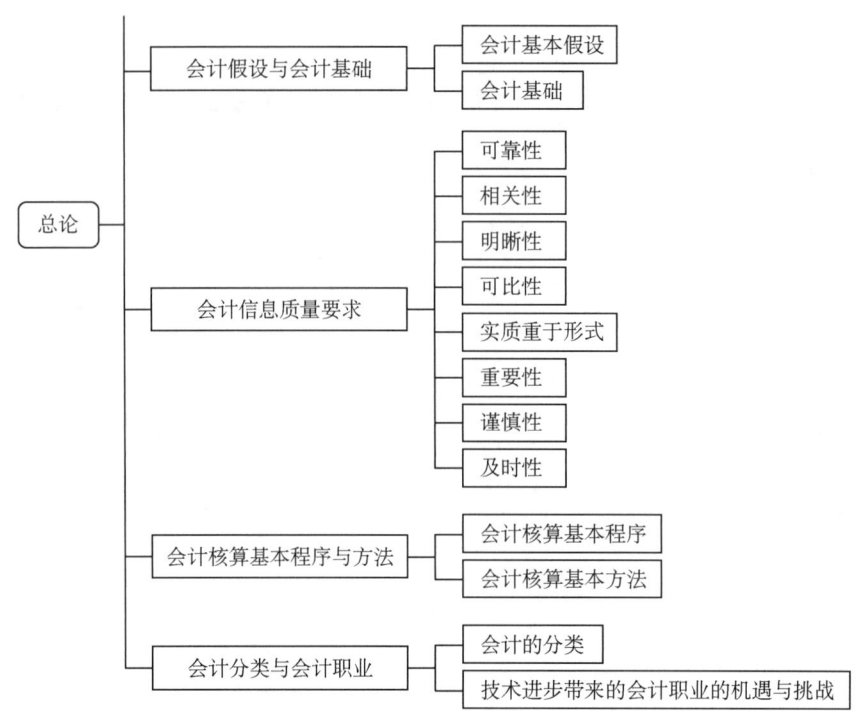

任务一 会计概述

经济越发展,会计越重要。会计作为一种国际通用的商业语言,在现代经济生活中发挥着越来越重要的作用。现代会计已成为社会经济制度、经济资源配置、企业内部控制和管理方面不可或缺的组成部分。

一、会计的萌芽与发展

会计并非自古就有,而是顺应社会生产实践和经济管理的客观需求而产生的,并随着社会生产的持续进步不断发展和完善。会计的产生与发展经历了一个漫长的历程。据考证,在距今二三十万年的旧石器时代的中晚期便出现了"刻木计事""结绳记事"等原始的计量和记录行为。通常把这种原始的计算与记录方法称为会计的萌芽。

会计最初仅是"生产职能的附带部分",其具体诞生在何时、发源于何地,至今尚无明确结论。然而,人们公认的是,会计的发展经历了一个由低级到高级、由简单到复杂、由不完善到完善的漫长历程。

在原始社会后期,随着社会生产的发展,出现了剩余产品。这时,人们劳动过程中附带的计量、计算和记录显然无法满足人类基于日益扩大的生产规模形成的复杂需求。于是,会计逐渐从生产职能中分离出来,成为独立的职能。例如,在我国西周,人们已经开始使用"会计"一词。《周礼·天官》中记载:"司会掌邦之六典、八法、八则……听其会计。""司会主天下之大计,计官之长,以参互考日成,以月要考月成,以岁会考岁成之事。"这里所说的"司会"是指西周朝廷设置的专门管理全国钱粮赋税、从事会计工作的高级官吏,而"参互""月要""岁会"则相当于现代的日报、月报、年报等会计报表。早期会计虽然较为简单,但已有记录、计算、考核和监督的内容,逐渐形成了会计制度的雏形。

西汉时期出现了名为"簿书"的账册,如西汉官厅会计(政府会计)设置的"钱谷簿"、地主私人设置的"田租簿"等,成为我国会计账簿的雏形。

唐宋时期产生了较为完善的"四柱清册"会计核算方法,即在会计账册和报表中并列"旧管""新收""开除""实在"四柱,其含义分别相当于现代会计中的"期初结存""本期收入""本期支出""期末结存"。四柱之间的数量关系可用"旧管＋新收＝开除＋实在"这一平衡公式表示,各柱都反映一定的经济活动内容。它们之间相互联系,相互制约,形成统一的整体,是我国古代会计的一项杰出成就。

明末清初,随着手工业和商业的发展,资本主义经济关系开始萌芽,会计核算方法出现了更加完备的"龙门账"。龙门账把全部账目分为"进""缴""存""该"四大类,其含义分别是收入、支出、资产(包括债权)、负债(包括业主投资)。这四者之间的数量关系可用"进－缴＝存－该"的平衡公式表示。年终结账时,商家分别编制"进缴表"和"存该表",这两表在意义和作用上与现代会计中的"损益表"和"资产负债表"相近似。

在国外,会计有着同样悠久的历史。从 12 世纪到 15 世纪,地中海沿岸某些城市的商业和手工业迅速发展,呈现出资本主义萌芽状态。银行业随之发展,并促进了银行记账方法的变革,借贷记账法开始在银行出现并逐步普及。1494 年,意大利数学家卢卡·帕乔利(Luca Pacioli)出版了《算术、几何比、及比例概要》一书,该书结合数学原理,将复式簿记从理论上系统地加以论述和概括。这是借贷复式记账法形成的重要标志,成为会计发展史上的一个里程碑。此后,通过 18 世纪末和 19 世纪初的产业革命,资本主义国家的生产力得到迅猛发展,引起了生产组织和经营方式的重大变革。企业经营者逐渐与所有者相分离,所有者产生了查核经理人员履职情况的需求,经营者向所有者报送的财务报表由此形成。信贷业务的开展,又促使审核企业偿债能力成为银行开展业务不可缺少的一环,于是以查账为职业的特许会计师或注册会计师逐渐出现。随着大规模经营公司的出现,以及市场竞争的日趋激烈,会计逐渐成为一种对生产经营活动进行核算与控制、以价值管理为主要特征的经济管理活动。

我国近现代会计伴随着社会经济环境的变化经历了四次变革。清朝末期,随着资本主义在我国的萌芽,社会经济不断发展,会计方法也不断演进。以借贷记账法为主要内容的"西式会计"传入我国,以单式记账方法为主的中式簿记因此发生变革,推动了我国近代会计的产生和发展。这是我国近代会计史上的第一次变革。中华人民共和国成立后,我国实施高度集中的计划经济体制,引进了与此相适应的苏联计划经济会计模式。这是我国近现代会计史上的第二次变革。1978 年后,我国实行改革开放,计划经济体制逐渐向市场经济体制转变,会计制度因此发生变革。1981 年,我国建立了注册会计师制度,1985 年颁布了《中华人民共和国会计法》(以下简称《会计法》),我国会计工作从此进入法治阶段。与此同时,我国对会计核算制度进行了改革,吸收发达国家的经验,开始制定并实施会计准则形式的会计核算制度。1992 年,颁布了《企业会计准则》,随后陆续颁布了一系列具体会计准则。随着我国经济体制改革的深入与资本市场的发展,我国于1999年颁布了修订后的《会计法》,加强了会计的法治建设。随着我国加入世界贸易组织(WTO)并逐步融入国际经济,在全球经济一体化与资本市场国际化的背景下,我国对企业会计准则与会计制度进行了全面修订与完善,于2006年颁布了由基本准则、具体准则、应用指南和解释构成的完整的企业会计准则体系,形成了既与国际会计准则相趋同,又具有中国特色的企业会计核算新体系。这是我国近现代会计史上的第三次变革。这次变革极大地促进了我国会计事业的迅速发展,我国会计理论研究与会计教育空前繁荣。自21世纪以来,人工智能、大数据、云计算、区块链、物联网、移动支付、图像识别、数字挖掘等新一代信息技术不断发展和成熟,对会计工作模式、会计核算程序、会计监督方式、审计抽样方式等产生了深远影响,我国会计进入近现代会计史上的第四次变革。

二、什么是会计

关于会计的定义,由于各国的历史发展和经济形态的差异,国内外学者至今尚未形成共识。本节仅举例介绍其中部分观点。

(一) 国外学者对会计的定义

1953年,美国注册会计师协会(AICPA)认为,会计是一门艺术,其目的在于以货币形式记录、分类、汇总并解释具有财务特征的交易事项,以有意义的方式呈现。该定义强调会计人员通过创造性的技能和能力解决特定问题。

1970年,西德尼·戴维森(Sidney Davidson)在《现代会计手册》的序言中提出,会计是一个信息系统。它旨在向利益相关者传递一家企业或其他个体的富有意义的经济信息。这一传输过程势必要涉及两个方面,即信息的发送者和信息的接收者。

1982年,英国特许管理会计师工会(CIMA)对会计的定义如下:会计对各种行动备选方案所引起的经济活动以货币的形式进行预测;对实际业务事项用货币进行分类和记录,并对这些业务事项的结果加以表达和说明,从而对一段时期的业绩或某一确定日期的财务状况作出评价。

(二) 国内学者对会计的定义

关于会计的含义,我国清代学者焦循在其所编著的《孟子正义》中解释为"零星算之为计,总和算之为会",即会计是计算和汇总的工作。随着会计实务与会计理论的发展,人们对会计的认识也在发生变化。目前,对于会计的含义,人们基于不同的视角形成了不同的认识。

1. 会计是一种管理活动

杨纪琬、阎达五教授认为,会计的本质是一种管理活动,会计工作本身就是一种管理工作。会计是以货币为主要计量单位(计量特点),通过核算和分析(核算手段),对经济业务(核算对象)进行反映和监督(核算职能)的一种管理活动(会计的本质)。

2. 会计是一个经济信息系统

葛家澍教授认为,会计的本质是一个以提供财务信息为主的经济信息系统。

会计是一个为会计信息使用者提供决策的信息系统,它能帮助使用者作出明智的决策。无论是单位内部的经济相关方还是外部的利益相关者,其相关决策的作出在一定程度上依赖于单位经济活动的相关信息。会计信息系统是一个单位管理信息系统中最重要的一个子系统,也是涉及面最广、反映经济活动最综合的一个经济系统。单位的内部有关方面都在不同程度上参与这个信息系统的生成,利用这个信息系统作出相关的管理决策;单位的外部有关方面也利用这个信息系统作出各种相关决策。因此,从会计的目标来看,会计是一个服务会计信息使用者据以作出决策的信息系统。

3. 会计是一种控制活动

郭道扬教授认为,会计的本质是一种控制活动,现代会计是对经济活动的全面控制或全方位控制。从某种角度而言,会计是为管理服务的。会计使管理决策数量化、精细化和科学化,使管理过程更加制度化、程序化和标准化,使管理结果更具有预见性、计划性和可控性。会计为管理活动的预算控制、成本控制和绩效控制等提供支持。例如,每年管理层都要确定当年的经营目标,会计依据这些目标编制系统的经营预算。经营预算既是对企业年度总目标的分解,也是各个部门的考评依据。

三、会计的特点

会计是经济管理的主要组成部分,但与其他经济管理活动相比,有其自身的特点。

(一) 以货币为主要计量单位

货币是一般等价物,是衡量其他一切有价物价值的共同尺度。会计采用货币量度作为统一的计量尺度,对经济活动进行全面、系统、连续的反映。虽然会计对某些经济活动也按实物量度或劳动量度进行计量和记录,但货币量度是会计最主要的计量尺度,实物量度和劳动量度通常是会计货币量度的辅助量度。从这个意义上说,会计信息系统是以货币为主要计量尺度的经济信息系统,会计管理活动是一种价值管理活动。

(二) 以真实合法的会计凭证为依据

凭证是经济活动发生的书面证明,用于记录具体的经济活动内容和明确的经济责任。为了反映经济活动的真实情况,企业对发生的所有经济活动,都必须取得或填制合法合规的书面证明,即凭证。企业会计核算以合法合规的凭证为依据,从而确保提供的会计信息具有真实性和可验证性。

(三) 会计核算记录的全面性、连续性和系统性

全面性表现为会计对所发生的经济活动无一遗漏地予以反映;连续性表现为会计按照经济活动发生的时间顺序不间断地、由始至终地反映;系统性表现为会计对发生的各式各样的经济活动科学地、分门别类地、分层次地予以反映。正是对经济活动反映的全面性、连续性和系统性特点,使会计在现代经济管理中具有突出的地位。

(四) 为提高经济效益服务

帮助企业提高经济效益也是会计的主要目标之一。企业充分利用会计信息进行经营决策,体现现代会计的特点,即它会给社会和企业带来经济利益。

任务二 会计的职能、目标和任务

一、会计的职能

职能是客观事物本身所具有的功能,会计的职能是指会计本身所具有的功能,包括基本职能和拓展职能。

(一) 基本职能

从会计的发展过程来看,核算和监督是会计的两项传统职能,或者说是基本职能。

1. 会计核算职能

会计核算职能又称反映职能,是指会计以货币为主要计量单位,通过确认、计量、记录和报告等环节,从价值量上反映特定主体的经济活动,从而提供相关会计信息的功能。

会计核算的内容表现为各种经济业务活动,具体包括:①款项和有价证券的收付;②财物的收发、增减和使用;③债权、债务的发生和结算;④资本、基金的增减,收入、支出、费用、成本的计算;⑤财务成果的计算和处理;⑥需要办理会计手续、进行会计核算的其他事项。

会计核算具有以下特点:

(1) 主要通过价值形式的核算来综合反映经济活动状况。

(2) 具有全面性、连续性和系统性。

(3) 贯穿于会计活动的始终,包括事前核算、事中核算和事后核算,主要是事后核算。

2. 会计监督职能

会计监督职能又称控制职能,是指会计按照一定的目的和要求,对特定主体所发生的经济活动的合法性和合理性进行审核和检查,以便其合理地组织经济活动,达到预期目的的功能。

会计对经济活动的合法性审查是指审查特定主体各项经济活动是否符合国家法律法规,是否执行国家的财经政策和财经制度,是否遵守财经纪律,并坚决制止违法乱纪行为;合理性审查是指审查特定主体各项经济活动是否符合事物发展常理,是否符合经济管理的原理和原则,是否有利于预算目标的实现,为增收节支、提高经济效益严格把关。

会计监督的内容主要包括经济业务的真实性、财务收支的合法性,以及公共财产的安全性和完整性。

会计监督具有以下特点:

(1) 利用会计核算职能提供的各种价值指标进行货币监督。

(2) 具有连续性、强制性和严肃性。

(3) 贯穿于会计活动的始终,与会计核算同时进行,包括事前监督、事中监督和事后监督。

会计核算职能和会计监督职能是相辅相成、不可分割的。会计核算是会计监督的基础,没有会计核算,会计监督就无法进行。会计监督贯穿于会计核算的全过程。如果只有会计核算而不进行严格的监督,会计核算所提供的信息就难以保证质量,就不能发挥其在经济管理中的作用。因此,在实际工作中,企业必须将会计核算职能和会计监督职能有机地结合起来,才能发挥会计应有的作用。

(二) 拓展职能

随着经济环境的变化与会计的发展,会计的职能也在相应地拓展。随着企业所有权与经营权的分离、市场竞争的加剧、资本市场的发展以及经济管理的加强,会计预测、会计决策、会计预算、会计分析和会计考核等职能逐渐形成并加强。

会计预测是指企业以会计信息及其他信息为依据,运用一定的预测方法对未来价值运动的发展趋势和可能性进行推测与估计,如对收入的预测、对成本的预测、对利润的预测、对资金的预测等。会计决策是指企业以预测的结果为基础建立目标,拟订几种可以达到目标的方案,根据经济效果的评价从中选出最优方案的过程。会计预算是指企业根据确定的目标,对预计发生的经济活动通过核算预先制定具体执行计划的过程。会计分析是指企业采用一定的方法,通过会计信息揭示经济活动情况及其成因的过程。会计考核是指企业结合计划或预算,比较、评价经济活动及其结果,并在此基础上评定绩效,实施奖惩的过程。

需要指出的是,以大数据、人工智能、移动互联网、云计算、物联网和区块链等为代表的信息技术已经全面融入社会生产生活,正在对社会经济发展、商业模式和企业管理等方面产生重大的影响。会计职能不再局限于核算与监督,其决策支持职能将被强化,会计要为企业提高生产效率、提升市场竞争力以及监控运营风险等方面提供支持。

二、会计的目标

会计目标指明了会计实践活动的目的和方向,同时明确了会计在经济管理活动中的使命,成为会计发展的导向。

关于会计目标,理论界有决策有用观和受托责任观两种观点。两种观点各有立足点,各有理论依据。

1. 决策有用观

决策有用观认为,会计的目标是为决策者提供有用的信息,帮助他们作出合理的决策。财务报告的使用者,如投资者、债权人、政府及其有关部门和社会公众等,在参与生产、交换、分配和消费的过程中,需要作出各种决策。适宜的决策有助于决策者以最少的资源消耗获得最大的利益保障。会计正是那种可以提供有用决策信息的系统。这个系统有助于现有的和潜在的投资者、债权人及其他使用者了解和评估企业所拥有或者控制的经济资源,了解经济资源的要求权及其变化情况;了解企业的各项收入、费用、利得和损失的金额及其变动情况;分析企业各项经营活动、投资活动和筹资活动等所形成的现金流入和现金流出情况,从而作出合理的投资、信贷及类似决策。

2. 受托责任观

受托责任观认为,会计的目标是向委托人报告受托责任的履行情况。在当今社会经济活动中,经常出现企业的所有权和经营权分离的情况。当企业的经营管理者不直接由所有者担任时,所有者和经营管理者之间形成委托人和受托人的关系。经营管理者作为受托方接受投资者和债权人的委托,负有有效管理和运用受托资源并促使其保值增值的责任。因此，企业的经营管理者有义务通过定期财务报告如实向委托方报告受托责任的履行过程及其结果。

不论是决策有用观还是受托责任观，它们都强调会计的目标是提供信息。在受托责任观下，会计目标是向资源委托者提供信息；在决策有用观下，会计的目标是向信息使用者提供有用的信息，即向包括资源委托者、债权人、政府等和企业有密切关系的信息使用者提供决策有用的信息。当然，两者侧重点不同，受托责任观是从监督角度考虑，强调监督受托者的受托责任；决策有用观侧重于信号角度，强调向信息使用者提供有助于决策的信息。

三、会计的任务

我国会计的根本任务是：按照国家的财经法规、会计准则进行会计核算，提供以财务数据为主的经济信息，并利用取得的经济信息对会计主体的经济业务进行监督、控制，以提高经济效益，并服务于会计主体内、外部的有关各方。具体来说，会计的任务包括以下几个方面。

（一）做好核算工作

会计通过准确的核算向相关信息使用者提供准确可靠的信息：会计向企业管理者提供准确可靠的信息，以便于管理者进行合理的决策，加强企业内部各项管理，从而提高企业的竞争能力和经济效益；会计向国家宏观经济管理部门提供信息，以便于它们全面地掌握国民经济各部门的经济活动情况，编制国民经济计划，检查计划的执行情况，对整个国民经济进行宏观控制和综合平衡；会计向投资者、债权人等各有关方面提供信息，以便他们了解企业的财务状况和经营成果，从而作出符合自身利益的决策。

（二）做好监督工作

会计监督是会计的一项基本职能，也是会计工作的一项基本任务。一个单位在资金运动过程中发生的每项具体的经济业务，往往涉及财经法律、法规、制度以及其他与财经纪律有关的规定。所以，一个单位的资金运动过程同时是其执行财经法律、法规、制度和财经纪律的过程。因此，在反映经济活动、提供会计信息的同时，会计还应以有关的财经法规和会计准则制度为依据对经济活动的合法性、合规性进行必要的监督。对于违反财经法规、准则和制度的行为，会计应及时予以制止和揭露。

（三）推动会计职能拓展

会计职能的拓展助推会计任务的变革，在数智化时代，事后监督要向全程监督转变。也就是说，会计不仅要对经济活动和财务收支进行核算和监督，还要利用数字技术，通过对备选方案的测算和比较，积极地参与经营决策，并对经济活动前景作出预测。

综上，会计职能作为会计自身所具备的功能，表明会计"能做什么"，能够提供什么样的信息；会计目标所要解决的是会计应提供什么样的信息问题，以满足不同层面不同程度的需求，表明会计"应该做什么"；会计任务是会计职能的具体化。会计任务是人们在会计工作开展之前的一种设想，受社会制度、社会环境制约，因而具有主观性、相对不稳定性的特点，表明会计工作"应该达到什么目的与要求"。

任务三 会计假设与会计基础

会计工作是在一定的政治、经济与文化环境中进行的,在环境中存在许多不确定因素决定和影响会计工作。例如,确定会计为谁记账、为谁核算,会计核算的资金运动能否持续进行,会计何时记账、算账、报账及应采取何种计量手段等,都是进行会计核算工作的前提条件。

会计假设是会计核算的基本前提,是指人们为了保证会计工作的正常进行和会计信息的质量,对会计核算的范围、内容、基本程序和方法所作的合理设定。会计假设是人们在长期的会计实践中逐步认识和总结形成的。结合我国实际情况,企业在组织会计核算时,应遵循的会计假设包括会计主体假设、持续经营假设、会计分期假设、货币计量假设。

一、会计基本假设

(一) 会计主体假设

会计主体是会计工作服务的特定单位或组织。会计主体假设是指会计核算应当以企业发生的各项经济业务为对象,记录和反映企业自身的各项经济活动。也就是说,会计核算是为特定的对象提供服务,用以反映该对象的经济业务。尽管企业自身的经济活动总是与其他企业、单位或个人的经济活动相联系,但对于会计来说,其核算的范围既不包括企业所有者本人,也不包括其他企业的经济活动。会计主体假设明确了会计工作的空间范围。

会计主体与法律主体不是同一概念。一般来说,法律主体必然是会计主体,但会计主体不一定就是法律主体。会计主体可以是一个有法人资格的企业,也可以是由若干家企业基于控股关系组织起来的集团公司,还可以是企业下属的二级核算单位。个人独资企业、合伙企业等不同形式的企业都可以作为会计主体,但它们本身并不具备法人资格。

会计主体假设是持续经营假设、会计分期假设和其他会计核算基础的基础,因为如果不明确会计的作用范围,会计核算工作就无法进行,指导会计核算工作的有关要求也就失去了存在的意义。

(二) 持续经营假设

持续经营是指会计主体的生产经营活动将无限期地延续下去,会计主体在可以预见的未来不会因破产、清算、解散等原因而不复存在。持续经营假设是指会计核算应当以企业持续、正常的生产经营活动为前提,而不考虑企业是否破产清算等情况,在此前提下选择会计程序及会计处理方法。

尽管客观上企业在市场经济竞争中可能面临被淘汰的风险,但只有假定作为会计主体的企业是持续、正常经营的,会计方法才有可能建立在非清算的基础之上,会计核算才不是采用破产清算的处理方法。这样才能保持会计信息处理的一致性和稳定性。持续经营假设明确了会计工作的时间范围。

会计核算所使用的一系列方法和遵循的有关要求都是建立在会计主体持续经营的基础之上的。例如,只有在持续经营的前提下,才能明确区分企业资产和负债的流动性和非流动性,企业对收入、费用的确认才能采用权责发生制,企业才有必要确立会计分期假设,进行收益性支出和资本性支出的区分,并遵循历史成本等会计确认和计量要求。

(三)会计分期假设

会计分期是指将会计主体持续不断的经济活动划分为一个个连续的、长短相同的期间。在会计分期假设下,企业应当划分会计期间,分期结算账目和编制财务报表。会计分期假设是持续经营假设的一个必要的补充,可以使会计能够及时地满足会计信息使用者在时间上对会计信息的需求,为促进会计主体持续有效经营和定期考核提供必要的前提条件。

会计期间通常分为年度和中期。会计期间为年度的称为会计年度。我国《会计法》规定以日历年度,即从公历1月1日起到12月31日止作为企业会计年度。中期是指短于一个完整会计年度的报告期间,如半年度、季度和月度。

会计分期假设对于会计程序和方法的确定具有极大的影响。这一假设确立了企业收入和费用归属于特定会计期间的原则。对于受益期超过一个会计期间的资本性支出,需要在受益的各个会计期间进行分配。企业在各个会计期间需要采用一致的会计方法,以便正确比较和分析企业在各会计期间的财务状况、经营成果与现金流量。

(四)货币计量假设

货币计量是指会计主体在进行会计确认、计量和报告时以货币计量,反映会计主体的经济活动。会计主体的经济活动是多种多样、错综复杂的,因此需要一个统一的计量尺度来全面反映这些活动。尽管可供选择的计量尺度有货币、实物和时间等,但货币是商品的一般等价物,是衡量一切有价物价值的共同尺度,具有流通手段、贮藏手段和支付手段等特征,因此会计选择货币作为主要计量尺度。需要说明的是,其他计量单位如实务、劳动工时等,在会计核算中也会使用,但它们通常不占据主导地位。

通常,在会计核算中,会计主体除了明确以货币作为主要计量尺度,还需要具体确定记账本位币,即按某种统一的货币来反映其经济活动。在我国,人民币是常用的记账本位币,用于进行会计核算。

收支业务以人民币以外的货币为主的单位,也可以选定其中一种货币作为记账本位币,但所编制的财务会计报告必须经过折算,以人民币来反映。在境外设立的中国企业向境内报送的财务会计报告,也应当折算为人民币。

货币计量假设还隐含币值稳定假设,如果发生恶性通货膨胀等特殊情况,就需要采用特殊的会计原则来处理相关的经济业务,如物价变动会计原则。

二、会计基础

会计基础是会计确认、计量和报告的基础,是通过确定会计期间的收入和费用从而确定损益的标准。会计基础包括权责发生制和收付实现制。

(一)权责发生制

权责发生制又称应收应付制,是指以收款权利的取得或者付款责任的发生为基准来确认本期的收入或者费用。按照权责发生制的原则,凡是本期已经实现的收入或者已经发生的费用,无论款项是否已收到或者支付,都应当确认为本期的收入或者费用;凡是不属于本期的收入或者费用,即使款项已在本期收到或者支付,也不应当确认为本期的收入或者费用。会计分期假设是产生权责发生制会计基础的直接原因。有了会计分期的概念,就产生了本期与非本期的区别;有了本期与非本期的区别,就产生了收付实现制与权责发生制。会计主体采用权责发生制基础,就需要在会计期末对一些预收、应收的收入项目和预付、应付的费用项目进行调整,正确划分其归属期,以真实、公允地反映企业一定会计期间的财务状况与经营成果。在我国,营利性质的企业和其他组织在进行会计核算时采用权责发生制。

(二)收付实现制

收付实现制又称实收实付制或现金制,它以收到或付出现金为标准,来记录收入的实现或费用的发生,是与权责发生制相对应的一种会计基础。在收付实现制下,凡是会计主体本期收到的款项或支出的款项,不论是否应归属本期,都应当作为本期的收入和费用;反之,凡是会计主体本期没有实际收到的款项或付出的款项,即使应归属于本期,也不能作为本期的收入和费用。由于款项的收付实际上以现金收付为标准,所以收付实现制也被称为现金制或实收实付制。

在我国,政府会计由预算会计和财务会计构成。其中,预算会计采用收付实现制,而根据国务院的规定,财务会计则采用权责发生制。

【例1-1】 雅米公司2×23年9月份的有关经济业务如下:

(1)销售产品一批,售价6 000元,货款尚未收到。
(2)预付下年度的财产保险费3 600元。
(3)摊销本月负担的报刊费1 000元。
(4)支付上月的水电费2 400元。
(5)预收销售货款30 000元。
(6)收到上月销售产品的货款26 000元。
(7)预提本月借款利息400元。
(8)销售产品一批,售价80 000元,款项已收存银行。

要求:分别按收付实现制和权责发生制计算该公司本月的收入和费用,并填入表1-1。

表1-1 收付实现制和权责发生制下9月份的收入和费用

单位:元

序号	收付实现制		权责发生制	
	收入	费用	收入	费用
1			6 000	
2		3 600		
3				1 000
4		2 400		
5	30 000			
6	26 000			

(续表)

序号	收付实现制		权责发生制	
	收入	费用	收入	费用
7				400
8	80 000		80 000	
合计	136 000	6 000	86 000	1 400
收付实现制下本月盈亏计算	136 000－6 000＝130 000			
权责发生制下本月盈亏计算	86 000－1 400＝84 600			

任务四 会计信息质量要求

会计工作的基本任务是向财务会计报告使用者提供与企业财务状况、经营成果和现金流量等有关的会计信息。会计信息质量的高低是评价会计工作成功与否的标准。会计信息质量的基本要求是使财务会计报告中的信息对信息使用者的决策有用。根据《企业会计准则——基本准则》的规定,会计信息质量要求包括可靠性、相关性、明晰性、可比性、实质重于形式、重要性、谨慎性、及时性。

一、可靠性

可靠性是指企业应当以实际发生的交易或事项为依据进行会计确认、计量和报告,如实反映符合确认和计量要求的各项会计要素及其他相关信息,保证会计信息的真实性和完整性。可靠性是对会计工作和会计信息质量的最基本要求,是会计信息的灵魂。

会计人员可从以下三个方面把握可靠性:

(1) 企业应以实际发生的交易或者事项为依据,不得以虚构的、尚未发生的交易或者事项为依据进行确认、计量和报告。

(2) 企业要如实反映会计信息,而不能歪曲或错误地反映,保证账证、账账、账实、账表之间相互一致。

(3) 在符合重要性和成本效益原则的前提下,企业应保证会计信息的完整,其中包括编制的报表及附注等内容应当保持完整,不能随意遗漏或减少应披露的信息,与使用者决策相关的有用信息都应当充分披露。

二、相关性

相关性又称有用性,是指企业提供的会计信息应当与财务会计报告使用者的经济决策需要相关,有助于财务会计报告使用者对企业过去、现在或未来的情况作出评价或者预测。会计信息是否有用,是否具有价值,关键是看其与使用者的决策需要是否相关,是否有助于决策或者提高决策水平。

相关性体现在以下两个方面：

(1) 反馈价值。相关的会计信息应当有助于使用者评价企业过去的决策，证实或修正过去的有关预测，具有反馈价值。

(2) 预测价值。相关的会计信息应当具有预测价值，有助于使用者根据财务会计报告所提供的会计信息预测企业未来的财务状况、经营成果和现金流量。反馈价值和预测价值往往同时存在并相互影响，反馈的目的是更好地进行预测。

会计人员在会计工作中坚持相关性，需要在确认、计量和报告会计信息的过程中，充分考虑使用者的信息需求和决策模式。如果提供的会计信息未能满足信息使用者的需求，未能对其决策产生影响，那么这些信息就缺乏相关性。

三、明晰性

明晰性又称可理解性，是指企业提供的会计信息应当清晰明了，便于财务会计报告使用者理解和使用。企业编制财务会计报告、提供会计信息的目的在于使用，而要让使用者有效使用会计信息，必须让他们理解会计信息的内涵和内容。这就要求财务会计报告提供的会计信息清晰明了，易于理解。只有这样，才能提高会计信息的有用性，实现财务会计报告的目标，满足向投资者等财务会计报告使用者提供决策有用信息的要求。

四、可比性

可比性是指企业提供的会计信息应当具有可比的特征。可比性的目的在于增强会计决策的可比性，包含以下两层含义：

(1) 横向可比。横向可比是指不同企业发生的相同或相似的交易或者事项，应当采用相同或相似的会计政策，确保会计信息口径一致、相互可比。可比性要求有关方面在制定会计准则和会计制度时，尽可能地减少会计处理方法的可选择范围。同时，可比性也要求会计主体在选择会计处理方法时选择使用国家统一规定的会计处理方法；在编制财务报告时，应当按照国家统一规定的会计指标编报，以便不同企业的会计信息相互可比。

(2) 纵向可比。纵向可比是指同一企业不同时期发生的相同或相似的交易或者事项，应当采用一致的会计政策，不得随意变更。确需变更的，应当在附注中予以说明。

五、实质重于形式

实质重于形式是指企业应当按照交易或者事项的经济实质进行会计确认、计量和报告，不应仅以交易或者事项的法律形式为依据。简单来说，企业应当根据交易或事项的实际经济情况进行会计处理和报告。如果企业仅仅以交易或事项的法律形式为依据进行会计确认、计量和报告，那么就容易导致会计信息失真，无法如实反映经济现实和实际情况。

在实际工作中，交易或事项的外在法律形式并不总能完全反映其经济实质。例如，企业以租赁（短期租赁和低价值资产租赁除外）方式租入的固定资产，在租赁期间，虽然从其法律形式来看企业并未拥有所有权，但从其经济实质来看，企业能够控制并从中获得未来的经济利益。这是因为租赁合同的租赁期限较长，接近于该资产的使用寿命，租期内企业有权支配该资产并从中受益,而承租期结束后,承租方有优先购买权。所以,会计核算上将租入的固定资产视为企业的资产。

会计信息要想反映其所拟反映的交易或事项,就必须根据交易或事项的实质和经济现实进行判断,而不能仅仅根据它们的法律形式进行核算和反映。

六、重要性

重要性是指企业提供的会计信息应当反映与企业财务状况、经营成果和现金流量有关的所有重要交易或者事项。

在实务中,如果会计信息的省略或者错报会影响投资者等财务会计报告使用者据此作出决策,该信息就具有重要性。重要性的应用需要依赖职业判断,企业应当根据其所处环境和实际情况,从项目的性质和金额大小两方面加以判断。

对于重要的业务和事项,应分别核算、单独反映、力求准确,作重点说明,并在财务会计报告中予以充分、准确的披露;对不重要的经济业务,则可适当简化处理、合并反映。

七、谨慎性

谨慎性又称稳健性,是指企业对交易或者事项进行会计确认、计量和报告应当保持应有的谨慎,不应高估资产或者收益,也不应低估负债或者费用。在市场经济环境下,企业的生产经营活动面临着许多风险和不确定性,如应收款项的可收回性、固定资产的使用寿命、无形资产的使用寿命、售出存货可能发生的退货或者返修等。会计信息质量的谨慎性要求指的是企业在面临不确定性因素的情况下,应当保持适当的谨慎态度进行职业判断,充分估计可能的风险和损失,既不高估资产或者收益,也不低估负债或者费用。例如,企业对可能发生的资产减值损失计提资产减值准备、对售出商品可能发生的保修义务确认预计负债、对固定资产采用加速折旧法计提折旧等都体现了会计信息质量的谨慎性要求。

谨慎性的应用也不允许企业设置秘密准备。如果企业故意低估或高估资产或收益,将导致对财务会计报告使用者的决策误导,这是会计准则所不允许的。

八、及时性

及时性是指企业对于已经发生的交易或者事项,应当及时进行会计确认、计量和报告,不得提前或者延后。

会计信息的价值在于帮助所有者或者其他信息使用者作出经济决策,具有及时性。即使是可靠、相关的会计信息,如果企业不及时提供,就会失去及时性,对使用者的效用将大大降低甚至不再具有实际意义。企业在会计确认、计量和报告过程中贯彻及时性,一是要及时处理会计信息,即在经济交易或者事项发生后,及时收集、整理各种原始单据或者凭证;二是要及时处理会计信息,即按照会计准则的规定,及时对经济交易或者事项进行确认或者计量,并将财务会计报告传递给财务会计报告使用者,以便其及时使用和决策。

任务五 会计核算基本程序与方法

会计的目标是向会计信息使用者提供有用的财务会计信息。为提供这些信息,会计需要使用一系列程序和方法。会计程序和会计方法是实现会计目标的基本手段。

一、会计核算基本程序

会计程序是指会计信息系统加工数据并形成最后会计信息的过程,即俗称的记账、算账和报账的过程。会计程序包括会计确认、会计计量、会计记录和会计报告。

(一) 会计确认

会计确认是企业进行会计核算的第一个步骤,是指会计人员根据一定标准和基础,识别和确定发生的交易或事项是否可以作为会计要素记入会计簿记系统,以及记入会计簿记系统的信息如何列入财务报表的过程。正确进行会计确认要求会计人员具有娴熟的业务知识、高尚的道德水准及灵活的工作方法。按照确认的时间顺序,会计确认又可分为初始确认和再确认。初始确认是指对经营行为是否进入会计系统的最初认可;再确认则是指当已经确认的经营行为在企业内部发生变动或企业外部环境变化对各项经营行为初始确认金额发生影响时企业所进行的确认。进行会计确认要有一定的标准,这些标准大都在有关会计准则或制度中加以规定。不论这些规定如何表述,就总体而言,会计确认应当体现对象的可定义性、可计量性、合法性和符合成本效益原则。

(二) 会计计量

会计计量是会计核算的第二个步骤。它是在确认的基础上进行的,是对已确认对象的数量化和价值化。会计计量包括计量尺度和计量属性两个要素。计量尺度也可以叫作计量单位。会计的对象是价值运动或资金(资本)运动,所以会计的计量尺度主要是货币。会计以货币作为计量单位,要进一步解决以何种价格或成本为尺度来进行计量,这就涉及所谓的计量属性。我国基本会计准则规定了历史成本、重置成本、可变现净值、现值和公允价值五种会计计量属性,其含义及应用如表1-2所示。

表1-2 五种会计计量属性的含义及应用

项目	含义	应用
历史成本	取得或制造某项财产物资时所实际支付的现金或者其他等价物	企业对会计要素进行计量时,一般应当采用历史成本
重置成本	按照当前市场条件,重新获取一项资产所需支付的现金或现金等价物的金额	盘盈的存货,盘盈的固定资产等
可变现净值	在正常生产经营过程中,以预计售价减去进一步加工成本和销售所必需的预计税金和费用后的净值	存货的期末计量等

(续表)

项目	含义	应用
现值	对未来现金流量以恰当的折现率进行折现的一种计量属性	以分期付款方式购入的固定资产、存在弃置费用的固定资产入账价值计量等
公允价值	市场参与者在计量日发生的有序交易中,出售一项资产所能收到或者转移一项负债所应支付的价格	以公允价值计量且其变动计入当期损益的金融资产等

(三) 会计记录

会计记录是指会计人员将经过会计确认与计量的交易或者事项采用一定方法记入会计簿记系统的过程。会计记录建立在会计确认与计量的基础之上。会计记录是通过设置账户、复式记账、填制与审核会计凭证和登记账簿等专门的方法来进行的。会计记录既对发生的交易或者事项进行了具体判别与量化,又对交易或者事项进行了分类、汇总及加工,从而形成簿记系统信息,为编制财务报表奠定了基础。

(四) 会计报告

会计报告是会计核算的最后一个步骤,它是指会计人员在会计日常记录的基础上,根据需要进一步将会计信息加工整理,披露企业财务状况和经营成果的过程。会计报告是企业内外有关单位和个人了解企业经营情况的基本途径,因此会计报告就成为企业塑造形象、建立互信关系、维护经营秩序、保持持续发展的重要依托。

二、会计核算基本方法

会计核算基本方法是指会计对企事业单位已经发生的经济活动进行连续、系统和全面的反映和监督所采用的方法。会计核算基本方法贯穿于会计核算的基本程序之中,包括设置账户、复式记账、填制与审核会计凭证、登记账簿、成本计算、财产清查、编制财务报表等专门的技术方法。

(一) 设置账户

设置账户是指对会计对象的具体内容进行分类核算和控制的一种方法。账户依据会计科目设置,会计科目则是对会计要素具体内容进行分类核算的项目。会计对象、会计要素、会计科目是会计对于同一应予以核算的交易或事项由总结到细化的三个层次。

(二) 复式记账

复式记账是指对发生的每一笔交易或事项都以相等的金额同时记入两个或两个以上相互对应账户的一种方法。会计主体采用复式记账法可以通过对应账户的关系反映出交易或者事项的来龙去脉,同时建立起对应账户间的平衡关系。

(三) 填制与审核会计凭证

填制与审核会计凭证是指会计主体为保证交易或事项的合法合规,保证登记入账的会计记录正确、完整而采用的一种方法。会计人员通过填制与审核会计凭证,使列入会计核算系统的信息有据可查,保证会计信息的真实可靠。填制与审核会计凭证也是实行会计控制的一项重要措施。

(四)登记账簿

登记账簿是指会计人员根据审核无误的会计凭证,在账簿中连续、完整与分门别类地记录和循序地汇集和计算所发生的交易或事项的一种方法。会计人员进行会计核算需要设置账簿,登记账簿必须有会计凭证作为依据,从而为编制财务报表提供可靠、完整且系统的会计数据。

(五)成本计算

成本计算是指会计人员按照特定对象归集和分配在生产经营过程中不同产品、不同阶段所发生的各种费用支出,以确定成本计算对象的总成本和单位成本的方法。通过成本计算,会计人员可以确定材料的采购成本、产品的生产成本和销售成本,为降低费用支出、计算盈亏提供依据。

(六)财产清查

财产清查是指企业通过盘点实物、核对账目来保持账实相符的一种方法。为提高会计记录的准确性,保证账实相符,企业必须定期或不定期地对各项财产物资、往来款项进行清查、盘点和核对。财产清查也是实行会计控制的一项重要措施。

(七)编制财务报表

编制财务报表是指企业定期反映会计主体财务状况、经营成果与现金流量情况的一种方法。财务报表是会计人员以账簿记录为依据,经过加工整理而产生的一套信息完整的书面文件。财务报表所提供的资料是会计信息使用者赖以作出决策的主要依据。

会计核算的基本程序与基本方法之间的关系如图1-1所示。

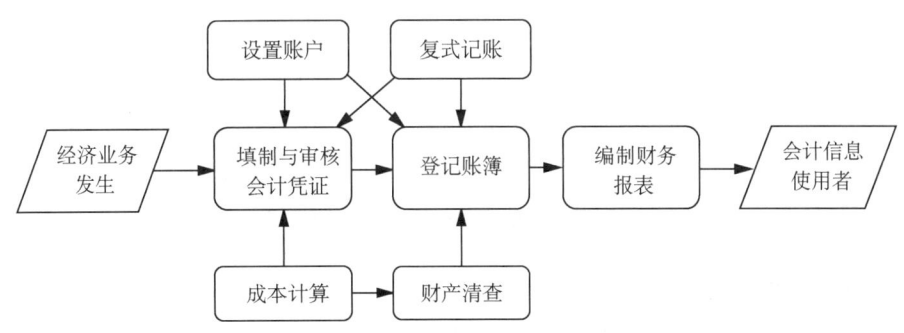

图1-1 会计核算的基本程序与基本方法之间的关系

会计核算的程序和方法是相互联系的,会计在对经济业务进行记录和反映的过程中,不论是采用手工处理方式,还是使用计算机数据处理系统,对于日常所发生的经济业务,首先要取得合法的凭证,按照所设置的账户,进行复式记账,根据账簿的记录,进行初步计算,在财产清查、账实相符的基础上编制财务报表,会计核算的基本方法之间相互联系、缺一不可,形成一个完整的方法体系。

任务六 会计分类与会计职业

会计是一门研究会计理论和会计方法体系的管理科学。经济社会发展水平越高,会计工作内容越丰富,会计工作的领域也就越宽广。

一、会计的分类

会计按照不同的标准可以分为不同类型,其中主要的分类为会计学科体系的分类和会计职业活动领域的分类。

(一)会计学科体系的分类

按照学科体系分类,会计可以分为理论会计和应用会计。会计按学科体系的分类如图1-2所示。

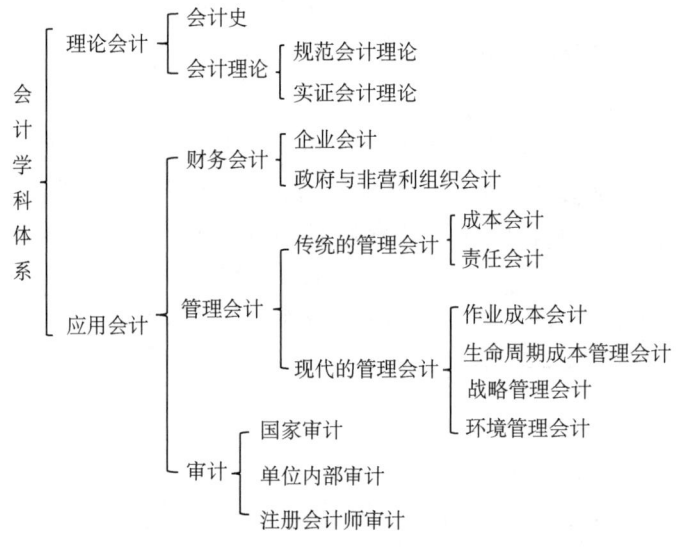

图1-2 会计按学科体系的分类

(二)会计职业活动领域的分类

一般而言,凡是有经济活动的地方,就会有会计职业活动。因此,会计职业活动的范围是比较广泛的。按照行业性质不同,人们将会计职业分为企业会计、金融机构会计、政府与非营利组织会计、代理记账公司会计和会计师事务所的注册会计师。

(1)企业会计。企业会计是指在自主经营、自负盈亏的单位中从事会计管理活动的一种职业。该职业涵盖多个会计岗位,包括财务会计、管理会计、成本会计及财务管理等。

(2)金融机构会计。金融机构主要是指银行、基金公司、证券公司和其他金融机构。在这些机构中,会计岗位包括银行会计、基金会计、贷款审核、理财顾问、证券公司会计、其他金融机构会计及保险精算师等。

(3) 政府与非营利组织会计。政府与非营利组织是指政府各部门及各种非营利性事业单位。在这些组织中,会计岗位可分为财政总会计、行政单位会计和事业单位会计。

(4) 代理记账公司会计。代理记账公司是由会计人员自主创业成立的代理记账公司或财务公司。代理记账公司会计的主要工作内容包括上门收取当月的原始凭证、制作记账凭证、记账、编制财务报表、按时到税务部门报税、提供财务咨询、协助办理年检等。

(5) 注册会计师。根据鉴证业务基本准则第三条,注册会计师是指通过注册会计师执业资格考试、取得注册会计师证书并在会计师事务所执业的人员,有时也指其所在的事务所。

(三) 会计专业技术职务的分类

我国的会计专业技术职务分为会计员、助理会计师、会计师、高级会计师、正高级会计师。其中,助理会计师为初级职称,会计师为中级职称,高级会计师和正高级会计师为高级职称。它们的基本任职条件如下:

(1) 会计员。会计员应当具备初步掌握财务会计知识和技能的能力,具备一般的计算技术,应熟悉并能正确执行有关的财务会计法规、制度,能担任和完成一般的财务会计工作,负责办理财务收支,填制记账凭证,登记会计账簿,编制会计报表,处理其他会计事项。此外,会计员需要通过会计专业技术职称资格考试。

(2) 助理会计师。助理会计师应能掌握一般的财务会计基础理论和专业知识,能熟悉并正确执行有关的财经方针、政策和财务会计法规、制度,能负责解释财务会计法规、制度中的重要问题,能承担一个方面或某个重要岗位的工作。成为助理会计师的资格要求如下:①取得硕士学位、第二学士学位或研究生结业证书并具备履行助理会计师职责的能力;②大学本科毕业,在财务会计岗位上见习1年期满;③大学专科毕业并担任会计职务2年以上;④中等专业学校毕业,担任会计员职务4年以上并通过助理会计师专业技术资格考试。

(3) 会计师。会计师应能较系统地掌握财务会计基础理论和专业知识,掌握并能正确贯彻执行有关的财经方针政策和财务会计法规、制度,具有一定的财务会计工作经验,负责分析检查财务收支和预算执行情况,担负或管理一个单位、一个地区、一个部门、一个系统某个方面的财务会计工作。成为会计师的资格要求如下:①取得博士学位并具备履行会计师职责的能力;②取得硕士学位并担任助理会计师职务2年至3年;③大学本科或大学专科毕业,担任助理会计师职务4年以上并通过会计师专业技术资格考试。

(4) 高级会计师。高级会计师应能系统地掌握经济、财务会计基础理论和专业知识,具有较高的政策水平和丰富的财务会计工作经验,对财务会计专业某个领域有较深的研究并取得较大的成果,能负责草拟和解答一个地区、一个部门、一个系统或在全国实施的财务会计法规、制度、办法,能组织和领导一个地区、一个部门或一个大型单位的财务会计工作并解决业务中的重大问题。成为高级会计师的资格要求如下:①取得博士学位,担任会计师职务2年至3年;②取得硕士学位、第二学位或研究生班结业证书,担任会计师职务2年至3年;③大学本科毕业并担任会计师职务5年以上,较熟练地掌握一门外语并通过高级会计师专业技术资格考试。

(5) 正高级会计师。正高级会计师应具有较高的会计理论水平和丰富的会计实践经验,能独立处理复杂的会计业务;具有较强的组织协调能力和团队协作精神,能主持或参与会计相关项目的策划、实施和管理工作;掌握国内外现代的经济管理科学方法并了解其发展趋势。取得大学本科以上学历，取得高级会计师资格并被聘任高级会计师职务5年以上可参加正高级会计师评审。此外，参加高级会计师资格评审还可能需要满足其他条件，如出版过论著或具备其他特定的资格，具体细则需参考各省（自治区、直辖市）发布的公告。

二、技术进步带来的会计职业的机遇与挑战

第一次工业革命改变了企业的组织形式，催生了股份有限公司及现代财务制度和审计制度；第二次工业革命后，人类生产由小规模生产转变为大批量生产，催生了成本会计；第三次工业革命带来了信息化，计算机的普及降低了人工成本，提高了工作效率；第四次工业革命是以人工智能、机器人技术、虚拟现实、量子信息技术、可控核聚变、清洁能源及生物技术为技术突破口的工业革命。颠覆性的技术进步对整个会计行业产生的影响十分巨大。

（一）技术进步带来的会计职业的机遇

（1）推动了会计业务流程的优化。传统的会计业务流程是从凭证到财务报告，从会计数据搜集、会计数据处理与存储到会计信息输出。新技术的出现打通了会计业务流程，使原来烦琐的流程得到了优化。例如，在费用报销流程中，新技术的出现使原始业务数据的真实性和可获得性大大提高，传统报销流程中的再审核流程变得不再重要。这种优化不仅简化了流程，还降低了企业的运营成本。

（2）促进了业财税融的一体化。在数字化时代，基于新技术建设的财务共享服务中心基于标准化的业务财务对接关系和标准统一的财务规范，是以数据集成为基础的业财税融信息化平台，实现了业财税融数据的采集、流转、处理和实时深度分析。相关业务系统可为财务共享服务平台提供及时、准确的业务数据，同时接收平台反馈的财务管控要求，从而确保业务、财务、税务和融资之间的一体化无缝集成、数据共享、有效协同和控制。

（3）提高了会计工作效率和服务水平。一方面，会计行业与财务技术工具的深度融合充分释放了实体经济的生产力和创新能力，促进了会计工作效率的显著提升。例如，财务机器人可以提供全天候服务，完成简单的报销制单、报账核账等标准化重复性工作，大幅提升了工作效率。另一方面，"大智移云物区"为企业提供了更全面、更准确、更及时的数字化会计信息。在数字经济时代，会计人员面临更为严峻的挑战和更高的职业标准。会计人员专业素质的提升也有利于推动会计行业整体服务水平的提升。

（二）技术进步带来的会计职业的挑战

（1）冲击了传统会计理论和会计伦理。在数字化时代，一方面，技术的发展进步催生了各种新型商业模式，这些模式对会计假设、会计要素的确认计量及会计信息质量均提出了新的挑战。另一方面，人机交互技术的逐步推广也对会计伦理造成了冲击。在传统的会计工作中，会计人员可能只需要与人打交道，而随着技术的进步、人机交互技术的推广，会计工作场景发生了变化，会计人员可能还需要和机器人进行协同工作。

（2）为会计信息安全带来风险。一方面，财务机器人和人机交互等技术的进步和应用在提高了会计工作效率的同时增加了会计信息处理的不确定性，如会计人员是否能熟练管理和控制机器人。另一方面，会计数据大量存储在云平台，面临被黑客攻击、窃取或丢失的风险。因此，技术进步为会计行业带来了效率和服务水平的显著提升，但同时对会计信息安全的维护提出了更高的要求。

（3）为会计人员带来挑战。财务机器人的出现将会陆续取代出纳、稽核、资金、收入支出、成本费用等核算岗位，并且技术进步不断推动会计领域向数字化和智能化发展。这些变化无疑给会计人员的工作带来一定的威胁和挑战。因此，会计人员应当持续提升自身的职业能力，包括专业技能、商业技能和商业知识；提升信息处理能力，包括数据处理、分析技能、现代信息技术知识；提升沟通协调能力和灵活创新能力，以适应会计数字化和智能化的发展趋势。

本模块小结

（1）会计涉及管理活动、经济信息系统和控制活动等多个方面。会计具有四个方面显著特点：以货币为主要计量单位，以真实合法的会计凭证为依据，会计核算记录具有全面性、完整性和系统性，为提高经济效益服务。

（2）会计核算和会计监督是会计的基本职能，随着会计的发展，其职能也在不断扩展，除基本职能外，还包括会计预测、会计决策、会计预算、会计分析、会计考核等。会计的目标主要取决于会计信息使用者对会计信息的需求。会计任务主要包括做好核算工作、推动会计职能拓展、做好监督工作。

（3）进行会计核算首先必须明确会计核算的范围及计量的方式，即建立会计核算的前提条件，包括会计主体、持续经营、会计分期、货币计量等基本假设。会计核算有收付实现制与权责发生制两种会计基础，进行会计核算必须明确会计基础。

（4）为了保证会计信息使用者依据会计信息作出正确决策，会计提供的信息必须符合一定的质量要求，包括可靠性、相关性、可理解性、可比性、实质重于形式、重要性、谨慎性和及时性八项会计信息质量要求。

（5）会计是一项技术性很强的工作，采用设置账户、复式记账、填制和审核凭证、登记账簿、成本计算、财产清查、编制财务报表等专门的方法和步骤来加工、处理和提供信息。

（6）人们一般从会计学科体系和会计职业活动领域两个角度对会计进行区分。人工智能、机器人技术、虚拟现实、量子信息技术、可控核聚变等技术进步，给整个会计职业带来了机遇和挑战。

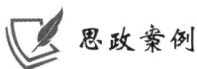

思政案例

家国与情怀
"中国现代会计之父"潘序伦的会计人生

潘序伦先生于1893年出生于江苏宜兴，是中国现代杰出的会计学家和教育家，被誉为"中国现代会计之父"。1921年夏，潘序伦赴美留学，仅用3年时间便分别获得了哈佛大学硕士学位和哥伦比亚大学博士学位。1924年，怀着教育报国和实业兴国的理想，潘序伦先生学成归国，创办了立信会计学校、立信会计师事务所、立信会计图书用品社。凭借着"三位一体"的独特贡献，潘序伦先生的影响力迅速扩展到海内外，成为业界的领军人物。

在长达60年的会计生涯中，潘序伦将全部身心都奉献给了中国现代会计事业。2018年，潘序伦先生入选首批"上海社科大师"。正如他所言："取之于社会，用之于社会；取之于会计,用之于会计;取之于学生,用之于学生。"

潘序伦先生是一位具有爱国主义精神的教育家。他参与舆论宣传、募捐赈灾、慰问前线将士等活动,还为《生活》周刊等进步报刊提供义务审计工作。

潘序伦先生于1985年与世长辞。

1993年,上海市原市长、海峡两岸关系协会首任会长汪道涵为纪念潘序伦一百周年诞辰,欣然题写了"经世济民"。这句话恰如潘序伦先生的人格信念和人生追求,是他一生富民强国、无私奉献的绝佳写照。

育人目标

（1）赓续大师的诚信文脉,弘扬"信以立志、信以守身、信以处事、信以待人、勿忘'立信'当必有成"的诚信文化和立信精神。

（2）学习大师的执着专注、精益求精、一丝不苟、追求卓越的职业精神。

课证融通同步训练

一、单项选择题

1. 1494年,意大利数学家卢卡·帕乔利总结( ),成为会计发展史上的一个里程碑。
   A. 四柱结算法　　B. 复式记账法　　C. 货币计量法　　D. 价值管理法

2. 衡量不同单位的经营业绩时,最直接、最有效的方法是选取( )进行计量。
   A. 货币　　B. 实物　　C. 时间　　D. 劳动

3. 下列有关会计主体的表述中,不正确的是( )。
   A. 会计主体是指会计所核算和监督的特定单位和组织
   B. 会计主体界定了从事会计工作和提供会计信息的时间范围
   C. 由若干具有法人资格的企业组成的企业集团也是会计主体
   D. 会计主体界定了从事会计工作和提供会计信息的空间范围

4. (2018年真题)某企业6月份采购10 000元办公用品交付使用,预付第三季度办公用房租金45 000元,支付第二季度短期借款利息6 000元,其中,4月至5月份累计计提利息4 000元。不考虑其他因素,该企业6月份应确认的期间费用为( )元。
   A. 12 000　　B. 10 000　　C. 6 000　　D. 5 500

5. (2019年真题)下列各项中,对企业会计核算资料的真实性、完整性、合法性和合理性进行审查的会计职能是( )。
   A. 参与经济决策职能　　　　B. 评价经营业绩职能
   C. 监督职能　　　　　　　　D. 核算职能

6. (2022年真题)会计的( )职能是对特定主体的经济活动进行确认、计量、记录和报告。
   A. 核算　　B. 预测经济前景　　C. 监督　　D. 评价

7. (2019年真题)下列各项中,不属于企业会计基本假设的是( )。
   A. 货币计量　　　　　　B. 会计主体
   C. 实质重于形式　　　　D. 持续经营

8. 会计的目标是( )。
   A. 向信息使用者提供可据以作出决策的会计信息
   B. 对经济活动进行核算和控制
   C. 管理生产经营活动
   D. 评价企业绩效

9. (2019年真题)下列各项中,属于对企业会计核算空间范围所作的合理假设的是( )。
   A. 会计主体　　B. 会计分期　　C. 货币计量　　D. 持续经营

10. (2022年真题)同一企业在不同会计时期对于相同的交易或事项,应当采取一致的会计政策,不得随意变更,该表述符合的会计信息质量要求是( )。
    A. 可理解性　　B. 可比性　　C. 重要性　　D. 谨慎性

11. (2022年真题)下列关于会计信息质量可靠性要求的表述中,正确的是(　　)。
    A. 企业进行核算应与报告使用者的经济决策需要相关
    B. 企业应当以实际发生的交易或者事项为依据进行会计核算
    C. 不同企业同一会计期间发生相同的交易,应当采用同一会计政策
    D. 企业进行核算应便于报告使用者理解和使用

12. (2022年真题)下列各项中,符合可靠性会计信息质量要求的是(　　)。
    A. 同一企业不同时期发生的相同事项,采用一致的会计政策
    B. 在财务报表中对收入和利得、费用和损失进行分类列报
    C. 金额较小的低值易耗品采用一次摊销法摊销
    D. 以实际发生的交易或事项为依据进行确认、计量、记录和报告

13. (2021年真题)下列各项中,体现谨慎性要求的是(　　)。
    A. 对固定资产采用年限平均法计提折旧
    B. 不应高估资产或者收益、低估负债或者费用
    C. 高估资产、低估负债
    D. 对承担的可能较小的环保责任确认预计负债

14. (2020年真题)下列各项中,体现谨慎性会计信息质量要求的是(　　)。
    A. 不同时期发生的相同交易,应采用一致的会计政策,不得随意变更
    B. 提供的会计信息应当清晰明了,便于理解和使用
    C. 对已售商品的保修义务确认预计负债
    D. 及时将编制的财务报告传递给使用者

15. (2021年真题)企业将很可能承担的环保责任确认为预计负债,体现的会计信息质量要求是(　　)。
    A. 可理解性　　　B. 及时性　　　C. 实质重于形式　　　D. 谨慎性

16. (2019年真题)企业对零售商品可能发生的保修义务确认为预计负债体现的是(　　)。
    A. 可比性　　　B. 谨慎性　　　C. 实质重于形式　　　D. 重要性

17. (2018年真题)下列关于企业会计信息质量要求可靠性的表述中,正确的是(　　)。
    A. 企业应当保持应有的谨慎,不高估资产或者收益、低估负债或费用
    B. 企业提供的会计信息应当相互可比
    C. 企业应当保证会计信息真实可靠、内容完整
    D. 企业应当以实际发生的交易或事项为依据进行确认、计量、记录和报告

18. 下列关于会计对象的说法中,表述不正确的是(　　)。
    A. 会计对象指会计核算和监督的内容
    B. 会计对象是指某一法律主体发生的所有经济业务
    C. 会计对象在企业中具体表现为再生产过程中的资金运动
    D. 凡是特定主体能够以货币表现的经济活动就是会计的对象

二、多项选择题

1. 下列关于会计基本职能的理解中,错误的有(　　)。
    A. 会计核算主要是以数量和货币为计量单位
    B. 会计监督包括事前监督和事中监督

C. 会计核算和会计监督是会计的两大基本职能

D. 会计核算比会计监督更加重要

2. (2018年真题)下列有关会计职能的表述中,正确的有(　　)。

   A. 评价经营业绩是会计的拓展职能

   B. 会计核算是会计的基本职能

   C. 会计监督是会计核算的质量保障

   D. 预测经济前景是会计的基本职能

3. (2019年真题)下列关于会计职能的表述中,正确的有(　　)。

   A. 会计核算与会计监督是基本职能

   B. 会计监督职能是会计核算职能的基础

   C. 会计核算职能是会计监督职能的保障

   D. 预测经济前景、参与经济决策和评价经营业绩是会计的拓展职能

4. (2020年真题)下列各项中,属于会计基本职能的有(　　)。

   A. 参与经济决策   B. 进行会计核算

   C. 实施会计监督   D. 预测经济前景

5. (2020年真题)下列各项中,可确认为会计主体的有(　　)。

   A. 子公司   B. 销售部门

   C. 集团公司   D. 母公司

6. (2020年真题)下列各项中,体现信息谨慎性质量要求的有(　　)。

   A. 在资产负债表日计提存货跌价准备

   B. 各期发出存货的成本计价方法保持一致,不随意变更

   C. 对售出商品很可能发生的保修义务确认预计负债

   D. 对很可能承担的环保责任确认预计负债

7. (2022年真题)下列各项中,符合谨慎性会计信息质量要求的有(　　)。

   A. 金额较小的低值易耗品一次摊销计入当期损益

   B. 在财务报表中对收入和利得、费用和损失进行分类列报

   C. 对很可能承担的环保责任确认预计负债

   D. 固定资产预期可收回金额低于其账面价值的差额确认

8. 会计应向会计信息的使用者提供与一个单位的财务状况、经营成果和现金流量等方面有关的会计信息,其目标包括(　　)。

   A. 反映管理层受托责任履行情况

   B. 反映这个单位的会计控制能力

   C. 有助于会计信息的使用者作出经济决策

   D. 有助于判断这个单位的会计预测能力

   E. 反映这个单位的会计核算能力

9. 从工作内容来看,会计职业包括(　　)。

   A. 会计教学与研究   B. 企业会计

   C. 政府税务稽查   D. 审计鉴证与管理咨询

   E. 行政事业单位会计

三、判断题

1. 一般认为,在会计学说史上,将帕乔利复式簿记著作的出版和会计职能的出现视为近代会计史中的两个里程碑。（　　）
2. 会计产生的根本动因是人类对经济活动信息记载、交流和管理的需要。（　　）
3. 会计与会计学是两个性质相同的概念。（　　）
4. 企业中所有的交易或事项都可以用会计信息来表达和处理。（　　）
5. (2020年真题)会计主体是指会计工作服务的特定对象,是企业会计确认、计量、记录和报告的时间范围。（　　）
6. (2020年真题)实质重于形式要求企业应当按照交易或者事项的经济实质进行会计确认、计量、记录和报告,而不仅仅以交易或者事项的法律形式为依据。（　　）
7. (2022年真题)权责发生制以现金收付作为确认标准来处理业务。（　　）
8. 会计信息的提供者对于其所提供的会计信息,特别是对外提供的会计信息负有法律责任。（　　）
9. 货币是会计核算中最主要、最基本并且唯一的计量单位。（　　）
10. 会计核算是会计监督的基础,会计监督是会计核算质量的保障。（　　）
11. 会计可反映过去已经发生的经济活动,也可反映未来可能发生的经济活动。（　　）
12. 会计的监督职能是指会计人员在进行会计核算的同时,对特定主体经济活动的真实性、合法性、合理性进行审查。（　　）

本模块实训任务

【实训内容】

1. 给潘序伦先生写一封信

【实训目的】

1. 为纪念潘序伦先生130周年诞辰,激励学生传承大师精神,弘扬"信以立志、信以守身,信以处事、信以待人,毋忘'立信',当必有成"的诚信文化和立信精神

2. 提升学生综合素质,提高学生文献查阅能力和语言表达能力

【实训工具】

1. 图书推荐

罗银胜.经世济民:中国现代会计之父潘序伦的家国情怀[M].上海:立信会计出版社,2023.

2. 网站推荐

上海立信会计金融学院官方网站:https://www.lixin.edu.cn/。

【实训要求】

1. 字数不低于1 000字

2. 符合书信书写的规范,按通行的习惯,书信格式主要包括五个部分:称呼、正文、结尾、署名和日期

3. 情真意切

模块二
会计要素与会计等式

 素质目标

1. 提升廉洁自律意识
2. 培育诚信观念
3. 引导学生从会计等式中领悟"平衡即美"的哲学思想

 知识目标

1. 了解企业的经济活动及其资金流动
2. 理解会计要素及其特征、分类和确认条件
3. 掌握会计对象、会计要素和会计等式之间的关系
4. 掌握会计事项的种类及其对会计等式的影响

 职业能力目标

1. 掌握会计要素的确认
2. 掌握会计等式的规律
3. 具备用会计语言描述经济业务的能力

 知识框架结构

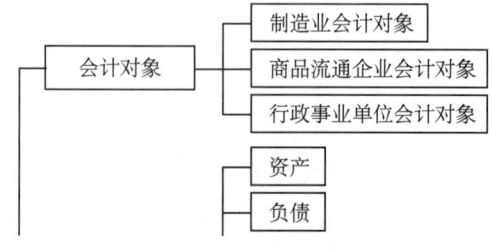

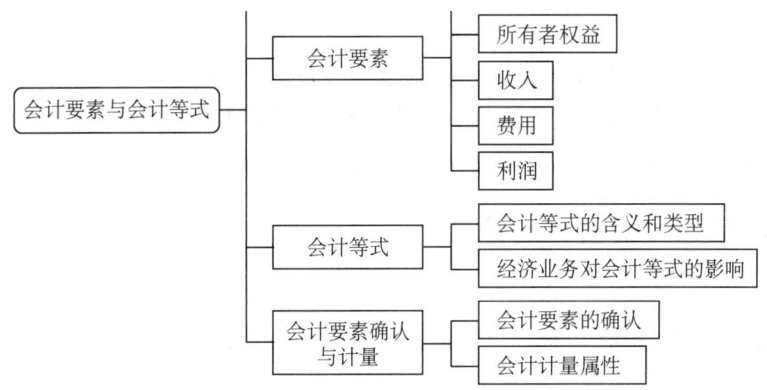

任务一 会计对象

会计对象是会计主体核算和监督的客体,具体表现为企业的经济活动。经济活动本质上是资金的流动,因此,会计对象通常也被称为价值运动或资金运动。企业的资金运动表现为资金筹集、资金运用和资金退出三个过程。

一、制造业企业会计对象

（一）资金筹集

资金筹集是指企业通过吸收投资、银行借款、发行股票或债券的方式筹集经营所需的资金。产品制造企业要开展生产经营活动,必须要投入一定的资金,以形成一定的生产能力或经营能力,为生产产品创造条件。资金筹集引起产品制造企业资金增加,这部分资金最初以货币资金形式进入企业,具体表现为现金、银行存款等。

（二）资金运用

资金运用是指资金在企业内部的周转。资金从货币形态"出发",经过一系列转换最终再次回到货币形态,这个过程称为资金循环。只要企业持续进行生产经营活动,资金循环就会不断地进行。这种不断重复的资金循环被称为资金周转。为了尽可能多地赚取利润,产品制造企业需要不断地运用资金开展生产经营活动。根据业务内容,产品制造企业的经营活动可以分为采购、生产和销售三个主要过程。在采购过程中,产品制造企业使用货币资金购买原材料,形成储备资金;工人利用生产技术和机器设备加工原材料,发生的耗费形成"生产资金";产品制造完成后,形成"成品资金";企业将产品销售,收回货款,得到新的货币资金。企业在获得收入后,还应按国家税法的有关规定计算缴纳各种税费。企业的收入扣除相关成本费用后,形成企业的利润。企业将利润的一部分按规定进行分配,将另一部分重新投入生产经营过程中,即进行资金的分配和再投入。整个资金周转过程依次表现为:货币资金 → 储备资金 → 生产资金 → 成品资金 → 新的货币资金。

（三）资金退出

资金的退出方式包括按法定程序向投资者支付投资回报、偿还债务、上缴税金等。这些过程使一部分资金离开企业，从而减少了企业的资产、负债和所有者权益。

综上所述，资金的筹集、运用及退出构成了制造业企业资金运动的主要内容。

二、商品流通企业会计对象

商品流通企业（商业企业）的经营过程分为商品购进和商品销售两个过程。在前一个过程中，企业主要是采购商品，此时货币资金转换为商品资金；在后一个过程中，企业主要是销售商品，此时资金又由商品资金转换为货币资金。商业企业在经营过程中会消耗一定的人力、物力和财力，形成商品流通费用。商品流通企业在销售过程中，通过销售收入的实现获得货币资金。因此，商业企业的资金运动可以描述为"货币资金 → 商品资金 → 货币资金"。其具体内容涉及资产、负债、所有者权益、收入、费用和利润六大要素。

三、行政事业单位会计对象

行政事业单位会计对象是预算资金的运动，即预算资金的领拨、使用及其结存。各个单位为了开展各项事业活动和执行国家机关工作任务所需要的资金，由财政部门或主管部门从国家预算集中的资金中予以分配和拨付。各单位一方面要向财政部门或上级主管部门按照核定的预算领取经费，同时在国家规定的范围内取得业务收入，形成单位的资金来源；另一方面，要按照国家规定的用途和开支标准，支付人员经费、工会经费等，并拨付下级所需经费，形成单位的资金运用；其尚未使用的货币资金、库存材料，以及购置的固定资产，形成单位的资金结存。概括地说，预算资金的活动反映为资金来源、资金运用和资金结存三个过程。

综上所述，不论是制造业企业、商业流通企业，还是行政事业单位，它们都是社会再生产过程中的基本单位，其会计反映和监督的对象都是资金及其运动过程。正因为如此，我们可以把会计对象概括为社会再生产过程中的资金运动。

任务二　会 计 要 素

会计要素是对会计对象的基本分类，是会计对象的具体化，是反映会计主体的财务状况和经营成果的基本单位。

会计要素的划分在会计核算中具有十分重要的意义。首先，会计要素是对会计对象的科学分类，该分类有利于科学、系统地对会计对象进行核算和监督。其次，会计要素是设置会计科目和会计账户的基本依据。不将会计对象划分为会计要素，就无法设置会计账户，也就无法进行会计核算。最后，会计要素构成了会计报表的基本框架。会计报表提供的指标主要由会计要素构成。从这个意义上讲，会计要素为设计会计报表奠定了基础。

我国的《企业会计准则——基本准则》严格定义了反映财务状况的会计要素（又称资产

负债表要素)和反映经营成果的会计要素(又称利润表要素)。其中,反映财务状况的会计要素包括资产、负债和所有者权益;反映经营成果的会计要素包括收入、费用和利润。接下来,我们将详细阐述各会计要素的具体内容。

一、资产

(一) 资产的定义与特征

资产是指企业过去的交易或者事项形成的,由企业拥有或者控制的,预期会给企业带来经济利益的资源。根据定义,资产具有以下三个方面的特征:

(1) 资产预期会给企业带来经济利益,即资产直接或间接导致现金或现金等价物流入企业的潜力。这种潜力可以来自企业日常的生产经营活动,也可以来自非日常活动;所带来的经济利益可以是现金或现金等价物,或者是可以转化为现金或现金等价物,或者可以减少现金或现金等价物的流出。预期能否为企业带来经济利益是资产的本质特征。例如,企业购置的固定资产、采购的原材料等可以用于生产产品,将产品对外出售后收回货款,货款即企业所获得的经济利益。如果一项资源预期不能给企业带来经济利益,也就不能将其确认为企业的资产;前期已经确认为资产的资源,如果不能再为企业带来经济利益,也不能继续确认为企业的资产。

(2) 资产应是企业拥有或者控制的资源。拥有表明企业对某项资源享有所有权;控制则表明企业虽然对某项资源不享有所有权,但能够支配这项资源。企业享有某项资源的所有权,也就能够排他性地从这项资源中获取经济利益。通常在判断一项资源是否属于企业资产时,所有权是首要考虑因素。企业控制了这项资源即对这项资源享有支配权,同样能够从这项资源中获取经济利益,符合会计对资产的定义。如果企业既不拥有也无法控制某项资源带来的经济利益,就不能将其作为企业的资产予以确认。

(3) 资产是由企业过去的交易或事项形成的。过去的交易或者事项包括购买、生产、建造或其他类型的交易或事务。换言之,只有过去的交易或者事项才能形成资产,企业预期在未来发生的交易或者事项不形成资产。例如,企业有购买某项设备的意愿或者计划,但是购买行为尚未发生,该设备就不符合资产的定义,不能将此项设备确认为企业的资产。

(二) 资产的确认条件

企业欲将一项资源确认为资产,在符合资产定义的前提下,还应同时满足以下两个条件:

(1) 与该资源有关的经济利益很可能流入企业。能否带来经济利益是资产的一个本质特征。但在现实生活中,由于经济环境的变化,与资源有关的经济利益能否流入企业,以及能够流入多少具有不确定性。因此,资产的确认应当与对资源有关的经济利益流入的不确定性程度的判断结合起来。如果有证据表明与资源有关的经济利益很可能流入企业,就应当将其作为资产予以确认;反之,则不能确认为资产。例如,企业采用赊销方式销售产品而取得一项应收账款,这项应收账款最终能否收回以及收回多少存在一定的不确定性。如果企业在销售时判断未来能够收到款项或者很可能收到款项,企业就应当将该项应收账款确认为一项资产;如果企业判断这项应收账款很可能部分或全部无法收回,则表明该项应收账款部分或者全部已经不符合资产的确认条件,应当计提坏账准备,减少应收账款的价值。

(2) 该资源的成本或者价值能够可靠地计量。可计量性是会计要素确认的重要前提,只有当有关资源的成本或者价值能够可靠地计量时,企业才能将其作为资产予以确认。在实务中,一般企业取得的绝大部分符合资产定义的资源都需要付出成本,如企业购置的厂房与设备、采购的原材料、生产的产品等。

(三) 资产的分类

资产按流动性划分为流动资产和非流动资产两大类。

1. 流动资产

流动资产是指预计在1年或1个正常营业周期内变现或被耗用的资产,主要包括库存现金、银行存款、交易性金融资产、应收票据、应收账款、其他应收款、预付账款、存货等。

(1) 库存现金是指存放在企业以备随时发生的小额零星支出的现金,如支付因公出差职工的借款、支付小额办公费用支出等。

(2) 银行存款是指企业存放在其开户银行的款项。

(3) 交易性金融资产主要是指企业持有的分类为以公允价值计量且其变动计入当期损益的金融资产。

(4) 应收票据是指企业由于销售产品或提供劳务而收到的商业汇票,包括银行承兑汇票和商业承兑汇票。

(5) 应收账款是指企业由于销售产品等应向购买方收取而暂未收到的款项。

(6) 其他应收款是指企业在日常经营活动中产生的应收票据和应收账款以外的其他应收款项。

(7) 预付账款是指企业由于购买销售方的产品等,按照合同规定预先支付给供应商的款项。

(8) 存货是指企业在日常生产经营活动中持有的,为销售或耗用而储备的资产,包括原材料、在途物资、库存商品、周转材料、发出商品、委托加工物资等。

2. 非流动资产

非流动资产是指除流动资产外的资产,主要包括债权投资、长期股权投资、固定资产、无形资产和长期待摊费用等。

(1) 债权投资是指到期日固定、回收金额固定或可确定,并且企业有明确意图和能力持有至到期的非衍生金融资产,如企业购入的国债、公司债券等。

(2) 长期股权投资是指投资方对被投资单位实施控制、重大影响的权益性投资,以及对其合营企业的权益性投资,即企业取得并有意图长期持有被投资单位股份的投资,包括股票投资和其他股权投资。

(3) 固定资产是指使用年限在1年以上、单位价值在规定的标准以上,并在使用过程中保持原来物质形态的资产,包括房屋建筑物、机器设备、运输工具等。

(4) 无形资产是指企业拥有或者控制的没有实物形态的可辨认非货币性资产,包括专利权、非专利技术、商标权、著作权、土地使用权等。

(5) 长期待摊费用是指企业已经发生(一般是指已经实际支付了货币资金)但应由本期或以后各期负担的分摊期限在1年以上的各项支出。

二、负债

(一) 负债的定义与特征

负债是指企业过去的交易或者事项形成的、预期会导致经济利益流出企业的现时义务。根据定义,负债具有以下三个方面的特征:

(1) 负债是企业承担的现时义务。现时义务是指企业在现行条件下已承担的义务。负债必须是企业承担的现时义务,未来发生的交易或者事项形成的义务不属于现时义务,不应当确认为负债。这里所指的义务可以是法定义务,也可以是推定义务。法定义务是指具有约束力的合同或者法律、法规规定的义务,通常在法律意义上需要强制执行。例如,企业购买原材料形成的应付账款、向银行借入款项形成借款、按照税法规定应予缴纳的税款等均属于企业承担的法定义务,需要依法予以偿还或缴纳,应确认为负债。推定义务是指根据企业多年来的习惯做法、公开的承诺或公开宣布的政策而形成的责任,这些责任也使有关各方形成了企业将履行义务解脱责任的合理预期。例如,企业长期实行的销售政策可能包括为售出商品提供一定期限内的售后保修服务。预期将为售出商品提供的保修服务就属于推定义务,应将其确认为一项负债。

(2) 负债的清偿预期会导致经济利益流出企业。企业清偿负债的方式多种多样,如以现金清偿、以非货币性资产或劳务清偿、举借新债清偿旧债等。无论采用何种偿还方式,都会使经济利益流出企业。

(3) 负债是由过去交易或事项形成的。只有过去发生的交易或事项才能增加或减少企业的负债,企业不能根据谈判中的交易或事项,或计划中的经济业务来确认负债。

(二) 负债的确认条件

企业欲将一项现时义务确认为负债,在符合负债定义的前提下,还应同时满足以下两个条件:

(1) 与该义务有关的经济利益很可能流出企业。负债预期会导致经济利益流出企业,但在实务中企业履行义务所需流出的经济利益带有不确定性,尤其是与推定义务相关的经济利益会流出多少通常需要会计人员进行判断估计。因此,负债的确认应当与对义务有关的经济利益流出的不确定性程度的判断结合起来。如果有确凿证据表明与现时义务有关的经济利益很可能流出企业,就应当将其作为负债予以确认;反之,如果现时义务导致企业经济利益流出的可能性很小,就不应将其作为负债予以确认。

(2) 未来流出的经济利益的金额能够可靠地计量。只有当现时义务导致未来流出企业的经济利益的金额能够可靠计量时,才能将其作为负债予以确认。对于与法定义务有关的经济利益流出金额,通常可以根据合同或法律规定的金额予以确定。考虑到经济利益流出的金额通常发生在未来期间,而未来期间可能较长,因此对于与履行义务相关的经济利益流出金额的计量,企业应当进行细致的估计。这种估计需要考虑货币时间价值等因素的影响,以及可能存在的风险。对于与推定义务有关的经济利益流出金额,企业应当根据履行相关义务所需支出的最佳计数进行估计,并综合考虑有关货币时间价值、风险等因素的影响。

(三) 负债的分类

负债按偿还期限的长短划分为流动负债和非流动负债两大类。

1. 流动负债

流动负债是指企业在一个营业周期内(通常为1年)内需要偿还的债务,主要包括短期借款、应付票据、应付账款、预收款项、应付职工薪酬、应付股利、应交税费等。

(1) 短期借款是指企业向银行或其他金融机构借入的期限在1年以内(含1年)的借款。

(2) 应付票据是指企业购买材料、商品或接受劳务时开出承兑的商业汇票,包括商业承兑汇票和银行承兑汇票。

(3) 应付账款是指企业因购买材料、商品或接受劳务等应该支付给供应单位的款项。

(4) 预收账款是指企业根据合同规定向购货单位预收的款项。

(5) 应付职工薪酬是指企业应该支付而尚未付给职工个人的各种薪酬。

(6) 应付股利是指企业应当分配给投资者的现金股利。

(7) 应交税费是指企业按照税法规定计算应缴纳的各种税费。

2. 非流动负债

非流动负债是指偿还期在1年或超过1年的一个营业周期以上的债务,主要包括长期借款、应付债券、长期应付款等。

(1) 长期借款是指从银行或其他金融机构借入的期限在1年以上的各种借款。

(2) 应付债券是指企业为筹集长期资金而发行的期限在1年以上的债券。

(3) 长期应付款是指除长期借款、应付债券外的其他各种长期应付的款项,如以分期付款方式购入固定资产等发生的应付款项等。

判断一项负债是流动负债还是非流动负债,关键是看该负债的偿还期。例如,长期借款一般是长期负债,但如果该项长期负债需要在1年内偿还,就应该作为流动负债在财务报表中列示。

三、所有者权益

(一) 所有者权益的定义与特征

所有者权益又称股东权益,是指企业在扣除所有负债后,由所有者享有的剩余权益。它在数值上等于企业总资产减去总负债的余额。其实质是企业从投资者手中吸收的投入资本及其增值,同时是企业进行经济活动的"本钱"。

(1) 所有者权益是所有者对企业资产的剩余索取权。所有者权益是企业资产中扣除债权人权益后应由所有者享有的部分,即企业资产只有在保证企业全部债务得到清偿后,才归所有者享有。

(2) 所有者权益可供企业在经营期内长期、持续使用。除非企业发生清算、减资的情况,所有者权益一般不需要偿还给所有者。这与负债存在本质区别,因为负债表明企业承担的现时义务,企业对负债负有到期还本付息的责任。

(3) 所有者权益是分享企业利润的主要依据。所有者可以依据其在企业所有者权益中所占的份额参与企业的利润分配,而债权人则按规定获取利息收入,不能参与企业的利润分配。

(二) 所有者权益的确认条件

所有者权益体现的是所有者在企业资产中的剩余权益。其确认主要赖于资产和负债要素的确认。所有者权益金额的确定也主要取决于资产和负债要素的计量。例如，企业接受投资者投入一项资产，当该项资产符合资产确认条件时，就相应地符合了所有者权益的确认条件；当该项资产的价值能够可靠计量时，所有者权益的金额也就据此确定。

（三）所有者权益的分类

所有者权益的来源包括所有者投入的资本、直接计入所有者权益的利得和损失、留存收益等，通常由实收资本（或股本）、资本公积、盈余公积和未分配利润构成。

（1）实收资本。实收资本是指投资者按照企业章程，或合同、协议的约定，实际投入企业的资本。它是企业注册成立的基本条件之一，也是企业承担民事责任的财力保证。

（2）资本公积。资本公积又称准资本，是指归企业所有者共有的资本，主要来源于资本在投入过程中所产生的溢价和其他资本公积。资本公积主要用于转增资本。

（3）盈余公积。盈余公积是指企业按照法律、法规的规定从净利润中提取的留存收益。它包括：①法定盈余公积是指企业按照《中华人民共和国公司法》（以下简称《公司法》）规定的比例从净利润中提取的盈余公积金。②任意盈余公积是指企业经股东大会或类似机构批准后按照一定的比例从净利润中提取的盈余公积金。企业的盈余公积金可以用于弥补亏损、转增资本（或股本）。符合规定条件的企业，也可以用盈余公积金分派现金股利。公积属于企业的留存收益。

（4）未分配利润。未分配利润是指企业留待以后年度分配的利润。未分配利润与盈余公积属于企业的留存收益。

四、收入

（一）收入的定义与特征

收入是指在企业日常活动中形成的、会导致所有者权益增加的、与所有者投入资本无关的经济利益的总流入。收入的实质是企业经济活动的产出过程，即企业生产经营活动的结果。收入只有在经济利益很可能流入从而导致企业资产增加或者负债减少，而且经济利益的流入额能够可靠计量时才予以确认。收入具有以下特征：

（1）收入从企业的日常活动中产生，而不是从偶发的交易或事项中产生。

（2）收入可能表现为企业资产的增加，也可能表现为企业负债的减少，或者两者兼而有之。

（3）收入最终能导致企业所有者权益的增加。

（4）收入只包括本企业经济利益的流入，不包括为第三方或客户代收的款项。

（二）收入的确认条件

企业只有在经济利益很可能流入从而导致企业资产增加或者负债减少，且经济利益的流入额能够可靠计量时才能对收入予以确认。为此，除了应当符合定义，确认收入还至少应当同时符合三个条件：一是与收入相关的经济利益应当很可能流入企业；二是经济利益流入企业的结果会导致资产的增加或者负债的减少；三是经济利益的流入额能够可靠计量。

由于企业收入的来源渠道多种多样，不同来源的收入特征有所不同。为此，通常企业应当在履行了合同中的履约义务，即在客户取得相关商品或劳务控制权时确认收入。取得相关商品或劳务控制权是指能够主导该商品或劳务的使用并从中获得几乎全部的经济利益。

(三) 收入的分类

收入主要包括主营业务收入、其他业务收入和投资收益等。

(1) 主营业务收入又称基本业务收入,是指企业在其经常性的、主要业务活动中获得的收入,如工商企业的商品销售收入、服务业的劳务收入。

(2) 其他业务收入又称附营业务收入,是指企业在其非主要业务活动中获得的收入,如制造业企业销售原材料、出租固定资产等业务取得的收入。

(3) 投资收益是指企业对外投资所取得的收益减去投资损失后的净额。

应该予以强调的是,这里所说的收入是指狭义的收入,即营业性收入。而广义的收入还包括直接计入当期利润的利得,即营业外收入。营业外收入是指企业发生的与其生产经营活动无直接关系的各项收入,包括报废非流动资产利得和捐赠利得等。

五、费用

(一) 费用的定义与特征

费用是指企业在日常活动中发生的、会导致所有者权益减少的、与向所有者分配利润无关的经济利益的总流出。费用具有以下特征:

(1) 费用产生于过去的交易或事项。

(2) 费用可能表现为资产的减少,也可能表现为负债的增加,或者两者兼而有之。

(3) 费用能导致企业所有者权益的减少,但与向所有者分配利润无关。

(二) 费用的确认条件

企业只有在经济利益很可能流出从而导致企业资产减少或负债增加,且经济利益的流出额能够可靠计量时才能对费用予以确认。为此,除了应当符合定义,确认费用还至少应当同时符合三个条件:一是与费用相关的经济利益应当很可能流出企业;二是经济利益流出企业的结果会导致资产的减少或负债的增加;三是经济利益的流出额能够可靠计量。

(三) 费用的分类

按照经济用途,可将费用划分为成本费用和期间费用两类。成本费用是指企业在生产经营中所发生的各种资源耗费,是按产品分摊的、与生产产品直接相关的费用,包括直接费用和间接费用。期间费用是指不能直接归属于某个特定产品成本的费用,它是随着时间推移而发生的与当期产品的管理和产品销售直接相关,而与产品的产量、产品的制造过程无直接关系的费用。

六、利润

(一) 利润的定义与特征

利润是指企业在一定会计期间的经营成果,包括收入减去费用后的净额、直接计入当期利润的利得和损失等。利润的实现会相应地表现为资产的增加或负债的减少,其结果是所有者权益的增值。

(二) 利润的确认条件

利润反映的是收入减去费用,再加上利得减去损失后的净额。因此,利润的确认主要依赖于收入、费用、利得和损失的确认。利润金额的确定也主要取决于收入、费用、利得和损失金额的计量。

(三) 利润的构成

利润具体指营业利润、利润总额和净利润。

(1) 营业利润是指主营业务收入加上其他业务收入,减去主营业务成本、其他业务成本、税金及附加、销售费用、管理费用、财务费用、资产减值损失,再加上投资收益等后的金额。它是狭义收入与狭义费用配比后的结果。其计算公式如下:

营业利润＝营业收入－营业成本－税金及附加－管理费用－销售费用－财务费用－资产减值损失
　　　　－信用减值损失＋投资收益(－投资损失)＋公允价值变动收益(－公允价值变动损失)
　　　　＋资产处置收益(－资产处置损失)＋其他收益

(2) 利润总额是指营业利润加上营业外收入,再减去营业外支出后的金额。其计算公式如下:

利润总额＝营业利润＋营业外收入－营业外支出

(3) 净利润又称税后利润,是指利润总额减去所得税费用后的金额。其计算公式如下:

净利润＝利润总额－所得税费用

任务三　会 计 等 式

会计等式又称会计平衡公式,是利用数学等式反映会计要素之间内在平衡关系的计算公式。它揭示了会计要素之间的内在联系,因而成为会计核算的理论基础。

一、会计等式的含义和类型

(一) 会计等式的含义

会计等式是运用数学方程的方式描述会计要素之间基本关系的表达式。各种会计要素之间的关系不仅体现在交易或事项发生会导致相关要素之间产生此增彼减或同增同减等变化,而且体现在它们在一定时点或一定会计期间的金额对等关系上。会计等式是会计核算的理论依据,也是编制财务报表的理论依据。

(二) 会计等式的类型

1. 财务状况等式

财务状况等式又称基本会计等式和静态会计等式,是用来反映某特定时点企业资产、负债和所有者权益三者之间平衡关系的会计等式。

众所周知,企业从事正常的生产经营活动,都需要筹集一定数量的资金,拥有一定的经济资源,即资产,如库存现金、厂房、机器设备和原材料等。企业筹集资金的渠道不外乎有两个方面:一是投资者投资;二是债权人提供,如银行借款等。企业筹集的资金投入营运后,形成企业所持有的各种资产。投资者对投入企业的资金视投资额的多少和所负担风险的大小,等比例地获取投资所得,这就是投资人对企业资产的要求权(所有者权益);债权人有要求企业偿还债务的权利,这就是债权人对企业资产的要求权(债权人权益,即企业的负债)。在会计上,这些对企业资产的权益统称为"权益"。企业拥有的每项资产,都是投资者或债权人所提供的。因此,资产和权益必须同时存在。有一定数额的资产,必然有一定数额的权益。反之,有一定数额的权益,也必然有一定数额的资产。从数量上看,在任何一个时点上,一个企业所拥有或控制的资产总额必定等于权益总额。用公式表示如下:

$$资产=权益$$

债权人向企业提供资产而形成的权益被称为债权人权益或负债;投资者向企业投入资产而形成的权益被称为所有者权益。因此,上述等式又可表达为:

$$资产=负债+所有者权益$$

由于资产、负债和所有者权益反映企业的财务状况,所以上述等式被称为财务状况等式,是会计的基本等式。它反映资产、负债和所有者权益三个要素之间的基本数量关系,是复式记账法的理论基础,也是企业编制资产负债表的依据。

2. 经营成果等式

经营成果等式是用来反映企业一定时期收入、费用和利润之间恒等关系的会计等式。

企业依靠资产进行生产经营活动,目的是获取收入,实现盈利。企业取得收入的同时必然会发生相应的费用,企业通过收入与费用的比较,才能确定一定时期的盈利水平和最终经营成果。在不考虑利得和损失的情况下,企业的收入扣除相关的费用就形成了企业的利润。收入、费用、利润的关系表示如下:

$$收入-费用=利润$$

由于收入、费用和利润反映企业的经营成果,所以上述等式被称为经营成果等式,反映的是三个动态要素之间的内在联系,说明了企业利润的实现过程,是企业编制利润表的基础。

3. 会计扩展等式

在会计期初,资金运动处于相对静止状态,企业既没有取得收入,也没有发生费用,会计等式变为"资产=负债+所有者权益"。随着企业经营活动的进行,企业在一定时期取得的经营成果对资产和所有者权益产生影响。收入会导致企业资产增加或负债减少,并使所有者权益增加;费用会导致企业资产减少或负债增加,并使所有者权益减少。因此,在一定会计期间,会计等式可转化为以下形式:

$$资产=负债+所有者权益+(收入-费用)$$

即:

$$资产+费用=负债+所有者权益+收入$$

可以看出,这两个等式反映了六大要素之间的关系,全面、综合地反映了企业资金运动的内在规律。资金运动的动态变化最后必然反映到各项静态会计要素的变化上,从而使两个会计等式之间建立起勾稽关系。

二、经济业务对会计等式的影响

经济业务又称会计事项,是指在经济活动中使会计要素发生增减变动的交易或事项,可分为对外经济业务和内部经济业务两类。对外经济业务是指企业与其他企业或单位发生交易行为而产生的经济事项。例如,向投资者筹集资金、向银行借款等。对内经济业务是指企业内部成本、费用的耗用,以及因各会计要素之间调整而产生的经济事项。例如,生产经营过程中耗用的材料、机器设备的折旧、工资的分配,以及收入与费用的结转等。

随着经济活动的不断进行和经济业务的不断发生,各项会计要素的增减变动是不可避免的。但无论企业的经济业务的数额如何变动,任何时候都不会改变会计等式的数量平衡关系。

经济业务对会计等式影响的具体归类及举例如表 2-1 所示。

表 2-1　经济业务对会计等式影响的具体归类及举例

经济业务对会计等式的影响	类型	经济业务举例
(1) 一项资产增加、一项负债等额增加的经济业务	左右同增	从银行借入款项等
(2) 一项资产增加、一项所有者权益等额增加的经济业务		收到股东投入的银行存款等
(3) 一项资产减少、一项负债等额减少的经济业务	左右同减	支付前欠公司的货款等
(4) 一项资产减少、一项所有者权益等额减少的经济业务		向投资者退还资金等
(5) 一项资产增加、另一项资产等额减少的经济业务	左±	将现金存入银行等
(6) 一项负债增加、另一项负债等额减少的经济业务	右±	以应付票据抵付应付账款等
(7) 一项所有者权益增加、另一项所有者权益等额减少的经济业务		提取盈余公积等
(8) 一项所有者权益增加、一项负债等额减少的经济业务		将长期借款转为资本等
(9) 一项负债增加、一项所有者权益等额减少的经济业务		宣告发放现金股利等

企业在进行生产经营活动时,无论是外部还是内部的会计事项,无论其属于哪种具体类型,都不会改变在特定日期企业资产总额等于负债和所有者权益总额的会计等式。

【例 2-1】　雅米公司 2×23 年发生业务如下:

(1) 雅米公司从银行借入款项 50 000 元存入银行。

【解析】　该项经济业务的发生,使雅米公司资产增加 50 000 元,负债增加 50 000 元,会计等式左右两边同增 50 000 元,会计等式平衡关系保持不变。这属于一项资产增加、一项负债等额增加的经济业务类型。

(2) 雅米公司收到华生公司投入的设备一台,无需安装,价值 60 000 元。

【解析】　该项经济业务的发生,使雅米公司资产增加 60 000 元,所有者权益增加 60 000 元,会计等式左右两边同增 60 000 元,会计等式平衡关系保持不变。这属于一项资产增加、一项所有者权益等额增加的经济业务类型。

(3) 雅米公司以银行存款 200 000 元偿还前欠银行短期借款 200 000 元。

【解析】 该项经济业务的发生,使雅米公司资产减少200 000元,负债减少200 000元,会计等式左右两边同减200 000元,会计等式平衡关系保持不变。这属于一项资产减少、一项负债等额减少的经济业务类型。

(4) 雅米公司按规定办妥减资手续,退还某投资方投资10 000元,以银行存款支付。

【解析】 该项经济业务的发生,使雅米公司资产减少10 000元,所有者权益减少10 000元,会计等式左右两边同减10 000元,会计等式平衡关系保持不变。这属于一项资产减少、一项所有者权益等额减少的经济业务类型。

(5) 雅米公司从银行存款提取现金1 000元。

【解析】 该项经济业务的发生,使雅米公司一项资产(银行存款)减少1 000元,另一项资产(库存现金)增加1 000元,会计等式左边资产项目的金额有增有减,会计等式平衡关系保持不变。这属于一项资产增加、另一项资产等额减少的经济业务类型。

(6) 雅米公司签发商业汇票抵付前欠68 000元货款。

【解析】 该项经济业务的发生,使雅米公司一项负债(应付账款)减少68 000元,另一项负债(应付票据)增加68 000元,会计等式右边负债项目的金额有增有减,会计等式平衡关系保持不变。属于一项负债增加、另一项负债等额减少的经济业务类型。

(7) 股东大会决议,雅米公司将资本公积700 000元转为实收资本。

【解析】 该项经济业务的发生,使雅米公司一项所有者权益(资本公积)减少700 000元,另一项所有者权益(实收资本)增加700 000元,会计等式右边所有者权益项目的金额有增有减,会计平衡关系保持不变。这属于一项所有者权益增加、另一项所有者权益等额减少的类型。

(8) 经销商将已发行的公司债券3 000 000元转为实收资本。

【解析】 该项经济业务的发生,使雅米公司一项负债(应付债券)减少3 000 000元,另一项所有者权益(实收资本)增加3 000 000元,会计等式左边增减金额相等,会计等式平衡关系保持不变。这属于一项所有者权益增加、一项负债等额减少的经济业务类型。

(9) 雅米公司按规定分配给投资者红利168 700元,款项尚未支付。

【解析】 该项经济业务的发生,使雅米公司一项负债(应付股利)增加168 700元,另一项所有者权益(利润分配)减少168 700元,会计等式右边增减金额相等,会计等式平衡关系保持不变。这属于一项负债增加、一项所有者权益等额减少的经济业务类型。

在企业生产经营过程中发生的会计事项无论何等复杂,其资金运动及会计要素无论发生怎样的增减变动,都能使企业在某一特定日期的资产等于负债与所有者权益之和,即任何会计事项的发生都不会影响会计等式的恒等性。

任务四 会计要素确认与计量

2014年7月23日公布的《财政部关于修改〈企业会计准则——基本准则〉的决定》规定了会计要素的确认条件和会计计量属性。

一、会计要素的确认

会计要素的确认是指将某一会计事项作为会计要素加以记录并列入财务报表的过程,即将符合财务报表要素(资产、负债、所有者权益、收入、费用和利润)定义的项目纳入资产负债表和利润表的过程。会计要素的确认分为初始确认和再确认两个阶段。

(一)初始确认

初始确认是指交易或事项发生时(对取得的原始凭证如发票等进行辨认),按照会计要素的定义和确认条件,将其认定为资产、负债、所有者权益、收入、费用和利润并加以记录的行为。初始确认条件主要包括:①符合要素的定义。将有关经济业务确认为一项要素,其必须符合该要素的定义。②有关的经济利益很可能流入或流出企业。这里的"很可能"表示经济利益流入或流出的可能性在50%以上。③有关的价值以及流入或流出的经济利益能够可靠地计量。如果不能可靠计量,确认就没有意义。

(二)再确认

再确认包括两层含义,一是指对已确认项目在持有期间的调整及期末在对外列报时的合并与抵减行为。例如,对固定资产计提折旧;将外购原材料、外购库存商品加以合并列报于资产负债表中的"存货"项目。当期末存货市价(5元)低于存货成本(8元)时,将低于成本部分(3元)作资产减值处理,对外列报时以抵减减值后的金额(5元)进行列报。二是指将不再满足资产或负债确认标准的项目加以清除的行为。例如,对已达到经济使用寿命的固定资产进行清理处置,合伙人退出企业的处理等。

二、会计计量属性

(一)会计计量属性

《企业会计准则——基本准则》规定会计计量属性主要包括历史成本、重置成本、可变现净值、现值及公允价值。

1. 历史成本

历史成本即实际成本,是指取得或制造某项财产物资时所实际支付的现金或其他等价物。在历史成本计量下,资产按照购置时支付的现金或者现金等价物的金额,或者按照企业购置资产时付出的对价的公允价值计量。负债按照企业承担现时义务的合同金额,或按照日常活动中未偿还负债预期需要支付的现金或现金等价物的金额计量。

2. 重置成本

重置成本即现行成本,是指按照当前市场条件,重新取得同一项资产所需支付的现金或现金等价物金额。在重置成本计量下,资产按照当前购买相同或相似资产所需支付的现金或现金等价物的金额计量。负债按照现在偿付该项债务所需支付的现金或现金等价物的金额计量。

3. 可变现净值

可变现净值是指在正常生产经营过程中以预计售价减去进一步加工成本和销售所必需的预计税金、费用后的净值。在可变现净值计量下,资产按照其正常对外销售所能收到现金或现金等价物的金额,扣减该资产至完工时预计将要发生的成本、预计的销售费用及相关税金后的金额计量。例如,A 在产品成本 300 元,加工后的商品估计售价 1 000 元,预计进一步加工成本 100 元,预计销售费用 100 元,则该在产品的可变现净值为 800 元(1 000－100－100)。

4. 现值

现值是指对未来现金流量以恰当的折现率进行折现后的价值,是考虑货币时间价值因素等的一种计量属性。在现值计量下,资产按照预计从其持续使用和最终处置中所产生的未来净现金流入量的折现金额计量。负债按照预计期限内需要偿还的未来净现金流出的折现金额计量。

5. 公允价值

公允价值是指在公平交易中,熟悉情况的交易双方自愿进行资产交换或者债务清偿的金额。在公允价值计量下,资产和负债按照在公平交易中熟悉情况的交易双方自愿进行资产交换或者债务清偿的金额计量。

(二) 会计计量属性的选择

《企业会计准则——基本准则》第四十三条指出:"企业在对会计要素进行计量时,一般应当采用历史成本,采用重置成本、可变现净值、现值、公允价值计量的,应当保证所确定的会计要素金额能够取得并可靠计量。"换句话说,企业在对会计要素进行计量时,一般应当采用历史成本。在某些情况下,为了提高会计信息质量并实现财务报告目标,企业会计准则允许采用重置成本、可变现净值、现值、公允价值计量的,应当保证所确定的会计要素金额能够取得并可靠计量,如果这些金额无法取得或不能可靠地计量的,则不允许采用其他计量属性。

 **本模块小结**

(1) 会计对象是指会计需要核算与控制的内容,反映为企业的经济活动及其资金运动。

(2) 会计要素是根据交易或者事项的特征对会计对象所作的基本分类。会计要素的确定为会计核算提供了依据,也为财务报表构筑了基本框架。

(3) 我国企业会计准则将会计要素划分为资产、负债、所有者权益、收入、费用、利润六大项,其中前三项是静态会计要素,反映企业的财务状况;后三项是动态会计要素,反映企业的经营成果。

(4) 会计等式是表明会计要素之间基本关系的等式。静态会计等式"资产＝负债＋所有者权益"也称基本会计等式,用于反映企业的财务状况,它不仅是复式记账法的理论基础,而且是编制资产负债表的依据;动态会计等式"收入－费用＝利润",用于反映企业的经营成果,是编制利润表的依据。

(5) 会计要素确认分为初始确认和再确认两个阶段。会计计量属性主要包括历史成本、重置成本、可变现净值、现值及公允价值。

模块二 会计要素与会计等式

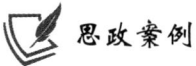 **思政案例**

从会计等式思考人生的恒等式

平衡是一种自然法则。如果宇宙失去平衡,地球就会遭受灾难;如果四季失去平衡,生态系统就会陷入混乱;如果身体失去平衡,百病就会侵入人的机体。万事万物都因保持平衡而不断运动、发展和前进,这是它们能够持续存在的重要因素。等式"资产=负债+所有者权益"可以帮我们从静态的角度理解资产由负债和所有者权益构成。类比人生,我们可以分析当前的优势及不足和需要改进的地方。等式"收入-费用=利润"可以帮我们从动态的角度分析企业在一个会计年度的收入是多少、成本(费用)是多少及两者相抵后的盈亏情况。类比人生,我们可以从动态人生的角度总结一年中的收获、付出及累积的财富。

平衡使人与人、人与自然、人与社会之间相互协调、共同发展。平衡左右人生,平衡贯穿人生始终。"平衡"总是相对的。人生平衡轮工具将一个圆分成8等份,依次为事业、家庭、健康、朋友、兴趣、环境、自我成长和金钱。只要其中一份缺少了,"和谐"就会被打破。因此,我们不能因得意而忘乎所以,也不能因一时的失意而怨天尤人。我们要把稳思想之舵,学会在生活的波折中成长,在生命的平衡中体味到人生的意义。

育人目标

(1) 作为一名在读会计学专业的学生,结合案例,认真思考如何平衡好大学生活和专业发展的关系。

(2) 结合会计等式和平衡轮工具,绘制大学生活平衡轮。

课证融通同步训练

一、单项选择题

1. (2019年真题)下列各项中,企业应确认为资产的是(　　)。
   A. 月末发票账单未到,按暂估价值入账的已入库原材料
   B. 自行研发专利技术发生的无法区分研究阶段和开发阶段的支出
   C. 已签订采购合同尚未购入的生产设备
   D. 行政管理部门发生的办公设备

2. (2022年真题)下列各项中,属于资产与负债同增业务的是(　　)。
   A. 从银行借入短期借款
   B. 以未到期商业汇票支付赊购材料款
   C. 宣告发放现金股利
   D. 用银行存款预付货款

3. (2022年真题)下列各项交易或事项中,会引起企业资产和负债同时减少的业务是(　　)。
   A. 计提坏账准备　　　　　　　　B. 计提行政大楼折旧
   C. 支付已宣告发放的现金股利　　D. 将现金送存银行

4. (2022年真题)下列各项中,会导致"资产＝负债＋所有者权益"会计等式左右两边金额保持不变的经济业务是(　　)。
   A. 收到投资者的专利权出资　　　B. 支付事务所审计费用
   C. 取得短期借款存入银行　　　　D. 以银行存款预付货款

5. (2018年真题)下列各项中,会引起企业会计等式中资产和负债同时增加的业务是(　　)。
   A. 收到购货方归还前欠货款,存入银行
   B. 从银行存款中提取现金备用
   C. 以银行存款偿还前欠劳务款
   D. 从银行取得借款

6. (2019年真题)下列各项中,会导致企业资产与负债同时增加的业务是(　　)。
   A. 从银行提取现金
   B. 从银行借入期限为3个月的短期借款
   C. 向投资者宣告分配现金股利
   D. 接受投资者投入机器设备

7. (2021年真题)下列各项中,会导致企业资产和负债同时减少的业务是(　　)。
   A. 用资本公积转增资本　　　　　B. 计提法定盈余公积
   C. 用盈余公积弥补亏损　　　　　D. 用银行存款归还短期借款

8. (2019年真题)下列各项中,关于以银行存款偿还所欠货款业务对会计要素影响的表述正确的是( )。
   A. 一项负债增加,另一项负债等额减少
   B. 一项资产与一项负债等额减少
   C. 一项资产增加,另一项资产等额减少
   D. 一项资产与一项负债等额增加

9. (2018年真题)将无力支付的商业承兑票据转为企业的应付账款,对会计等式的影响是( )。
   A. 一项资产减少,一项负债减少
   B. 一项负债减少,一项所有者权益减少
   C. 一项资产增加,一项负债增加
   D. 一项负债增加,一项负债减少

10. (2020年真题)企业以银行存款偿还到期的短期借款。关于这笔经济业务,以下说法正确的是( )。
    A. 导致负债内部增减变动,总额不变
    B. 导致资产、负债同时减少
    C. 导致资产、负债同时增加
    D. 导致所有者权益减少,负债减少

11. (2018年真题)下列各项中,企业确认盘盈固定资产初始入账价值所采用的会计计量属性是( )。
    A. 可变现净值   B. 重置成本   C. 现值   D. 公允价值

12. 市场参与者在计量日发生的有序交易中,出售一项资产所能收到或者转移一项负债所需支付的价格,代表的计量属性是( )。
    A. 历史成本   B. 重置成本   C. 可变现净值   D. 公允价值

二、多项选择题

1. (2020年真题)下列各项中,关于会计等式"资产＝负债＋所有者权益"的表述正确的有( )。
   A. 编制企业利润表的理论依据
   B. 反映企业某一时期收入、费用和利润之间的关系
   C. 反映企业某一特定时点资产、负债和所有者权益三者之间的平衡关系
   D. 编制企业资产负债表的理论依据

2. (2018年真题)下列各项中,会引起企业资产总额增加的经济业务有( )。
   A. 以银行存款偿还前欠货款
   B. 收到投资者投入的设备
   C. 收回异地采购外埠存款专户结余款项
   D. 从银行借入短期借款

3. (2022年真题)下列各项中,会导致企业负债总额发生增减变动的业务有( )。
   A. 计提短期借款利息
   B. 转销已到期但无力支付的应付票据

C. 转销无法偿付的应付账款

D. 支付债券利息

4. (2021年真题)下列各项中,会导致企业负债增加的业务有( )。

 A. 宣告发放现金股利　　　　　　B. 确认应交教育费附加

 C. 提取法定盈余公积　　　　　　D. 预提短期借款利息

5. (2019年真题)下列各项中,会引起企业资产和负债同时增加的经济业务有( )。

 A. 从银行取得一年期借款用于补充流动资产

 B. 以银行存款购买原材料

 C. 开出商业承兑汇票购入固定资产

 D. 收到投资者投入资本

6. (2020年真题)下列关于会计等式的表述中,正确的有( )。

 A. "资产＝权益"等式是复式记账的理论基础

 B. "资产＝负债＋所有者权益"这一会计等式,体现了企业在某一时点的财务状况

 C. "收入－费用＝利润"这一会计等式,是企业资金运动的动态表现

 D. "资产＝负债＋所有者权益"这一会计等式是编制各类会计报表的依据

7. (2022年真题)下列有关会计计量属性的说法中,正确的有( )。

 A. 现值是指在当前市场条件下重新取得同样一项资产所需支付的金额

 B. 公允价值、可变现净值考虑了货币时间价值

 C. 现值考虑了货币时间价值

 D. 资产的历史成本可以按照购置时所付出对价的公允价值计量

三、判断题

1. 企业收到某企业支付的欠款,该项经济业务会引起会计等式左右两边会计要素同时增加。( )

2. 企业实现利润(即利润为正数),表明企业的所有者权益增加。( )

3. 在会计上,租入的固定资产(短期租赁和低值资产租赁除外)属于承租方的固定资产。( )

4. (2018年真题)重置成本是指按照当前市场条件,重新取得同样一项资产所需支付的现金或现金等价物金额。( )

5. (2018年真题)公允价值是指市场参与者在计量日发生的有序交易中,出售一项资产所能收到或者转移一项负债所需支付的价格。( )

6. (2019年真题)某企业将一项符合负债定义的现时义务确认为负债,要满足两个条件,与该义务有关的经济利益很可能流出企业和未来企业流出的经济利益的金额能够可靠计量。( )

( )

本模块实训任务

【实训内容】
1. 识别会计核算对象
2. 理解经济业务对会计等式的影响
3. 掌握计量属性

【实训目的】
1. 初步辨识会计核算对象
2. 验证会计等式的恒等性
3. 分辨不同的计量属性

【实训要求】
1. 完成实训任务要求
2. 阅读《企业会计准则——基本准则》

实训一 初步辨识会计核算对象

资料： 雅米公司 2×24 年 11 月份发生以下经济业务：
(1) 购买一批办公用品。
(2) 与鸿运公司签订一份购销合同。
(3) 报销员工差旅费。
(4) 与供应商进行商务谈判。

要求： 根据所给资料，确认雅米公司 2×24 年 11 月份发生的经济业务中，哪些属于会计核算的对象。雅米公司 2×24 年 11 月会计核算对象识别表如表 2-2 所示。

表 2-2 2×24 年 11 月会计核算对象识别表

经济业务	11月会计核算对象	
	是	否
(1) 购买一批办公用品		
(2) 与鸿运公司签订一份购销合同		
(3) 报销员工差旅费		
(4) 与供应商进行商务谈判		

实训二 验证会计等式的恒等性

资料： 雅米公司 2×24 年 11 月份发生的经济业务如表 2-3 所示。

表 2-3　雅米科技股份公司 2×24 年 11 月份发生的经济业务

单位：千元

业务序号	资产					负债		所有者权益
	库存现金	银行存款	应收账款	原材料	固定资产	应付票据	应付账款	实收资本
期初	1 700	54 000	4 300	25 900	61 000	7 400	69 500	70 000
业务 1		+4 000	−4 000					
业务 2						+50 000	−50 000	
业务 3		+49 000			+56 000			+105 000
业务 4		−5 000					−5 000	
业务 5		−3 500		+9 500			+6 000	
业务 6						−45 000		+45 000
业务 7							+10 000	−10 000
业务 8		−18 000			+30 000		+12 000	

要求：

(1) 根据所给资料,确认雅米公司 2×24 年 11 月份发生的经济业务中,哪些属于会计核算的对象。

(2) 根据上述资料,说明业务 1—8 可能的经济业务内容。

(3) 计算并说明每一笔经济业务对资产、负债及所有者权益增减变动的影响。

实训三　分辨不同的计量属性

资料： 雅米公司在 10 年前以 100 万元的价格购入一套房子作为办公室。目前,相同地段的房屋市场价格已经涨到了 1 000 万元/套。在对外进行报告时,公司经理和财务人员展开了以下讨论。

公司经理：我认为应该按 1 000 万元对外报告。

财务人员：应该按照历史成本 100 万元对外报告。因为虽然房子价格上涨了,但我们并不准备出售,还得继续在这里办公,涨多少跟我们没有关系。

公司经理：怎么没有关系呢？老板年终时要考核我们的业绩指标,再说大家的年终奖还指望着它呢。

财务人员：那是账面富贵,没有一分钱的现金流入,拿什么来发年终奖？

要求： 请根据上述对话回答下列问题。

(1) 按 100 万元对外报告,采用的是什么计量属性？

(2) 按 1 000 万元对外报告,采用的是什么计量属性？

(3) 你赞成谁的观点？为什么？

模块三
账户与复式记账

 **素质目标**

1. 通过学习复式记账理解规则之美
2. 培养学生记账规范意识

 **知识目标**

1. 了解会计科目与账户
2. 掌握复式记账原理
3. 掌握账户的平行登记的原理
4. 了解账户的分类

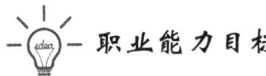 **职业能力目标**

1. 正确认识会计工作内容
2. 熟悉记账原理
3. 掌握账户的平行登记的方法

 知识框架结构

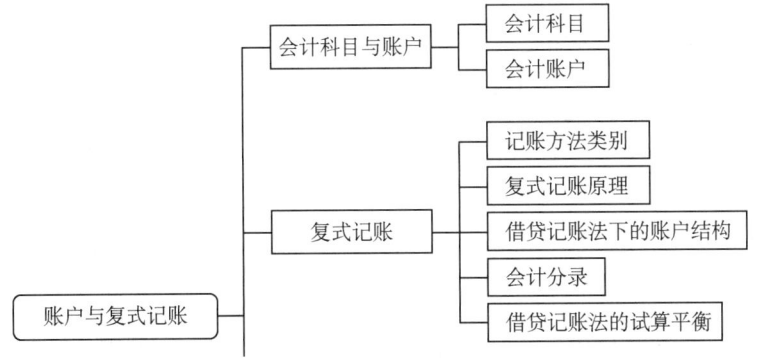

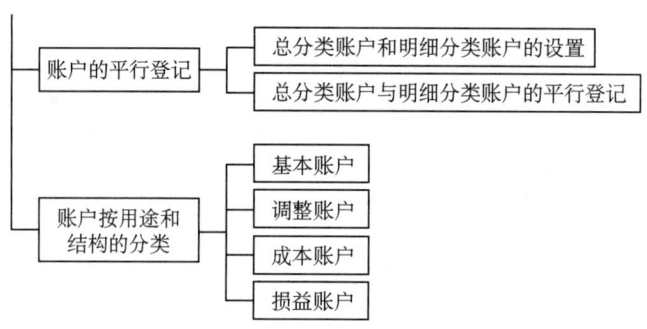

任务一 会计科目与账户

一、会计科目

(一) 会计科目的含义

为了序时、连续、系统地记录因经济业务而引起的会计要素增减变动,提供各种会计信息,各会计主体必须设置账户。会计科目作为账户的名称为各单位设置账户提供了重要依据。从理论上来说,会计科目和账户在会计学中是两个不同的概念,它们之间既有联系又有区别。

(二) 会计科目的分类

1. 会计科目的内容

会计科目按其反映的经济内容的不同可以划分为资产类科目、负债类科目、共同类科目、所有者权益类科目、成本类科目和损益类科目六大类。资产类科目用于反映企业拥有或控制的全部资产状况;负债类科目用于反映企业承担并应偿还的全部负债的状况;共同类科目用于反映银行间业务往来引起的资金清算款项,包括清算资金往来、货币兑换等科目;所有者权益类用于反映企业全部所有者权益的状况;成本类科目用于反映企业产品生产成本和提供劳务成本的状况;损益类科目用于反映企业取得收入和发生费用的状况。

会计科目原则上由财政部统一制定,并以会计准则或会计制度的形式颁布实施。财政部规定的常用会计科目如表 3-1 所示。

表 3-1 常用会计科目

编号	会计科目	编号	会计科目
	一、资产类	2221	应交税费
1001	库存现金	2231	应付利息
1002	银行存款	2232	应付股利
1012	其他货币资金	2241	其他应付款

(续表)

编号	会计科目	编号	会计科目
1101	交易性金融资产	2501	长期借款
1121	应收票据	2502	应付债券
1122	应收账款	2701	长期应付款
1123	预付账款	2801	预计负债
1131	应收股利		三、共同类（略）
1221	其他应收款		四、所有者权益类
1231	坏账准备	4001	实收资本
1401	材料采购	4002	资本公积
1402	在途物资	4101	盈余公积
1403	原材料	4103	本年利润
1404	材料成本差异	4104	利润分配
1405	库存商品		五、成本类
1411	周转材料	5001	生产成本
1471	存货跌价准备	5101	制造费用
1511	长期股权投资		六、损益类
1512	长期股权投资减值准备	6001	主营业务收入
1601	固定资产	6051	其他业务收入
1602	累计折旧	6101	公允价值变动损益
1603	固定资产减值准备	6111	投资收益
1604	在建工程	6115	资产处置损益
1606	固定资产清理	6301	营业外收入
1701	无形资产	6401	主营业务成本
1702	累计摊销	6402	其他业务成本
1703	无形资产减值准备	6403	税金及附加
1801	长期待摊费用	6601	销售费用
1901	待处理财产损溢	6602	管理费用
	二、负债类	6603	财务费用
2001	短期借款	6701	资产减值损失
2201	应付票据	6702	信用减值损失
2202	应付账款	6711	营业外支出
2203	预收账款	6801	所得税费用
2211	应付职工薪酬		

从表 3-1 可看出,每个会计科目都有标准称谓和对应的编号,其编号通常由四个数字组成。会计科目编号在保证会计账户及报表中各项目固定排序的同时,又使会计软件在计算机环境下的运行更为便利。

2. 会计科目的级次

会计科目按其提供指标的详细程度可分为总分类科目和明细分类科目。

(1) 总分类科目。总分类科目又称总账科目或一级科目,由财政部统一制定。总分类科目提供了会计要素具体内容的总结指标,是进行总分类核算的依据。

(2) 明细分类科目。明细分类科目是对总分类科目的进一步分类,它所提供的是更为详细具体的指标。例如,在"应付账款"总分类科目下根据具体应付"哪个单位"的货款来设置详细的明细分类科目。明细分类科目由企业自行设置。

为了满足管理需求,当明细分类科目过多时,企业可在总分类科目与明细分类科目之间增设二级科目(子目)。二级科目所提供指标的详细程度介于总分类科目与明细分类科目之间。例如,按所提供指标详细程度进行分类,"生产成本"和"原材料"科目的明细分类如表 3-2 所示。

表 3-2 "生产成本"和"原材料"科目的明细分类

总分类科目	二级与明细分类科目	
(一级科目)	二级科目(子目)	明细分类科目(三级科目)
生产成本	A 车间	甲产品
	B 车间	乙产品
原材料	主材	方钢
	辅材	涂料
	燃料	汽油

二、会计账户

(一) 会计账户的设置原则

账户是指根据会计科目在会计账簿中设置的账页户头。企业应当根据会计科目设置相应的账户,以便序时、连续、系统地记录企业在一定会计期间的各项经济业务,反映各项会计要素的增加变动情况及其结果。例如,根据"银行存款"科目设置"银行存款"账户,根据"原材料"科目设置"原材料"账户。同一个会计科目对应同一个账户。

(二) 账户的基本结构

在会计核算中,账户应当具有一定的结构,用以全面、系统、分类地反映经济业务的增减变动。账户的基本结构通常划分为左、右两方,一方用来登记经济业务引发的具体会计要素的增加额,另一方用来登记其减少额。哪方登记增加额、哪方登记减少额取决于账户所反映的经济内容。如果账户有余额,无论是期初余额还是期末余额,均与增加额在同一方向。在实际工作中,账户的基本内容应包括:

(1) 账户名称,即会计科目。
(2) 日期,即经济业务发生的时间。
(3) 记录经济业务的来源,即会计凭证的种类和号数。
(4) 经济业务内容的简要说明,即摘要。
(5) 经济业务涉及的金额,包括本期期初余额、本期增加发生额、本期减少发生额及本期期末余额。

账户的基本格式如表3-3所示。

表3-3 账户的基本格式

账户名称(会计科目)

年		凭证号数	摘要	增加	减少	余额
月	日					

在教学活动中,为了便于理解,会计账户的基本结构及格式可以简化为如图3-1所示的"T"形账户(也称为丁字账户)。

图3-1 "T"形账户

"T"形账虽然结构简单,却能清晰反映账户的期初余额(即上一会计期间的期末余额,也是本期的期初余额)、本期增加发生额(一定会计期间内账户所登记的增加额的合计额)、本期减少发生额(一定会计期间内账户所登记的减少额的合计额)、期末余额及其相互之间的关系。这种关系可以用公式表示为:

期末余额=期初余额+本期增加发生额-本期减少发生额

(三) 账户的分类

账户的分类方法与会计科目的分类方法基本相同。按照账户与会计要素的对应关系,可以将账户划分为资产类账户、负债类账户、所有者权益类账户、收入类账户、费用类账户和利润类账户六大类。按照账户所反映的经济内容及其性质的不同,可分为资产类账户、负债类账户、共同类账户、所有者权益类账户、成本类账户及损益类账户六大类。按照账户所提供会计信息指标的详细程度可划分为总分类账户和明细分类账户两大类。此外,账户还可以按用途和结构划分为盘存类(如"原材料")、资本类(如"实收资本")、结算类(如"应收账款")、调整类(如"累计折旧")、集合分配类(如"制造费用")、成本计算类(如"生产成本")、跨期摊销类(如"长期待摊费用")、汇转类(如"主营业务收入")、财务成果类(如"本年利润")、计价对比类(如"材料采购")和暂记类(如"待处理财产损溢")11种类型的账户。

任务二 复式记账

一、记账方法类别

记账方法是指运用特定的记账符号,按照一定的原理及规则,使用特定的文字和数字在相关账户中记录各项经济业务的一种专门方法。回顾会计发展历史,记账方法经历了由相对单一到逐渐完善的演变过程,从最初的单式记账法逐步发展为复式记账法。

(一)单式记账法

单式记账法是指当经济业务发生时,仅对一个账户进行单方面记录,通常只涉及现金收付和人欠、欠人情况的记账方法。例如,如果购买水果花费了 500 元现金,购买方仅记录现金减少的金额,而不详细记录具体购买的物品或导致现金减少的原因。而销售方也只记录现金的增加金额,而不详细记录销售背后的具体情况。在赊销关系下,销售方仅记录人欠(即应收款项),赊购方则记录欠人(即应付款项)。单式记账法产生于会计发展的早期阶段,其记账方法简单,账户设置不全面,难以清晰反映经济业务的来龙去脉。虽然这种方法记账简便,但其理论基础不够科学,难以满足现代社会对会计核算与监督的需求。

(二)复式记账法

复式记账法是指任何一项经济业务都涉及两个或两个以上账户,用以反映会计要素增减变动的一种记账方法。例如,企业支付现金 700 元用来采购办公用具,采用复式记账法时,除了在"库存现金"账户中登记 700 元的减少,还需在损益类账户中记录 700 元的支出。这样的登记方法能清晰地显示企业支付现金与相关费用的关联。又如,企业从某单位购入价值 2 000 元的原材料,已验收入库但并未支付相关款项。采用复式记账法,这笔经济业务除需在结算债务账户中登记 2 000 元的增加,还要在原材料账户中登记 2 000 元的增加。

二、复式记账原理

(一)复式记账的特征

复式记账法较好地体现了资金运动的内在规律,能够全面、系统地反映资金增减变动的来龙去脉及经营成果,并有助于检查账户处理的准确性和确保账簿记录的正确性。其特征主要体现在以下几个方面:

(1)需要设置完整的账户体系,针对每项经济业务,都要以相等的金额在两个或两个以上的、相互联系的账户中进行记录,以便反映其来龙去脉。

(2)不仅记录货币资金的收付和债权债务的发生,还要反映所有财产和权益的增减变动情况,以及企业经营过程中发生的费用和获得的收入。

(3)根据会计等式,可以对一定时期内发生的经济业务进行试算平衡,以检查账户记录是否正确。

（二）借贷记账法的产生及运用

借贷记账法是以"借"和"贷"作为记账符号的一种复式记账法。其起源于 13 世纪的意大利,当时为了满足借贷资本和商业资本经营者的管理需求逐渐形成了这种记账方法。根据借贷记账法,收到的款项记在贷主(creditor)名下表示自身债务即欠人的增加;而支付出去的款项则记在借主(debtor)的名下,表示人欠的增加。到 15 世纪,西方会计学者提出了借贷记账法的理论依据,即"资产=负债+所有者权益",并确立了借贷记账规则。我国于 1993 年实施的基本会计准则规定,中华人民共和国境内所有企业在进行会计核算时,必须统一采用借贷记账法。

在借贷记账法下,"借"和"贷"作为记账符号规定了会计等式两边的会计要素具有相反的含义。虽然"借"和"贷"都可以用来表示增加或减少,但具体哪一个符号表示增加或减少需要根据会计要素的性质来进行分类。例如,资产类账户、费用类账户的增加用"借"来表示;相反,所有者权益类账户和负债类账户的增加通过"贷"来表示。

三、借贷记账法下的账户结构

在借贷记账法下,所有账户都分为借方和贷方。账户的基本结构如图 3-2 所示的"T"形账户:左边为借方,右边为贷方,这是人们根据其记账符号划分出的惯例。

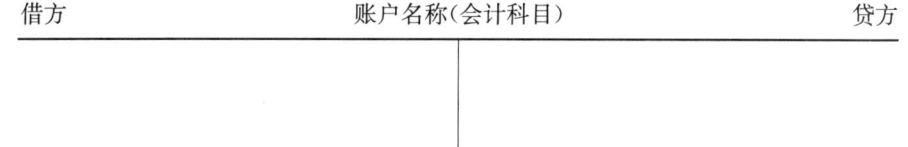

图 3-2 借贷记账法下账户的基本结构("T"形账户)

对于一个账户而言,如果使用借方登记增加额,则贷方用来表示减少额;反之,如果借方用来登记减少额,则贷方用来登记增加额。在一个会计期间内,借方登记的合计数称为借方发生额,贷方登记的合计数称为贷方发生额。在借贷记账法下,账户的具体结构取决于账户所反映的经济内容及性质,确定使用哪一方登记增加额或减少额也取决于账户的性质。

每个账户通常包含 4 个金额要素,即期初余额、本期增加发生额、本期减少发生额和期末余额。一定期间内记录到账户增加方的数额合计称为增加发生额;记录到账户减少方的数额合计称为减少发生额。账户 4 个金额要素之间的关系可以表示为:

$$账户期末余额=账户期初余额+本期增加发生额-本期减少发生额$$

（一）资产类账户的结构

资产类账户的借方登记资产的增加额,贷方登记资产的减少额。该类账户期末余额一定在借方,因为其资产的减少额不可能大于期初余额与本期增加额之和。资产类账户的结构如图 3-3 所示。资产类账户期末余额的计算公式为:

$$资产类账户期末借方余额=期初借方余额+本期借方发生额-本期贷方发生额$$

借方	资产类账户		贷方
期初余额	×××		
增加额	×××	减少额	×××
本期发生额	×××	本期发生额	×××
期末余额	×××		

图 3-3　资产类账户的结构

（二）负债及所有者权益类账户的结构

由会计等式"资产＝负债＋所有者权益"可得出，负债及所有者权益类账户的结构与资产类账户正好相反。贷方登记负债及所有权益类账户的增加额，借方登记其减少额。因为负债及所有者权益的增加额与期初余额之和通常大于其本期减少额，所以该类账户期末余额在贷方。负债及所有者权益类账户的结构如图 3-4 所示。负债及所有者权益类账户期末贷方余额的计算公式如下：

负债及所有者权益类账户期末贷方余额＝期初贷方余额＋本期贷方发生额－本期借方发生额

借方	负债及所有者权益类账户		贷方
		期初余额	×××
减少额	×××	增加额	×××
本期发生额	×××	本期发生额	×××
		期末余额	×××

图 3-4　负债及所有者权益类账户的结构

（三）费用类账户的结构

企业在生产经营过程中所发生的各种耗费大多由资产转化而来，所以费用在抵销收入之前，可被视为特殊的资产。因此费用类账户的结构（图 3-5）与资产类账户相似，账户的借方登记费用的增加额，贷方登记费用的减少额。由于借方登记的费用增加额一般情况下都要通过贷方转出，所以费用类账户通常在期末没有余额。

借方	费用类账户		贷方
增加额	×××	减少额	×××
本期发生额	×××	本期发生额	×××

图 3-5　费用类账户的结构

（四）收入类账户的结构

收入类账户的结构（图 3-6）与负债及所有者权益账户类似，账户的贷方登记收入的增加额，借方登记收入的减少额。由于贷方登记的收入增加额一般要通过借方转出，所以收入类账户通常在期末没有余额。

借方	收入类账户		贷方
减少额	×××	增加额	×××
本期发生额	×××	本期发生额	×××

图 3-6　收入类账户的结构

（五）利润类账户的结构

利润类账户的结构（图 3-7）与负债及所有者权益类账户大致相同，账户的贷方登记利润的增加额，借方登记利润的减少额。期末余额通常表现为贷方余额。

借方	利润类账户		贷方
本期费用转入额	×××	本期收入转入额	×××
本期发生额	×××	本期发生额	×××
期末余额（亏损）	×××	期末余额（盈利）	×××

图 3-7　利润类账户的结构

综上，各类账户的借贷增减变化如表 3-4 所示。

表 3-4　各类账户的借贷增减变化

账户类别	借方	贷方	余额方向
资产类	增加	减少	余额在借方
负债类	减少	增加	余额在贷方
所有者权益类	减少	增加	余额在贷方
收入类	减少	增加	一般无余额
费用类	增加	减少	一般无余额
利润类	减少	增加	

四、会计分录

在复式记账法下，每笔经济业务都要以相等的金额在两个或两个以上相互关联的账户中进行记录，此类账户被称为对应账户，这种关系被称为账户对应关系。在采用借贷记账法登记某项经济业务时，通常通过会计分录来确定有对应关系的账户，从而确保账户记录的正确性。编制会计分录是会计工作的初始阶段，在会计运用过程中，这项工作通常通过编制记账凭证或登记普通日记账来完成。

会计分录按照所涉及的账户数量分为简单会计分录和复合会计分录。简单会计分录是指由两个账户组成的会计分录，每笔分录只有一"借"一"贷"。复合会计分录是指由两个以上账户所组成的会计分录，它可以分解为多个简单会计分录。现通过业务实例说明会计分录在借贷记账法下的具体运用。

【例 3-1】 雅米公司收到某公司投入的资本 700 000 元，并存入银行。

该项经济业务一方面使企业的资产——银行存款增加，应记入"银行存款"账户的借方；

另一方面使所有者权益——实收资本增加,应记入"实收资本"账户的贷方。其会计分录为:

  借:银行存款   700 000
    贷:实收资本   700 000

【例 3-2】 雅米公司用银行存款 100 000 元偿还前欠某公司的账款。

该项经济业务一方面使企业的资产——银行存款减少,应记入"银行存款"账户的贷方;另一方面使企业的负债——应付账款减少,应记入"应付账款"账户的借方。其会计分录为:

  借:应付账款   100 000
    贷:银行存款   100 000

【例 3-3】 雅米公司用银行存款 200 000 元购入机器设备(暂不考虑增值税)。

该项经济业务一方面使企业资产——固定资产增加,应记入"固定资产"账户的借方;另一方面使企业的资产——银行存款减少,应记入"银行存款"账户的贷方。其会计分录为:

  借:固定资产   200 000
    贷:银行存款   200 000

【例 3-4】 雅米公司将资本公积金 150 000 元按法定程序转增资本。

该项经济业务一方面使所有者权益——资本公积减少,应记入"资本公积"账户的借方;另一方面使所有者权益——实收资本增加,应记入"实收资本"账户的贷方。其会计分录为:

  借:资本公积   150 000
    贷:实收资本   150 000

【例 3-5】 雅米公司签发并承兑一张面额 30 000 元为期 3 个月的商业汇票,用以抵减应付账款。

该项经济业务一方面使企业的负债——应付账款减少,应记入"应付账款"账户的借方;另一方面使企业的负债——应付票据增加,应记入"应付票据"账户的贷方。其会计分录为:

  借:应付账款   30 000
    贷:应付票据   30 000

【例 3-6】 雅米公司以银行存款 70 000 元偿还欠银行的短期借款 40 000 元和欠某公司的货款 30 000 元。

该项经济业务一方面使企业的资产——银行存款减少,应记入"银行存款"账户的贷方;另一方面使企业的负债——短期借款和应付账款减少,应记入"短期借款"和"应付账款"账户的借方。其会计分录为:

  借:短期借款   40 000
    应付账款   30 000
    贷:银行存款   70 000

【例 3-7】 雅米公司购进原材料 40 000 元,期中 20 000 元原材料款已付讫,其余 20 000 元货款尚未支付(暂不考虑增值税)。

该项经济业务一方面使企业资产——原材料,以及企业的负债——应付账款同时增加,分别应记入"原材料"账户的借方及"应付账款"账户的贷方;另一方面使企业的资产——银行存款减少,应记入"银行存款"账户的贷方。其会计分录为:

借:原材料　　　　　　　　　　　　　　　　　　　　　　40 000
　　贷:银行存款　　　　　　　　　　　　　　　　　　　　　　20 000
　　　　应付账款　　　　　　　　　　　　　　　　　　　　　　20 000

综上,在借贷记账法下,通常编制的是一"借"一"贷"、一"借"多"贷"和多"借"一"贷"的会计分录,一般不编制多"借"多"贷"的会计分录。这是由于多"借"多"贷"的会计分录容易使账户之间的关系模糊不清,使企业难以判断其经济业务的实际情况。

五、借贷记账法的试算平衡

在借贷记账法下,每一笔经济业务都遵循"有借必有贷,借贷必相等"的记账规则记入各有关账户。因此,不仅每一笔会计分录借贷发生额相等,其一定会计期间内的全部经济业务在记入相关账户之后,所有账户的借方发生额合计数必然等于贷方发生额合计数。与此同时,期末结账后,所有账户借方余额合计数也必然等于贷方余额合计数。该关系可用公式表示为:

全部账户借方发生额合计＝全部账户贷方发生额合计
全部账户借方余额合计＝全部账户贷方余额合计

试算平衡工作通常在月末进行,结出各账户的本期发生额和期末余额后,通过编制总分类账户发生额试算平衡表和总分类账户余额试算平衡表来进行。如果借贷两方金额相等,则可认为账户记录基本正确;如果借贷两方金额不相等,则表明账户记录发生错误。现将以上雅米公司相关7笔经济业务记入有关总分类账户,并结出各账户本期发生额和期末余额如下所示:

银行存款				原材料			
期初余额	600 000	(2)	100 000	(7)	40 000		
		(3)	200 000	本期发生额	40 000	本期发生额	0
(1)	700 000	(6)	70 000	期末余额	40 000		
		(7)	20 000				
本期发生额	700 000	本期发生额	390 000				
期末余额	910 000						

固定资产				短期借款			
期初余额	1 000 000			(7)	40 000	期初余额	200 000
(3)	200 000			本期发生额	40 000	本期发生额	0
						期末余额	160 000
本期发生额	200 000	本期发生额	0				
期末余额	1 200 000						

应付账款			
(2)	100 000	期初余额	160 000
(5)	30 000	(7)	20 000
(6)	30 000		
本期发生额	160 000	本期发生额	20 000
		期末余额	20 000

应付票据			
		(5)	30 000
本期发生额	0	本期发生额	30 000
		期末余额	30 000

实收资本			
		期初余额	1 000 000
		(1)	700 000
		(4)	150 000
本期发生额	0	本期发生额	850 000
		期末余额	1 850 000

资本公积			
(4)	150 000	期初余额	240 000
本期发生额	150 000	本期发生额	0
		期末余额	90 000

根据各账户的登记结果,分别编制总分类账户发生额试算平衡表(表 3-5)和总分类账户余额试算平衡表(表 3-6)。

表 3-5　总分类账户发生额试算平衡表

2×23 年 11 月 30 日　　　　　　　　　　　　　　单位:元

账户名称	本期发生额	
	借方	贷方
银行存款	700 000	390 000
原材料	40 000	
固定资产	200 000	
短期借款	40 000	
应付账款	160 000	20 000
应付票据		30 000
实收资本		850 000
资本公积	150 000	
合计	1 290 000	1 290 000

表 3-6 总分类账户余额试算平衡表

2×23 年 11 月 30 日　　　　　　　　　　　　　　　　　　单位:元

账户名称	期末余额	
	借方	贷方
银行存款	910 000	
原材料	40 000	
固定资产	1 200 000	
短期借款		160 000
应付账款		20 000
应付票据		30 000
实收资本		1 850 000
资本公积		90 000
合计	2 150 000	2 150 000

在实际工作中,为了更全面地核查会计记录的准确性和完整性,还可将总分类账户发生额试算平衡表和总分类账户余额试算平衡表合并在一起,并结合各账户的期初余额数,编制总分类账户发生额及余额试算平衡表(表3-7)。在试算平衡过程中,有的错误并不影响借贷双方平衡,如漏记或重记某项经济业务、借贷记账方向彼此颠倒或方向正确但记错账户等。因此,即使试算平衡正确,也不能确保账户记录一定完全正确。

表 3-7 总分类账户发生额及余额试算平衡表

2×23 年 11 月 30 日　　　　　　　　　　　　　　　　　　单位:元

账户名称	期初余额		本期发生额		期末余额	
	借方	贷方	借方	贷方	借方	贷方
银行存款	600 000		700 000	390 000	910 000	
原材料			40 000		40 000	
固定资产	1 000 000		200 000		1 200 000	
短期借款		200 000	40 000			160 000
应付账款		160 000	160 000	20 000		20 000
应付票据				30 000		30 000
实收资本		1 000 000		850 000		1 850 000
资本公积		240 000	150 000			90 000
合计	1 600 000	1 600 000	1 290 000	1 290 000	2 150 000	2 150 000

任务三 账户的平行登记

一、总分类账户和明细分类账户的设置

在会计核算过程中,为了满足经济管理的需要,所有经济业务都应在相关账户中登记,既要提供总结核算资料,又要提供详细的核算资料。各会计主体日常使用的账户,按提供资料的详细程度不同可分为总分类账户和明细分类账户两种。

总分类账户与所属明细分类账户之间存在着统驭与被统驭的关系,两者在会计核算中相互联系,共同作用。具体来讲,总分类账户是所属明细分类账户的统驭账户,对所属明细分类账户起着控制作用;明细分类账户是特定总分类账户的从属账户,对其对应的总分类账户起补充作用,它们核算的经济内容相同,只是提供信息的详细程度有所不同。因此,在会计核算工作中,应当对两者进行平行登记。

二、总分类账户与明细分类账户的平行登记

(一) 平行登记的原则

(1) 同一内容。对于同一项经济业务,由会计人员依据同一会计凭证同时在总分类账户和所属的明细分类账户上登记,以便相互核对与控制。虽然登记总分类账户及其所属明细分类账户的直接依据有时不同,但两者记录的经济业务内容是完全相同的。

(2) 同一期间。对于同一项经济业务,应在同一会计期间登记总分类账户与所属的明细分类账户。虽然具体日期有时并非完全一致,但两者必须在同一会计期间内进行登记。目前我国对外提供财务会计报告的最短会计期间是月度,因此这里的同一会计期间一般是指同一月份。

(3) 同一方向。在登记某一总分类账户及其所属的明细分类账户中的经济业务时,记账方向必须相同。若在总分类账户中记入借方,在其所属的明细分类账户中也应记入借方;若在总分类账户中记入贷方,在其所属的明细分类账户中也应记入贷方。

(4) 同一金额。对于同一项经济业务,记入总分类账户的金额必须与其计入所属的一个或几个明细分类账户的金额合计数相等。

(二) 平行登记的方法

为便于理解,下面以"原材料"账户为例,说明总分类账户和明细分类账户平行登记的方法。

【例 3-8】 假设长城公司在会计核算中设置了"原材料"总分类账户,并在其下按照材料名称设置了"甲材料"和"乙材料"明细分类账户。2×23 年 11 月 1 日,该公司总分类账户所属明细分类账户的期初余额如表 3-8 所示。

表 3-8　长城公司总分类账户所属明细分类账户期初余额表

甲材料	50 吨	每吨 300 元	共计 15 000 元
乙材料	200 件	每件 400 元	共计 80 000 元
合计			95 000 元

长城公司 11 月有关材料的收入和领用如下：

(1) 购入下列原材料并验收入库，款项尚未支付（暂不考虑增值税），长城公司收入材料表如表 3-9 所示。

表 3-9　长城公司收入材料表

甲材料	30 吨	每吨 300 元	共计 9 000 元
乙材料	100 件	每件 400 元	共计 40 000 元
丙材料	10 箱	每箱 500 元	共计 5 000 元
合计			54 000 元

该项经济业务编制会计分录如下：

借：原材料——甲材料　　　　　　　　　　　　　　　　9 000
　　　　　——乙材料　　　　　　　　　　　　　　　　40 000
　　　　　——丙材料　　　　　　　　　　　　　　　　5 000
　贷：应付账款　　　　　　　　　　　　　　　　　　　54 000

(2) 车间从仓库领用下列各种材料直接用于生产，长城公司领用材料表如表 3-10 所示。

表 3-10　长城公司领用材料表

甲材料	60 吨	每吨 300 元	共计 18 000 元
乙材料	150 件	每件 400 元	共计 60 000 元
丙材料	7 箱	每箱 500 元	共计 3 500 元
合计			81 500 元

该项经济业务编制会计分录如下：

借：生产成本　　　　　　　　　　　　　　　　　　　　81 500
　贷：原材料——甲材料　　　　　　　　　　　　　　　18 000
　　　　　　——乙材料　　　　　　　　　　　　　　　60 000
　　　　　　——丙材料　　　　　　　　　　　　　　　3 500

根据上述材料，在"原材料"总分类账户（表 3-11）及其所属的"甲材料""乙材料"和"丙材料"三个明细分类账户（表 3-12、表 3-13、表 3-14）中进行登记。

表3-11 "原材料"总分类账户

账户名称：原材料　　　　　　　　　　　　　　　　　　　　　　　　　金额单位：元

2×23年		摘要	借方	贷方	借或贷	余额
月	日					
		期初余额			借	95 000
		购入材料	54 000		借	149 000
		领用材料		81 500	借	67 500
		本期发生额及余额	54 000	81 500	借	67 500

表3-12 "原材料"明细分类账户

账户名称：甲材料　　　　　　　　　　　　　　　　　　　　　　　　　金额单位：元

2×23年		摘要	计量单位	单价	收入		领用		余额	
月	日				数量	金额	数量	金额	数量	金额
		期初余额	吨	300					50	15 000
		购入材料	吨	300	30	9 000			80	24 000
		领用材料	吨	300			60	18 000	20	6 000
		本期发生额及余额	吨	300	30	9 000	60	18 000	20	6 000

表3-13 "原材料"明细分类账户

账户名称：乙材料　　　　　　　　　　　　　　　　　　　　　　　　　金额单位：元

2×23年		摘要	计量单位	单价	收入		领用		余额	
月	日				数量	金额	数量	金额	数量	金额
		期初余额	件	400					200	80 000
		购入材料	件	400	100	40 000			300	120 000
		领用材料	件	400			150	60 000	150	60 000
		本期发生额及余额	件	400	100	40 000	150	60 000	150	60 000

表3-14 "原材料"明细分类账户

账户名称：丙材料　　　　　　　　　　　　　　　　　　　　　　　　　金额单位：元

2×23年		摘要	计量单位	单价	收入		领用		余额	
月	日				数量	金额	数量	金额	数量	金额
		购入材料	箱	500	10	5 000			10	5 000
		领用材料	箱				7	3 500	3	1 500
		本期发生额及余额	箱	500	10	5 000	7	3 500	3	1 500

从上述"原材料"总分类账户及其所属明细分类账户的平行登记结果可看出，"原材料"总分类账户的期初余额为95 000元，本期借方发生额为54 000元，本期贷方发生额为81 500元，

期末余额为 67 500 元,分别与其所属的 3 个明细分类账户的期初余额之和 95 000 元(15 000＋80 000),本期借方发生额之和 54 000 元(9 000＋40 000＋5 000),本期贷方发生额之和 81 500 元(18 000＋60 000＋3 500),以及期末余额之和 67 500 元(6 000＋60 000＋1 500)完全相等。

任务四 账户按用途和结构的分类

为进一步探讨账户的使用规律,除了按照经济内容(会计要素)分类,人们还常常根据账户的用途和结构对其进行分类。账户的用途是指账户设立的目的,即账户能够提供什么样的信息。账户的结构是指在账户中如何记录会计事项并提供核算指标,即账户的借方和贷方哪方登记增加额,哪方登记减少额,如果有余额,余额是在借方还是在贷方,反映了什么内容。

按照这种思路得出的具体分类可谓五花八门,不同的书籍可能会有不同的表述。在此主要介绍基本账户、调整账户、成本账户和损益账户四类按用途和结构分类的账户。

一、基本账户

(一)盘存账户

盘存账户是用来核算、监督各项财产物资和货币资金(包括库存有价证券)的增减变动及其实有数的账户,它是所有企业都必须设置的基本账户。在此类账户中,借方登记各项财产物资和货币资金的增加数,贷方登记减少数。余额总是在借方,表示期末各项财产物资和货币资金的实有数。这类账户通常都可以通过盘点方式进行清查,核对账实是否相符。

盘存账户的主要特点如下:

(1)核算的货币资金或实物资产通常能够通过实地盘点的方法确定其实际结存额,并与账面结存额相核对,以保证账实相符。

(2)实物资产盘存账户应同时按照实物数量和金额进行明细分类核算。

(3)期末余额通常在借方,表示货币资金和实物资产的期末实际结存额。

属于盘存类的账户有"库存现金""银行存款""原材料""固定资产""库存商品"等账户。

(二)资本账户

资本类账户是用来核算投资者投资的增减变动及实有额的账户,它是任何企业必须设置的基本账户。该类账户贷方登记投资者投资的增加数或其他所有者权益的增加额,借方登记投资者投资的减少数或其他所有者权益的抵减额。若余额在贷方,表示投资者权益的实有数;若没有余额或余额在借方,在有限责任公司的企业组织形式下,表示投资者的权益已降至零。

资本类账户的主要特点如下:

(1)反映企业资本账户情况,从而在一定程度上表明企业的经营规模和持续经营能力。

(2)期末余额通常在贷方,表示投入资本及资本增值的期末实际结存额。

(3) 明细分类核算仅按金额进行。

属于资本类的账户有"实收资本""资本公积""盈余公积"等账户。

(三) 结算账户

结算账户是指用来核算和监督企业与其他单位或个人之间债权、债务往来结算业务的账户。由于结算业务性质的不同,结算账户具有不同的用途和结构。结算账户按用途和结构可分为债权结算账户、债务结算账户和债权债务结算账户三类。

债权结算账户又称资产结算账户,在这类账户中,借方登记债权的增加数,贷方登记债权的减少数,余额一般在借方,表示期末债权的实有数。债权结算账户主要包括"应收账款""应收票据""其他应收款""预付账款"等账户。

债务结算账户又称负债结算账户,用来核算和监督本企业债务的增减变动和实有数额。在这类账户中,贷方登记债务的增加数,借方登记债务的减少数,余额一般在贷方,表示期末债务的实有数。债务结算账户主要包括"应付账款""其他应付款""应付票据""应交税费""应付职工薪酬""应付股利""应付债券""长期借款""短期借款"等账户。

债权债务结算账户又称资产负债结算账户,是用于反映和监督会计单位与其他单位或个人之间的债权、债务往来结算业务的账户。当企业的预收、预付款业务不频繁时,通常不单独设置"预收账款"和"预付账款"账户,而是通过"应收账款"和"应付账款"账户核算预收、预付款业务。这样,"应收账款"与"应付账款"账户便成为债权债务结算账户,其借方登记会计单位债权的增加和债务的减少,贷方登记会计单位债务的增加和债权的减少。期末余额可能在借方也可能在贷方,借方余额表示单位拥有的债权,属于资产性质;贷方余额则表示单位承担的债务,属于负债性质。

结算类账户的主要特点如下:

(1) 企业发生的债权或债务均围绕具体的结算对象进行,应按每个债权或债务单位设置明细账进行明细核算。

(2) 总分类账户的期末余额仅表示债权与债务相抵以后的差额,并不反映企业期末具体的债权数额和债务数额,故不能直接用于填列资产负债表的有关项目。

(3) 期末应分别计算和汇总所属明细分类账户的期末借方余额和贷方余额,以此分别确定企业期末的债权数额和债务数额,并将其分别在资产负债表左方和右方的有关项目中进行反映。

(4) 明细分类核算仅按金额进行。

(四) 跨期摊配账户

跨期摊配账户是用来核算和监督应由若干个会计期间共同负担的费用,并将这些费用摊配于各个相应的会计期间的账户。为正确计算产品成本,根据责权发生制的原则,把应由若干个会计期间共同负担的费用合理地分摊到各个会计期间。跨期摊配账户的借方用来登记跨期费用的实际预付数,贷方用来登记由各个会计期间负担的费用摊销数,余额在借方,反映已支付但尚未摊销的费用。

跨期摊配账户的主要特点如下:

(1) 以权责发生制为基础,将支付期与收益期不在同一会计期间的费用进行摊配,以正确确定各期损益。

(2) 根据具体的跨期摊配费用项目设置明细账进行明细分类核算,并且明细分类核算仅需按金额进行。

"长期待摊费用"账户是典型的跨期摊配账户,该类账户的特点是预付的款项作为资产,只有摊销时才可转化为费用,且只提供价值指标。

二、调整账户

调整类账户是指用来调节和整理相关账户的账面金额并表示被调整账户的实际余额数的账户。调整类账户按照调整方式的不同可以分为备抵账户、附加账户和备抵附加调整账户三类。

(一) 备抵账户

备抵账户是指用来抵减被调整账户余额,以取得被调整账户余额的账户。其计算公式如下:

$$被调整账户余额 － 备抵账户余额 = 被调整账户实际余额$$

属于备抵账户的有"累计折旧""累计摊销""坏账准备"等账户。通常企业设置"固定资产""无形资产"账户反映固定资产、无形资产的原价,设置"累计折旧""累计摊销"账户作为"固定资产""无形资产"的备抵调整账户,反映固定资产、无形资产已计提的累计折旧额和摊销额。通过这种备抵调整关系,可以反映固定资产、无形资产的净值;设置"坏账准备""存货跌价准备"等资产减值准备账户作为备抵调整账户,用来抵减"应收账款""原材料"等资产的实际价值。

(二) 附加账户

附加账户是指用来增加被调整账户余额,以取得被调整账户余额的账户。其计算公式如下:

$$被调整账户余额 ＋ 附加账户余额 = 被调整账户实际余额$$

当"利润分配"账户为贷方余额时,其为"本年利润"账户的附加账户。

(三) 备抵附加调整账户

备抵附加调整账户是指既具有备抵又具有附加调整功能的账户。比较典型的备抵附加账户是"材料成本差异"账户。具体来说是,"材料成本差异"账户是"原材料"账户的抵减附加调账账户。当"材料成本差异"账户余额在借方时,表示实际成本大于计划成本的超支数,此时原材料的实际成本即"原材料"账户的借方余额与"材料成本差异"账户的借方余额之和。当"材料成本差异"账户余额在贷方时,表示实际成本小于计划成本的节约数,此时原材料的实际成本则是"原材料"账户的借方余额减去"材料成本差异"账户的贷方余额的结果。

调整账户的主要特点如下:

(1) 调整账户不能离开被调整账户而独立存在。有调整账户就一定有被调整账户,它们是相互联系、相互结合的一组账户。

(2) 调整账户与被调整账户所反映的经济内容相同,两者结合起来使用,可以为经营管理提供所需要的某些特定指标。

三、成本账户

（一）集合分配账户

集合分配账户是用来汇集和分配经营过程中某一阶段所发生的某种间接费用，以便核算、监督有关间接费用计划执行情况，以及间接费用分配情况的账户。一般情况下，登记在集合分配账户中的费用期末应全部分配完毕，所以这类账户通常没有余额。

集合分配账户的主要特点如下：

(1) 账户具有集合与分配双重作用，借方起归集作用，贷方起分配作用。

(2) 属于一种过渡性账户。

"制造费用"账户属于典型的集合分配账户。

（二）成本计算账户

成本计算账户是用来核算和监督在经营过程中应计入特定成本计算对象的经营费用，并确定各成本计算对象实际成本的账户。成本计算账户的借方汇集应计入特定成本计算对象的全部费用（其中，一部分是在费用发生时直接计入的，另一部分是先计入集合分配账户，在会计期末通过一定的分配方法转到成本计算账户）。贷方反映转出的某一成本计算对象的实际成本。期末余额一般在借方，表示尚未完成的某一阶段成本对象的实际成本。

成本计算账户的主要特点如下：

(1) 按照各个成本计算对象设置明细分类账，并按成本项目设置专栏进行明细分类核算。成本计算账户主要包括"生产成本""材料采购""在途物资"等账户。

(2) 按不同的成本计算对象同时提供金额指标与实物指标。

(3) 期末若有余额，表示尚未完成某一过程的成本计算对象的实际成本。成本计算账户主要有"材料采购（在途物资）""生产成本"等账户。

四、损益账户

（一）收入计算账户

收入计算账户是用来核算和监督企业在一定时期（月度、季度或年度）内取得的各种收入和收益的账户。收入计算账户的贷方登记取得的收入和收益，借方登记收入和收益的减少数和期末转入"本年利润"账户的收益额。收入计算账户主要包括"主营业务收入""其他业务收入"等账户。

收入计算账户的主要特点如下：

账户一方进行归集，另一方在期末予以汇总结账，结账后无余额。

（二）费用计算账户

费用计算账户是用来核算和监督企业在一定时期（月度、季度或年度）内发生的应计入当期损益的各项费用、成本和支出的账户。费用计算账户的借方登记费用支出的增加额，贷方登记费用支出的减少数和期末转入"本年利润"账户的费用支出数。由于当期发生的全部费用支出数都要于期末转入"本年利润"账户，所以该类账户期末无余额。

费用计算账户的主要特点与收入计算账户一致：账户一方进行归集，另一方在期末予以汇总结账,结账后无余额。

费用计算账户主要包括"主营业务成本""其他业务成本""税金及附加""销售费用""财务费用""管理费用""营业外支出""所得税费用"等账户。

(三)财务成果计算账户

财务成果计算账户是用来核算和监督企业在一定时期(月度、季度或年度)内全部经营活动最终成果的账户。财务成果计算账户的贷方登记期末从收入计算账户转入的各种收入数,借方登记期末从费用计算账户转入的各种费用的支出数。贷方余额表示企业实现的利润数,借方余额表示企业发生的亏损数。年终时将实现的利润或发生的亏损转入"利润分配"账户,结转后无余额。

(1) 每年的 1 月至 11 月,每月月末的账户余额表示企业自本年年初起至本月月末累计实现的净利润额或发生的净亏损额,反映出具有所有者权益类账户的结构特点。

(2) 当年度结束时,账户在结转当年实现的净利润或发生的净亏损后,将不再保留余额。

"本年利润"账户属于典型的财务成果计算账户。

 **本模块小结**

(1) 会计科目是对会计要素进行分类所形成的具体项目,设置会计科目并在此基础上设置会计账户是会计核算的一种专门方法。会计科目按其提供会计指标信息的详细程度可分为总分类科目和明细分类科目。账户是由一定的结构形式组成的用以储存会计信息的工具,通过账户可以获取一系列的指标信息,如期初余额、本期增加发生额、本期减少发生额和期末余额。在会计核算中,账户应当具有一定的结构,用以全面、系统、分类地反映经济业务增减变动。

(2) 复式记账法是指对任何一项经济业务必须以相等的金额在两个或两个以上的账户中相互联系地进行登记,从而反映会计对象具体内容增减变化的记账方法。借贷记账法是以"借"和"贷"作为记账符号,记录经济业务的发生和完成情况的一种复式记账方法。借贷记账法遵循"有借必有贷,借贷必相等"的记账规则,并根据该规则编制会计分录。

(3) 在会计核算过程中,对于发生的经济业务要按照复式记账的要求登记在两个或两个以上的总分类账户中。凡是总分类账户下设有明细分类账户的,还要记入各总分类账户所属的明细分类账户中。在进行总分类账户与明细分类账户平行登记时,应遵循以下原则:同一内容、同一期间、同一金额、同一方向。

(4) 按用途和结构分类,账户可以分为基本账户、调整账户、成本账户和损益账户。

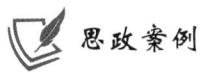 **思政案例**

近代会计之父:卢卡·帕乔利

1466 年,年仅 21 岁的帕乔利离开了他的故乡——博尔戈·圣塞波尔罗小镇,踏上了前往威尼斯的旅程。在威尼斯的德克岛上,他为教授富商安东尼奥的 3 个儿子撰写了第一部数学手稿。在这册手稿中,他不仅初次展露了自己在数学方面的才华,而且从数学与经济管理相结合的视角,对威尼斯式簿记进行了细致的研究。自此,帕乔利开始将簿记视为应用数学的重要组成部分,明确了复式簿记的科学性、系统性和重要性,为其后续从理论与实务两方面研究借贷复式簿记奠定了思想基础。

1494 年,帕乔利出版的《算术、几何、比和比例概要》一书,全面系统地介绍了当时盛行的复式簿记方法。该著作的问世标志着近代会计的开始。

帕乔利的研究领域不仅限于数学和簿记学,还涉及军事战略、国际象棋、牌技、魔方等方面的内容。他是一位伟大的数学家、会计学家、艺术家,在当时的意大利,帕乔利更是公认的一流教授。他坚信科学的力量,并致力于推动科学服务于社会经济发展。1517 年,帕乔利与世长辞。他历经了人世的艰辛,领略了世间的险恶,在与大风大浪拼搏中度过了一生。1543 年,《数学大全》被相继翻译成荷兰文、德文、法文、英文、俄文,并在欧洲广泛传播,随后更是传遍全球。

19 世纪的数学家阿瑟克里说,复式记账原则像欧几里德比例理论一样,是绝对完整的。

歌德说,复式记账是人类心灵中产生的最伟大的发明之一,每一个精明的商人从事经营活动都必须利用它,它是"人类智慧的绝妙创造"。

育人目标

(1) 结合案例,查找并阅读我国相关会计历史文献。
(2) 结合帕乔利多学科融合创新的成才之路,谈谈新文科建设的现实意义。
(3) 引导学生甘于寂寞,潜心研学,因为实现伟大的成就往往需要时间。

课证融通同步训练

一、单项选择题

1. (2020年真题)下列各项中,引起企业资产和所有者权益同时增加的是(   )。
   A. 经股东大会批准,向股东宣告分配现金股利
   B. 收到投资者投入一台设备
   C. 取得一笔短期借款并存入银行
   D. 经股东大会批准,以现金回购本企业股票方式减资

2. (2021年真题)下列各项中,按照会计科目反映的经济内容分类,属于成本类科目的是(   )。
   A. 合同履约成本   B. 主营业务成本
   C. 其他业务成本   D. 生产成本

3. (2018年真题)2017年8月31日,某企业负债总额500万元,9月份收回应收账款60万元,以银行存款归还短期借款40万元,预收客户货款20万元。不考虑其他因素,2019年9月30日该企业负债总额为(   )万元。
   A. 440   B. 480   C. 460   D. 380

4. (2022年真题)下列各项中,关于试算平衡的表述正确的是(   )。
   A. 漏记某项交易,账户借贷余额不平衡
   B. 如果试算平衡,表明记账一定正确
   C. 发生额试算平衡的直接依据是"有借必有贷,借贷必相等"
   D. 会计分录中借贷记账方向错误,会导致借贷发生额合计金额不平衡

5. (2019年真题)下列各项中,会导致试算不平衡的因素是(   )。
   A. 重记某项经济业务   B. 漏记某项经济业务
   C. 借方多记金额   D. 贷方科目用错

6. (2022年真题)下列各项中,不通过"税金及附加"科目核算的是(   )。
   A. 增值税   B. 车船税   C. 资源税   D. 印花税

7. 开设明细分类账户的依据是(   )。
   A. 总分类科目   B. 明细分类科目   C. 试算平衡表   D. 会计要素内容

8. 进行复式记账时,对任何一项经济业务登记的账户数量应是(   )。
   A. 1个   B. 2个
   C. 3个   D. 2个或2个以上

9. 在借贷记账法下,所有者权益账户的期末余额等于(   )。
   A. 期初贷方余额+本期贷方发生额-本期借方发生额
   B. 期初借方余额+本期贷方发生额-本期借方发生额
   C. 期初贷方余额+本期借方发生额-本期贷方发生额
   D. 期初贷方余额+本期借方发生额-本期贷方发生额

10. 借贷记账法的余额试算平衡公式是（　　）。
    A. 每个账户的借方发生额＝每个账户的贷方发生额
    B. 全部账户本期借方发生额合计＝全部账户本期贷方发生额合计
    C. 全部账户期末借方余额合计＝全部账户期末贷方余额合计
    D. 全部账户期末借方余额合计＝部分账户期末贷方余额合计

二、多项选择题

1. （2021年真题）下列各项中，按照会计科目反映的经济内容分类，属于成本类科目的有（　　）。
   A. 制造费用　　　　B. 长期待摊费用　　　　C. 研发支出　　　　D. 销售费用
2. （2018年真题）下列各项中，通过编制试算平衡表无法发现的记账错误有（　　）。
   A. 记录某项经济业务的借、贷方向颠倒
   B. 某项经济业务借方金额多记、贷方金额少记
   C. 漏记某项经济业务
   D. 漏记某个会计科目
3. 下列各项中，记账错误会导致试算不平衡的因素有（　　）。
   A. 登错了借方金额或贷方金额　　　　B. 颠倒记账方向
   C. 借贷科目用错　　　　D. 贷方多记金额
4. 账户中用哪一方登记增加额，哪一方登记减少额，取决于（　　）。
   A. 所记录的经济内容　　　　B. 记账人的偏好
   C. 公司类型　　　　D. 所采用的记账方法
   E. 反映会计指标信息的详细程度
5. 账户可以提供的金额指标一般有（　　）。
   A. 期初余额　　　　B. 本期增加发生额
   C. 期中余额　　　　D. 本期减少发生额
   E. 期末余额
6. 采用借贷记账法时，账户的借方一般用来登记（　　）。
   A. 资产的增加　　　　B. 收入的减少
   C. 费用的增加　　　　D. 负债的增加
   E. 所有者权益的减少
7. 下列账户中，在会计期末一般没有余额的账户有（　　）。
   A. 资产类账户　　　　B. 负债类账户
   C. 所有者权益类账户　　　　D. 收入类账户
   E. 费用类账户
8. 复合会计分录是指（　　）。
   A. 一借一贷的会计分录　　　　B. 一借多贷的会计分录
   C. 多借一贷的会计分录　　　　D. 多借多贷的会计分录
   E. 写出明细科目的会计分录
9. 总分类账户与明细分类账户平行登记的要点有（　　）。
   A. 登记的内容相同　　　　B. 登记的时间相同

C. 登记的方向相同　　　　　　D. 登记的金额相同

E. 登记的依据相同

三、判断题

1. (2018年真题)在借贷记账法下,企业为检查账户是否正确,可以采取发生额试算平衡和余额试算平衡两种计算平衡方法。（　　）
2. (2019年真题)在借贷记账法下,发生额试算平衡的直接依据是"资产＝负债＋所有者权益"会计等式。（　　）
3. (2019年真题)借贷记账法的规则"有借必有贷,借贷必相等"是余额试算平衡的直接依据。（　　）
4. (2021年真题)总分类账户试算平衡表的期初余额、本期发生额和期末余额的借贷方合计数相等,表明记账一定正确。（　　）
5. (2018年真题)企业试算平衡表中全部账户本期借方发生额合计等于全部账户本期贷方发生额合计,表明该企业本期记账正确。（　　）
6. (2020年真题)企业漏记某项经济业务的结果,会导致试算平衡表中的本期贷方发生额不平衡。（　　）
7. (2021年真题)总分类账和明细分类账平行登记要求做到方向相同、期间一致、金额相等。（　　）
8. 借贷记账法的记账符号表示经济业务的增减变动,也表示记账方向。（　　）
9. 会计分录包括业务涉及的账户名称、记账方向和金额三方面内容。（　　）
10. 会计分录中的账户之间的相互依存关系称为账户的对应关系。（　　）
11. 账户按提供资料的详细程度不同可分为总账账户和明细账户两种。（　　）
12. "有借必有贷,借贷必相等"是借贷记账法的记账规则。（　　）

四、业务题

[业务题一]

目的: 熟悉借贷记账法下资产、负债、所有者权益类账户的结构。

资料: 某公司3月份部分资产、负债、所有者权益账户资料如表3-15所示。

表3-15　某公司3月份部分资产、负债、所有者权益账户资料

单位:元

账户名称	期初余额		期初余额		期初余额	
	借方	贷方	借方	贷方	借方	贷方
银行存款	(1)		40 000	32 000	20 000	
应收账款	50 000		62 000	40 000	(2)	
原材料	45 000		(3)	47 000	33 000	
固定资产	670 000		220 000	(4)	540 000	
短期借款		100 000	78 000	(5)		110 000
应付账款		170 000	(6)	40 000		120 000
实收资本		(7)	150 000	200 000		450 000

(续表)

账户名称	期初余额		期初余额		期初余额	
	借方	贷方	借方	贷方	借方	贷方
营业外收入		20 000	4 000	10 000		(8)

要求：请依据借贷记账法下各类账户的结构特点，计算并填写表3-15中括号内的数字。

[业务题二]

目的：练习借贷记账法的应用。

资料：某企业2月份发生如下经济业务（假设不考虑增值税）：

(1) 从红星机械厂购入设备两台，价值50 000元，货款尚未支付。

(2) 从有方材料公司购入材料一批，计18 000元，其中甲材料10 000元，乙材料8 000元。甲材料货款已通过银行存款支付，乙材料货款尚未支付。

(3) 使用银行存款偿还红星机械厂设备款60 000元。

(4) 使用银行存款偿还有方材料公司材料款28 000元。

(5) 发出甲材料8 000元、乙材料6 000元用于X产品生产。

要求：请根据所提供的经济业务，编制相应的会计分录。

[业务题三]

目的：掌握会计分录的经济含义。

资料：2×23年3月份，黄河公司的会计人员编制了部分会计分录，具体如下：

(1) 借：短期借款　　　　　　　　　　　　　　　300 000
　　　贷：银行存款　　　　　　　　　　　　　　　　　　300 000

(2) 借：银行存款　　　　　　　　　　　　　　　50 000
　　　贷：应收账款　　　　　　　　　　　　　　　　　　50 000

(3) 借：应付账款　　　　　　　　　　　　　　　30 000
　　　贷：银行存款　　　　　　　　　　　　　　　　　　30 000

(4) 借：固定资产　　　　　　　　　　　　　　　380 000
　　　贷：实收资本　　　　　　　　　　　　　　　　　　380 000

(5) 借：应交税费　　　　　　　　　　　　　　　20 000
　　　贷：银行存款　　　　　　　　　　　　　　　　　　20 000

要求：请根据提供的资料，详细描述每笔会计分录所反映的具体经济业务内容。

本模块实训任务

【实训内容】
1. 编制会计分录
2. 登记"T"型账户
3. 编制总分类账户发生额及余额试算平衡表

【实训目的】
1. 熟练编制会计分录
2. 熟练登记"T"型账户
3. 掌握总分类账户发生额及余额试算平衡表的登记方法

【实训要求】
1. 严格按照任务要求完成实训内容
2. 深入思考并理解试算平衡的理论依据

资料：某企业本月月初有关总分类账户的余额如表3-16所示。

表3-16 某企业本月月初有关总分类账户的余额

(1) 库存现金	300元	(2) 银行存款	200 000元
(3) 原材料	4 700元	(4) 固定资产	160 000元
(5) 生产成本	15 000元	(6) 短期借款	10 000元
(7) 应付账款	50 000元	(8) 实收资本	320 000元

该企业本月发生如下经济业务（假设不考虑增值税）：
(1) 收到投资者投入的货币资金投资200 000元，已存入银行。
(2) 用银行存款40 000元购入不需要安装的设备1台。
(3) 购入材料一批，买价和运费计15 000元。货款尚未支付。
(4) 从银行提取现金2 000元。
(5) 借入短期借款20 000元，已存入银行。
(6) 用银行存款35 000元偿还应付账款。
(7) 生产产品领用材料一批，价值12 000元。
(8) 用银行存款30 000元偿还短期借款。

要求：
(1) 根据提供的经济业务信息，准确编制相应的会计分录。
(2) 基于所提供的账户余额资料，开设并登记相关总分类账户（开设"T"形账户即可）。
(3) 根据账户的登记结果，编制"总分类账户发生额及余额试算平衡表"。

模块四 企业主要经济业务的核算

 素质目标

1. 培养学生认真、细致、严谨、规范的实际操作态度,同时塑造其诚实守信、实事求是的职业品德
2. 培养学生勤于动手动脑、勇于探究的精神,并强化其解决实际问题的能力

 知识目标

1. 理解企业生产经营过程的主要环节
2. 熟悉企业生产经营过程中主要经济业务的会计核算方法

 职业能力目标

1. 能够分析生产经营过程的主要交易事项
2. 能够设置相应的会计核算账户
3. 能够对主要经济业务进行会计核算处理

 知识框架结构

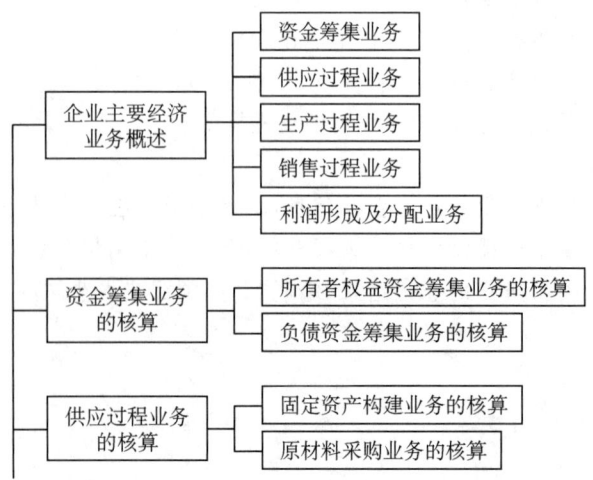

模块四　企业主要经济业务的核算

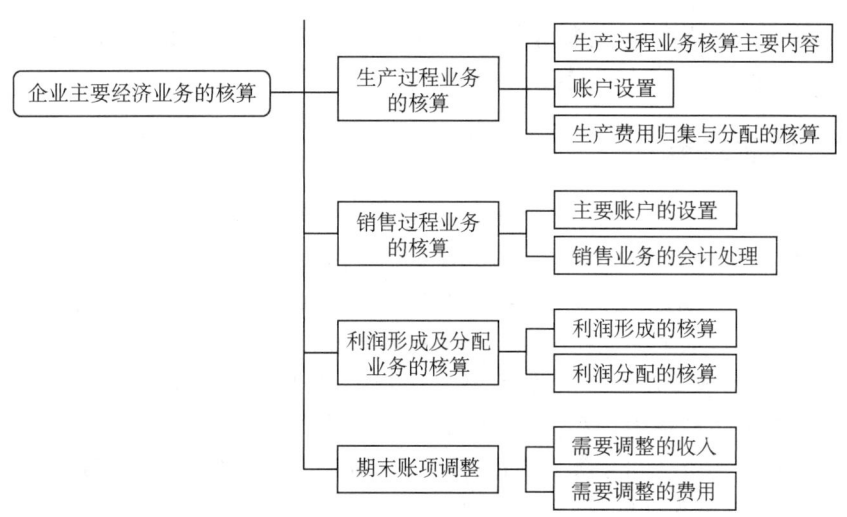

任务一　企业主要经济业务概述

凡以营利为目的,拥有独立经济资源,进行独立的核算的经济实体都是企业。它们与非营利性质的行政事业等单位相比,在经济活动内容上是有区别的。企业的经济活动内容更为复杂,因而,它的会计核算内容也较为完整。本书涉及初级会计核算的内容以企业的会计核算为主。制造企业也称工业企业,是市场经济体系中的产品生产单位,其基本任务是按照市场经济的要求,生产出满足经济发展需要及人民生活消费需要的社会产品,通过销售,以收抵支,不断增加公司的价值。因此,产品制造企业的主要经济业务就是产品的生产经营活动,其基本内容可以概括为资金筹集、供应过程、生产过程、销售过程、利润形成及分配等业务。

一、资金筹集业务

资金筹集业务是企业运营过程中不可或缺的一环。为了满足企业的生产、运营和发展需求,企业需要筹集足够的资金。企业资金筹措的渠道主要包括接受投资人的投资和向债权人借入各种款项。筹措到的资金有货币资金和实物资产等。货币资金是指企业所拥有的现金、银行存款和其他货币资金。这些资金是企业进行生产和经营活动所必需的,可以用于支付工资、采购原材料、偿还债务等。实物资产则是指企业的固定资产、流动资产等有形资产,如机器设备、原材料、库存商品等。

二、供应过程业务

供应过程是企业产品生产经营的第一阶段。在这一阶段中,企业用筹措到的资金(主要是货币资金)进行生产资料的准备。通过制订详细的资金规划、采购原材料、设备购置和维护、生产设备与工艺准备及供应链协同与优化等措施,企业可以确保生产资料的充足和稳定供应,为企业的持续发展奠定坚实基础。在核算供应过程时,重点关注的是使用货币资金

(或结算债务)购买固定资产、原材料等资产的业务,包括支付价款和税款、发生采购费用、计算采购成本、材料验收入库结转成本等。

三、生产过程业务

生产过程是企业产品生产的中心环节。在生产过程中,企业通过生产过程将原材料转化为成品,并通过存货管理控制库存水平,确保生产及销售的顺利进行。生产过程既是产品的制造过程,又是物化劳动和活劳动的耗费过程,即费用、成本的发生过程。从实物形态看,原材料等劳动对象通过加工形成在产品、半成品,最终形成产成品;从资金形态看,生产过程中发生的各种支出,形成企业的生产费用,具体表现为材料费用、人工费用、折旧费用等,生产过程中发生的这些生产费用总和构成产品的制造成本。资金形态从固定资产占用资金、原材料等储备资产占用资金和一部分货币占用资金等形态转化为生产占用资金形态,随着产成品验收入库,最终转化为库存商品占用资金形态。因此,生产过程核算的主要内容包括生产费用的发生、归集和分配,以及完工产品生产成本的计算。

四、销售过程业务

销售商品及提供服务是企业重要的经济业务之一。企业通过销售商品或提供服务获取收入,实现利润。销售商品主要包括销售库存商品和销售自制产品。提供的服务包括运输服务、维修服务、咨询服务等。因此,销售过程主要涉及的核算业务包括主营业务收入、其他业务收入,各种销售费用如包装费、广告费等的核算,以及需要缴纳的各类税金,结转销售成本等内容。

五、利润形成及分配业务

企业在生产经营过程中所获得的各项收入遵循配比的要求抵偿了各项成本、费用之后的差额,形成企业的所得,即利润。企业实现的利润,一部分需以所得税的形式上缴国家,形成国家的财政收入;另一部分即税后利润,需按照规定的程序在各有关方面进行合理的分配。企业如果发生亏损,要按照规定的程序进行弥补。通过利润分配,一部分资金要退出企业,另一部分资金要以公积金等形式继续参与企业的资金周转。

任务二 资金筹集业务的核算

货币资金是公司进行生产经营必备的条件,也是公司资金运动的出发点。公司只有运用货币资金购买劳动资料和劳动对象,雇佣生产人员,才能进行生产活动,制造出各种产品,完成生产经营全过程。因此,公司经济活动中首要的环节就是筹集资金。当然筹集资金的形式并不局限于货币资金一种类型,也可以是机器设备、原材料等生产经营所需的资产。随着市场经济的发展,筹资在公司经济活动中的重要作用日益凸显,筹资活动的具体形式也逐渐多样化。概括起来,公司生产经营所需的资金主要有两种来源:一种是公司通过发行股票或接受直接投资等方式从投资者手中取得,形成投资者的权益;另一种是公司向债权人借入,如从银行等金融机构借款或通过发行债券筹得,形成债权人的权益。这两种来源的资金性质不同,核算方式各异。

一、所有者权益资金筹集业务的核算

企业从投资者处筹集到的资金形成企业所有者权益的重要组成部分,企业的所有者权益按其核算内容和要求的不同,可以分为所有者投入的资本、直接计入所有者权益的利得和损失、留存收益等。所有者投入的资本包括实收资本(或股本)和资本公积;直接计入所有者权益的利得和损失是指不应计入当期损益的、会导致所有者权益发生增减变动的、与所有者投入资本或者与向所有者分配利润无关的利得或损失;留存收益是企业在经营过程中所实现的利润留存于企业的部分,包括盈余公积和未分配利润。

(一) 实收资本业务的核算

1. 实收资本的定义

实收资本是指企业各投资者实际投入的资本(或股本)总额,包括货币、实物、无形资产等各种形式的投入。实收资本区别于注册资本,注册资本是指企业全体投资人的法定出资额,应与股本总额相等。实收资本是公司已收缴入账的股本,只有足额缴入后,实收资本才能等于注册资本。如果法律规定注册资本可以分次缴足,则注册资本在缴足前就不等于实收资本。我国目前实行的是注册资本制度,要求企业的实收资本与注册资本一致。企业接受各方投资者投入的资本金应遵守资本保全(或称资本维持)制度的要求,除法律、法规另有规定者外,不得随意抽回。企业在经营过程中实现的收入、发生的费用,以及在财产清查中发现的盘盈、盘亏等都不得直接增减投入资本。

实收资本按投资主体可分为国家资本、集体资本、法人资本、个人资本、港澳台资本和外商资本。国家资本是指有权代表国家投资的政府部门或机构、直属事业单位对企业形成的资本金。集体资本是指由本企业职工等自然人集体投资或各种机构对企业进行扶持形成的集体性质的资本金。法人资本是指其他法人单位以其依法可支配的资产投入企业形成的资本金。个人资本是指自然人实际投入企业的资本金。港澳台资本是指我国香港、澳门和台湾地区投资者实际投入企业的资本金。外商资本是指外国投资者实际投入企业的资本金。

2. 主要账户的设置

企业应设置"实收资本"账户,该账户性质属于所有者权益类,用来核算所有者投入企业的资本金变化过程及其结果,其贷方登记所有者投入企业资本金的增加,其借方登记所有者投入企业资本金的减少。期末余额在贷方,表示所有者投入企业资本金的结余额。企业应按照投资者的不同设置明细账户,进行明细分类核算。

"实收资本"账户的结构如图 4-1 所示。

实收资本

实收资本的减少额	实收资本的增加额
	期末余额:实收资本的结余

图 4-1 "实收资本"账户的结构

3. 实收资本的核算

企业应按照企业章程、合同、协议或有关规定,根据实际收到的货币、实物及无形资产来确认投入资本。设立公司必须经过中国注册会计师的验资程序。

(1) 对于以货币投资的,主要根据收款凭证加以确认与验证。对于外方投资者的外汇投资,应取得利润来源地外汇管理局的证明。

(2) 对于以房屋建筑物、机器设备、材料物资等实物资产作价出资的,应以各项有关凭证为依据进行确认,并应进行实物清点、实地勘察以核实有关投资。房屋建筑物应具备产权证明。

(3) 对于以专利权、专有技术、商标权、土地使用权等无形资产作价出资的,应以各项有关凭证及文件资料作为确认与验证的依据。外方合营者出资的工业产权与专有技术,必须符合规定的条件。

总体来说,投入资本是按照实际收到的投资额进行入账的。对于货币形式的投资,应以实际收到的货币资金额入账;而对于实物等其他形式的投资,应以投资各方确认的价值入账。对于实际收到的货币资金额或投资各方确认的资产价值超过其在注册资本(或股本)中所占的份额部分,应作为资本溢价(或股本溢价)计入资本公积金。一般情况下,实收资本(或股本)相对固定,但特定情况下,也会发生增减变动。

下面举例说明实收资本的核算过程。

【例 4-1】 雅米公司注册资本为 20 000 000 元。根据章程规定,公司收到投资人 A、投资人 B 投入的货币资金 14 000 000 元、6 000 000 元,款项已通过银行划转。

【解析】 这项经济业务的发生,一方面使雅米公司的银行存款增加 20 000 000 元,记入"银行存款"账户的借方;另一方面反映投入资本的增加,记入"实收资本"账户的贷方。应编制的会计分录如下:

借:银行存款　　　　　　　　　　　　　　　　　20 000 000
　　贷:实收资本——A　　　　　　　　　　　　　14 000 000
　　　　　　　——B　　　　　　　　　　　　　　6 000 000

【例 4-2】 雅米公司接受了甲公司的设备投资,价值为 100 000 元,同时接受了乙公司的专利投资,价值为 30 000 元。该项经济业务的会计分录如下:

借:固定资产——设备　　　　　　　　　　　　　100 000
　　无形资产——专利　　　　　　　　　　　　　30 000
　　贷:实收资本——甲公司　　　　　　　　　　100 000
　　　　　　　——乙公司　　　　　　　　　　　30 000

(二) 资本公积业务的核算

1. 资本公积的定义

资本公积是指由股东投入但不能构成股本或实收资本的资金部分,主要包括股本溢价、接受捐赠实物资产、投入资本汇兑损益、法定财产重估增值及投资准备金等。资本公积从形成来源看,包括投资者投入的资本金额超过其法定注册资本的部分,或者其他人(或单位)投入的不形成实收资本的资产的转化形式。这些资金并非由企业日常经营所得净利润转化而来,其本质上属于投入资本的范畴,归企业所有者享有。

资本公积与实收资本虽然同属投入资本范畴,但两者在多个方面存在显著区别。第一,从来源和性质看,实收资本(或股本)是指投资者按照企业章程或合同、协议的约定,实际投入企业并依法进行注册的资本,它体现了企业所有者对企业的基本产权关系。资本公积是投资者的出资中超出其在注册资本中所占份额的部分,以及直接计入所有者权益的利得和损失,它不直接表明所有者对企业的基本产权关系。第二,从用途看,实收资本(或股本)的构成比例是确定所有者参与企业财务经营决策的基础,也是企业进行利润分配或股利分配的依据,还是企业清算时确定所有者对净资产要求权的依据。资本公积主要用于转增资本(或股本)。资本公积不体现各所有者的占有比例,也不能作为所有者参与企业财务经营决策或进行利润分配(或股利分配)的依据。

2. 主要账户的设置

企业的资本公积一般都有特定的来源,不同来源形成的资本公积,其核算的方法不同。企业应设置"资本公积"账户,反映和监督资本公积的增减变动及结余情况。该账户应当分别设置"资本溢价(或股本溢价)""其他资本公积"等明细账户进行明细核算。

"资本公积"账户属于所有者权益类,其贷方登记取得的资本公积,即资本公积的增加数;借方登记资本公积的使用,即资本公积的减少数。期末余额在贷方,表示资本公积的期末结余数。

"资本公积"账户的结构如图 4-2 所示。

资本公积

资本公积的减少额	资本公积的增加额
	期末余额:资本公积的结余

图 4-2 "资本公积"账户的结构

3. 资本公积的核算

企业接受投资者投入的资本,借记"银行存款""固定资产""无形资产""长期股权投资"等科目,按其在注册资本或股本中所占份额,贷记"实收资本(或股本)"科目,按其差额,贷记"资本公积——资本溢价(或股本溢价)"科目。

下面举例说明资本公积的核算过程。

【例 4-3】 雅米公司收到丙公司 500 000 元的投资后,实收资本总额增至 5 000 000 元。其中,丙公司占注册资本的 8%。请基于该业务编制相关会计分录。

【解析】 该项业务的发生,一方面使银行存款增加了 500 000 元,另一方面按其在注册资本中所占比例 8% 计算(丙公司注册资本 5 000 000×8%=400 000 元)。这意味着丙公司实际多投入了 100 000 元,这多投入的 100 000 元就属于资本公积。因此,相关会计分录编制如下:

借:银行存款　　　　　　　　　　　　　　　　　　　　500 000
　　贷:实收资本——丙公司　　　　　　　　　　　　　400 000
　　　　资本公积——资本溢价　　　　　　　　　　　　100 000

【例 4-4】 雅米公司经股东大会批准,将公司的资本公积金 300 000 元转增资本。

【解析】 这是一项所有者权益内部转化的业务,这项经济业务的发生,一方面使公司的实收资本增加了 300 000 元,另一方面使公司的资本公积减少了 300 000 元。其中,实收资本的增加是所有者权益的增加,应记入"实收资本"账户的贷方,资本公积的减少是所有者权益的减少,应记入"资本公积"账户的借方。

借:资本公积　　　　　　　　　　　　　　　　　　　　　　　300 000
　　贷:实收资本　　　　　　　　　　　　　　　　　　　　　　　300 000

二、负债资金筹集业务的核算

负债资金又称借入资金,是指企业通过商业信用、银行借款、发行债券等方式筹集的资金属于负债,到期要偿还其本金和利息。企业负债按其偿还期限的长短可以分为短期负债和长期负债。短期负债是指一年内(或一个营业周期内)需偿还的债务;而长期负债则指偿还期超过一年(或一个营业周期)的债务。将负债分为短期负债和长期负债,有助于会计信息使用者深入了解企业的财务状况,评估其偿债和支付能力,从而做出明智的决策。短期负债包括短期借款、应付及预收款项、应付职工薪酬、应交税费等,长期负债包括长期借款、应付债券、长期应付款等。

(一)短期借款业务的核算

1. 短期借款的定义

短期借款是指企业为了维持正常的生产经营所需的资金或为抵偿某项债务而向银行或其他金融机构等外单位借入的、还款期限在一年以下(含1年)的各种借款。这些借款通常用于补充企业的流动性资金,如满足季节性资金需求、短期投资或突发性的现金短缺等。因此,目前我国短期借款按照目的和用途分为生产周转借款、临时借款、结算借款、票据贴现借款等。按照国际惯例,短期借款往往按偿还方式不同分为一次性偿还借款和分期偿还借款;按利息支付方式不同分为收款法借款、贴现法借款和加息法借款;按有无担保分为抵押借款和信用借款。

由于短期借款的期限短,企业的还款压力也相对较大。因此,企业在进行短期借款决策时,需要充分考虑自身的经营状况、财务状况和市场环境,以制定合适的还款计划和资金管理策略。

2. 短期借款的确认和计算

企业发生短期借款业务后,需支付利息。短期借款的利息支出是企业为筹集资金而发生的一项耗费,在会计核算中,企业应将其确认为当期损益。如果短期借款利息是按期支付的,或利息在借款到期时连同本金一并归还,并且数额较大的,企业应采用预提方式核算,即在月末预提利息,待结息期结束或到期时一并支付该负债;如果借款到期收回本金时一并收回利息,但利息数额不大,企业可以在收到银行的计息通知或在实际支付利息时,将发生的利息费用直接计入当期损益。

短期借款的确认和计算应按照以下步骤进行:

在每个资产负债表日,企业应核算短期借款的应计利息。根据应计的金额,借记"财务费用""利息支出(金融企业)"等科目,贷记"银行存款""应付利息"等科目。

短期借款的计算公式为:

短期借款利息＝借款本金×利率×时间

其中,利率根据借款期限和借款类型有所不同,计息时间根据借款合同约定的还款期限和还款方式确定。需要说明的是,根据权责发生制原则,企业应于每月月末确认当月的利息费用。因而,这里的"时间"是 1 个月,但利率往往都是年利率,所以应将其转化为月利率,即年利率除以 12。若借款发生在某月内某日,则自该日起开始计息;对于借款当月和还款月,应根据实际天数进行计算(不足整月)。在将月利率转化为日利率时,为简化计算,通常将 1 个月视为 30 天,1 年视为 360 天。

企业应按照借款合同约定的时间和方式支付利息。如果企业无法按时支付利息,则可能面临罚息或提前收回贷款的风险。因此,企业需要精心规划短期借款的还款计划,确保按时还款并控制借款成本。

3. 短期借款的会计处理

对于企业发生的短期借款,应设置"短期借款""应付利息"和"财务费用"等科目进行核算。

(1)"短期借款"账户。本账户是负债类账户,用以核算企业从银行等金融机构借入,偿还期限在 1 年以内(含 1 年)的短期借入资金。账户应按债权人和借款种类设置明细账户,进行明细核算。贷方登记短期借款本金的增加额,即企业从外部借入的款项;而借方则登记短期借款本金的减少额,即企业归还的款项。期末余额在贷方,表示尚未归还的短期借款。

"短期借款"账户的结构如图 4-3 所示。

短期借款	
短期借款的偿还(减少)	短期借款的取得(增加)
	期末余额:短期借款的结余

图 4-3　"短期借款"账户的结构

(2)"财务费用"账户。本账户是损益类账户,用以核算企业按照合同约定应支付的利息,包括按月计提的短期借款利息、吸收存款的利息、分期付息到期还本的长期借款利息,以及企业债券等所产生的应付利息。该账户贷方登记企业按合同利率计算确定的应付未付利息,借方登记归还的利息。期末余额在贷方,反映企业应付未付的利息。该账户可根据存款人或债权人的不同进行明细核算。

"财务费用"账户的结构如图 4-4 所示。

财务费用	
发生的费用: 利息支出、手续费、汇兑损失等	利息收入、汇兑收益等 期末转入"本年利润"账户的财务费用额

图 4-4　"财务费用"账户的结构

(3)"应付利息"账户。本账户是负债类账户,用以核算企业按照合同约定应支付的利息,包括按月计提的短期借款利息、吸收存款的利息、分期付息到期还本的长期借款利息及企业债券等所产生的利息。该账户贷方登记企业按合同利率计算确定的应付未付利息,借方登记归还的利息。期末余额在贷方,反映企业应付未付的利息。该账户可按存款人或债权人进行明细核算。

"应付利息"账户的结构如图4-5所示。

应付利息	
以后实际支付的利息费用	预先提取计入损益的利息费用
	期末余额:已预提未支付的利息费用

图4-5 "应付利息"账户的结构

企业短期借款业务核算主要涉及三个方面:企业取得短期借款、期末计算借款利息和最终偿还借款本金并支付利息。下面举例说明短期借款的借入、计息和归还的核算过程。

【例4-5】 2×23年4月1日,雅米公司向银行借入一笔生产经营用短期借款,共200 000元,期限为3个月,年利率为6%,需在到期日一次性还本付息。

【解析】 该项业务一方面使企业的银行存款增加200 000元,另一方面使企业的短期借款增加200 000元。因此,这两个变动分别影响了"银行存款"和"短期借款"两个账户。银行存款的增加是资产的增加,应记入"银行存款"账户的借方,短期借款增加是负债的增加,应记入"短期借款"账户的贷方。编制会计分录如下:

借:银行存款　　　　　　　　　　　　　　　　　　　　　　　　200 000
　　贷:短期借款　　　　　　　　　　　　　　　　　　　　　　　　200 000

【例4-6】 承[例4-5],计算4月份应负担的利息。

【解析】 该项业务的发生,首先应按照权责发生制原则的要求,计算本月应负担的利息费用。本月应付利息为1 000元(200 000×6%÷12)。价款利息属于企业的一项财务费用,利息是最终结算,因此本月利息虽然在本月结算并由本月负担,但并非在本月实际支付,从而构成企业的一项负债。此项目涉及"财务费用""应付利息"两个账户。财务费用的增加属于费用的增加,应记入"财务费用"账户的借方,应支付的利息增加属于负债的增加,应记入"应付利息"账户的贷方。编制会计分录如下:

借:财务费用　　　　　　　　　　　　　　　　　　　　　　　　　1 000
　　贷:应付利息　　　　　　　　　　　　　　　　　　　　　　　　　1 000

【例4-7】 雅米公司应付的5月和6月的利息计算和处理方法与4月相同。

【解析】 略。

【例4-8】 雅米公司在2×23年6月30日用200 000元银行存款偿还到期的短期借款,并支付3个月的借款利息3 000元。

【解析】 该项业务一方面使企业的银行存款减少200 000元,另一方面使企业的短期借款减少200 000元,应付利息减少3 000元。此业务涉及"银行存款""短期借款""应付利息"三个会计账户。银行存款的减少是资产的减少,记入"银行存款"账户的贷方;短期借款的减少是负债的减少,记入"短期借款"账户的借方;应付利息的减少是负债的减少,记入"应付利息"账户的借方。编制会计分录如下:

借:短期借款　　　　　　　　　　　　　　　　　　　　　200 000
　　应付利息　　　　　　　　　　　　　　　　　　　　　　3 000
　　贷:银行存款　　　　　　　　　　　　　　　　　　　　203 000

(二)长期借款业务的核算

1. 长期借款的定义

长期借款是指借款期限在1年以上的各类借款。一般来说,企业举借长期借款主要是为了增添大型固定资产、购置地产、增添或补充厂房等,也就是为了扩大经营规模而增加各种长期耐用的固定资产。在会计核算中,应当区分长期借款的性质,按实际收到的贷款金额进行确认和计量,并按照规定的利率和使用期限定期计息并确认为长期借款入账(注意长期借款应付利息与短期借款应付利息核算上的差异)。贷款到期,企业应按照借款合同中的条款如期清偿借款本息。

关于长期借款利息费用的处理,按照会计制度的规定,长期借款的利息费用等应按照权责发生制核算基础的要求,按期计算提取计入所购建资产的成本(即予以资本化)或直接计入当期损益(财务费用)。具体地说,就是在该长期借款所进行的长期工程项目完工前发生的利息,应将其资本化,计入该工程成本;在工程完工达到预定可使用状态后产生的利息支出应停止借款费用资本化而予以费用化,在利息费用发生的当期直接计入当期损益(财务费用)。

2. 长期借款的会计处理

为准确核算长期借款的本金及利息的取得与偿还状况,需要设置"长期借款"账户。该账户的性质属于负债类,用来核算企业从银行或其他金融机构取得的长期借款的增减变动情况及其结余情况。贷方登记长期借款的增加数,包括本金和各期计算出来的未付利息,借方登记长期借款的减少数,即偿还的借款本金和利息。期末余额在贷方,表示尚未偿还的长期借款本息余额。此外,该账户应按贷款单位设置明细账户,并按贷款种类进行明细分类核算。同时,务必注意其与"短期借款"账户在使用上的区分。

"长期借款"账户的结构如图4-6所示。

长期借款

偿还长期借款本息	借入的长期借款本金和未支付的利息
	期末余额:尚未偿还的长期借款本息结余

图4-6 "长期借款"账户的结构

长期借款业务核算主要涉及三个方面:企业取得长期借款、各期末计算借款利息和最终偿还借款本息。

下面举例说明长期借款的借入、计息和归还的核算过程。

【例4-9】 雅米公司为建造一座厂房,于2×23年2月1日从银行获取了一笔为期3年的人民币借款,金额为1 200 000元,并将其存入银行。该项借款年利率为8%,合同规定到期一次性还本付息,单利计息。雅米公司随即将这笔借款投入厂房的建设中。

【解析】 公司取得该项借款,一方面使公司的银行存款增加1 200 000元,另一方面使公司的长期借款增加1 200 000元。这两个变化分别涉及"银行存款"和"长期借款"两个会计账户。银行存款的增加是资产的增加,应记入"银行存款"账户的借方;而长期借款的增加

是负债的增加,应记入"长期借款"账户的贷方。基于上述分析,该经济业务的会计分录应编制如下:

  借:银行存款   1 200 000
    贷:长期借款   1 200 000

【例 4-10】 承[例 4-9],假如工程在 2×25 年年末达到预定可使用状态,计算确定企业 2×23 年、2×24 年、2×25 年这 3 年应由该工程负担的借款利息。

【解析】 在厂房建造工程达到预定可使用状态之前,用于工程的借款利息属于一项资本性支出,应计入在建工程成本。在单利计息的情况下,其利息的计算方法与短期借款利息计算方法相同。第一年的利息为 88 000 元(1 200 000×8‰×11÷12),第二年和第三年的每年利息为 96 000 元(1 200 000×8%)。所以,这项经济业务的发生,一方面使公司的在建工程成本增加,另一方面使公司的长期借款利息这项负债增加。涉及"在建工程"和"长期借款"两个账户。工程成本的增加是资产的增加,应记入"在建工程"账户的借方;而借款利息的增加是负债的增加,应记入"长期借款"账户的贷方。以下是这 3 年每年年末的会计分录。

2×23 年:

  借:在建工程   88 000
    贷:长期借款   88 000

2×24 年:

  借:在建工程   96 000
    贷:长期借款   96 000

2×25 年:

  借:在建工程   96 000
    贷:长期借款   96 000

【例 4-11】 承[例 4-9][例 4-10],计提 2×26 年 1 月应计利息 8 000 元。

【解析】 由于工程已经在 2×25 年年末达到预定可使用状态,所以 2×26 年的利息不应计入工程成本,而应计入当年的财务费用。以下是相应的会计分录:

  借:财务费用   8 000
    贷:长期借款   8 000

【例 4-12】 承[例 4-9]至[例 4-11],雅米公司在 2×26 年 1 月月末全部偿还该笔借款的本金和利息。

【解析】 该笔长期借款在存续期间产生的利息共为 288 000 元,借款本金为 1 200 000 元,合计为 1 488 000 元,企业在 2×26 年 1 月月末一次还本付息。因此,这项经济业务涉及"银行存款"和"长期借款"两个账户,一方面使企业的银行存款减少 1 488 000 元,另一方面使企业的长期借款本息减少 1 488 000 元。银行存款的减少是资产的减少,记入"银行存款"账户的贷方,长期借款的减少是负债的减少,记入"长期借款"账户的借方。编制会计分录如下:

借:长期借款　　　　　　　　　　　　　　　　　　　1 488 000
　贷:银行存款　　　　　　　　　　　　　　　　　　　　1 488 000

任务三　供应过程业务的核算

资金在企业经营过程的不同阶段,其运动的方式和表现的形态是不同的,因而核算的内容也就不同。我们一般将企业的经营过程划分为供应过程、生产过程和销售过程。供应过程是为生产产品做准备的过程。在此过程中,企业为了生产产品,需进行多方面的物资筹备,其中较为重要的是劳动资料的准备,这包括购建固定资产和准备的劳动对象,购买原材料等。

一、固定资产购建业务的核算

1. 固定资产的含义

固定资产是指企业为生产产品、提供劳务、出租或经营管理而持有的,使用时间超过一个会计年度的,价值达到一定标准的非货币性资产,包括房屋、建筑物、机器、机械、运输工具以及其他与生产经营活动有关的设备、器具、工具等。固定资产不仅是企业的劳动手段,也是企业赖以生产经营的主要资产。从固定资产的定义可以看出,固定资产具有以下三个特征:第一,固定资产是为生产商品、提供劳务、出租或经营管理而持有;第二,固定资产的使用寿命超过一个会计年度;第三,固定资产为有形资产。

固定资产是企业资产的重要组成部分,在一定程度上代表着企业的生产能力和生产规模。因此,正确地加以确认与计量固定资产就成为会计核算过程中一个非常重要的内容。固定资产的确认应考虑以下两个因素:一是该固定资产包含的经济利益很可能流入企业;二是该固定资产的成本能够可靠地计量。固定资产是企业的劳动资料,从其经济用途来看,固定资产是用于生产经营活动的而非直接用于出售,这一特征是区别固定资产与商品、产品等流动资产的重要标志。固定资产要长期地参加企业的生产经营活动,因而其价值周转与其实物补偿并不同步。显然,固定资产的这一特点也不同于流动资产。固定资产的价值一部分随其磨损,脱离其实物形态,而另一部分仍束缚在使用价值形态上,这一特点使固定资产的计价可以通过取得时的实际成本和经磨损之后的净值同时表现。

企业取得固定资产的方式很多,除购建固定资产外,还有投资者投入的固定资产、重组进入的固定资产等。从不同渠道取得的固定资产其价值的构成不同,这里只介绍购建固定资产入账价值的确定。

企业会计准则规定,固定资产应当按照成本进行初始计量。固定资产购建时的实际成本是指企业单位购建固定资产达到预定可使用状态前所发生的一切合理的、必要的支出。它反映的是固定资产处于可使用状态时的实际成本。企业的固定资产在达到预定可使用状态前发生的一切合理的、必要的支出既有直接发生的,如支付的固定资产的买价、包装费、运杂费、安装费等,也有间接发生的,如固定资产建造过程中应予以资本化的借款利息等。这些直接的和间接的支出对形成固定资产的生产能力都有一定的作用,理应计入固定资产的价值。一般来说,构成固定资产取得时实际成本的具体内容包括买价、运输费、保险费、包装费、安装成本等。其中,购置不需要经过建造安装即可投入使用的固定资产,以购置过程中实际支付的买价、包装费、运杂费和缴纳的有关税金等,作为固定资产入账价值;自行建造完成的固定资产,以建造该项固定资产达到预定可使用状态前所发生的一切合理的、必要的支出作为其入账价值。

2. 主要账户的设置

(1)"固定资产"账户。本账户属于资产类账户,用以核算企业持有的固定资产原价。该账户的借方登记固定资产原价的增加,贷方登记固定资产原价的减少。"固定资产"账户的期末借方余额反映企业期末固定资产的原价。该账户可按固定资产类别和项目进行明细核算。

"固定资产"账户的结构如图4-7所示。

固定资产

固定资产取得成本的增加	固定资产取得成本的减少
期末余额:原价的结余	

图4-7 "固定资产"账户的结构

(2)"在建工程"账户。本账户属于资产类账户,用以核算企业基建、更新改造等在建工程发生的支出。该账户借方登记企业各项在建工程的实际支出,贷方登记工程达到预定可使用状态时转出的成本等。"在建工程"账户的期末借方余额反映企业期末尚未达到预定可使用状态的在建工程的成本。该账户可按"建筑工程""安装工程""在安装设备""待摊支出"及单项工程等进行明细核算。

"在建工程"账户的结构如图4-8所示。

在建工程

工程发生的全部支出	结转完工工程成本
期末余额:未完工工程成本	

图4-8 "在建工程"账户的结构

(3)"应交税费"账户。本账户是负债类账户,用来核算企业按税法等规定应交纳的各种税费,包括增值税、消费税、企业所得税、土地增值税、城市维护建设税、房产税、城镇土地使用税、车船税、教育费附加、资源税及企业代扣代缴的个人所得税等。该账户的贷方登记按规定计算应交纳的各项税费,借方登记实际交纳的各项税费,其期末贷方余额表示企业尚未交纳的各项税费。该账户可按应交纳的税费项目设置明细分类账。期末如为借方余额则表示企业多交或尚未抵扣的税费。

"应交增值税"明细账户还应分别设置"进项税额""销项税额""出口退税""进项税额转出""已交税金"等专栏。其借方发生额反映企业购进货物或接受应税劳务支付的进项税额和实际已交纳的增值税;贷方发生额反映企业销售货物或提供应税劳务应交纳的销项税额和转出已支付或应负担的增值税(纳税人从销项税额中抵扣进项税额后向税务部门交纳增值税);期末借方余额反映多交或尚未抵扣的增值税;期末如为贷方余额,则反映企业尚未交纳的增值税。

"应交税费"账户的结构如图4-9所示。

应交税费

实际交纳的各项税费	应交纳的各项税费
期末余额:多交税金	期末余额:未交税金

图4-9 "应交税费"账户的结构

2017年7月"营改增"后,增值税税率进行了调整。其中,一般纳税人销售货物、提供服务、提供加工修理劳务等类别应税行为的,增值税税率分别为17%、11%和6%;自2018年5月起,17%改为16%,11%改为10%;自2019年5月起,16%改为13%,10%改为9%。小规模纳税人按销售额征收增值税(税率为3%),且不抵扣进项税额。

3. 账务处理

企业购建固定资产的核算一般分为两种情况。一种是购买后立即可以投入使用的固定资产,可直接记入"固定资产"账户;另一种是购买后需要通过建造、安装后才能达到预定可使用状态的固定资产,必须通过"在建工程"账户进行核算,此账户反映的是在建过程中所发生的全部支出,待工程达到预定可使用状态后,再将该工程成本从"在建工程"账户转入"固定资产"账户。因此,在对固定资产进行核算时,需要先区分该资产是否需要安装。以下举例说明企业购建不需要安装和需要安装的固定资产两种情况的核算方法。

1) 不需要安装的固定资产核算

【例4-13】 雅米公司购入一台不需要安装的生产设备。该设备不含增值税的买价为150 000元,增值税为19 500元;不含增值税的运输费为2 000元,其增值税为180元。全部款项通过银行支付,设备当即投入使用。

【解析】 该项业务中固定资产不需要进行安装即可投入使用,则其在购买过程中发生的全部支出就是该项资产的全部成本,即171 680元(150 000+19 500+2 000+180)。该项业务一方面使企业的固定资产取得成本增加152 000元(150 000+2 000),增值税进项税额增加19 680元(19 500+180);另一方面使公司的银行存款减少171 680元。该项经济业务一共涉及"固定资产""应交税费""银行存款"三个账户。以下是相应的会计分录:

借:固定资产　　　　　　　　　　　　　　　　　　　　　152 000
　　应交税费——应交增值税(进项税额)　　　　　　　　　19 680
　贷:银行存款　　　　　　　　　　　　　　　　　　　　　171 680

2) 需要安装的固定资产核算

【例4-14】 雅米公司购进一台需要安装的机器设备。发票等凭证显示其不含增值税的买价为560 000元,增值税为72 800元;不含增值税运输费为3 000元,增值税为270元。所有款项通过银行支付,设备投入安装。

【解析】 该项业务所购置的固定资产需要安装,其达到预定可使用状态之后才能结转至"固定资产"账户。因此,该项业务需要先在"在建工程"账户中进行成本费用的归集。该项业务一方面使企业的在建工程支出增加563 000元(560 000+3 000),增值税进项税额增加 73 070 元(72 800＋270)；另一方面使企业的银行存款减少 636 070 元(560 000＋3 000＋72 800＋270)。该项经济业务涉及"在建工程""应交税费""银行存款"三个账户。以下是相应的会计分录：

  借：在建工程   563 000
    应交税费——应交增值税(进项税额)   73 070
    贷：银行存款   636 070

【例 4-15】 承[例 4-14]，雅米公司的上述设备在安装过程中领用本公司的原材料 15 000 元，应支付本公司安装工人的工资 28 000 元。

【解析】 机器设备在安装过程中所发生的所有费用都要归集到在建工程中。该项业务中发生的原材料费用和安装工人工资，一方面使企业的在建工程支出增加 43 000 元(15 000＋28 000)；另一方面使企业的原材料减少 15 000 元，应付职工薪酬增加 28 000 元。该项业务共涉及"在建工程""原材料""应付职工薪酬"三个账户。以下是相应的会计分录：

  借：在建工程   43 000
    贷：原材料   15 000
      应付职工薪酬   28 000

【例 4-16】 承[例 4-14][例 4-15]，雅米公司的上述机器设备安装完毕，已达到预定可使用状态，经验收合格办理竣工决算手续，并已交付使用，结转工程成本。

【解析】 该机器设备的全部成本需从"在建工程"转入"固定资产"账户，其全部成本为 606 000 元(563 000＋43 000)。该项业务共涉及"在建工程"和"固定资产"两个账户，一方面使企业固定资产成本增加 606 000 元，另一方面使在建工程减少 606 000 元。对于该项经济业务应编制的会计分录如下：

  借：固定资产   606 000
    贷：在建工程   606 000

二、原材料采购业务的核算

  企业要进行正常的产品生产经营活动，就必须购买和储备一定品种和数量的原材料。原材料是产品制造企业生产产品不可缺少的物质要素。在生产过程中，材料经过加工改变了其原来的实物形态，构成产品实体的一部分，或者实物消失而有助于产品的生产。因此，产品制造企业要有计划地采购材料，既要保证及时、按质、按量地满足生产上的需要，又要避免储备过多，占用过多资金，造成资源浪费。

  企业储存备用的材料，通常都是向外单位采购而得。在材料采购过程中，一方面是企业从供应单位购进各种材料，计算购进材料的采购成本；另一方面，企业要按照经济合同和约定的结算办法支付材料的买价和各种采购费用，并与供应单位发生货款结算关系。在材料采购业务的核算过程中，还涉及增值税进项税额的计算与处理问题。为了完成材料采购业务的核算，需要设置一系列的账户。

  关于取得原材料成本的确定，不同方式取得的原材料，其成本确定的方法不同，成本构成的内容也不同。其中，购入原材料的实际采购成本由以下几项内容组成：

(1) 购买价款,指购货发票所注明的货款金额。

(2) 采购过程中发生的运杂费(包括运输费、包装费、装卸费、保险费、仓储费等,不包括按规定根据运输费的一定比例计算的可抵扣的增值税税额)。

(3) 材料在运输途中发生的合理损耗。

(4) 材料入库之前发生的整理挑选费用(包括整理挑选中发生的人工费支出和必要的损耗,并减去回收的下脚废料价值)。

(5) 按规定应计入材料采购成本中的各种税金,如为国外进口材料支付的关税、购买材料发生的消费税,以及不能从增值税销项税额中抵扣的进项税额等。

(6) 其他费用,如大宗物资的市内运杂费等(需要注意的是,市内零星运杂费、采购人员的差旅费及采购机构的经费等不构成材料的采购成本,而是计入期间费用)。

对于材料采购过程中发生的物资毁损、短缺等,其中的合理损耗部分应当作为材料采购费用计入材料的采购成本,其他损耗不得计入材料采购成本。对于从供应单位、外部运输机构等收回的物资短缺、毁损赔款,应将其冲减材料采购成本。

以上第(1)项应当直接计入所购材料的采购成本,第(2)项至第(6)项凡能分清是某种材料直接负担的,可以直接计入材料的采购成本,不能分清的应按材料的重量等标准分配计入材料采购成本。其计算方法详见模块七。

按照我国会计规范的规定,企业的原材料可以按照实际成本计价组织收发核算,也可以按照计划成本计价组织收发核算,具体采用哪一种方法,由企业根据具体情况自行决定。

(一) 原材料按实际成本计价的核算

原材料按实际成本计价核算时,收入、发出和结存均按照实际成本计价。企业如果经营规模较小,原材料的种类较少,且原材料的收、发业务的发生也不是很频繁的情况下,应该按照实际成本计价方法组织原材料的收、发、存核算。

1. 主要账户的设置

原材料按实际成本计价组织收、发、存核算时应主要设置"在途物资""原材料"(按实际成本计价)等账户,还会涉及"银行存款""应付账款""应付票据""预付账款""应交税费"等账户。

(1) "在途物资"账户。本账户是资产类账户,用来核算企业采购材料、商品等物资时,采用实际成本(或进价)计价、货款已付尚未验收入库的在途物资的采购成本。本账户的借方登记购入材料、商品成本的实际金额;贷方登记验收入库的材料、商品的实际金额;期末借方余额表示企业在途材料、商品等物资的采购成本。本账户可按供应单位和物资品种设置明细分类账。

"在途物资"账户的结构如图 4-10 所示。

在途物资

购入材料的买价、采购费用等	结转验收入库材料的实际采购成本
期末余额:在途材料成本	

图 4-10 "在途物资"账户的结构

(2) "原材料"账户。本账户是资产类账户,用来核算企业库存各种材料的收入、发出和结存情况,包括原料及主要材料、辅助材料、外购半成品(外购件)、外购材料、修理用备件(备品、备件)、包装材料、燃料等的计划成本或实际成本等。本账户的借方登记企业购入应验收入库的各种材料的计划成本或实际成本,贷方登记材料发出、减少的数额,期末借方余额表示库存材料的计划成本或实际成本。采用计划成本进行材料日常核算的,发出材料还应结转材料成本差异,将发出材料的计划成本调整为实际成本;采用实际成本进行日常核算的,发出材料的实际成本可采用规定的计算方法确定。本账户可按照材料的保管地点、类别、品种规格等设置明细分类账,具体反映每种材料的库存和增减变动情况。

"原材料"账户的结构如图4-11所示。

原材料

已验收入库材料的实际成本	发出材料的实际成本
期末余额:库存材料的实际成本	

图 4-11 "原材料"账户的结构

(3)"应付账款"账户。本账户是负债类账户,用来核算企业因购置材料、商品和接受劳务供应等经营活动而应付的款项。本账户的贷方登记应支付而未支付的款项,借方登记实际偿还的款项,期末贷方余额表示企业尚未支付的应付账款余额。如果企业按合同规定先预付货款,后购入材料、商品,则应在"预付账款"账户中核算。本账户应按债权人设置明细分类账。

"应付账款"账户的结构如图4-12所示。

应付账款

应付供应单位款项的减少	应付供应单位款项的增加
	期末余额:尚未偿还的应付款

图 4-12 "应付账款"账户的结构

(4)"预付账款"账户。本账户是资产类账户,用来核算企业按照合同规定预付的款项。本账户的借方登记因购货、进行在建工程而预付的款项,贷方登记收到所购物资、结算工程价款而转销的款项,期末借方余额表示企业预付的款项;期末如为贷方余额,则表示企业尚未补付的款项。本账户可按供货单位、承包工程单位设置明细分类账。

"预付账款"账户的结构如4-13所示。

预付账款

预付供应单位款项的增加	冲销预付供应单位的款项
期末余额:尚未结算的预付款	

图 4-13 "预付账款"账户的结构

(5)"应付票据"账户。本账户是负债类账户,用来核算企业购买材料、商品和接受劳务供应等开出并承兑的商业汇票,包括银行承兑汇票和商业承兑汇票。本账户的贷方登记开出并承兑的商业汇票数额,借方登记支付到期商业承兑汇票、银行承兑汇票数额,期末贷方余额表示企业尚未到期的商业汇票的票面金额。为了具体反映应付各供应单位的款项增减变动情况,本账户需按债权人设置明细分类账。

"应付票据"账户的结构如图 4-14 所示。

应付票据	
到期应付票据的减少(不论是否已经支付)	开出、承兑商业汇票的增加
	期末余额:尚未到期的商业汇票的结余额

图 4-14 "应付票据"账户的结构

2. 原材料按实际成本计价核算的会计处理

下面举例说明原材料按实际成本计价业务的核算。

【例 4-17】 雅米公司从 A 公司购入下列材料:甲材料 5 000 千克,单价 24 元/千克;乙材料 2 000 千克,单价 19 元/千克。增值税税率 13%,全部款项用银行存款付清。

【解析】 对于这项经济业务,首先要计算购入材料的买价和增值税进项税额。甲材料的买价为 120 000 元(24×5 000),乙材料的买价为 38 000 元(19×2 000),甲、乙两种材料的买价共计为 158 000 元,增值税进项税额为 20 540 元(158 000×13%)。这项经济业务的发生,一方面使公司购入甲材料的买价增加 120 000 元,购入乙材料的买价增加 38 000 元,增值税进项税额增加 20 540 元;另一方面使公司的银行存款减少 178 540 元(120 000+38 000+20 540)。因此,该项经济业务涉及"在途物资""应交税费——应交增值税""银行存款"三个账户。以下是相应的会计分录:

借:在途物资——甲材料　　　　　　　　　　　　　　　　　　　120 000
　　　　　　——乙材料　　　　　　　　　　　　　　　　　　　 38 000
　　应交税费——应交增值税(进项税额)　　　　　　　　　　　　 20 540
　　贷:银行存款　　　　　　　　　　　　　　　　　　　　　　178 540

【例 4-18】 承[例 4-17],雅米公司用银行存款 7 000 元支付上述购入甲、乙材料的外地运杂费,其中甲材料应承担 5 000 元,乙材料应承担 2 000 元。

这项经济业务的发生,一方面使公司的材料采购成本增加 7 000 元,其中,甲材料采购成本增加 5 000 元,乙材料采购成本增加 2 000 元;另一方面使公司的银行存款减少 7 000 元。因此,该项经济业务涉及"在途物资"和"银行存款"两个账户。材料采购成本的增加是资产的增加,应记入"在途物资"账户的借方,银行存款的减少是资产的减少,应记入"银行存款"账户的贷方。以下是相应的会计分录:

借:在途物资——甲材料　　　　　　　　　　　　　　　　　　　5 000
　　　　　　——乙材料　　　　　　　　　　　　　　　　　　　2 000
　　贷:银行存款　　　　　　　　　　　　　　　　　　　　　　7 000

【例 4-19】 雅米公司从 W 公司购进丙材料 7 200 千克,发票注明的价款 216 000 元,增值税进项税额 28 080 元(216 000×13%),W 公司代雅米公司垫付材料的运杂费 4 000 元(不考虑增值税)。账单、发票已到,但材料价款、税金及运杂费尚未支付。

【解析】 这项经济业务的发生,一方面使公司的材料采购成本增加 220 000 元,其中材料买价 216 000 元、运杂费 4 000 元,增值税进项税额增加 28 080 元;另一方面使公司应付供应单位款项增加 248 080 元(220 000+28 080)。因此,该项经济业务涉及"在途物资""应交税费——应交增值税"和"应付账款"三个账户。材料采购成本的增加是资产的增加,应记入"在途物资"账户的借方,增值税进项税额的增加是负债的减少,应记入"应交税费——应交增值税"账户的借方,应付账款的增加是负债的增加,应记入"应付账款"账户的贷方。以下是相应的会计分录:

借:在途物资——丙材料	220 000
应交税费——应交增值税(进项税额)	28 080
贷:应付账款——W公司	248 080

【例4-20】 雅米公司按照合同规定用银行存款预付给Y公司订货款180 000元。

【解析】 这项经济业务的发生,一方面使公司预付的订货款增加180 000元,另一方面使公司的银行存款减少180 000元。因此,该项经济业务涉及"预付账款"和"银行存款"两个账户。预付订货款的增加是资产(债权)的增加,应记入"预付账款"账户的借方,银行存款的减少是资产的减少,应记入"银行存款"账户的贷方。以下是相应的会计分录:

借:预付账款——Y公司	180 000
贷:银行存款	180 000

【例4-21】 雅米公司收到Y公司发来的前已预付货款的丙材料,随货物附来的发票注明该批丙材料的价款420 000元,增值税进项税额54 600元,除冲销原预付款180 000元外,不足款项立即用银行存款支付。另发生运杂费5 000元(不考虑增值税),用现金支付。

【解析】 这项经济业务的发生,一方面使公司的材料采购支出(丙材料的买价和采购费用)增加共计425 000元(420 000+5 000),增值税进项税额增加54 600元;另一方面使公司的预付款减少180 000元,银行存款减少294 600元(420 000+54 600-180 000),库存现金减少5 000元。因此,该项经济业务涉及"在途物资""应交税费——应交增值税""预付账款""银行存款"和"库存现金"五个账户。材料采购支出的增加是资产的增加,应记入"在途物资"账户的借方,增值税进项税额的增加是负债的减少,应记入"应交税费——应交增值税"账户的借方,预付款的减少是资本的减少,应记入"预付账款"的贷方,银行存款的减少是资产的减少,应记入"银行存款"账户的贷方,现金的减少是资产的减少,应记入"库存现金"账户的贷方。以下是相应的会计分录:

借:在途物资——丙材料	425 000
应交税费——应交增值税(进项税额)	54 600
贷:预付账款——Y公司	180 000
银行存款	294 600
库存现金	5 000

需要注意的是,这项经济业务所编制的会计分录是多借多贷的会计分录,要结合经济业务内容理解所涉及的各个账户之间的对应关系。

【例4-22】 雅米公司签发并承兑一张商业汇票购入丁材料,该批材料的含税总价款404 540元,增值税税率13%,材料尚未入库。

【解析】 这笔业务中出现的是含税总价款404 540元,应将其分解为不含税价款和税额两部分。

不含税价款=含税价款÷(1+税率)=404 540÷(1+13%)=358 000(元)

增值税税额=404 540-358 000=46 540(元)

这项经济业务的发生,一方面使公司的材料采购支出增加358 000元,增值税进项税额增加46 540元;另一方面使公司的应付票据增加404 540元。因此,该项经济业务涉及"在途物资""应交税费——应交增值税""应付票据"三个账户。材料采购支出的增加是资产的增加,应记入"在途物资"账户的借方,增值税进项税额的增加是负债的减少,应记入"应交税费——应交增值税"账户的借方,应付票据的增加是负债的增加,应记入"应付票据"账户的贷方。以下是相应的会计分录:

借:在途物资——丁材料　　　　　　　　　　　　　　　　　　358 000
　　应交税费——应交增值税(进项税额)　　　　　　　　　　　 46 540
　　贷:应付票据　　　　　　　　　　　　　　　　　　　　　　404 540

【例4-23】　承[例4-19],雅米公司签发并承兑一张商业汇票,用以抵付本月从W公司购入丙材料的价税款和代垫的运杂费。

【解析】　本月从W公司购入的丙材料的价款为216 000元,增值税进项税额为28 080元,代垫付运杂费为4 000元,合计为248 080元。这项经济业务的发生,一方面使公司的应付账款减少248 080元,另一方面使公司的应付票据增加248 080元。因此,该项业务涉及"应付账款"和"应付票据"两个账户。应付账款的减少是负债的减少,应记入"应付账款"账户的借方,应付票据的增加是负债的增加,应记入"应付票据"账户的贷方。以下是相应的会计分录:

借:应付账款——W公司　　　　　　　　　　　　　　　　　　248 080
　　贷:应付票据　　　　　　　　　　　　　　　　　　　　　　248 080

【例4-24】　本月购入的甲、乙、丙、丁材料已全部验收入库,结转各材料的实际采购成本。

【解析】　计算本月购入的四种材料的实际采购成本:

甲材料实际采购成本=120 000+5 000=125 000(元)

乙材料实际采购成本=38 000+2 000=40 000(元)

丙材料实际采购成本=216 000+4 000+420 000+5 000=645 000(元)

丁材料实际采购成本=358 000(元)

这项经济业务的发生,一方面使公司已验收入库材料的实际采购成本增加1 168 000元,另一方面使公司的材料采购支出结转1 168 000元。因此,该项经济业务涉及"原材料"和"在途物资"两个账户。库存材料实际成本的增加是资产的增加,应记入"原材料"账户的借方,材料采购支出的结转是资产的减少,应记入"在途物资"账户的贷方。以下是相应的会计分录:

借:原材料——甲材料　　　　　　　　　　　　　　　　　　　125 000
　　　　　——乙材料　　　　　　　　　　　　　　　　　　　 40 000
　　　　　——丙材料　　　　　　　　　　　　　　　　　　　645 000
　　　　　——丁材料　　　　　　　　　　　　　　　　　　　358 000
　　贷:原材料——甲材料　　　　　　　　　　　　　　　　　　125 000
　　　　　　——乙材料　　　　　　　　　　　　　　　　　　 40 000

——丙材料	645 000
——丁材料	358 000

(二)原材料按计划成本计价的核算

原材料按计划成本计价进行核算是指企业结合各种原材料的特点及实际采购成本等资料,事先确定原材料的计划单位成本,而平时不考虑各种材料采购的实际成本。材料的收发凭证按计划成本编制,材料总账及明细账均按计划成本登记,通过增设"材料成本差异"账户来核算材料实际成本与计划成本之间的差异额,并在会计期末时对计划成本进行调整,以确定库存材料的实际成本和发出材料应负担的差异额,进而确定发出原材料的实际成本。原材料按计划成本计价进行核算适用于原材料的种类比较多,收发次数又比较频繁的企业。由于可以通过计划成本与实际发生的采购费用进行比较,该核算方法便于企业考核原材料采购业务成果,分析原材料采购计划的完成情况。因此,在一些大中型企业里,原材料按照计划成本计价组织收、发、存核算。

1. 主要账户的设置

原材料按计划成本组织收、发、存核算时,应设置"原材料"(按计划成本计价)、"材料采购""材料成本差异"等主要账户。

(1)"原材料"(按计划成本计价)账户。在原材料按计划成本核算时,所设置的"原材料"账户与按实际成本计价核算设置的"原材料"账户基本相同,只是将其实际成本改为计划成本,即"原材料"账户的借方、贷方均登记原材料的计划成本,期末借方余额表示库存原材料的计划成本。

"原材料"(按计划成本计价)账户的结构如图4-15所示。

原材料(按计划成本计价)

已验收入库材料的计划成本	发出材料的计划成本
期末余额:库存材料的计划成本	

图4-15 "原材料"(按计划成本计价)账户的结构

(2)"材料采购"账户。本账户是资产类账户,用来核算企业采用计划成本进行日常核算而购入的材料采购成本。本账户的借方登记实际支付材料和运杂费的金额,贷方登记转入"原材料"账户的计划成本,其实际成本大于计划成本的差额记入"材料成本差异"账户借方,其实际成本小于计划成本的差额记入"材料成本差异"账户贷方,期末借方余额表示企业在途材料的采购成本。本账户可按供应单位和材料品种设置明细分类账。

"材料采购"账户的结构如图4-16所示。

材料采购

(1)登记购入材料的实际成本	(1)结转入库材料的计划成本
(2)结转入库材料的节约差异额	(2)结转入库材料的超支差异额
期末余额:在途物资实际采购成本	

图4-16 "材料采购"账户的结构

(3)"材料成本差异"账户。本账户是资产类账户,用来核算企业采用计划成本进行日常核算的材料计划成本与实际成本的差额。本账户的借方登记入库材料实际成本大于计划成本的差异,贷方登记入库材料实际成本小于计划成本的差异,期末借方余额表示企业库存材料的实际成本大于计划成本的差异,期末如为贷方余额,则表示库存材料的实际成本小于计划成本的差异。

"材料成本差异"账户的结构如图 4-17 所示。

材料成本差异

(1)发出材料应负担的库存材料的节约差异额	(1)发出材料应负担的库存材料的超支差异额
(2)结转入库材料的超支差异额	(2)结转入库材料的节约差异额
期末余额:库存材料的超支差异	期末余额:库存材料的节约差异

图 4-17 "材料成本差异"账户的结构

2. 原材料按计划成本计价核算的会计处理

下面举例说明原材料按计划成本计价业务的核算。

【例 4-25】 雅米公司从 Z 工厂购入下列材料:甲材料 10 000 千克,单价 48 元;乙材料 4 000 千克,单价 38 元。取得的增值税专用发票上注明的增值税额为 82 160 元,全部款项通过银行付清。

【解析】 这项经济业务的发生,一方面使公司购入甲材料的买价增加 480 000 元,购入乙材料的买价增加 152 000 元,增值税进项税额增加 82 160 元;另一方面使公司的银行存款减少 714 160 元(480 000＋152 000＋82 160)。该项经济业务涉及"材料采购""应交税费——应交增值税"和"银行存款"三个账户。材料买价的增加是资产的增加,应记入"材料采购"账户的借方,增值税进项税额的增加是负债的减少,应记入"应交税费——应交增值税"明细账户的借方,银行存款的减少是资产的减少,应记入"银行存款"账户的贷方。以下是相应的会计分录:

借:材料采购——甲材料　　　　　　　　　　　　　　　　480 000
　　　　　　——乙材料　　　　　　　　　　　　　　　　152 000
　　应交税费——应交增值税(进项税额)　　　　　　　　 82 160
　贷:银行存款　　　　　　　　　　　　　　　　　　　　714 160

【例 4-26】 承[例 4-25],雅米公司用银行存款 15 260 元支付上述购入甲、乙材料的外地运费,其中增值税为 1 260 元,按照材料的重量比例进行分配。

【解析】
　　甲材料负担的采购成本＝14 000÷(10 000＋4 000)×10 000＝10 000(元)
　　乙材料负担的采购成本＝14 000÷(10 000＋4 000)×4 000＝4 000(元)

该项经济业务的发生,一方面使公司的材料采购成本增加 14 000 元,其中甲材料采购成本增加 10 000 元,乙材料采购成本增加 4 000 元,增值税进项税额增加 1 260 元;另一方面使公司的银行存款减少 15 260 元。该项经济业务涉及"材料采购""应交税费——应交增值税"和"银行存款"三个账户。材料采购成本的增加是资产的增加,应记入"材料采购"账户的借方,增值税进项税额的增加是负债的减少,应记入"应交税费——应交增值税"账户的借方,银行存款的减少是资产的减少,应记入"银行存款"账户的贷方。以下是相应的会计分录:

借:材料采购——甲材料　　　　　　　　　　　　　　　10 000
　　　　　　——乙材料　　　　　　　　　　　　　　　 4 000
　　应交税费——应交增值税(进项税额)　　　　　　　　 1 260
　　贷:银行存款　　　　　　　　　　　　　　　　　　 15 260

【例 4-27】 承[例 4-25][例 4-26],月末,上述甲、乙两种材料验收入库,该公司甲材料的计划成本为每千克 50 元,乙材料的计划成本为每千克 37 元。

【解析】 该批甲材料的实际成本为 490 000 元(480 000＋10 000),计划成本为 500 000 元(10 000×50),因而可以确定甲材料成本的节约差异额为 10 000 元(490 000－50 0000)。乙材料的实际成本为 156 000 元(152 000＋4 000),计划成本为 148 000 元(4 000×37),因而可以确定乙材料成本的超支差异额为 8 000 元(156 000－148 000)。该项经济业务涉及"原材料"(按计划成本计价)、"材料采购"和"材料成本差异"三个账户,库存材料成本的增加是资产的增加,应记入"原材料"(按计划成本计价)账户的借方,材料采购成本的结转是资产的减少,应记入"材料采购"账户的贷方。

其中,甲材料验收入库时应编制的会计分录如下:

(1) 借:原材料——甲材料　　　　　　　　　　　　　　　500 000
　　　贷:材料采购——甲材料　　　　　　　　　　　　　　500 000

(2) 借:原材料——甲材料　　　　　　　　　　　　　　　 10 000
　　　贷:材料成本差异　　　　　　　　　　　　　　　　　10 000

以上两笔会计分录也可以合并为一笔会计分录:

借:原材料——甲材料　　　　　　　　　　　　　　　　　500 000
　　贷:材料采购——甲材料　　　　　　　　　　　　　　 490 000
　　　　材料成本差异　　　　　　　　　　　　　　　　　 10 000

同理,乙材料验收入库时应编制的会计分录如下:

(1) 借:原材料——乙材料　　　　　　　　　　　　　　　148 000
　　　贷:材料采购——乙材料　　　　　　　　　　　　　 148 000

(2) 借:材料成本差异　　　　　　　　　　　　　　　　　 8 000
　　　贷:原材料——乙材料　　　　　　　　　　　　　　　 8 000

以上两笔会计分录也可以合并为一笔会计分录:

借:原材料——乙材料　　　　　　　　　　　　　　　　　148 000
　　材料成本差异　　　　　　　　　　　　　　　　　　　　8 000
　　贷:材料采购——乙材料　　　　　　　　　　　　　　 156 000

【例 4-28】 雅米公司本月生产产品领用甲材料 260 千克,计划成本总额为 13 000 元(260×50)。

【解析】 领用甲材料时应编制的会计分录为:

借:生产成本　　　　　　　　　　　　　　　　　　　　　　13 000
　　贷:原材料——甲材料　　　　　　　　　　　　　　　　　　13 000

为了计算产品的实际生产成本,在会计期末需要将计划成本调整为实际成本,并予以结转。调整方法是先计算材料成本差异率,然后计算发出材料的实际成本。材料成本差异率的计算方法有两种:

$$月初材料成本差异率=\frac{月初库存材料成本差异额}{月初库存材料的计划成本}\times 100\%$$

或

$$本月材料成本差异率=\frac{月初库存材料差异额+本月购入材料差异额}{月初库存材料计划成本+本月购入材料计划成本}\times 100\%$$

注意:上述式子中的材料成本差异额若为节约差异,则用负数表示;若为超支差异,则用正数表示。

$$发出材料应负担的差异额=成本差异率\times 发出材料的计划成本$$
$$发出材料实际成本=发出材料的计划成本+(或-)发出材料应负担的差异额$$

【例4-29】 承[例4-27],假设期初库存甲材料计划成本为50 000元,成本差异额为节约差异1 000元。

【解析】 根据[例4-27],本月购入的甲材料计划成本为500 000元,发生节约差异额10 000元。采用本月材料成本差异率公式计算的差异率如下。

$$本月材料成本差异率=\frac{-1\,000-10\,000}{50\,000+500\,000}\times 100\%=-2\%$$
$$发出材料应负担的差异额=-2\%\times 13\,000=-260(元)$$

结转发出材料应负担的节约差异额时,一方面应记入"生产成本"账户的贷方,另一方面应记入"材料成本差异"账户的借方。以下是相应的会计分录:

借:材料成本差异　　　　　　　　　　　　　　　　　　　　260
　　贷:生产成本　　　　　　　　　　　　　　　　　　　　　　260

如果结转超支差异,则编制相反的会计分录。

任务四　生产过程业务的核算

一、生产过程业务核算的主要内容

制造企业购入一定数量和品种的原材料,其主要目的是为生产产品做储备。从原材料投入生产到产品的完工入库,这一过程称为生产过程。在生产过程中,公司会发生各种耗费,这些耗费可分为生产费用和期间费用。

(一) 生产费用

生产费用主要是为生产产品而发生的耗费。生产费用按经济用途分类包括直接材料、直接人工和制造费用。

1. 直接材料

直接材料是指企业在生产产品和提供劳务过程中所消耗的直接用于产品生产并构成产品实体的原料、主要材料、外购半成品及有助于产品形成的辅助材料等。

2. 直接人工

直接人工是指企业在生产产品和提供劳务过程中,直接参加产品生产的工人工资及其他各种形式的职工薪酬。

3. 制造费用

制造费用是指企业为生产产品和提供劳务而发生的各项间接费用,包括生产车间管理人员的工资等职工薪酬、固定资产折旧费、办公费、水电费、机物料消耗、劳动保护费、季节性和修理期间的停工损失等。这些费用在发生时记入制造费用。在一定的会计期末,需要采取一定的分配方法将其在有关产品之间进行分配,记入有关产品的成本。

(二) 期间费用

期间费用是指企业日常活动中不能直接归属于某个特定成本核算对象的,在发生时应直接计入当期损益的各种费用。期间费用包括销售费用、管理费用和财务费用。

(1) 管理费用是指组织和管理企业生产经营活动所发生的各种费用。

(2) 销售费用是指企业在销售商品和材料、提供劳务的过程中发生的各种费用。

(3) 财务费用是指企业为筹集生产经营所需资金等而发生的筹资费用。

企业在生产过程中费用的发生、归集和分配,以及产品成本的形成和结转,构成了生产过程业务核算的主要内容。

二、账户设置

为了对各项生产费用进行合理的归集和分配,及时计算完工产品的成本,同时为了正确核算期间费用,对于生产过程业务的核算应设置"生产成本""制造费用""应付职工薪酬""累计折旧"等账户。

1. "生产成本"账户

本账户是成本类账户,用以核算企业用于生产各种产品(产成品、自制半成品等)的自制材料、自制工具、自制设备等发生的各项生产成本。该账户借方登记应计入产品生产成本的各项费用,包括直接计入产品生产成本的直接材料、直接人工费和其他直接支出,以及期末按照一定的方法分配计入产品生产成本的制造费用;贷方登记完工入库产成品应结转的生产成本;期末余额在借方,反映企业期末尚未加工完成的在产品成本。该账户可按基本生产成本和辅助生产成本进行明细分类核算。基本生产成本是企业为生产主要产品而发生的成本,辅助生产成本是企业为基本生产提供服务而发生的成本。

"生产成本"账户的结构如图4-18所示。

生产成本	
发生的生产费用:直接材料、直接人工、分配转入的制造费用	结转完工入库产品成本
期末余额:未完工入库产品成本	

图 4-18 "生产成本"账户的结构

2．"制造费用"账户

本账户是成本类账户，用以核算企业生产车间（部门）为生产产品和提供劳务而发生的各项间接费用。该账户借方登记实际发生的各项制造费用，贷方登记期末按照一定标准分配转入"生产成本"账户借方的应计入产品成本的制造费用。期末结转后，该账户一般无余额。该账户可按不同的生产车间、部门和费用项目进行明细核算。

"制造费用"账户的结构如图 4-19 所示。

制造费用	
归集车间范围内发生的各项间接费用	期末分配转入"生产成本"账户的借方

图 4-19 "制造费用"账户的结构

3．"应付职工薪酬"账户

本账户是负债类账户，用以核算企业根据有关规定应付给职工的各种薪酬。该账户借方登记本月实际支付的职工薪酬数额；贷方登记本月计算的应付职工薪酬总额，包括短期薪酬、离职后福利、辞退福利、其他长期职工薪酬。期末余额在贷方，反映企业应付未付的职工薪酬。该账户可按"短期薪酬""离职后福利""辞退福利""其他长期职工薪酬"等进行明细核算。

"应付职工薪酬"账户的结构如图 4-20 所示。

应付职工薪酬	
实际发生的职工薪酬	月末计算分配的职工薪酬
	期末余额:应付未付

图 4-20 "应付职工薪酬"账户的结构

4．"累计折旧"账户

本账户是资产类备抵账户，用以核算企业固定资产计提的累计折旧。该账户贷方登记按月提取的折旧额，即累计折旧的增加额，借方登记因减少固定资产而转出的累计折旧，期末余额在贷方，反映期末固定资产的累计折旧额。该账户可按固定资产的类别或项目进行明细核算。

"累计折旧"账户的结构如图 4-21 所示。

累计折旧	
固定资产折旧的减少（资产报废等）	计提的固定资产折旧（增加数）
	期末余额：现有固定资产的累计折旧额

图 4-21 "累计折旧"账户的结构

三、生产费用归集与分配的核算

（一）原材料费用的归集与分配

在确定材料费用时，根据领料凭证区分车间、部门和不同用途后，按照确定的结果将发出材料的成本借记"生产成本""制造费用""管理费用"等科目，贷记"原材料"等科目。

对于直接用于某种产品生产的材料费用，可将其直接计入该产品生产成本明细账中的直接材料费用项目；对于由多种产品共同耗用、应由这些产品共同负担的材料费用，应选择适当的标准在这些产品之间进行分配，按分担的金额计入相应的成本计算对象（生产产品的品种、类别等）；对于为提供生产条件等间接消耗的各种材料费用，应先通过"制造费用"账户进行归集，期末再同其他间接费用一起按照一定的标准分配计入有关产品成本；对于行政管理部门为组织和管理生产经营所领用的材料费用，应记入"管理费用"账户。

以下举例说明企业生产过程中原材料费用的归集与分配的核算方法。

【例 4-30】 雅米公司会计部门根据本月领料单编制的发料凭证汇总表如表 4-1 所示。

表 4-1 发料凭证汇总表

金额单位：元

用途及领料部门		甲材料		乙材料		合计
		数量(公斤)	金额	数量(公斤)	金额	
生产车间生产领用	A产品	550	110 000	220	33 000	143 000
	B产品	400	80 000	330	49 500	129 500
车间一般耗用		—	—	60	9 000	9 000
行政管理部门耗用		20	4 000	—	—	4 000
合计		970	194 000	610	91 500	285 500

该项经济业务月末应编制的会计分录如下：

```
借：生产成本——A产品                              143 000
        ——B产品                              129 500
    贷：原材料——甲材料                              190 000
            ——乙材料                               82 500
借：制造费用                                        9 000
    贷：原材料——乙材料                                9 000
借：管理费用                                        4 000
    贷：原材料——甲材料                                4 000
```

(二) 人工费用的归集与分配

人工费用是指企业为获得职工提供的服务或解除劳动关系而给予各种形式的报酬或补偿,具体包括短期薪酬、离职后福利、辞退福利和其他长期职工福利。企业提供给职工配偶、子女、受赡养人、已故员工遗嘱及其他受益人等的福利,也属于职工薪酬。

1. 计提短期职工薪酬的账务处理

对于短期职工薪酬,企业应当在职工为其提供服务的会计期间,按实际发生额确认为负债,并计入当期损益或相关资产成本。企业应当根据职工提供服务的受益对象,分别按下列情况处理:

(1) 应由生产产品、提供劳务负担的短期职工薪酬,计入产品成本或劳务成本。其中,生产工人的短期职工薪酬应借记"生产成本"科目,贷记"应付职工薪酬"科目;生产车间管理人员的短期职工薪酬属于间接费用,应借记"制造费用"科目,贷记"应付职工薪酬"科目。当企业采用计件工资制时,生产工人的短期职工薪酬属于直接费用,应直接计入有关产品的成本。当企业采用计时工资制时,对于只生产一种产品的生产工人的短期职工薪酬也属于直接费用,应直接计入产品成本;对于同时生产多种产品的生产工人的短期职工薪酬,则须采用一定的分配标准(实际生产工时或定额生产工时等)分配计入产品成本。

(2) 应由在建工程、无形资产负担的短期职工薪酬,计入建造固定资产或无形资产成本。

(3) 除上述两种情况之外的其他短期职工薪酬应计入当期损益。例如,企业行政管理部门人员和专设销售机构销售人员的短期职工薪酬均属于期间费用,应分别借记"管理费用""销售费用"等科目,贷记"应付职工薪酬"科目。

以下举例说明企业生产过程中人工费用的归集与分配的核算方法。

【例 4-31】 雅米公司根据当月考核情况,计算本月应付工资总额 85 000 元。工资费用分配汇总表中列示生产 A 产品工人工资 36 000 元,生产 B 产品工人工资 20 000 元,车间管理人员工资 8 000 元,行政管理人员工资 16 000 元,销售人员工资 5 000 元。

【解析】 该项业务中,产品生产工人的短期职工薪酬应借记"生产成本"科目,生产车间管理人员的短期职工薪酬属于间接费用,应借记"制造费用"科目,企业行政管理部门人员和专设销售机构销售人员的短期职工薪酬均属于期间费用,应分别借记"管理费用"和"销售费用"。因此,该项经济业务涉及"生产成本""制造费用""管理费用""销售费用"和"应付职工薪酬"五个账户。以下是相应的会计分录:

借:生产成本——A 产品　　　　　　　　　　　　　　　　36 000
　　　　　　——B 产品　　　　　　　　　　　　　　　　20 000
　　制造费用　　　　　　　　　　　　　　　　　　　　　8 000
　　管理费用　　　　　　　　　　　　　　　　　　　　　16 000
　　销售费用　　　　　　　　　　　　　　　　　　　　　5 000
　　贷:应付职工薪酬——工资　　　　　　　　　　　　　　85 000

2. 发放短期职工薪酬的账务处理

【例 4-32】 雅米公司本月 1 日签发现金支票 80 000 元,向银行提取现金备发工资。

【解析】 该项经济业务一方面使企业银行存款减少 80 000 元,另一方面使企业库存现金增加 80 000 元。因此,该项经济业务涉及"银行存款"和"库存现金"两个账户。以下是相应的会计分录：

　　借：库存现金　　　　　　　　　　　　　　　　　　　　　　　　80 000
　　　　贷：银行存款　　　　　　　　　　　　　　　　　　　　　　　　80 000

【例4-33】 本月25日，雅米公司以现金80 000元给职工发放上月工资。

【解析】 该项经济业务一方面使企业库存现金减少80 000元，另一方面使企业应付职工薪酬增加80 000元。因此，该项经济业务涉及"库存现金"和"应付职工薪酬"两个账户。以下是相应的会计分录：

　　借：应付职工薪酬——工资　　　　　　　　　　　　　　　　　　80 000
　　　　贷：库存现金　　　　　　　　　　　　　　　　　　　　　　　　80 000

（三）制造费用的归集与分配

制造费用是指公司各生产车间为组织和管理生产而发生的各项间接生产费用，包括车间一般材料消耗、车间管理人员薪酬、车间用固定资产折旧费及水电费、劳动保护费、办公费等其他间接费用。

在基本生产车间只生产一种产品的情况下，制造费用可以直接计入该种产品的成本。在生产多种产品的情况下，制造费用应采用适当的分配方法计入各种产品的成本。企业应当根据制造费用的性质，合理选择制造费用分配方法。分配制造费用的方法很多，通常采用的方法有生产工人工时比例法、生产工人工资比例法、机器工时比例法、耗用原材料的数量或成本比例法、产成品产量比例法和年度计划分配率法等。企业具体选用哪种方法，由企业自行决定。分配方法一经确定，不得随意变更。如需变更，应当在附注中予以说明。

【例4-34】 雅米公司本月27日签发转账支票4 000元支付车间水电费。

　　借：制造费用　　　　　　　　　　　　　　　　　　　　　　　　4 000
　　　　贷：银行存款　　　　　　　　　　　　　　　　　　　　　　　　4 000

【例4-35】 雅米公司本月28日提取固定资产折旧费用10 000元。其中，车间固定资产折旧7 000元，管理部门固定资产折旧3 000元。

　　借：制造费用　　　　　　　　　　　　　　　　　　　　　　　　7 000
　　　　管理费用　　　　　　　　　　　　　　　　　　　　　　　　3 000
　　　　贷：累计折旧　　　　　　　　　　　　　　　　　　　　　　　10 000

【例4-36】 雅米公司本月30日，将上述发生的制造费用登记在"制造费用明细账"中，并计算出本月发生的制造费用共计28 000元，将其按生产工人工资分配结转到A、B两种产品的"生产成本"中。"制造费用明细账"如表4-2所示。

表4-2 制造费用明细账

车间：基本生产车间　　　　　　　　　　　　　　　　　　　　　　　　　单位：元

摘要	材料费	职工薪酬	折旧费	水电费	合计	转出
材料费用分配	9 000	—	—	—	9 000	—
职工薪酬分配	—	8 000	—	—	8 000	—

(续表)

摘要	材料费	职工薪酬	折旧费	水电费	合计	转出
折旧费用分配	—	—	7 000	—	7 000	—
支付水电费	—	—	—	4 000	4 000	—
制造费用的分配	—	—	—	—	—	28 000
合计	9 000	8 000	7 000	4 000	28 000	28 000

【解析】

分配标准为生产工人工资总额

分配率=制造费用总额÷生产工人工资总额=28 000÷(36 000+20 000)=0.5

A产品应负担的制造费用=0.5×36 000=18 000(元)

B产品应负担的制造费用=0.5×20 000=10 000(元)

该项经济业务的会计分录为:

借:生产成本——A产品　　　　　　　　　　　　　　　　18 000
　　　　　　——B产品　　　　　　　　　　　　　　　　10 000
　　贷:制造费用　　　　　　　　　　　　　　　　　　　28 000

(四)计算并结转完工产品的生产成本

通过上述对直接材料费用、直接工资费用和其他直接费用的归集,以及对间接生产费用,即制造费用的归集和分配结转后,"生产成本"账户已经分别批号汇集了全部生产费用,这样就可以根据各批产品的完工情况分别计算产品生产成本,编制"产品生产成本计算表"。按成本计算对象,计算出该批产品的总成本和单位成本,并将完工产品成本从"生产成本"账户转入"库存商品"账户。

完工产品成本的基本计算公式为:

单位产品成本=完工产品总成本÷产品产量

完工产品生产成本=期初在产品成本+本期发生的生产费用-期末在产品成本

【例4-37】 雅米公司本月31日,假定公司在月初无在产品,本月投产的A、B产品全部制造完工并已验收入库,A产品500件,B产品600件,编制"产品生产成本计算表",按成本计算对象,计算A产品和B产品的总成本和单位成本,并结转完工产品的生产成本。产品生产成本计算表如表4-3所示。

表4-3　产品生产成本计算表

单位:元

成本项目	A产品 (500件)		B产品 (600件)	
	总成本	单位成本	总成本	单位成本
直接材料	143 000	286	129 500	215.83
直接人工	36 000	72	20 000	33.33
制造费用	18 000	36	10 000	16.67
合计	197 000	394	159 500	265.83

【解析】 从表 4-3 可知，A 产品的总成本 197 000 元，B 产品的总成本 159 500 元。该项经济业务的会计分录为：

借：库存商品——A 产品　　　　　　　　　　　　　　　　　　　　　197 000
　　　　　　——B 产品　　　　　　　　　　　　　　　　　　　　　159 500
　贷：生产成本——A 产品　　　　　　　　　　　　　　　　　　　　　197 000
　　　　　　——B 产品　　　　　　　　　　　　　　　　　　　　　159 500

任务五　销售过程业务的核算

制造企业从产品验收入库开始，到销售给购买方为止的过程称为销售过程。销售过程是企业生产经营过程的最后一个阶段。在这一过程中，企业在从事对外销售商品、提供劳务以及提供他人使用本企业资产等日常经营活动中必定会形成企业的收入。企业首先要为取得产品、商品或劳务成本付出代价，同时必须缴纳各种税费和发生销售费用等。

因此，销售过程业务核算的内容，主要包括确定和记录销售收入，因为销售而发生的实际成本和销售费用，计算企业销售活动应负担的税金及附加，反映企业与购货单位所发生的货款结算情况，考核销售计划的执行情况，监督税金及附加的及时缴纳等。通过销售过程业务的核算，促使企业努力增加收入、节约费用，实现尽可能多的营业利润。

一、主要账户的设置

为了核算销售收入、销售成本及其他销售费用，公司应设置"主营业务收入""主营业务成本""税金及附加""其他业务收入""其他业务成本"和"销售费用"等账户；为了结算收入，应设置"应收账款""应收票据"等账户。

1. "主营业务收入"账户

本账户是损益类账户，用以核算企业确认的销售商品、提供劳务等主营业务的收入。该账户贷方登记企业实现的主营业务收入，即主营业务收入的增加额；借方登记期末转入"本年利润"账户的主营业务收入（按净额结转），以及发生销售退回和销售折让时应冲减本期的主营业务收入。期末结转后，该账户无余额。该账户应按照主营业务的种类设置明细账户，进行明细分类核算。

"主营业务收入"账户的结构如图 4-22 所示。

主营业务收入

期末结转到"本年利润"账户的净收入	企业销售商品、提供劳务等主营业务实现的收入

图 4-22　"主营业务收入"账户的结构

2. "其他业务收入"账户

本账户是损益类账户,用以核算企业确认的除主营业务活动以外的其他经营活动实现的收入,包括出租固定资产、出租无形资产、出租包装物和商品、销售材料等。该账户贷方登记企业实现的其他业务收入,即其他业务收入的增加额;借方登记期末转入"本年利润"账户的其他业务收入。期末结转后,该账户无余额。该账户可按其他业务的种类设置明细账户,进行明细分类核算。

"其他业务收入"账户的结构如图 4-23 所示。

其他业务收入	
期末结转到"本年利润"账户的金额	企业销售材料等非主营业务实现的收入

图 4-23 "其他业务收入"账户的结构

3. "应收账款"账户

本账户是资产类账户,用以核算企业因销售商品、提供劳务等应收取的款项。该账户借方登记由于销售商品及提供劳务等发生的应收账款,包括应收取的价款、税款和代垫款等;贷方登记已经收回的应收账款。期末余额通常在借方,反映企业尚未收回的应收账款;期末余额如果在贷方,则反映企业预收的账款。该账户应按不同的债务人进行明细分类核算。

"应收账款"账户的结构如图 4-24 所示。

应收账款	
发生的应收款项(增加)	收回的应收款项(减少)
期末余额:尚未收到的账款	

图 4-24 "应收账款"账户的结构

4. "应收票据"账户

本账户是资产类账户,用以核算企业因销售商品、提供劳务等而收到的商业汇票。该账户借方登记企业收到的应收票据的票面金额,贷方登记票据到期收回的应收票据的票面金额。期末余额在借方,反映企业持有的商业汇票的票面金额。该账户可按开出、承兑商业汇票的具体单位进行明细分类核算。

"应收票据"账户的结构如图 4-25 所示。

应收票据	
本期收到的商业汇票的增加	到期(提前贴现)票据应收款的减少
期末余额:尚未收回的应收票据	

图 4-25 "应收票据"账户的结构

5. "主营业务成本"账户

本账户是损益类账户,用以核算企业确认销售商品、提供劳务等主营业务收入时应结转的成本。该账户借方登记主营业务发生的实际成本,贷方登记期末转入"本年利润"账户的主营业务成本。期末结转后,该账户无余额。该账户可按主营业务的种类设置明细账户,进行明细分类核算。

"主营业务成本"账户的结构如图4-26所示。

主营业务成本	
发生的主营业务实际成本	期末转入"本年利润"账户的主营业务成本

图 4-26 "主营业务成本"账户的结构

6. "其他业务成本"账户

本账户是损益类账户,用以核算企业确认的除主营业务活动以外的其他经营活动所发生的成本,包括销售材料的成本、出租固定资产的折旧额、出租无形资产的摊销额、出租包装物的成本或摊销额等。该账户借方登记其他业务的支出额,贷方登记期末转入"本年利润"账户的其他业务支出额。期末结转后,该账户无余额。该账户可按其他业务的种类设置明细账户,进行明细分类核算。

"其他业务成本"账户的结构如图4-27所示。

其他业务成本	
发生的其他业务实际成本	期末转入"本年利润"账户的其他业务成本

图 4-27 "其他业务成本"账户的结构

7. "税金及附加"账户

本账户是损益类账户,用以核算企业经营活动应负担的相关税费,包括消费税、城市维护建设税、教育费附加、资源税、房产税、城镇土地使用税、车船税、印花税等。该账户借方登记企业应按规定计算确定的与经营活动相关的税费,贷方登记期末转入"本年利润"账户的与经营活动相关的税费。期末结转后,该账户无余额。"税金及附加"账户的结构如图4-28所示。

税金及附加	
企业应按规定计算确定的与经营活动相关的税费	期末转入"本年利润"账户的税金及附加额

图 4-28 "税金及附加"账户的结构

二、销售业务的会计处理

1. 主营业务收入的会计处理

【例4-38】 雅米公司向M工厂销售A产品75台,每台不含税售价9 600元,发票注明该批 A 产品的价款 720 000 元,增值税税额 93 600 元(720 000×13%),全部款项收到并存入银行。

【解析】 这项经济业务的发生,一方面使公司的银行存款增加 813 600 元(720 000＋93 600);另一方面使公司的主营业务收入增加 720 000 元,应交增值税销项税额增加 93 600 元。因此,该项经济业务涉及"银行存款""主营业务收入""应交税费——应交增值税"三个账户。银行存款的增加是资产的增加,应记入"银行存款"账户的借方,主营业务收入的增加是收入的增加,应记入"主营业务收入"账户的贷方,增值税销项税额的增加是负债的增加,应记入"应交税费——应交增值税"账户的贷方。以下是相应的会计分录:

  借:银行存款   813 600
    贷:主营业务收入   720 000
      应交税费——应交增值税(销项税额)   93 600

上述业务发生后,如果雅米公司全部款项均未收到,则应编制的会计分录如下:

  借:应收账款——M 工厂   813 600
    贷:主营业务收入   720 000
      应交税费——应交增值税(销项税额)   93 600

如果雅米公司收到 M 工厂开出的商业汇票,则应编制的会计分录如下:

  借:应收票据   813 600
    贷:主营业务收入   720 000
      应交税费——应交增值税(销项税额)   93 600

【例 4-39】 H 工厂订购 B 产品一批,雅米公司按照合同规定向 H 工厂预收货款 250 000 元,并存入银行。

【解析】 由于采用预售方式销售商品,收到的预收货款 25 000 元因不符合收入确认的条件,不能作为收入确认,即收入尚未实现。这项经济业务的发生,一方面使公司的银行存款增加 250 000 元,另一方面使公司的预收账款增加 250 000 元。因此,该项经济业务涉及"银行存款"和"预收账款"两个账户。银行存款的增加是资产的增加,应记入"银行存款"账户的借方,预收账款的增加是负债的增加,应记入"预收账款"账户的贷方。以下是相应的会计分录:

  借:银行存款   250 000
    贷:预收账款——H 工厂   250 000

2. 主营业务成本的核算

企业在销售过程中,在取得主营业务收入的同时,也减少了库存的商品,库存商品的发出,表明企业发生了费用。这项费用称为商品销售成本,即主营业务成本。按照配比原则的要求,在营业收入确认的同时,应将销售发出的商品成本转为主营业务成本,并且要求主营业务成本的结转应与主营业务收入在同一个会计期间,以对应的数量加以确认。主营业务成本的计算公式如下:

  本期应结转的主营业务成本＝本期销售商品的数量×单位商品的生产成本

以下举例说明主营业务成本的分类核算。

【例4-40】 雅米公司月末结转本月已销售的A、B产品的销售成本。假设本月销售A产品83台,销售B产品22台。其中A产品的单位生产成本为6 400元,B产品的单位生产成本为26 300元。

【解析】 计算确定已销售的A、B产品的销售成本。本期销售A产品的销售成本为531 200元(83×6 400),销售B产品的销售成本为578 600元(22×26 300)。这项经济业务的发生,一方面使公司的主营业务成本增加1 109 800元(531 200+578 600),另一方面使公司的库存商品成本减少1 109 800元。因此,该项经济业务涉及"主营业务成本"和"库存商品"两个账户。主营业务成本的增加是费用成本的增加,应记入"主营业务成本"账户的借方,库存商品成本的减少是资产的减少,应记入"库存商品"账户的贷方。以下是相应的会计分录:

借:主营业务成本——A商品　　　　　　　　　　　　　　531 200
　　　　　　　　——B商品　　　　　　　　　　　　　　578 600
　贷:库存商品——A商品　　　　　　　　　　　　　　　531 200
　　　　　　　——B商品　　　　　　　　　　　　　　　578 600

3. 其他业务收支的核算

其他业务涉及的范围较广,内容复杂,在此,仅以原材料核算为例进行说明。

【例4-41】 雅米公司销售一批多余的原材料,价款56 000元,增值税7 280元,款项收到后存入银行。

【解析】 这项经济业务的发生,一方面使公司的银行存款增加63 280元(56 000+7 280);另一方面使公司的其他业务收入增加56 000元,增值税销项税额增加7 280元。因此,该项经济业务涉及"银行存款""其他业务收入""应交税费——应交增值税"三个账户。银行存款的增加是资产的增加,应记入"银行存款"账户的借方,其他业务收入的增加是收入的增加,应记入"其他业务收入"账户的贷方,增值税销项税额的增加是负债的增加,应记入"应交税费——应交增值税"账户的贷方。以下是相应的会计分录:

借:银行存款　　　　　　　　　　　　　　　　　　　　　63 280
　贷:其他业务收入　　　　　　　　　　　　　　　　　　　56 000
　　　应交税费——应交增值税(销项税额)　　　　　　　　　7 280

【例4-42】 雅米公司月末结转本月销售材料的实际成本32 000元。

【解析】 这项经济业务的发生,一方面使公司的其他业务支出增加32 000元,另一方面使公司的库存材料成本减少32 000元。因此,该项经济业务涉及"其他业务成本"和"原材料"两个账户。其他业务成本的增加是费用的增加,应记入"其他业务成本"账户的借方,库存材料成本的减少是资产的减少,应记入"原材料"账户的贷方。以下是相应的会计分录:

借:其他业务成本　　　　　　　　　　　　　　　　　　　32 000
　贷:原材料　　　　　　　　　　　　　　　　　　　　　　32 000

4. 税金及附加的核算

企业在销售商品的过程中,实现了商品营业收入的同时,有义务向国家缴纳各种销售税金及附加,包括增值税、消费税、城市维护建设税、资源税及教育费附加等。这些税金及附加一般是根据当月销售额,按照规定的税率计算。

由于这些税金及附加是在当月计算而在下个月缴纳的,所以计算税金及附加,一方面形成企业的一项负债,另一方面由于上缴税金及附加会导致企业的经济利益流出,应作为企业发生的一项费用支出。

需要说明的是,核算中涉及增值税的计算及缴纳,由于增值税是价外税,不含在销售价格中,所以不在"税金及附加"账户中反映。增值税的核算只通过"应交税费——应交增值税"账户进行。

下面举例说明税金及附加业务的总分类核算。

【例4-43】 雅米公司本月销售A、B产品应缴纳城建税28 000元,教育费附加12 000元。

【解析】 这项经济业务的发生,一方面使公司的税金及附加增加40 000元(28 000＋12 000),另一方面使公司的应交税费增加40 000元。因此,该项经济业务涉及"税金及附加"和"应交税费"两个账户。税金及附加的增加是费用支出的增加,应记入"税金及附加"账户的借方,应交税费的增加是负债的增加,应记入"应交税费"账户的贷方。以下是相应的会计分录:

借:税金及附加　　　　　　　　　　　　　　　　　　　40 000
　　贷:应交税费——应交城建税　　　　　　　　　　　　　28 000
　　　　　　　——应交教育费附加　　　　　　　　　　　　12 000

任务六　利润形成及分配业务的核算

一、利润形成的核算

(一) 利润的形成

利润是指企业在一定会计期间的经营成果,包括收入减去费用后的净额、直接计入当期损益的利得和损失等。利得是指由企业非日常活动形成的、会使所有者权益增加的、与所有者投入资本无关的经济利益的流入。损失是指由企业非日常活动发生的、会导致所有者权益减少的、与所有者分配利润无关的经济利益的流出。利润由营业利润、利润总额和净利润三个层次构成。

1. 营业利润

营业利润是反映企业管理者经营业绩的指标。其计算公式如下:

营业利润＝营业收入－营业成本－税金及附加－销售费用－管理费用－研发费用
　　　　　－财务费用－资产减值损失－信用减值损失＋公允价值变动收益(－公允价值变动损失)
　　　　　＋投资收益(－投资损失)＋资产处置收益(－资产处置损失)＋其他收益

其中:

营业收入＝主营业务收入＋其他业务收入
营业成本＝主营业务成本＋其他业务成本

信用减值损失是指企业计提的各项金融工具减值准备所形成的预期信用损失;资产减值损失是指企业计提各项资产减值准备所形成的损失;公允价值变动收益(或损失)是指企业交易性金融资产等公允价值变动形成的应计入当期损益的收益(或损失);投资收益(或损失)是指企业对外投资的收益(或损失);其他收益主要是指与企业日常活动相关,除冲减相关成本费用以外的政府补助;资产处置收益(或损失)包括企业出售划分为持有待售的非流动资产(金融工具、长期股权投资和投资性房地产除外)或处置组(子公司和业务除外)时确认的处置利得或损失,处置未划分为持有待售的固定资产、在建工程、生产性生物资产及无形资产而产生的处置利得或损失,债务重组中因处置非流动资产产生的利得或损失,以及非货币性资产交换中换出非流动资产产生的利得或损失。

2. 利润总额

利润总额又称税前利润,是营业利润加上营业外收入减去营业外支出后的金额。其计算公式如下:

$$利润总额=营业利润+营业外收入-营业外支出$$

其中,营业外收入是指企业发生的与日常活动无直接关系的各项利得,包括非流动资产损毁报废收益、非货币性资产交换利得、债务重组利得、盘盈利得、捐赠利得等;营业外支出是指企业发生的与日常活动无直接关系的各项损失,包括非流动资产毁损报废损失、非货币性资产交换损失、债务重组损失、非常损失、公益性捐赠支出、盘亏损失等。

3. 净利润

净利润又称税后利润,是利润总额扣除所得税费用后的净额。其计算公式如下:

$$净利润=利润总额-所得税费用$$

(二) 主要账户设置

企业通常设置以下账户对利润形成业务进行会计核算。

1. "本年利润"账户

本账户是所有者权益类账户,用以核算企业当期实现的净利润(或发生的净亏损)。企业期(月)末结转利润时,应将各损益类账户的金额转入本账户,结平各损益类账户。该账户贷方登记企业期(月)末转入的主营业务收入、其他业务收入、营业外收入和投资收益等;借方登记企业期(月)末转入的主营业务成本、税金及附加、其他业务成本、管理费用、财务费用、销售费用、营业外支出、投资损失和所得税费用等。上述结转完成后,余额如在贷方,即当期实现的净利润;余额如在借方,即当期发生的净亏损。年度终了,应将本年实现的净利润(或发生的净亏损),转入"利润分配——未分配利润"账户贷方(或借方),结转后本账户无余额。

"本年利润"账户的结构如图4-29所示。

本年利润	
从费用账户转入的主营业务成本、税金及附加、其他业务成本、管理费用、财务费用、销售费用、营业外支出、投资损失和所得税费用等	从收入账户转入的主营业务收入、其他业务收入、营业外收入和投资收益等

图4-29 "本年利润"账户的结构

2. "营业外收入"账户

本账户是损益类账户,用以核算企业发生的各项营业外收入。该账户贷方登记营业外收入的实现,即营业外收入的增加额;借方登记会计期末转入"本年利润"账户的营业外收入额。期末结转后,该账户无余额。该账户可按营业外收入项目设置明细账户,进行明细分类核算。

"营业外收入"账户的结构如图 4-30 所示。

营业外收入	
期末转入到"本年利润"账户的营业外收入	实现的营业外收入(增加)

图 4-30 "营业外收入"账户的结构

3. "营业外支出"账户

本账户是损益类账户,用以核算企业发生的各项营业外支出。该账户借方登记营业外支出的发生,即营业外支出的增加额;贷方登记期末转入"本年利润"账户的营业外支出额。期末结转后,该账户无余额。该账户可按营业外支出项目设置明细账户,进行明细分类核算。

"营业外支出"账户的结构如图 4-31 所示。

营业外支出	
发生的营业外支出(增加)	期末转入到"本年利润"账户的营业外支出

图 4-31 "营业外支出"账户的结构

4. "所得税费用"账户

本账户是损益类账户,用以核算企业确认的应从当期利润总额中扣除的所得税费用。该账户借方登记企业应计入当期损益的所得税,贷方登记企业期末转入"本年利润"账户的所得税。期末结转后,该账户无余额。

"所得税费用"账户的结构如图 4-32 所示。

所得税费用	
计算出的所得税费用金额	期末转入到"本年利润"账户的所得税费用额

图 4-32 "所得税费用"账户的结构

(三) 利润形成的财务处理

下面以雅米公司 2×23 年 6 月利润形成业务的核算为例。

1. 营业外收支的核算

【例 4-44】 雅米公司收到违约罚款 12 000 元转作营业外收入。其会计分录为:

借：银行存款　　　　　　　　　　　　　　　　　　　　　　　　　　12 000
　　贷：营业外收入　　　　　　　　　　　　　　　　　　　　　　　　　　12 000

【例 4-45】　雅米公司用银行存款向南方某灾区捐款 6 000 元。其会计分录为：

借：营业外支出　　　　　　　　　　　　　　　　　　　　　　　　　　6 000
　　贷：银行存款　　　　　　　　　　　　　　　　　　　　　　　　　　　6 000

2. 本年利润的核算

【例 4-46】　月末，将收入类账户的余额结转"本年利润"账户。本月"主营业务收入"账户余额 550 000 元；"其他业务收入"账户余额 100 000 元；"营业外收入"账户余额 12 000 元。以下是相应的会计分录：

借：主营业务收入　　　　　　　　　　　　　　　　　　　　　　　　550 000
　　其他业务收入　　　　　　　　　　　　　　　　　　　　　　　　100 000
　　营业外收入　　　　　　　　　　　　　　　　　　　　　　　　　 12 000
　　贷：本年利润　　　　　　　　　　　　　　　　　　　　　　　　　　662 000

【例 4-47】　月末，将费用类账户的余额结转"本年利润"账户。本月"主营业务成本"账户余额 237 349 元；"其他业务成本"账户余额 80 000 元；"税金及附加"账户余额 5 363.6 元；"管理费用"账户余额 73 550 元；"销售费用"账户余额 22 000 元；"财务费用"账户余额 23 900 元；"营业外支出"账户余额 6 000 元。以下是相应的会计分录：

借：本年利润　　　　　　　　　　　　　　　　　　　　　　　　　448 162.6
　　贷：主营业务成本　　　　　　　　　　　　　　　　　　　　　　　237 349
　　　　其他业务成本　　　　　　　　　　　　　　　　　　　　　　　 80 000
　　　　税金及附加　　　　　　　　　　　　　　　　　　　　　　　　5 363.6
　　　　管理费用　　　　　　　　　　　　　　　　　　　　　　　　　 73 550
　　　　销售费用　　　　　　　　　　　　　　　　　　　　　　　　　 22 000
　　　　财务费用　　　　　　　　　　　　　　　　　　　　　　　　　 23 900
　　　　营业外支出　　　　　　　　　　　　　　　　　　　　　　　　　6 000

经过上述结转，月末即可确定本月利润总额 213 837.4 元(662 000－448 162.6)。

【例 4-48】　按税率 25％计算结转应交所得税(假设本企业全年无纳税调整因素)。以下是相应的会计分录：

确认所得税费用：

借：所得税费用　　　　　　　　　　　　　　　　　　　　　　　　 53 459.35
　　贷：应交税费——应交所得税　　　　　　　　　　　　　　　　　　53 459.35

期末，将"所得税费用"账户余额结转"本年利润"账户。

借：本年利润　　　　　　　　　　　　　　　　　　　　　　　　　 53 459.35
　　贷：所得税费用　　　　　　　　　　　　　　　　　　　　　　　　53 459.35

根据以上分录及前面有关资料，雅米公司全部损益类账户在结转本年利润后，其余额为 0。

公司本期的净利润为 160 378.05 元(213 837.4－53 459.35)。

二、利润分配的核算

(一) 利润分配的顺序

公司向股东分派股利,应按一定的顺序进行。按照我国《公司法》的有关规定,利润分配应按下列顺序进行。

1. 计算可供分配的利润

企业在利润分配前,应根据本年净利润(或亏损)、年初未分配利润(或亏损)以及其他转入的金额(如盈余公积弥补的亏损)等项目,计算可供分配的利润。其计算公式如下:

可供分配的利润＝净利润(或亏损)＋年初未分配利润－弥补以前年度的亏损＋其他转入的金额

如果可供分配的利润为负数(累计亏损),则不能进行后续分配;如果可供分配的利润为正数(累计盈利),则可进行后续分配。

2. 提取法定盈余公积

按照《公司法》的有关规定,公司应当按照当年净利润(抵减年初累计亏损后)的 10% 提取法定盈余公积;提取的法定盈余公积累计额超过注册资本 50% 以上的,可以不再提取。

3. 提取任意盈余公积

公司提取法定盈余公积后,经股东会或股东大会决议,还可以从净利润中提取任意盈余公积。

4. 向投资者分配利润(或股利)

企业可供分配的利润扣除提取的盈余公积后,形成可供投资者分配的利润。其计算公式如下:

可供投资者分配的利润＝可供分配的利润－提取的盈余公积

企业可采用现金股利、股票股利和财产股利等形式向投资者分配利润(或股利)。

(二) 账户设置

企业通常设置以下账户对利润分配业务进行会计核算。

1. "利润分配"账户

本账户是所有者权益类账户,用以核算企业利润的分配(或亏损的弥补)和历年分配(或弥补)后的余额。该账户借方登记实际分配的利润额,包括提取的盈余公积和分配给投资者的利润,以及年末从"本年利润"账户转入的全年发生的净亏损;贷方登记用盈余公积弥补的亏损额等其他转入数,以及年末从"本年利润"账户转入的全年实现的净利润。年末,应将"利润分配"账户下的其他明细账户的余额转入"未分配利润"明细账户。结转后,除"未分配利润"明细账户可能有余额外,其他各明细账户均无余额。"未分配利润"明细账户的贷方余额为历年累积的未分配利润(可供以后年度分配的利润),借方余额为历年累积的未弥补亏损(留待以后年度弥补的亏损)。该账户应当分别按"提取法定盈余公积""提取任意盈余公积""应付现金股利或利润""转作股本的股利""盈余公积补亏"和"未分配利润"等进行明细核算。

"利润分配"账户的结构如图 4-33 所示。

利润分配	
企业提取的盈余公积 分配给投资者的利润 转入的净亏损	用盈余公积弥补的亏损额等其他转入 转入的净利润
企业历年累积的未弥补亏损	企业历年累积的未分配利润

图 4-33 "利润分配"账户的结构

2. "盈余公积"账户

本账户是所有者权益类账户,用以核算企业从净利润中提取的盈余公积。该账户贷方登记提取的盈余公积,即盈余公积的增加额;借方登记实际使用的盈余公积,即盈余公积的减少额。期末余额在贷方,反映企业结余的盈余公积。该账户应当分别按"法定盈余公积"和"任意盈余公积"进行明细核算。

"盈余公积"账户的结构如图 4-34 所示。

盈余公积	
实际使用的盈余公积金(减少数)	年末提取的盈余公积金(增加数)

图 4-34 "盈余公积"账户的结构

3. "应付股利"账户

本账户是负债类账户,用以核算企业分配的现金股利或利润。该账户贷方登记应付给投资者的股利或利润,即应付股利的增加额;借方登记实际支付给投资者的股利或利润,即应付股利的减少额。期末余额在贷方,反映企业应付未付的现金股利或利润。该账户可按投资者进行明细核算。

"应付股利"账户的结构如图 4-35 所示。

应付股利	
实际支出的股利	应付未付的股利
	期末余额:尚未支付的股利

图 4-35 "应付股利"账户的结构

(三)利润分配的财务处理

以下举例说明利润分配业务的总分类核算。

【例 4-49】 雅米公司在年末结转全年实现的净利润 271 890 元。

【解析】 该项业务的发生,一方面使企业记录在"本年利润"账户的累计净利润减少 271 890 元,另一方面使公司可供分配的利润增加 271 890 元。因此,该项经济业务涉及"本年利润"和"利润分配"两个账户。年终结转全年累计净利润时,应将净利润从"本年利润"账户的借方转入"利润分配"账户的贷方(如果结转亏损,则进行相反的处理)。以下是相应的会计分录:

借:本年利润 271 890
　　贷:利润分配——未分配利润 271 890

【例 4-50】 雅米公司经董事会和股东大会决议,对本年实现的净利润 271 890 元进行分配。公司决定按净利润的 10% 提取法定盈余公积金,按净利润的 5% 提取任意盈余公积金。

【解析】 经计算,应提取的法定盈余积金为 27 189 元(271 890×10%),应提取的任意盈余公积金为 13 594.5 元(271 890×5%)。该项经济业务的发生,一方面使公司的已分配利润额减少 40 783.5 元(27 189+13 594.50),另一方面使企业的盈余公积金增加了 40 783.5 元。因此,该项经济业务涉及"利润分配"和"盈余公积"两个账户。已分配的利润是所有者权益的减少,应记入"利润分配"账户的借方,盈余公积金的增加是所有者权益的增加,应记入"盈余公积"账户的贷方。以下是相应的会计分录:

借:利润分配——提取法定盈余公积 27 189.0
　　　　　　——提取任意盈余公积 13 594.5
　　贷:盈余公积——法定盈余公积 27 189.0
　　　　　　——任意盈余公积 13 594.5

【例 4-51】 雅米公司按照董事会及股东大会决议,分配给股东现金股利 77 600 元。

【解析】 这项经济业务的发生,一方面使公司的已分配利润额减少 77 600 元;另一方面,现金股利虽然已决定分配给股东,但在分配的当时并未实际支付,所以形成公司的一项负债,使企业的应付股利增加 77 600 元。因此,该项经济业务涉及"利润分配"和"应付股利"两个账户。已分配的利润是所有者权益的减少,应记入"利润分配"账户的借方,应付股利的增加是负债的增加,应记入"应付股利"账户的贷方。以下是相应的会计分录:

借:利润分配——应付现金股利 77 600
　　贷:应付股利 77 600

【例 4-52】 假如雅米公司以前年度累计未弥补亏损 67 000 元,经董事会决议,用盈余公积金全额弥补。

【解析】 企业发生的亏损,可以用本年度实现的利润弥补,也可以用积累的盈余公积金弥补。用本年度实现的利润弥补亏损不做会计分录,因为在将"本年利润"转入"利润分配"账户时可以实现亏损的弥补;用盈余公积金弥补亏损,相当于增加可供分配的利润。这项经济业务的发生,一方面使公司的盈余公积金减少 67 000 元,另一方面使公司的可供分配利润增加 67 000 元。因此,该项经济业务涉及"盈余公积"和"利润分配"两个账户。盈余公积金的减少是所有者权益的减少,应记入"盈余公积"账户的借方,可供分配利润的增加是所有者权益的增加,应记入"利润分配"账户的贷方。以下是相应的会计分录:

借:盈余公积 67 000
　　贷:利润分配——盈余公积补亏 67 000

【例 4-53】 雅米公司在年末对利润分配账户所属的各有关明细科目进行结转。

【解析】 在年末对"利润分配"账户所属的各有关明细账户进行结转,主要是为了便于集中反映企业全年利润经过分配后,剩余多少未分配利润,或还有多少尚未弥补的亏损。通过前述有关的经济业务的处理,可以确定公司"利润分配"账户所属有关明细账户的记录分别为:

"提取法定盈余公积"明细科目的余额为 27 189 元;

"提取任意盈余公积"明细科目的余额为 13 594.50 元;

"应付现金股利"明细科目的余额为 77 600 元。

"盈余公积补亏"明细科目的余额为 67 000 元(贷方)是[例 4-52]中的假设,在此不考虑。

因此,结转时应将各个明细科目的余额从其相反方向分别转入"利润分配——未分配利润"明细账户中。即借方的余额从贷方结转,贷方的余额从借方结转。以下是相应的会计分录:

```
借:利润分配——未分配利润                118 383.50
    贷:利润分配——提取法定盈余公积              27 189
          ——提取任意盈余公积                13 594.50
          ——应付现金股利                   77 600
```

以上通过实例对雅米公司整个经营过程的主要经济业务的核算进行了阐述。限于篇幅,对雅米公司本期发生的业务的列举并不完整,仅对其主要经济业务的核算作了介绍,目的是通过这些主要经济业务的核算,说明企业费用归集和收入确认的原理与方法。

任务七 期末账项调整

企业的生产经营是一个持续不断、循环往复的过程,而会计核算要求会计划分一定的期间,且这种分期是按照公历时间进行的人为的分期,因此不一定能与企业的生产经营保持一致,这也势必将造成一些收入和费用跨越不同会计期间的情况。这些收入和费用要根据企业采用的记账基础进行核算。我国要求企业以权责发生制为记账基础,从权责发生制的角度分析,企业账簿中的日常记录不能准确地反映本期收入和费用。例如,有些款项虽然已经到账,但它并不属于该期的收入;而某些款项虽然没有收到,但它却属于本期收入;还有一些款项虽然已经支付,但不属于本期的费用;而某些没有支付的款项,却应该属于本期的费用。由于存在这些跨越期间的收入和费用,所以会计在结账出会计报告之前必须对这类款项进行调整。通过调整才能合理地确定各期的收入和费用,并将收入与费用配比,最终准确地计算出当期的利润,如实地反映企业的经营成果。

期末账项调整的主要内容是调整收入和费用,但在调整收入和费用的同时,也会涉及资产和负债的调整。因此,期末账项调整的正确与否,不仅会影响企业的经营成果,还会影响企业的财务状况。期末账项要调整的内容较多,一般归纳为需要调整的收入和需要调整的费用。

一、需要调整的收入

(一) 本期已经收到款项,但不属于或不完全属于本期的收入

企业本期已经收到了款项,但是还没有为付款单位提供商品、劳务或让渡资产使用权,

因此该项款项不能确认为本期的收入,只能看作是一种负债性质的预收收入,一般通过"预收账款"账户进行核算。在计算本期收入时应对这部分预收收入进行账项调整。只有当其能够确认为本期收入时,才能将它从"预收账款"账户转入有关的收入账户。

在企业中属于该类收入的常见情形包括出租固定资产取得的收入、出租无形资产取得的收入、提供劳务取得的收入等。

【例 4-54】 雅米公司 7 月份收到下半年出租闲置厂房的收入 1 200 000 元,已存入银行。

【解析】 预收下半年的租金收入,虽然款项已收到,但这项收入不完全属于 7 月份的收入,因此不能全部作为 7 月份的收入,而应先记入"预收账款"账户进行核算。到了 7 月月末,再调整其中的 200 000 元确认为 7 月份的收入,然后到了 8 月月末再确认 200 000 元为 8 月份的收入,依此类推,每个月月末确认 200 000 元的收入,直到年末,将所有的收入确认完毕。以下是相应的会计分录。

收到款项时:

借:银行存款   1 200 000
    贷:预收账款   1 200 000

7 月月末确认收入时:

借:预收账款   200 000
    贷:其他业务收入   200 000

8 月月末、9 月月末、10 月月末、11 月月末和 12 月月末做相同会计处理。至年末,所有的预收款项全部确认为各期的收入。

(二) 本期尚未收到,但应属于本期的收入

企业在本期已向其他单位或个人提供商品、劳务或财产物资使用权,理应获得属于本期的收入,但由于尚未完成结算过程或发生延期付款等情况,本期的收入尚未得到。如应收金融机构的存款利息、应收的销售货款等。凡属于本期的收入,不管其款项是否收到,均应作为本期收入处理,期末时将尚未收到的款项调整入账。

例如,企业存入银行的款项是计息的,而银行存款利息通常按季结算。如果将利息收入作为结算期的收入处理,会使各期的收入不均衡,而且不符合权责发生制的原则。因此,按权责发生制的原则核算时,企业在银行存款各个月份的利息收入都要估算入账。

【例 4-55】 雅米公司 4 月月末估算当期存款利息收入为 2 000 元。

【解析】 4 月份不是银行与企业的利息结算期,因此企业在 4 月份不能获得当月的存款利息。但是既然资金存在银行就应该按月获得利息收入,即便没有款项入账,按照权责发生制的原则,也应在 4 月月末确认该项收入。以下是相应的会计分录。

4 月月末确认利息收入时:

借:其他应收款   2 000
    贷:财务费用   2 000

5 月月末做相同的会计处理。

6 月月末收到银行的存款利息 6 200 元,由于前两个月已估算入"其他应收款"4 000 元,

所以6月月末将实际结算数与预估数之间的差额冲减当月的"财务费用"即可。以下是相应的会计分录：

借：银行存款　　　　　　　　　　　　　　　　　　　　　　6 200
　　贷：其他应收款　　　　　　　　　　　　　　　　　　　　4 000
　　　　财务费用　　　　　　　　　　　　　　　　　　　　　2 200

二、需要调整的费用

（一）本期已经支付款项，但不属于或不完全属于本期的费用

企业在本期虽然已经付款，但受益期不仅是本期，还包括未来各期。此类应由本期和未来各期分别负担的费用，在计算本期费用时，应进行调整。预付的各项支出既然不属于或不完全属于本期费用，就不能直接全部记入本期有关费用账户，一般将其先记入资产类的"待摊费用"账户，然后按其受益期逐期进行摊销。

【例4-56】 雅米公司7月份预付全年办公室租金60 000元，款项已支付。

【解析】 企业预付全年的房屋租金，应由全年共同负担该费用。因此应先将其记入"待摊费用"账户，然后逐期进行摊销，直至受益期结束，全部记入各期费用为止。以下是相应的会计分录。

预付款项时：

借：预付账款　　　　　　　　　　　　　　　　　　　　　　60 000
　　贷：银行存款　　　　　　　　　　　　　　　　　　　　　60 000

7月月末确认应摊销的费用时：

借：管理费用　　　　　　　　　　　　　　　　　　　　　　5 000
　　贷：预付账款　　　　　　　　　　　　　　　　　　　　　5 000

以后各月月末均做相同会计处理，直至次年6月月末为止，预付的办公室租金全部摊销完毕。

此外，企业购买或自制的固定资产和无形资产，虽然在当期只作为资产的增加，但在其使用期间，它们的成本需要通过计提折旧和摊销的方式形成各期的费用，以便从收入中得到补偿。

【例4-57】 雅米公司6月月末计提当月的固定资产折旧7 000元，其中生产用固定资产折旧6 000元，行政管理部门固定资产折旧1 000元。以下是相应的会计分录：

借：制造费用　　　　　　　　　　　　　　　　　　　　　　6 000
　　管理费用　　　　　　　　　　　　　　　　　　　　　　1 000
　　贷：累计折旧　　　　　　　　　　　　　　　　　　　　　7 000

（二）本期尚未支付，但应属于本期的费用

企业在本期已耗用或本期已受益的支出，理应归属为本期发生的费用。但由于这些费用尚未支付，故在日常的账簿记录中尚未登记入账，如应付银行借款利息支出等。凡属于本期的费用，不论其款项是否支付，都应作为本期费用处理。期末应将那些属于本期费用，而

尚未支付的费用调整入账。

例如,企业从银行借入的款项是有偿使用的,须支付利息。然而,银行借款利息通常是按季结算的,每个季度的最后一个月才结算借款利息。但企业在整个季度内都从贷款中受益,按权责发生制的原则,每个受益月均应负担借款利息。因此,每个季度的各月份应支付的借款利息虽未支付,也要估算入账。

【例 4-58】 雅米公司1月份从银行取得为期6个月的短期贷款500 000元,每月的利息费用为2 500元。

【解析】 虽然银行在3月月末才与企业结算借款利息,但对企业来说,贷款期内每个月都从贷款中受益,因此每个月都应负担相应的利息费用。以下是相应的会计分录。

取得贷款时：

借：银行存款　　　　　　　　　　　　　　　　　　　　　　500 000
　　贷：短期借款　　　　　　　　　　　　　　　　　　　　　　500 000

1月月末确认当期利息费用时：

借：财务费用　　　　　　　　　　　　　　　　　　　　　　　2 500
　　贷：应付利息　　　　　　　　　　　　　　　　　　　　　　2 500

2月月末做相同会计处理。

3月月末支付利息时：

借：应付利息　　　　　　　　　　　　　　　　　　　　　　　5 000
　　财务费用　　　　　　　　　　　　　　　　　　　　　　　2 500
　　贷：银行存款　　　　　　　　　　　　　　　　　　　　　　7 500

此外,企业到了期末,还需要根据本期的收入或税前利润,按规定的税率计算本期应缴纳的税金。为了正确计算本期的损益,企业需要通过期末账项调整将应属本期承担而尚未支付的税金登记入账。

【例 4-59】 雅米公司12月月末计算本月税金及附加为30 000元。以下是相应的会计分录：

借：税金及附加　　　　　　　　　　　　　　　　　　　　　30 000
　　贷：应交税费——应交城建税　　　　　　　　　　　　　　21 000
　　　　　　　　——教育费附加　　　　　　　　　　　　　　　9 000

综上所述,由于企业采用权责发生制为记账基础,在期末进行账项调整,是会计工作必经的一个步骤。这种调整是把应当记入本期的收入、费用登记入账,是对账簿日常登记的补充。这样才能保证账簿记录资料的完整,也才能保证当期损益计算结果的真实性和准确性。

账簿记录通过对发生的全部日常业务进行登记,再经期末账项调整后,就可以进入会计核算工作的下一个环节——对账和结账。

本模块小结

（1）对于制造业企业而言,企业的生产经营活动是以产品生产和销售为中心。为了进行生产经营活动,企业必须拥有一定数量的经营资金,用于建造厂房、购买机器设备、购买材料、支付职工工资,以及支付经营管理中必要的开支等。因此,筹集资金是企业资金运动的起点。在筹资过程中,企业一方面能够获得自己所需要的资金,其表现为资产增加;另一方面也会由于筹资引起企业负债或所有者权益的增加。

(2) 在生产准备过程中,企业的经济业务核算主要涉及购入固定资产和采购原材料。固定资产是企业生产经营过程中的重要劳动资料,其价值由于损耗而逐渐减少并以折旧的形式分期转移到产品成本或费用中,且在销售收入中得到补偿。企业采购的原材料在生产过程中被领用,成为产品成本的主要构成内容。

(3) 商品销售过程是商品价值的实现过程。在该过程中企业主要涉及的经济业务核算包括确认销售收入的实现,办理货款结算,结转销售商品的成本,支付销售商品所发生的广告费等销售费用,以及计算和缴纳销售商品所应缴纳的税金。

(4) 利润是指企业在一定会计期间的经营成果,包括收入减去费用的净额、直接计入当期利润的利得和损失等。企业利润由营业利润、利润总额和净利润三个层次构成。按照国家有关法律法规及企业章程等的规定,企业实现的净利润要在企业和投资者之间进行分配。

(5) 由于企业在生产经营中会出现跨越期间的收入和费用,所以在结账出会计报告之前必须对这类款项进行调整。通过调整才能合理地确定各期的收入和费用,并将收入与费用配比,最终准确地计算出当期的利润,如实地反映企业的经营成果。

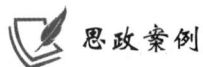

思政案例

安踏:永不止步

1994年,福建晋江的一家制鞋作坊门口第一次挂上了安踏体育用品有限公司(以下简称安踏)的标志。经过十几年的发展,安踏已成为中国最大的以行销为导向的综合性体育用品企业之一。安踏的企业领导人丁志忠因其对中国体育的特殊贡献,被评为第17届"中国十大杰出青年"。

安踏集"中国驰名商标""中国名牌产品"等荣誉于一身,其销售业绩居于全国前列,其运动鞋市场综合占有率更是连续多年在全国同类产品中领先。

安踏是中国运动科学的开拓者。2005年,安踏率先在国内成立了体育用品行业的第一批运动科学实验室,致力于运动力学的研究,旨在提高中国运动员的表现,推动中国体育事业的发展。"创新求变"是安踏人孜孜不倦的追求。在科技创新领域,安踏目前共获得多项国家级专利,并成为体育用品行业标准的制定者之一。

安踏是体育用品销售专卖体系的实践者。2001年,安踏率先在国内建立体育用品专卖体系,完成了从生产单一产品到综合性体育用品的品牌运营过渡。截至目前,安踏在国内拥有5 000家以上的专卖店,建立了完备的覆盖一线、二线、三线城市的市场行销网络,成为体育用品行业的领跑者。

安踏是中国各项专业赛事的忠实合作伙伴。中国体育事业的飞速发展为国产体育品牌带来了无限的机遇。作为中国体育事业的忠实合作伙伴,安踏长期支持中国男子篮球职业联赛、中国男女子排球联赛、中国男女子乒乓球超级联赛等赛事。因其对中国体育赛事的巨额赞助,安踏被誉为"中国联赛的发动机"。

安踏是社会公益事业的积极宣导者。安踏在提升自身实力与品牌价值的同时,勇于承担社会责任,善尽企业公民的义务,以诚信感恩之心回报社会。安踏以"将超越自我的体育精神融入每个人的生活"作为企业使命,致力于把运动的理念、运动的精神传递给每个消费者。"Keep Moving…永不止步"是安踏对于未来、对于中国体育的庄重承诺。

育人目标

(1)"安踏"这一无形资产的形成过程对当代青年有何启示?

(2)结合专业学习,如何理解安踏"Keep Moving…永不止步"的承诺。

课证融通同步训练

一、单项选择题

1. (2022年真题)甲公司和乙公司是同一母公司最终控制下的两家公司。2021年1月1日,甲公司向其母公司发行1 000万股普通股,取得母公司所拥有的乙公司80%的股权,并于当日起能够对乙公司实施控制。该普通股每股面值为1元,每股的公允价值为3.6元。合并后乙公司维持其独立法人地位继续经营。合并日母公司合并报表中,乙公司的净资产账面价值为4 000万元,公允价值为4 200万元。假定合并前双方采用的会计政策及会计期间均相同。不考虑其他因素,下列有关甲公司合并日所作账务处理的说法正确的是(　　)。
   A. 该长期股权投资的初始投资成本为4 000万元
   B. 该长期股权投资的初始投资成本为3 200万元
   C. 贷方登记"实收资本"科目1 000万元
   D. 借方登记"股本"科目1 000万元

2. (2022年真题)下列各项中,制造业企业计提生产经营用短期借款利息应借记的会计科目是(　　)。
   A. 制造费用　　　　　　　　　B. 在建工程
   C. 管理费用　　　　　　　　　D. 财务费用

3. (2022年真题)2021年4月1日,某企业向银行借入生产经营用短期借款1 000 000元,期限为6个月,年利率为4.5%,本金到期后一次归还,利息按月计提、按季度支付,假定6月30日收到计息通知。下列各项中,该企业6月30日支付利息的会计处理正确的是(　　)。
   A. 借:财务费用　　　　　　　　　　　　　　　　　　　　　7 500
       贷:银行存款　　　　　　　　　　　　　　　　　　　　　　　7 500
   B. 借:财务费用　　　　　　　　　　　　　　　　　　　　　3 750
       应付利息　　　　　　　　　　　　　　　　　　　　　7 500
       贷:银行存款　　　　　　　　　　　　　　　　　　　　　　　11 250
   C. 借:财务费用　　　　　　　　　　　　　　　　　　　　　3 750
       短期借款　　　　　　　　　　　　　　　　　　　　　7 500
       贷:银行存款　　　　　　　　　　　　　　　　　　　　　　　11 250
   D. 借:短期借款　　　　　　　　　　　　　　　　　　　　　1 000 000
       贷:银行存款　　　　　　　　　　　　　　　　　　　　　　　1 000 000

4. (2022年真题)某股份有限公司发行普通股股票10 000万股,每股面值1元,每股发行价5元,发生相关的手续费10万元。不考虑其他因素,该公司发行普通股导致"资本公积"科目贷方增加的金额为(　　)万元。
   A. 10 000　　　　B. 50 000　　　　C. 39 990　　　　D. 40 000

5. "制造费用"账户按照会计要素分类属于( )。
   A. 资产类账户　　　B. 损益类账户　　　C. 负债类账户　　　D. 成本类账户
6. (2022年真题)下列各项中,应通过"应交税费"科目核算的是( )。
   A. 一般纳税人进口商品缴纳的关税　　　B. 占用耕地缴纳的耕地占用税
   C. 购买印花税票缴纳的印花税　　　D. 销售应税消费品缴纳的消费税
7. 企业收到包装物退回的押金,并将其已存入银行,借方应记的账户是( )。
   A. "管理费用"　　　B. "营业费用"
   C. "借记银行存款"　　　D. "其他业务收入"
8. 企业为职工垫付医药费,从该职工的工资扣回时,不考虑其他账户,应( )。
   A. 借记"应付福利费"科目　　　B. 贷记"应付福利费"科目
   C. 借记"应付职工薪酬"科目　　　D. 贷记"应付职工薪酬"科目
9. (2022年真题)下列各项中,制造业企业应计入其他业务成本的是( )。
   A. 推广新产品发生的展览费
   B. 随同产品出售单独计价的包装物成本
   C. 非流动资产毁损净损失
   D. 取得交易性金融资产支付的相关税费
10. 下列各项中,不应在"其他应付款"账户中核算的是( )。
    A. 应付租入包装物的租金
    B. 经营租入固定资产的应付租金
    C. 出租包装物收取的押金
    D. 企业接受劳务供应应付未付款项

二、多项选择题

1. 企业开出商业汇票抵付应付账款时,应( )。
   A. 借记"应付账款"科目　　　B. 贷记"应付票据"科目
   C. 借记"应付票据"科目　　　D. 贷记"应付账款"科目
2. (2021年真题)下列各项中,关于收入确认和计量表述正确的有( )。
   A. 企业识别合同中的单项履约义务
   B. 企业履行各单项履约义务时确认收入
   C. 交易价格不包括企业预期将退还给客户的款项
   D. 企业确认客户合同收入应以合同存在为前提
3. 根据企业会计准则的规定,下列各项中,应计入企业产品成本的有( )。
   A. 生产工人的工资　　　B. 车间管理人员的工资
   C. 企业行政管理人员的工资　　　D. 在建工程人员的工资
4. 企业发放职工工资,应( )。
   A. 借记"现金"科目　　　B. 贷记"应付工资"科目
   C. 借记"应付职工薪酬"科目　　　D. 贷记"库存现金"科目
5. (2022年真题)下列各项中,影响可供分配的利润的因素有( )。
   A. 年初盈余公积　　　B. 提取法定盈余公积
   C. 其他转入　　　D. 当年实现的净利润

三、判断题

1. (2022年真题)采用权益法核算的长期股权投资,初始投资成本大于投资时应享有被投资单位可辨认净资产公允价值份额的,其差额计入投资收益。( )
2. 企业收到投资者的投资都应按照合同投资额记入"实收资本"账户。( )
3. "应付票据"账户的月末贷方余额,表示尚未支付的购货款。( )
4. (2022年真题)企业购建固定资产发生的长期借款利息符合资本化条件的,应计入在建工程成本。( )
5. 工业企业材料采购成本包括买价和采购费用。( )
6. "应交税费"账户的余额必定在贷方,表示应交未交的税金。( )
7. 由于商业折扣在销售发生时即已发生,企业只需按扣除商业折扣后的净额确认销售收入和应收账款。( )
8. 为购建固定资产而借入的专门借款的利息应全部计入固定资产的成本。( )
9. (2022年真题)如果企业以前年度未分配利润有盈余,在确定提取本期法定盈余公积的基数时,应包括年初未分配利润。( )
10. (2020年真题)企业董事会通过的利润分配方案中拟分配的现金股利,不需要进行账务处理。( )

四、业务题

[业务题一]

目的:练习筹资业务的核算。

资料:大地股份有限公司2×23年1月份发生下列经济业务:

(1) 接受投资者投入企业的资本180 000元,款项存入银行。

(2) 收到某投资者投入的一套全新设备,投资双方确认的价值为200 000元,设备交付使用;收到专利权一项,投资双方确认的价值为500 000元,相关手续已办妥。

(3) 从银行取得期限为4个月的生产运营用借款600 000元,款项已存入开户银行。

(4) 若上述借款年利率为4%,根据与银行签署的借款协议,该项借款的利息按季度支付,本金于到期后一次归还。计算提取本月应负担的借款利息。

(5) 从银行取得期限为2年的借款1 000 000元,所得借款已存入开户银行。

(6) 通过银行偿还到期短期借款本金200 000元。

要求:

(1) 根据上述经济业务编制会计分录。

(2) 若1月月初大地股份有限公司的资产总额为1 600 000元,计算1月月末的资产总额。

[业务题二]

目的:练习供应过程业务的核算。

资料:利和股份公司的存货采用计划成本核算,增值税税率为13%,A材料的计划单位成本为每千克108元,B材料的计划单位成本为每千克98元。"原材料"账户的期初余额为500 000元,"材料成本差异"账户的贷方余额为11 748元。2×23年10月份,公司发生下列经济业务:

(1) 10月1日,外地采购A材料32 000千克,增值税发票上的材料价款为3 380 000元,销货方代垫运费4 000元,材料未运到。企业签发为期3个月的承兑汇票一张。

(2) 10月10日,10月1日采购的A材料运达企业,验收的实际数量为31 800千克,短缺的数量为定额内的损耗。

(3) 10月15日,本市采购B材料12 000千克,增值税专用发票上注明的价款为1 280 000元,货款已用支票支付,材料验收入库。

(4) 10月19日,外地采购B材料5 000千克,增值税专用发票上注明的价款为440 000元,材料未运到,货款和增值税已支付。

(5) 10月22日,从外地采购A材料1 100千克,材料已验收入库,发票未到,货款未付。

(6) 10月26日,本月生产产品,领用A材料28 000千克,车间一般耗用B材料400千克。

(7) 10月28日,本月销售A材料5 000千克,每千克150元,货款及增值税未收到。

(8) 10月31日,本月22日购入A材料的发票仍未到达。

要求:
(1) 编制本月业务的会计分录。
(2) 根据上述资料计算本月材料成本差异率。

[业务题三]

目的: 练习生产过程业务的核算。

资料: 某企业的基本生产车间生产甲、乙、丙三种产品,2×23年5月份发生下列与制造费用等内容相关的经济业务:

(1) 根据工资结算汇总表,本月职工薪酬中工资总额为390 000元。其中,基本生产车间生产工人工资为325 000元,车间管理人员工资为26 000元,行政管理人员工资为39 000元。本企业职工福利费、社会保险费、住房公积金、工会经费、职工教育经费分别按照各自工资总额的7%、31.5%、8%、2%、1.5%计提。

(2) 通过银行支付本月办公费27 924元。其中,生产车间办公费为12 324元,行政管理部门办公费为15 600元。

(3) 本月计提的固定资产折旧总额为52 000元。其中,生产车间折旧额为39 000元,行政管理部门折旧额为13 000元。

(4) 发出材料汇总表显示,本月领用材料实际总成本为520 000元。其中,生产车间生产产品耗用材料468 000元,车间一般性消耗材料32 500元,行政管理部门耗用材料19 500元。

(5) 基本生产车间主任报销本月差旅费3 900元,结清原借款3 000元,补付现金900元。

(6) 用银行存款6 500元支付基本生产车间本月固定资产租赁费。

(7) 用银行存款10 400元支付生产车间本月办公用品费。

(8) 用银行存款45 500元支付本月水电费。其中,生产车间生产产品直接耗用32 500元,车间一般性消耗5 200元,行政管理部门消耗7 800元。

要求: 编制上述业务的会计分录。

[业务题四]

目的: 练习销售过程业务的核算。

材料: 某股份公司2×23年4月份发生下列经济业务:

(1) 4月2日,销售甲产品500件,每件售价200元,货款100 000元,增值税税率为

13%,货款已收到并存入银行。

(2) 4月5日,收到上月恒新厂所欠货款7 000元,存入银行。

(3) 4月10日,销售给恒新厂甲产品200件,每件售价200元,乙产品100件,每件售价100元,共计50 000元,增值税销项税额8 500元,收到面值为58 500元的商业汇票一张。

(4) 4月16日,以银行存款支付金融机构手续费1 000元。

(5) 4月17日,销售A材料4 000千克,每千克2.50元,货款共计10 000元,增值税销项税额为1 700元,款项已收到并存入银行。

(6) 4月18日,以银行存款支付销售甲产品、乙产品的保险费用800元、广告宣传费用1 200元。

(7) 4月26日,销售给明达工厂甲产品900件,每件200元,乙产品200件,每件100元,货款共200 000元,增值税销项税额34 000元,款项尚未收到。

(8) 4月30日,上述销售的甲、乙产品属于应缴纳消费税的产品,假定消费税税率为5%。

(9) 4月30日,结转本月已销材料成本8 000元。

(10) 4月30日,结转本月已销产品的生产成本,其中甲产品单位成本为180元,乙产品单位成本为80元。

要求:根据上述经济业务编制会计分录。

[**业务题五**]

目的:练习利润形成与分配业务的核算。

材料:利和股份公司2×23年12月份发生下列有关利润形成与分配的业务:

(1) 用现金4 500元支付厂部办公用品费。

(2) 将无法偿还的应付账款18 000元予以核销。

(3) 用银行存款6 000元支付罚款支出。

(4) 报销职工差旅费200元,付给现金。

(5) 计提应由本月负担的银行借款利息450元。

(6) 收到罚款收入20 000元存入银行。

(7) 结转本月实现的各项收入。其中,产品销售收入148 000元,营业外收入32 000元。

(8) 结转本月发生的各项费用。其中,产品销售成本40 000元,产品销售费用1 500元,产品销售税金2 000元,管理费用33 600元,财务费用450元,营业外支出22 450元。

(9) 根据(7)(8)两项业务确定的利润总额按25%的税率计算所得税并予以结转。

(10) 按税后利润的10%提取法定盈余公积。

(11) 将剩余利润的40%分配给投资人。

(12) 年末结转本年净利润60 000元。

(13) 年末结转利润分配项目27 600元。

要求:编制上述业务的会计分录。

本模块实训任务

【实训内容】
1. 依据业务填写单据
2. 依据单据编制会计分录

【实训目的】
1. 会计技能综合训练
2. 培养学生的实践技能

【实训要求】
1. 完成任务要求
2. "学中练,练中学",将理论运用于实践,完成实训练习

实训一

资料:海虹市永春机械公司收到的单据如图4-36至图4-40所示。
实训要求:编制相应的会计分录。

实训二

资料1:2×23年6月2日,海虹市永春机械公司开出现金支票,如图4-41所示,从银行提取现金2 000元备用。(出纳:刘秀;法定代表人:张政)
实训要求:练习填制现金支票并编制相应的会计分录。

图 4-36 无法支付应付款项确认单

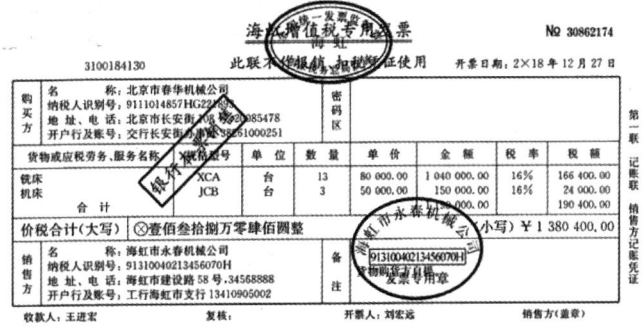

图 4-37 海虹增值税专用发票

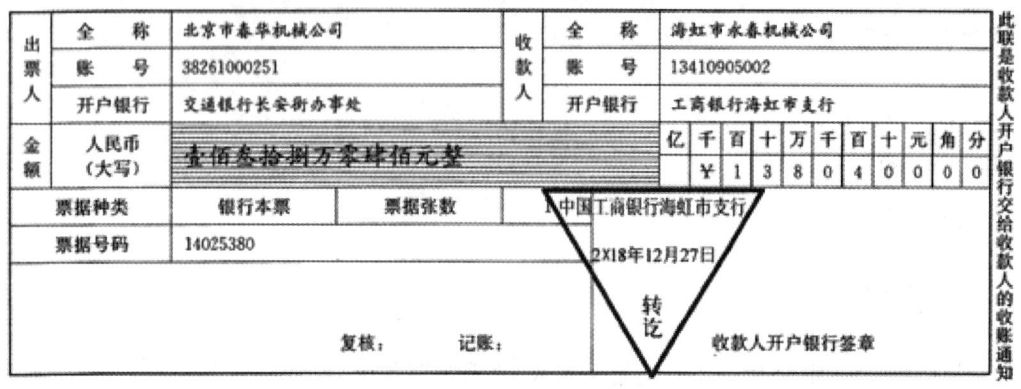

图 4-38 进账单

图 4-39 产品出库单

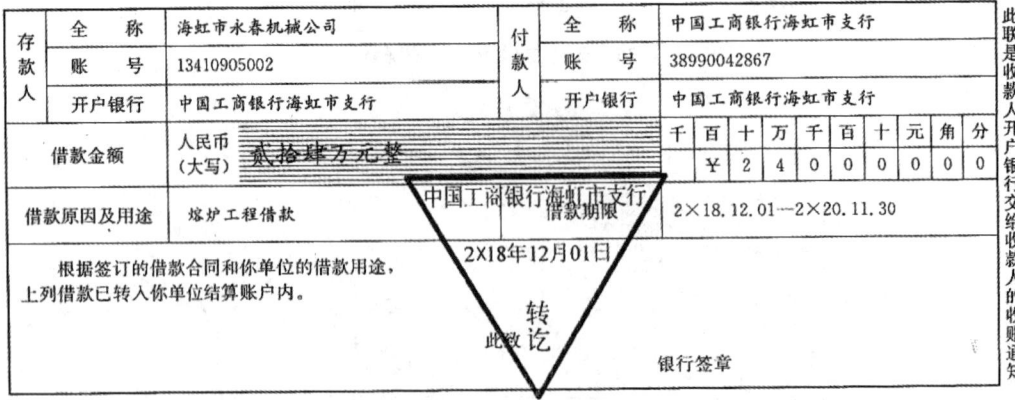

图 4-40 借款借据

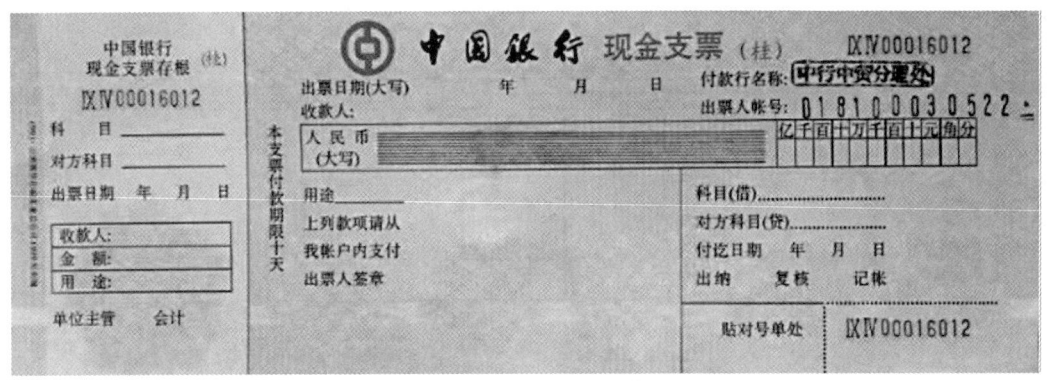

图 4-41 现金支票

资料 2: 2×23 年 6 月 6 日,海虹市永春机械公司采购员出差到昆明购买材料,预借差旅费 5 000 元,以现金支付。

实训要求: 练习填制借款单(表 4-4)并编制相应的会计分录。

表 4-4 借款单

借款单位(姓名):
借款理由:
借款数额: 人民币(大写)
部门负责人意见   借款人(签章)
付款记录: 　2×23 年 6 月 6 日现金付给   出纳:

模块五
会计凭证

 素质目标

1. 培养会计岗位责任意识
2. 培育良好的会计职业习惯
3. 培养科学严谨、细致认真的工作作风
4. 培育精益求精、一丝不苟的工匠精神

 知识目标

1. 理解会计凭证的概念、作用及种类
2. 掌握原始凭证的填制及审核要求
3. 掌握记账凭证的填制及审核要求
4. 了解会计凭证的传递与保管要求

 职业能力目标

1. 能正确认识会计凭证的用途及获取途径
2. 能正确填制并审核原始凭证
3. 能正确填制并审核记账凭证
4. 熟悉会计凭证的传递和保管要求

 知识框架结构

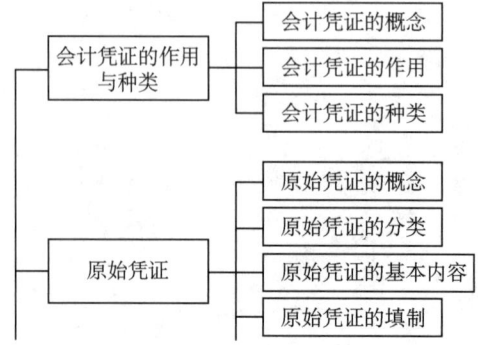

模块五　会计凭证

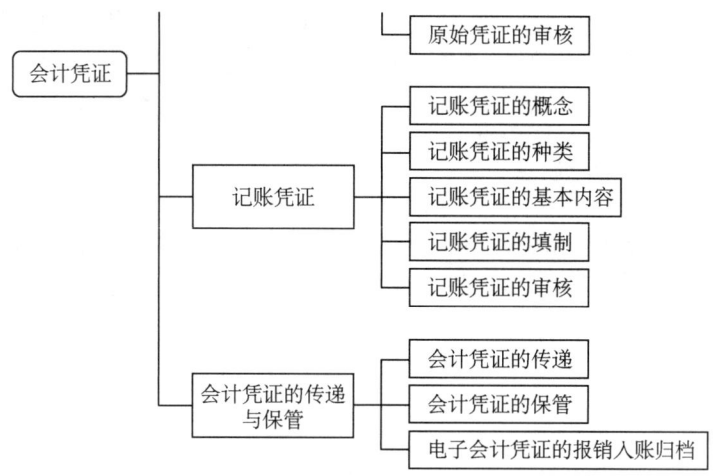

任务一　会计凭证的作用与种类

一、会计凭证的概念

会计凭证是记录经济业务、明确经济责任、作为登记账簿依据的书面证明。会计凭证是原始凭证和记账凭证的统称。各单位实际发生经济业务事项后，必须取得或填制原始凭证，及时进行会计核算，以确保会计信息满足可靠性、及时性的质量要求。

二、会计凭证的作用

填制与审核会计凭证是会计核算的方法之一，是会计工作的起点和基础，对完成整个会计工作任务，充分实现会计的职能，具有非常重要的作用。

1. 会计凭证是记录经济业务的载体

当一项经济业务发生后，经办人员或会计人员要取得或填制会计凭证，凭证上记载了经济业务的发生及完成情况，为后续的会计核算、会计分析、会计检查提供原始资料和依据。

2. 会计凭证是登记账簿的必要依据

会计人员根据真实发生的经济业务取得或填制原始凭证，并据其编制记账凭证，经审核无误后，才能登记入账。没有真实合法的凭证作依据，任何经济业务都不能登记到账簿中，以确保会计信息的客观性、真实性、正确性。

3. 会计凭证是明确经济责任、具有法律效力的书面证明

经办经济业务的有关单位或人员，必须在填制的会计凭证上盖章或签名，以表示其对会计凭证的真实性、正确性、合法性承担全部责任。这样既可以明确经济责任，也可以使相关部门和相关人员之间相互牵制，相互制约。

4. 审核会计凭证是实行会计监督的具体措施

会计凭证是记录经济业务发生过程及完成情况的书面凭证。在审核会计凭证的过程

中,可以检查各项经济业务的合理性、合法性、合规性,以便及时发现和制止各种违法乱纪行为,从而发挥会计的监督作用,保护各单位财产的安全、完整,维护投资者、债权人和有关各方的合法权益。

三、会计凭证的种类

会计凭证按其填制程序和用途不同,可分为原始凭证和记账凭证两大类。原始凭证是进行会计核算的原始资料和主要依据,记账凭证是登记账簿的依据。会计凭证的分类如图5-1所示。

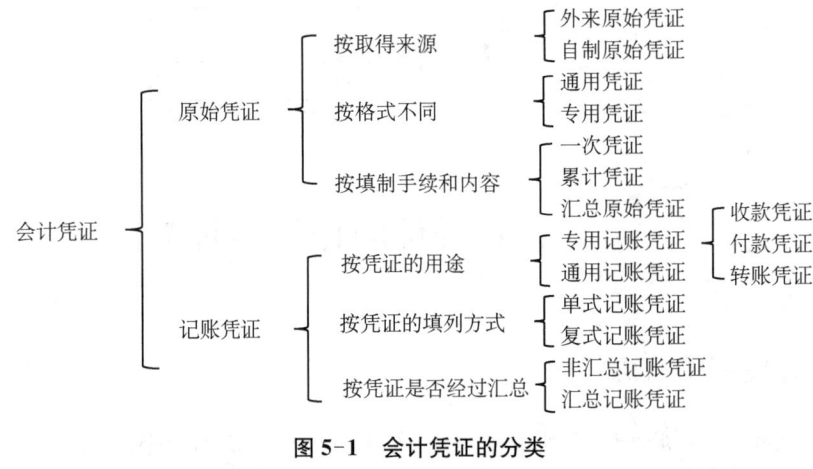

图5-1 会计凭证的分类

任务二 原 始 凭 证

一、原始凭证的概念

原始凭证又称单据,是指在经济业务发生时取得或填制的,用以记录或证明经济业务的发生或完成情况,并作为记账原始依据的书面证明。原始凭证具有法律效力,是证明经济业务实际发生或完成的最初文字凭据,也是进行会计核算的原始资料和重要依据。常见的原始凭证有增值税专用发票、增值税普通发票、费用报销单、差旅费报销单、工资发放表、领料单等。凡不能证明经济业务发生或完成情况的各种单据,均不能作为原始凭证并据以记账,如购销合同、生产计划、费用预算、销售单、银行对账单、银行存款余额调节表等。

《会计法》第十条规定,各单位发生下列经济业务事项,应当办理会计手续,进行会计核算:①资产的增减和使用;②负债的增减;③净资产(所有者权益)的增减;④收入、支出、费用、成本的计算;⑤财务成果的计算和处理;⑥需要办理会计手续、进行会计核算的其他事项。

二、原始凭证的分类

原始凭证可以按取得来源、格式、填制手续和内容进行分类。

（一）按取得来源分类

原始凭证按取得来源不同，可分为外来原始凭证和自制原始凭证。

1. 外来原始凭证

外来原始凭证是指在经济业务发生或完成时，从外单位或个人直接取得的原始凭证。例如，购买材料或商品时从供应商取得的发票（纸质发票和电子发票），从银行取得的业务回单，从税务部门取得的完税凭证，职工出差取得的飞机票、火车票、住宿发票等都属于外来原始凭证。增值税电子普通发票的格式如图5-2所示，银行业务回单的格式如图5-3所示。

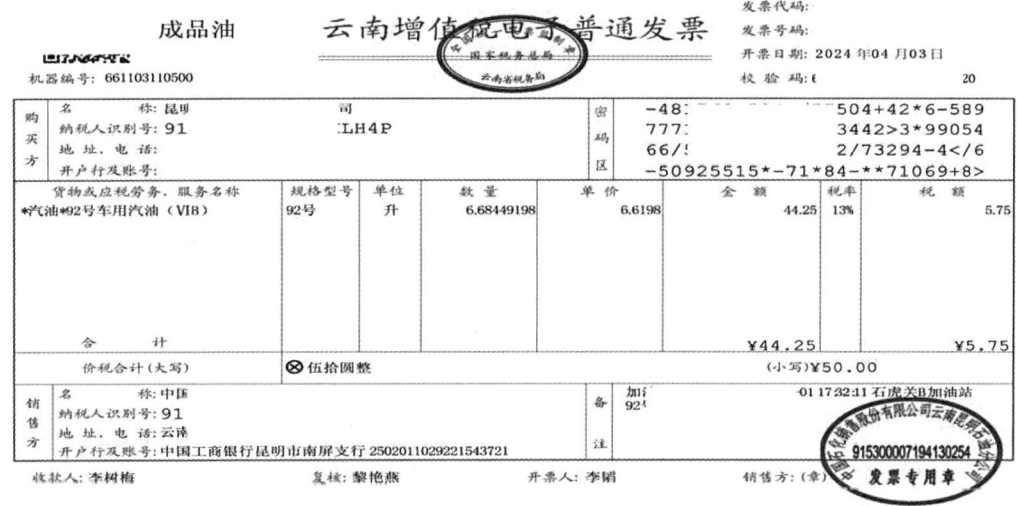

图5-2 增值税电子普通发票的格式

图5-3 银行业务回单的格式

2. 自制原始凭证

自制原始凭证是指由本单位内部经办业务的部门和人员,在执行或完成某项经济业务时自行填制的原始凭证。例如,购入材料验收入库时填制的"收料单"、各生产部门领用材料时填制的"领料单"、产品完工验收入库时填制的"入库单",以及企业内部使用的"借款单""差旅费报销单""工资发放表"等都属于自制原始凭证。借款单的格式如图5-4所示。

借　款　单

年　月　日

部门		借款事由									
借款金额人民币（大写）				百	十	万	千	百	十	元	角	分
审批意见		预计还款日期		年		月		日			
单位负责人		会计主管			借款人						

出纳

图 5-4　借款单的格式

(二) 按格式不同分类

原始凭证按格式不同,可分为通用凭证和专用凭证。

1. 通用凭证

通用凭证是指由有关部门统一印制、在一定范围内使用的、具有统一格式和使用方法的原始凭证,如增值税专用发票,由中国人民银行制作的银行转账结算凭证、火车票等。

2. 专用凭证

专用凭证是指由单位自行印制、仅在本单位内部使用的原始凭证,如收料单、领料单、借款单、差旅费报销单、折旧计算表等。

(三) 按填制手续和内容分类

原始凭证按填制手续和内容不同,可分为一次凭证、累计凭证、汇总原始凭证。

1. 一次凭证

一次凭证是指一次填制完成,只记录一笔经济业务或同时记录若干项同类性质经济业务,且仅一次有效的原始凭证。外来原始凭证一般都属于一次凭证,自制原始凭证中的收料单、领料单、入库单、费用报销单等都属于一次凭证。领料单的格式如图5-5所示。

领料单

领料部门：　　　　　　　　　　　　　　　　　编　　号：
用　途：　　　　　　　年　月　日　　　　　　存放地点：

材料编号	材料名称	规格	计量单位	数量		单价	金额	备注
				请领	实领			

(续表)

材料编号	材料名称	规格	计量单位	数量		单价	金额	备注
				请领	实领			
合计								

领料部门负责人：　　　　　　　　领料人：　　　　　　　　发料人：

图 5-5　领料单的格式

2. 累计凭证

累计凭证是指在一张凭证上连续记载一定时期内重复发生的同类经济业务，填制手续是随着经济业务发生而分次完成的原始凭证。其特点是在一张凭证上可以连续登记相同性质的经济业务，随时结出累计数和结余数，并按照费用限额进行费用控制，期末按实际发生额记账。累计凭证是多次有效的原始凭证。

限额领料单是典型的累计凭证。在有效期内（一般为 1 个月），只要领用数量不超过限额，限额领料单就可被连续使用。限额领料单的设置，既可起到控制材料消耗的作用，又能减少原始凭证的数量和简化填制凭证的手续。限额领料单的格式如图 5-6 所示。

限额领料单

领料单位：一车间　　　　　　　　　　　　　　　　　　　　　　　编号：12001
用途：生产 A 产品　　　　2×23 年 10 月 31 日　　　　　　　　仓库：1 号仓库

材料类别	材料编号	材料名称及规格	计量单位	领用限额	实际领用	单价	金额	备注
型钢	0366	20 mm 圆钢	千克	500	495	35	17 325	

日期	请领		实发			限额结余	退库	
	数量	领料单位负责人	数量	发料人	领料人		数量	退库单编号
10/8	200	李强	200	孙明	王宇	300		
10/18	150	李强	150	孙明	王宇	150		
10/27	145	李强	145	孙明	王宇	5		
合计	495		495			5		

供应部门负责人：杨军　　　　生产计划部门负责人：刘平　　　　仓库负责人：赵鹏

图 5-6　限额领料单的格式

3. 汇总原始凭证

汇总原始凭证是指将一定时期内若干张反映同类经济业务的原始凭证加以汇总而填制的凭证，也称原始凭证汇总表。汇总原始凭证既可以提供企业经营管理所需要的总量指标，又可以简化记账工作。例如，企业月末将本月内所填制的"领料单""限额领料单"进行汇总，编制"发料凭证汇总表"，作为编制材料耗用记账凭证的依据，其格式如表 5-1 所示。

表 5-1 发料凭证汇总表的格式

发料凭证汇总表

2×23 年 10 月 31 日　　　　　　　　　　　　　　　　　　　　　　　　　单位:元

会计科目	用途或部门	甲材料	乙材料	丙材料	合计
生产成本	A 产品	25 000	3 000	200	28 200
	B 产品	22 000		300	22 300
	C 产品	18 000	6 500		24 500
	小计	65 000	9 500	500	75 000
制造费用	一车间	15 000			15 000
管理费用	管理部门		3 000		3 000
销售费用	销售部门			6 000	6 000
合计		80 000	12 500	6 500	99 000

财务主管:王华　　　　　　　　　复核:王丽　　　　　　　　　制表:赵平

三、原始凭证的基本内容

原始凭证的格式和内容因经济业务和经营管理的要求不同而有所差异,但每一种原始凭证都要客观真实地记录每一项经济业务的发生和完成情况,都要明确经办单位及经办人员所承担的经济责任。因此,各种原始凭证都应具备一定的基本内容,这些基本内容也称为原始凭证的基本要素。

(1) 原始凭证的名称。如"增值税专用发票""领料单""入库单""差旅费报销单"等,用以标明原始凭证所记录的经济内容或用途。

(2) 填制原始凭证的日期。一般是记录经济业务发生或完成的日期,若在业务发生或完成时因各种原因未能及时填制原始凭证的,应以实际填制的日期为准。

(3) 填制原始凭证的单位名称或个人姓名。填制凭证时,应填制具体的单位名称和填制人的姓名,方便日后核对。

(4) 接受凭证的单位名称。俗称抬头,发票上应写明购货单位的名称,且应填列全称。

(5) 经济业务的内容摘要。主要说明经济业务的名称、项目及有关事项,便于相关业务人员了解经济业务的具体情况,检查其真实性、合法性。

(6) 经济业务的数量、单价和金额。这是经济业务发生的量化证明,是保证会计记录真实性的基础,是原始凭证的核心内容。

(7) 经办人员的签名或盖章。经办人员办理经济业务时,应在记载经济业务的各种原始凭证上签名或盖章,以证明经济业务的真实性,同时可以明确经济责任。

四、原始凭证的填制

(一) 原始凭证的填制方法

1. 外来原始凭证的填制

外来原始凭证应在本单位同外单位发生经济业务时,由外单位的相关人员填制完成。

本单位经办人员在取得外来原始凭证时须对该原始凭证进行逐项审核。外来原始凭证一般由税务局等业务部门统一印制,或经税务部门批准由经营单位印制,在填制时加盖出具凭证单位公章方为有效。若是电子发票,可以以电子签名代替发票专用章。纸质发票的基本联次包括存根联、发票联、记账联。存根联由收款方或开票方留存备查;发票联由付款方或受票方作为付款原始凭证;记账联由收款方或开票方作为记账原始凭证。

2. 自制原始凭证的填制

不同的自制原始凭证,填制方法也有所不同。

(1) 一次凭证的填制。一次凭证应在经济业务发生或完成时,由相关业务人员一次填制完成。该凭证往往只能反映一项经济业务,或同时反映若干项同一性质的经济业务。转账支票的填写如图5-7所示。

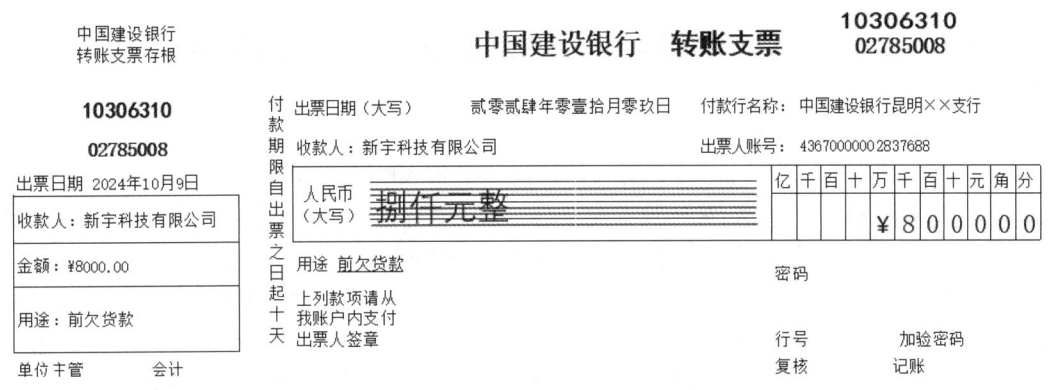

图 5-7 转账支票的填写

(2) 累计凭证的填制。累计凭证应在每次经济业务完成后,由相关人员在同一张凭证上重复填制完成。该凭证能在一定时期内不断重复地反映同类经济业务的完成情况。限额领料单的填写如图5-6所示。

(3) 汇总凭证的填制。汇总凭证应由相关人员在汇总一定时期内反映同类经济业务的原始凭证后填制完成。该凭证只能将类型相同的经济业务进行汇总,不能汇总两类或两类以上的经济业务。发料凭证汇总表的填写如表5-1所示。

(二) 原始凭证的填制要求

原始凭证的正确填制是保证最终提供的会计信息真实完整的基本前提。为了保证原始凭证能够正确、及时、清晰地反映经济业务的真实情况,填制或取得的原始凭证必须符合五项基本要求。

1. 记录真实

原始凭证的填制,必须实事求是,保证内容真实可靠,不得伪造、变造,不得弄虚作假,不得涂改、挖补。原始凭证有错误的,应当由开出单位重开或更正,更正处应当加盖开出单位的印章。原始凭证金额有错误的,应当由开出单位重开,不得在原始凭证上更正。对于重要的原始凭证,如支票以及各种结算凭证等,一律不得更改。从外单位取得的原始凭证如有遗失,应取得原开出单位盖有公章的证明,并注明原来凭证的号码、金额和内容等,由单位负责人批准后,可代作原始凭证。如果确实无法取得证明的,如火车票、飞机票等凭证,由当事人写出详细情况,由经办单位负责人批准后,可代作原始凭证。

2. 内容完整

原始凭证中应填写的项目要逐项填写完整,不得遗漏或省略。凡填有大写和小写金额的原始凭证,其大写与小写金额必须相符。一式几联的发票和收据,必须用双面复写纸(发票和收据本身具备复写纸功能的除外)套写或打印机套打,顺序使用,并连续编号,注明各联用途,且只能将其中一联作为记账的依据。凭证作废时应当加盖"作废"戳记,连同存根一起保存,不得撕毁。

从外单位取得的原始凭证,必须盖有填制单位的公章;从个人取得的原始凭证,必须有填制人员的签名或盖章。自制原始凭证必须有经办单位领导人或其指定人员的签名或盖章。对外开出的原始凭证,必须加盖本单位公章。

3. 手续完备

原始凭证的填制手续必须完备,应符合内部控制的要求,防止错误或舞弊的发生。具体需要注意以下问题:

(1) 购买实物的原始凭证,必须有验收证明。

(2) 支付款项的原始凭证,必须有收款单位和收款人的收款证明。

(3) 发生销货退回时,除填制退货发票外,还必须有退货验收证明。退款时,必须取得对方的收款收据或汇款银行的凭证,不得以退货发票代替收据。

(4) 职工公出借款凭据,必须附在记账凭证之后。收回借款时,应当另开收据或退还借据副本,不得退还原借款收据。

(5) 经上级有关部门批准的经济业务,应当将批准文件作为原始凭证附件。如果批准文件需要单独归档的,应当在凭证上注明批准机关名称、日期和文件字号。

4. 书写规范

原始凭证要按规定填写,文字要简明,字迹要清楚,易于辨认,不得使用未经国务院公布的简化汉字,大小写金额必须符合填写规范。该规范具体包括以下几点:

(1) 阿拉伯数字应当一个一个地写,不得连笔写。阿拉伯金额数字前面应当书写货币币种符号或货币名称简写和币种符号,如人民币符号为"¥"。币种符号与阿拉伯金额数字之间不得留有空白。凡阿拉伯数字前写有币种符号的,数字后面不得再写货币单位。

(2) 所有以元为单位的阿拉伯金额数字,除表示单价等情况外,一律填写到角位和分位;无角位和分位的,角位和分位可写"00"或符号"—";有角位无分位的,分位应当写"0",不得用符号"—"代替。

(3) 汉字大写金额数字如零、壹、贰、叁、肆、伍、陆、柒、捌、玖、拾、佰、仟、万、亿等,一律用正楷或行书体书写,不得用一、二、三、四、五、六、七、八、九、十等简化字代替,不得任意自造简化字。大写金额数字到元位或角位为止的,在"元"或"角"字之后应当写"整"或"正"字;大写金额数字有分位的,"分"字后不写"整"或"正"字。

(4) 大写金额数字前未印"人民币"字样的,应加写"人民币"三个字,"人民币"字样和大写金额数字之间不得留有空白。凡同时填有大写金额数字和阿拉伯金额数字的原始凭证,两者金额必须相符。

(5) 阿拉伯金额数字中间有"0"时,汉字大写金额数字要写"零"字;阿拉伯金额数字中间连续有几个"0"时,汉字大写金额数字中可以只写一个"零"字;阿拉伯金额数字元位是

"0",或者数字中间连续有几个"0",元位也是"0",但角位不是"0"时,汉字大写金额数字可以只写一个"零"字,也可以不写"零"字。如小写金额"160 007.90",大写金额为"人民币壹拾陆万零柒元玖角整"。

(6)票据如现金支票、转账支票的出票日期,必须使用中文大写。为防止变造票据的出票日期,月为壹、贰、壹拾的,应在其前加"零",日为壹至玖、壹拾、贰拾、叁拾的,应在其前加"零"。例如,2024年1月30日,应写成"贰零贰肆年零壹月零叁拾日"。

(7)原始凭证要用蓝色或黑色笔书写,填写支票必须使用碳素墨水笔。需要套写的凭证,必须一次套写清楚。

5. 填制及时

经办人员应当根据经济业务的执行和完成情况及时填制原始凭证,并按规定的程序及时送交会计部门审核,不得拖延或积压。

五、原始凭证的审核

为了如实反映经济业务的发生和完成情况,充分发挥会计的监督职能,保证会计信息的真实、合法、完整和准确,会计人员必须对原始凭证进行严格审核,并根据经过审核的原始凭证编制记账凭证。只有经过审核合格的原始凭证,才能作为编制记账凭证和登记账簿的依据。对原始凭证的审核,既是会计人员履行的法定义务,也是会计监督的重要组成部分。对原始凭证的审核,主要包括以下内容:

(1)审核原始凭证的真实性。审核原始凭证所记录的内容与经济业务的实际发生情况是否一致。如原始凭证的来源是否可靠,是否为假发票,有无被歪曲或篡改等情况;经济业务的双方当事人、发生的时间和地点、经济业务的内容、所涉及的数量和金额等信息是否真实,填制单位公章(或财务专用章)、填制人员签章是否真实。

(2)审核原始凭证的合法性。审核原始凭证所记录的经济业务是否符合国家法律法规的规定,凭证的传递和审核程序是否符合单位内部控制制度的要求,是否有违法乱纪行为。

(3)审核原始凭证的合理性。审核原始凭证所反映的经济业务是否合理,是否符合本单位经济活动的需要,是否符合有关计划和预算等的要求,有无不讲经济效益、偏离经营目标、不遵守费用开支标准等情况的发生。

(4)审核原始凭证的完整性。审核原始凭证的内容和填制手续是否完整,有关人员签章是否齐全,各项基本要素是否有遗漏。外来原始凭证必须有填制单位公章和填制人员的签章;自制原始凭证必须有经办部门和经办人员的签名或盖章。

(5)审核原始凭证的正确性。审核原始凭证的各项基本要素的记载内容是否正确,书写是否清楚,数字计算是否准确,大小写金额是否相符。原始凭证发生更改的,要审核其更正方法是否正确。

(6)审核原始凭证的及时性。审核原始凭证所归属的会计期间是否恰当,且应特别注意审核凭证的填制日期。对于支票、银行汇票、银行本票等时效性较强的原始凭证,更应仔细验证其签发日期。

原始凭证的审核是一项十分严肃的工作。会计人员应坚持原则,认真履行职责。在审核过程中,如发现问题,应按不同情况进行处理。对于手续不完备、数字计算不正确、文字书写不清楚、项目填写不齐全等一般差错的原始凭证,应退还经办部门或人员,并要求其按照国家统一的会计制度的规定更正、补充或重开，限期补办手续。对于不真实、不合法的原始凭证，会计人员有权不予接受。对于弄虚作假、严重违法的原始凭证，在不予受理的同时，应当予以扣留，并及时向单位领导人报告，请求查明原因，根据有关法律法规进行严肃处理。

任务三 记 账 凭 证

一、记账凭证的概念

记账凭证是会计人员根据审核无误的原始凭证或原始凭证汇总表填制，反映经济业务内容，明确会计分录，并直接作为记账依据的会计凭证。

记账凭证与原始凭证既有密切的联系，又存在显著的区别。

两者的联系在于：

(1) 记账凭证是根据原始凭证编制的，原始凭证是记账凭证的基础。

(2) 原始凭证附在记账凭证后面作为记账凭证的附件，不仅有利于对记账真实性、正确性的审核，便于账簿的登记和核对，还有利于对原始凭证的保管。

两者的区别在于：

(1) 原始凭证一般是由经办人员填制的，而记账凭证一律是由会计人员填制的。

(2) 原始凭证是根据已经发生或完成的经济业务填制的，而记账凭证一般是根据审核无误的原始凭证填制的。

(3) 原始凭证用以记录和证明经济业务的发生与完成情况，而记账凭证是依据复式记账原理，按照规定的会计科目，将原始凭证上记载的经济业务进行归类整理，以明确会计科目的名称、方向及金额。

(4) 原始凭证是填制记账凭证的依据，而记账凭证是登记账簿的依据。

二、记账凭证的种类

记账凭证可按不同标准分类，按照用途可分为专用记账凭证和通用记账凭证；按照填列方式可分为单式记账凭证和复式记账凭证；按照是否经过汇总可分为非汇总记账凭证和汇总记账凭证。

(一) 按凭证的用途分类

会计机构、会计人员要根据审核无误的原始凭证填制记账凭证。记账凭证可以使用专用记账凭证，也可以使用通用记账凭证。

1. 专用记账凭证

专用记账凭证是指专门用于记录某一特定种类经济业务的记账凭证。按其反映经济业务的内容，可分为收款凭证、付款凭证和转账凭证。

(1) 收款凭证。收款凭证是用来反映货币资金收入业务的记账凭证。一般按库存现金和银行存款分别编制，收款凭证的借方科目通常位于凭证的左上方。库存现金收款凭证的基本格式如图5-8所示。

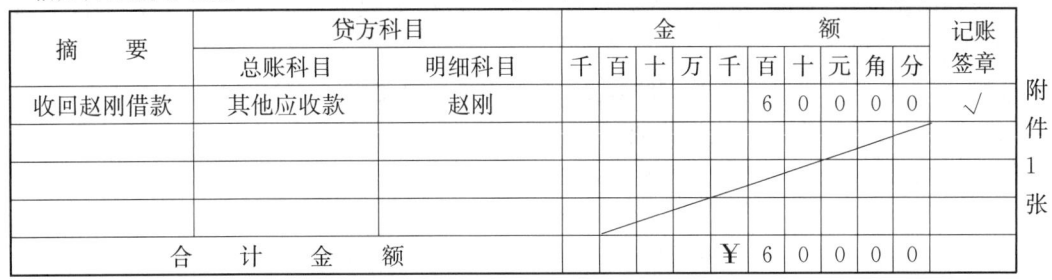

图 5-8　库存现金收款凭证的基本格式

(2) 付款凭证。付款凭证是用来反映货币资金支出业务的记账凭证。一般也按库存现金和银行存款分别编制,付款凭证的贷方科目通常位于凭证的左上方。银行存款付款凭证的基本格式如图5-9所示。

付　款　凭　证

贷方科目:银行存款　　　　　2×23年10月18日　　　　　　银付字第56号

摘要	借方科目		金　　　额									记账签章
	总账科目	明细科目	千	百	十	万	千	百	十	元	角	分	
购买A材料	材料采购	A材料				5	0	0	0	0	0	0	√
	应交税费	应交增值税(进项税额)					6	5	0	0	0	0	√
合　计　金　额					¥	5	6	5	0	0	0	0	

会计主管:王敏　　记账:李莉　　稽核:周芳　　出纳:刘婷　　制单:李莉

附件3张

图 5-9　银行存款付款凭证的基本格式

(3) 转账凭证。转账凭证是用来反映不涉及货币资金收付业务(即转账业务)的记账凭证,其格式如图5-10所示。

转　账　凭　证

2×23年10月31日　　　　　　　　　　　转字第21号

摘要	总账科目	明细科目	借　方									贷　方									记账签章
			千	百	十	万	千	百	十	元	角	分	千	百	十	万	千	百	十	元	角	分	
生产甲产品领用材料	生产成本	甲产品				3	0	0	0	0	0	0											√
	原材料	A材料														3	0	0	0	0	0	0	√
合　计　金　额					¥	3	0	0	0	0	0			¥	3	0	0	0	0	0		

会计主管:王敏　　记账:李莉　　稽核:周芳　　制单:李莉

附件1张

图 5-10　转账凭证的格式

采用专用记账凭证,有利于对不同经济业务进行分类管理,但核算工作量较大,适用于规模较大、收付款业务较多的单位。在实际工作中,为了便于识别及减少差错,往往采用不同颜色分别印制反映不同经济业务内容的专用记账凭证,如收款凭证为红色、付款凭证为蓝色、转账凭证为黑色。

此外,对于涉及货币资金相互划转业务,为了避免重复记账,一般只填制付款凭证,不再填制收款凭证;对于某些既涉及收款业务,又涉及转账业务的综合性业务,可分开填制不同类型的记账凭证。

2. 通用记账凭证

通用记账凭证是指用来反映所有经济业务的记账凭证,为各类经济业务所共同使用,并按顺序连续编号。其格式与转账凭证基本相同,如图5-11所示。

记 账 凭 证

2×23年10月31日　　　　　　　　　　　凭证编号058

摘要	总账科目	明细科目	借方 千百十万千百十元角分	贷方 千百十万千百十元角分	记账签章
支付本月借款利息	财务费用		2 8 0 0 0 0		√
	银行存款			2 8 0 0 0 0	√
合　计　金　额			¥ 2 8 0 0 0 0	¥ 2 8 0 0 0 0	

会计主管:王敏　　　记账:李莉　　　稽核:周芳　　　出纳:刘婷　　　制单:李莉

附件1张

图5-11　通用记账凭证的格式

(二)按凭证的填列方式分类

1. 单式记账凭证

单式记账凭证是指每一张记账凭证只填列经济业务事项所涉及的一个会计科目及其金额的记账凭证,填列借方科目的称为借项记账凭证,填列贷方科目的称为贷项记账凭证。单式记账凭证在实践中较少涉及且多有不便,本书不作赘述。

2. 复式记账凭证

复式记账凭证是将每一笔经济业务所涉及的全部科目及其发生额均在同一张记账凭证中反映的一种凭证。前述各种专用记账凭证和通用记账凭证均属于复式记账凭证。

(三)按凭证是否经过汇总分类

1. 非汇总记账凭证

非汇总记账凭证是指没有经过汇总的记账凭证,前面介绍的收款凭证、付款凭证、转账凭证及通用记账凭证都属于非汇总记账凭证。

2. 汇总记账凭证

汇总记账凭证是根据非汇总记账凭证按一定的方法汇总填制的记账凭证,其目的是简化登记总账的工作。汇总记账凭证按汇总方法不同,可分为分类汇总记账凭证和全部汇总记账凭证。

分类汇总记账凭证是将一定期间内的记账凭证按其种类分别汇总填制,如根据收款凭证汇总填制的现金汇总收款凭证和银行存款汇总收款凭证,根据付款凭证汇总填制的现金汇总付款凭证和银行存款汇总付款凭证,以及根据转账凭证汇总填制的汇总转账凭证。全部汇总记账凭证是将一定期间内的所有记账凭证按照相同科目归类汇总其借方、贷方发生额而填制的记账凭证,一般称为科目汇总表。

三、记账凭证的基本内容

为了概括反映经济业务的基本情况,满足登记账簿的需要,无论是哪一类记账凭证,都应具备以下基本要素:

(1)记账凭证的名称,如"收款凭证""付款凭证"等。
(2)记账凭证的填制日期。
(3)记账凭证的编号,记账凭证应连续编号,以便于记账、查找并确保凭证的安全。
(4)经济业务的内容摘要,即对所记载的经济业务内容进行简明扼要的说明。
(5)经济业务所涉及的会计科目名称、记账方向和金额,即会计分录。
(6)所附原始凭证的张数。
(7)制单、审核、记账、会计主管人员的签名或盖章。收款凭证和付款凭证还应当有出纳人员的签名或盖章。

四、记账凭证的填制

(一)记账凭证的填制依据

记账凭证可以根据每一张原始凭证填制,或根据若干张反映同类经济业务的原始凭证汇总填制,也可以根据原始凭证汇总表或有关账簿记录填制。但会计人员不得将不同内容和类别的原始凭证汇总填制在一张记账凭证上。

(二)记账凭证的填制要求

记账凭证的填制要求主要包括:

(1)依据真实可靠。记账凭证必须以审核无误的原始凭证或原始凭证汇总表为填制依据。如果一张原始凭证涉及几张记账凭证,可以把原始凭证附在一张主要的记账凭证后面,并在其他记账凭证上注明附有该原始凭证的记账凭证的编号或附原始凭证复印件。一张原始凭证所列支出需要几个单位共同负担的,应当将其他单位负担的部分,开给对方原始凭证分割单,进行结算。原始凭证分割单必须具备原始凭证的基本内容:凭证名称,填制凭证日期,填制凭证单位名称或填制人姓名,经办人的签名或盖章,接受凭证单位名称,经济业务的内容、数量、单价、金额和费用分摊情况等。

(2)日期填写正确。记账凭证的日期一般为会计人员填制记账凭证当天的日期,也可根据需要填写经济业务发生当天的日期或月末日期。年月日要齐全,不得省略或简写,如"2024年"不能只写"24年"。

(3)摘要简明扼要。"摘要"栏应简明扼要地概括经济业务的主要内容,且与原始凭证内容保持一致。填写时要针对不同性质经济业务的特点,同时要满足登账、查账的需要。例如,反映实物资产的账户应在摘要中注明品种及数量等信息,对于每月支付或计提的费用应标注相应的月份等。

（4）分录编制正确。对于每笔经济业务，会计人员都必须按照会计准则制度进行职业判断，运用统一规定的会计科目正确编制会计分录，不得任意更改会计科目的名称和核算的内容，以确保科目使用的正确性和核算口径的一致性。会计人员必须按规定的会计科目填写一级会计科目，不得任意简化或改动，不得只写科目编号，不写科目名称，如"管理费用"不能写成"管理费"，不能用"1002"代替"银行存款"等；有关的二级或明细科目要填写齐全。记账凭证上的金额登记方向、数字必须正确，符合数字书写规定，角位和分位不留空格。记账凭证应按行次逐项填写，不能跳行。记账凭证编制完成后，如有空行，应当自金额栏最后一笔金额下的空行处至合计数上面的空行处划线注销。合计金额栏的第一位数字前要填写人民币（￥）等货币符号。

（5）附件数量完整。除结账和更正错误的记账凭证可以不附原始凭证外，其他记账凭证必须附有原始凭证并注明张数，以便日后查阅。附件张数的计算，一般以原始凭证及原始凭证汇总表的自然张数为准。但报销差旅费的零散票券，可以粘贴在一张纸上，作为一张原始凭证。

（6）编号连续科学。编号的目的是分清记账凭证的先后顺序，便于登记账簿以及日后记账凭证与会计账簿之间进行核对，并防止散失。对于使用通用记账凭证的单位，可采用顺序编号法，将当月经济业务发生的顺序按自然数连续编号。对于使用专用记账凭证的单位，通常采用分类编号法，即按收款凭证、付款凭证、转账凭证分收、付、转三类进行编号，如收字第×号、付字第×号、转字第×号，或再细分为现收、现付、银收、银付、转五类进行编号。对于一笔经济业务需要填制两张以上记账凭证的，可采用分数编号法，如第10号凭证由于涉及会计科目多，编制了3张记账凭证，其编号分别为 $10\frac{1}{3}$、$10\frac{2}{3}$、$10\frac{3}{3}$。

（7）填制手续齐全。记账凭证上必须有填制人员、审核人员、记账人员和会计主管的签名或盖章。对于发生的收款和付款业务必须坚持先审核后办理的原则，出纳人员要在有关收款凭证和付款凭证上签章，以明确经济责任。对已办妥的收款凭证或付款凭证及所附的原始凭证，出纳人员应当即加盖"收讫"或"付讫"戳记，以避免重收重付或漏收漏付情况的发生。

（8）错误更正规范。记账凭证的书写应清楚、规范，其相关要求与原始凭证相同。在填制记账凭证时发生错误，应当重新填制正确的记账凭证。对于已经登记入账的记账凭证，在当年内发现填写错误时，可以用红字填写一张与原内容相同的记账凭证，在摘要栏注明"注销某月某日某号凭证"字样，同时再用蓝字重新填制一张正确的记账凭证，在摘要栏注明"订正某月某日某号凭证"字样。如果会计科目没有错误，只是金额错误，也可以将正确数字与错误数字之间的差额，另编一张调整的记账凭证，调增金额用蓝字，调减金额用红字。发现以前年度记账凭证有错误的，应当用蓝字填制一张更正的记账凭证。

实行会计电算化的单位，对于机制记账凭证，要认真审核，做到会计科目使用正确，数字准确无误。打印出的机制记账凭证要加盖制单人员、审核人员、记账人员及会计机构负责人、会计主管人员印章或者签字。

五、记账凭证的审核

为了保证会计信息的质量，在记账之前必须由稽核人员对记账凭证进行严格的审核，审

核的内容主要包括:

(1) 内容是否真实。审核记账凭证是否以合法、真实的原始凭证为依据,所附原始凭证的内容与记账凭证的内容是否一致,记账凭证汇总表的内容与其所依据的记账凭证的内容是否一致等。

(2) 项目是否齐全。审核记账凭证各项目的填写是否齐全,如日期、凭证编号、摘要、会计科目、金额、所附原始凭证张数及有关人员签章等。

(3) 科目是否正确。审核记账凭证的应借、应贷科目是否正确,是否有明确的账户对应关系,所使用的会计科目是否符合国家统一会计制度的规定等。

(4) 金额是否正确。审核记账凭证所记录的金额与原始凭证的有关金额是否一致,计算是否正确,记账凭证汇总表的金额与记账凭证的金额合计是否相符等。

(5) 书写是否规范。审核记账凭证中的书写是否文字工整、数字明晰、更正规范。

(6) 手续是否完备。审核制单、审核、记账、会计主管人员是否已签名或盖章,收款凭证和付款凭证是否有出纳人员的签名或盖章。

在审核过程中,如果记账前发现记账凭证填制有错误或不符合要求,则需要由填制人员重新填制。若已记账,应查明原因,并按规定的方法及时更正。只有经审核并确认正确无误的记账凭证,才可作为登记账簿的依据。记账凭证经填制并审核后,即具有法律效力。

任务四 会计凭证的传递与保管

一、会计凭证的传递

会计凭证的传递是指凭证从取得或填制时起,经过审核、审批、记账、装订,至归档保管为止,在单位内部有关部门和人员之间,按规定的时间、流程办理业务手续和进行处理的过程。

会计凭证的传递是会计核算得以正常、有效进行的前提。科学、合理的会计凭证传递程序,不仅可以助力单位内部控制制度的有效运行,防范风险,促进业财深度融合,还可以使单位内部各部门、各环节的工作相互协调,加强岗位责任制,提高工作效率,更好地实行会计监督。

会计凭证的传递应满足单位内部控制制度的要求,传递程序应合理有效,尽量节约传递时间,减少传递工作量。各单位应根据自身情况、经济业务内容及管理要求制定每一种凭证的传递程序和方法。

二、会计凭证的保管

会计凭证的保管是指会计凭证记账后的整理、装订、归档和存查工作。会计凭证是重要的会计档案和经济资料,任何单位在完成经济业务手续和记账后,必须将会计凭证按《会计档案管理办法》和单位的保管制度形成会计档案资料,并进行妥善保管,防止丢失,不得任意销毁,以便日后随时查阅。

会计凭证保管的基本要求如下:

(1) 定期整理,装订成册。会计部门记账后,应定期(一般为每月)将会计凭证进行分类整理,按照编号顺序,连同所附原始凭证一起加具封面、封底,装订成册,并在装订线上加贴封签,由装订人员在装订线封签处签名或盖章,以防散失、任意拆装或抽换凭证。原始凭证较多时,可单独装订保管,但应在凭证封面上注明记账凭证的日期、编号、种类,同时在所属的记账凭证上注明"附件另订"及原始凭证的名称和编号,以便查阅。各种经济合同、存出保证金收据以及涉外文件等重要原始凭证,应另编目录,单独登记保管,并在有关的记账凭证和原始凭证上相互注明日期和编号。会计凭证封面如图 5-12 所示。

会计凭证封面

单位名称:		
起止日期:自　　年　　月　　日起至　　年　　月　　日止		
凭证号数:自　　号至　　号	凭证类别:	
凭证册数:本月共　　册	本册是第　　册	
原始凭证、汇总凭证张数:共　　张		
全宗号:	目录号:	案卷号:
会计主管:	会计:	装订人:
保管期限:　　年	年　　月　　日装订	

图 5-12　会计凭证封面

(2) 编制清册,归档保管。每年的会计凭证都应由会计部门按照归档要求,定期整理立卷,编制会计档案保管清册。当年的会计凭证在年度终了后,可由单位会计部门临时保管一年,期满后编制移交清册,移交本单位档案管理机构统一保管。未设立档案管理机构的,应当在会计部门内部指定专人保管。出纳人员不得兼管会计档案。会计凭证必须做到妥善保管,存放有序,查找方便,严防毁损、丢失和泄密。

(3) 妥善保管,控制借阅。会计凭证一般不得对外借出。如有特殊需要,应当严格按照规定办理相关手续,并不得拆散原卷册。对会计凭证应当妥善保管和利用,确保借入会计凭证的安全完整,并在规定时间内归还。需要查阅已入档的会计凭证时,必须办理借阅手续,严禁篡改和损坏。其他单位因特殊原因需要使用原始凭证时,经本单位会计机构负责人、会计主管人员批准,可以复制。但向外单位提供的原始凭证复印件,应在专设的登记簿上登记,并由提供人员和收取人员共同签名或盖章。

(4) 保管期满,严格销毁。会计凭证的保管期限,一般为 30 年。会计凭证的保管期限,从会计年度终了后的第一天算起。保管期未满,任何人都不得随意销毁会计凭证。保管期满但未结清的债权债务会计凭证和涉及其他未了事项的会计凭证不得销毁,纸质会计档案应当单独抽出立卷,电子会计档案应单独转存,并保管到未了事项完结时为止。按规定销毁会计凭证时,必须开列清单,报经批准后,由档案管理机构和会计部门共同委派人员监销。在销毁会计凭证前,监销人员应认真清点核对,销毁后,在销毁清册上签名或盖章,并将监销情况报告本单位负责人。

三、电子会计凭证的报销入账归档

电子会计凭证是指单位从外部接收的电子形式的各类会计凭证,包括电子发票、财政电子票据、电子客票、电子行程单、电子海关专用缴款书、银行电子回单等。来源合法、真实的电子会计凭证与纸质会计凭证具有同等法律效力。除法律和行政法规另有规定外,同时满足下列条件的,单位可以仅使用电子会计凭证进行报销入账归档:

(1) 接收的电子会计凭证经查验合法、真实。

(2) 电子会计凭证的传输和存储过程安全、可靠,对电子会计凭证的任何篡改能够及时被发现。

(3) 使用的会计核算系统能够准确、完整、有效地接收和读取电子会计凭证及其元数据,能够按照国家统一的会计制度完成会计核算业务,能够按照国家档案行政管理部门规定格式输出电子会计凭证及其元数据,且已设定经办、审核、审批等必要的审签程序,能够有效防止电子会计凭证重复入账。

(4) 电子会计凭证的归档及管理符合《会计档案管理办法》等要求。

单位以电子会计凭证的纸质打印件作为报销入账归档依据的,必须同时保存打印该纸质件的电子会计凭证。符合档案管理要求的电子会计档案与纸质档案具有同等法律效力。除法律、行政法规另有规定外,电子会计档案可不再另以纸质形式保存。

本模块小结

(1) 会计凭证是记录经济业务、明确经济责任、作为登记账簿依据的书面证明。填制与审核会计凭证是会计核算的方法之一,是会计工作的起点和基础。会计凭证按其填制程序和用途不同,可分为原始凭证和记账凭证两大类。

(2) 原始凭证是指在经济业务发生时取得或填制的,用以记录或证明经济业务的发生或完成情况,并作为记账原始依据的书面证明。原始凭证按取得来源不同,可分为外来原始凭证和自制原始凭证;按格式不同,可分为通用凭证和专用凭证;按填制手续和内容不同,可分为一次凭证、累计凭证、汇总原始凭证。原始凭证填制时要做到记录真实、内容完整、手续完备、书写规范、填制及时。对原始凭证的审核,主要审核其真实性、合法性、合理性、完整性、正确性、及时性,以确保会计信息的真实、可靠。

(3) 记账凭证是会计人员根据审核无误的原始凭证或原始凭证汇总表填制的,反映经济业务内容,明确会计分录,并直接作为记账依据的会计凭证。记账凭证按照用途可分为专用记账凭证和通用记账凭证,专用记账凭证按其反映经济业务的内容,可分为收款凭证、付款凭证和转账凭证;按照填列方式可分为单式记账凭证和复式记账凭证;按照是否经过汇总可分为非汇总记账凭证和汇总记账凭证。填制记账凭证要做到依据真实可靠、日期填写正确、摘要简明扼要、分录编制正确、附件数量完整、编号连续科学、填制手续齐全、错误更正规范。对记账凭证的审核主要包括内容是否真实、项目是否齐全、科目是否正确、金额是否正确、书写是否规范、手续是否完备,只有经审核并确认正确无误的记账凭证,才可作为登记账簿的依据。

(4) 会计凭证的传递是指凭证从取得或填制时起,经过审核、审批、记账、装订,至归档保管为止,在单位内部有关部门和人员之间,按规定的时间、流程办理业务手续和进行处理的过程。会计凭证的保管是指会计凭证记账后的整理、装订、归档和存查工作。

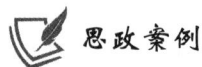

赵和县令巧断赎田案

《太平广记》中的《赵和》篇讲述了一个有关财务凭证的故事。唐懿宗咸通初年,楚州淮阴(今江苏淮安)的农户,因各家田庄都获得了丰收,便开始进行贸易。东邻的农民新开垦了几百亩良田,但因资金不足,便将田庄质押给西邻,贷到一百万文钱。质押的文书清楚言明东邻的农民第二年连本带利一次交清以赎回田庄。到了约定日期,东邻因良田获利丰厚,于是带着钱去赎回田契。他先还了八十万文钱,并且核验了契约,约定第二天交清余款换回契据。东邻心想只隔一夜且两家世代交好,因此未在原契约中注明先付之款,也未向西邻索取收款凭证。第二天,东邻携带余款再来,西邻却不承认昨日收款之事,而且因既无人证,又无收据之类的物证,所以西邻一直拒绝交还契据。东邻去县衙申冤,县令调查后未找到任何证据,无奈地对东邻说:"我相信你确实被冤枉了,但官府断案讲究的是凭证。没有收据,我无法为你处理。"东邻又上诉到州府,州府同样不能断案。

东邻气愤不已,听说江阴县衙善于断案,便过江向南面的江阴县令赵和求助。赵和巧妙地采用以讹治讹的方法,宣称抓到一伙聚集在长江抢劫的土匪,土匪供认西邻是其同伙,赵和随后将西邻拘捕至县衙。起初,西邻自信无罪并不害怕。然而,当刑具摆在面前,他感到极度恐惧。此时,赵和要求他申报财产以进行核实辩护。在恐惧之下,西邻详细列出了自己的财产清单,其中包括东邻用于赎田契的八十万文钱。赵和随即传唤东邻与西邻对质,西邻只得如实招供。经过这次事件,东邻终于得以洗清冤屈。这个故事深刻地提醒我们凭证在处理财务纠纷中的重要性。

育人目标

(1) 生活中,要做一个守诚信、讲信义的人,正如古人所云"人而无信,不知其可也"。

(2) 在坚守信义的同时,还应注重法治精神,学法、知法、守法,严格遵守财务手续,重视法律凭证,保障自身合法权益不受侵害。

(3) 作为会计人员,应坚守职业道德,客观公正,坚持准则,认真进行会计核算并实施会计监督,坚决抵制任何形式的会计造假行为,确保会计信息真实可靠,保护单位财产安全完整,维护国家财经纪律和经济秩序。

课证融通同步训练

一、单项选择题

1. (2018年真题)下列各项中,应由会计人员填制的原始凭证是(　　)。
   A. 固定资产折旧计算表　　　　　B. 差旅费报销单
   C. 产品入库单　　　　　　　　　D. 领料单

2. (2018年真题)下列各项中,属于企业累计原始凭证的是(　　)。
   A. 发出材料汇总表　　　　　　　B. 出差报销的火车票
   C. 银行结算凭证　　　　　　　　D. 限额领料单

3. (2018年真题)下列各项中,对于金额有错误的原始凭证处理方法正确的是(　　)。
   A. 由出具单位在凭证上更正并加盖出具单位公章
   B. 由出具单位在凭证上更正并由经办人员签名
   C. 由出具单位在凭证上更正并由单位负责人签名
   D. 由出具单位重新开具凭证

4. (2019年真题)下列各项中,属于企业外来原始凭证的是(　　)。
   A. 内部使用的借款单　　　　　　B. 领料单
   C. 产品入库单　　　　　　　　　D. 职工出差报销的飞机票

5. (2019年真题)下列各项中,属于外来原始凭证的是(　　)。
   A. 限额领料单　　　　　　　　　B. 差旅费报销单
   C. 增值税专用发票(发票联)　　　D. 工资费用汇总分配表

6. (2019年真题)下列各项中,属于企业自制原始凭证的是(　　)。
   A. 生产车间领用原材料的领料单　　B. 职工出差报销的火车票
   C. 收取货款取得的银行结算凭证　　D. 购买原材料取得的增值税专用发票

7. (2019年真题)下列各项中,关于企业销售产品货款尚未收到的业务,应填制的记账凭证是(　　)。
   A. 汇总凭证　　　B. 转账凭证　　　C. 付款凭证　　　D. 收款凭证

8. (2020年真题)下列各项中,属于外来原始凭证的是(　　)。
   A. 支付运输费收到的增值税专用发票　　B. 限额领料单
   C. 发料凭证汇总表　　　　　　　　　　D. 员工差旅费报销单

9. (2020年真题)下列各项中,属于汇总原始凭证的是(　　)。
   A. 发料凭证汇总表　　　　　　　B. 制造费用分配表
   C. 限额领料单　　　　　　　　　D. 科目汇总表

10. (2020年真题)下列各项中,关于记账凭证填制基本要求的表述不正确的是(　　)。
    A. 可以将不同内容和类别的原始凭证合并填制一张记账凭证
    B. 登记账簿前,记账凭证填制错误的应重新填制
    C. 记账凭证应连续编号

D. 除结账和更正错账可以不附原始凭证,其他记账凭证必须附原始凭证

11. (2021年真题)下列各项中,属于企业自制原始凭证的是( )。
    A. 员工出差报销的火车票　　　　　　B. 因购买原材料取得的增值税专用发票
    C. 已验收合格的原材料的入库单　　　D. 收到的由银行出具的收款通知单

12. (2021年真题)下列各项中,属于企业外来原始凭证的是( )。
    A. 生产产品完工验收入库填制的产品入库单
    B. 生产产品领用材料填制的领料单
    C. 职工出差报销的火车票
    D. 发出产品填制的产品出库单

13. (2021年真题)下列关于原始凭证的表述中,正确的是( )。
    A. 原始凭证按来源不同分为一次凭证、累计凭证和汇总凭证
    B. 原始凭证是记录或证明经济业务的发生或完成情况的原始凭据,是登记账簿的直接依据
    C. 原始凭证的作用主要是确定会计分录,进行账簿登记
    D. 原始凭证按照填制程序和用途分为自制原始凭证和外来原始凭证

14. 对于现金和银行存款之间的相互存取业务,应填制的记账凭证是( )。
    A. 收款凭证　　　　　　　　　　　　B. 付款凭证
    C. 转账凭证　　　　　　　　　　　　D. 同时填制收款凭证和付款凭证

15. 下列单据中,不能作为原始凭证的是( )。
    A. 工资发放表　　　　　　　　　　　B. 固定资产折旧计算单
    C. 委托加工协议　　　　　　　　　　D. 购货发票

二、多项选择题

1. (2018年真题)下列各项中,属于外来原始凭证的有( )。
   A. 采购原材料收到的增值税发票
   B. 业务员出差的住宿发票
   C. 采购原材料的入库单
   D. 销售商品收到的银行汇票款项入账通知

2. (2018年真题)下列各项中,属于原始凭证应当具备的基本内容的有( )。
   A. 填制凭证的日期　　　　　　　　　B. 经济业务内容
   C. 经办人员签名或盖章　　　　　　　D. 记账符号

3. (2019年真题)下列各项中,企业应根据相关业务的原始凭证编制收款凭证的有( )。
   A. 销售产品取得货款存入银行　　　　B. 从银行存款中提取现金
   C. 收取出租包装物租金存入银行　　　D. 将库存现金送存银行

4. (2021年真题)下列各项中,关于原始凭证审核的表述正确的有( )。
   A. 对凭证中应借应贷科目及其对应关系是否有误进行正确性审核
   B. 对原始凭证记录经济业务是否符合国家法律法规规定进行合法性审核
   C. 对原始凭证各项基本要素是否齐全进行完整性审核
   D. 对原始凭证日期、业务内容和数据是否真实进行真实性审核

5. (2022年真题)下列各项中,属于原始凭证审核内容的有( )。
   A. 基本要素是否齐全　　　　　　　　B. 金额是否正确

C. 公章和填制人员的签章是否齐全　　D. 业务内容是否真实

6. (2022年真题)下列各项中,属于外来原始凭证的有(　　)。
   A. 职工出差报销餐饮费增值税普通发票
   B. 产品生产完工入库填制的入库单
   C. 购买材料取得的增值税专用发票
   D. 职工出差预借现金填制的借款单

7. (2022年真题)下列各项中,属于专用原始凭证的有(　　)。
   A. 取得的增值税专用发票　　　　B. 固定资产折旧计算表
   C. 差旅费报销单　　　　　　　　D. 车间的工资费用分配表

8. 填制记账凭证时,下列做法错误的有(　　)。
   A. 根据原始凭证汇总表填制
   B. 根据若干张同类原始凭证汇总填制
   C. 将若干张不同内容和类别的原始凭证汇总填制在一张记账凭证上
   D. 出纳员办理完收付款业务后,应在记账凭证上加盖"收讫"或"付讫"的戳记,以避免重收重付

9. 下列关于会计凭证的表述中,错误的有(　　)。
   A. 会计凭证按其填制程序和方法不同,分为原始凭证和记账凭证,不包括电子形式会计凭证
   B. 自制原始凭证是从本单位取得的,由本单位会计人员填制
   C. 汇总凭证指在一定时期内多次记录发生的同类经济业务且多次有效的原始凭证
   D. 企业与外单位发生的任何经济业务中,取得的各种书面证明都是原始凭证

10. 下列各项中,关于会计凭证保管要求的表述不正确的有(　　)。
    A. 从外单位取得的原始凭证遗失时,记账凭证可以不附原始凭证
    B. 满足条件的,单位内部形成的属于归档范围的电子会计凭证等电子会计资料可仅以电子形式保存,形成电子会计档案,无须打印电子会计资料纸质件进行归档保存
    C. 由于人员不足,出纳人员可以兼管会计档案
    D. 各种会计档案达到保管期限的,可以直接销毁

11. (2022年真题)甲公司会计人员王某填制了一张收款凭证,该凭证必须具备的内容有(　　)。
    A. 经济业务摘要　　　　　　　　B. 所附原始凭证张数
    C. 单价　　　　　　　　　　　　D. 出纳人员签名或盖章

12. 根据会计法律制度的规定,下列关于会计档案管理的表述不正确的有(　　)。
    A. 会计档案的保管期限从会计年度的最后一天算起
    B. 单位的预算方案属于会计档案
    C. 当年形成的会计档案,可由单位会计管理机构临时保管4年
    D. 单位会计管理机构临时保管会计档案期间,出纳人员不得监管会计档案

13. 下列关于在原始凭证上书写阿拉伯数字的表述中,正确的有(　　)。
    A. 金额数字一律填写到角、分
    B. 无角分的,角位和分位可写"00"或符号"—"

C. 有角无分的,分位应当写"0"

D. 有角无分的,分位可以用符号"—"代替

14. 下列关于记账凭证的说法正确的有(   )。

   A. 收款凭证是指用于记录库存现金和银行存款收款业务的会计凭证

   B. 收款凭证分为库存现金收款凭证和银行存款收款凭证两种

   C. 从银行提取库存现金的业务应该编制现金收款凭证

   D. 从银行提取库存现金的业务应该编制银行存款付款凭证

15. 下列关于会计凭证的保管的说法正确的有(   )。

   A. 会计凭证应定期装订成册,防止散失

   B. 会计主管人员和保管人员应在封面上签章

   C. 原始凭证不得外借,其他单位如有特殊原因确实需要使用时,经本单位会计机构负责人、会计主管人员批准,可以复制

   D. 经单位领导批准,会计凭证在保管期满前可以销毁

三、判断题

1. (2018年真题)审核原始凭证发现金额错误的,应当由出具单位更正并在更正处加盖出具单位公章或财务专用章。(   )

2. (2019年真题)企业生产车间在一定时期内领用原材料多次使用同一张限额领料单,属于累计凭证。(   )

3. (2020年真题)除结账和更正错账业务外,其他记账凭证必须附原始凭证。(   )

4. (2021年真题)票据金额应以中文大写和阿拉伯小写数字同时记载,两者必须一致;两者不一致的,以中文大写金额数字为准。(   )

5. (2021年真题)企业从银行提取现金以备零星支出,根据原始凭证编制库存现金收款凭证。(   )

6. (2021年真题)单位负责人对本单位的会计工作和会计资料的真实性、完整性负责。(   )

7. (2022年真题)原始凭证错误的,应由出具单位更正,并在更正处加盖出具单位印章。(   )

8. 对于不真实、不合法的原始凭证,会计人员应当退还给有关经办人员更正后,再办理正式会计手续。(   )

9. 各种会计凭证不得随意涂改、刮擦、挖补,如填写发生错误,应采用划线更正法予以更正。(   )

10. 为简化核算,企业可以在月末根据领料单、限额领料单,汇总编制发料凭证汇总表,据以编制记账凭证,登记有关账簿。(   )

本模块实训任务

【实训内容】
1. 练习原始凭证的填制
2. 练习专用记账凭证的编制

【实训目的】
1. 通过原始凭证和记账凭证填制的模拟实训,让学生掌握各种原始凭证和记账凭证的要素及其填制的要求与方法
2. 培养学生实践技能

【实训要求】
1. 正确理解经济业务的具体内容,认真思考确认无误后方可进行具体处理,为了防止出现错误和遗漏,完成后应认真加以检查和复审
2. 所用的各种凭证使用国家统一会计制度要求使用的格式,凭证所列的项目要按规定填写清楚、完整

实训一

资料:宏达公司位于昆明市东风路10号,纳税人登记号为125300008516012288,开户银行是中国建设银行昆明东风支行,账号为43670000002833588。人员职务及分工如下:

财务主管:王敏,全面负责本单位财务工作。
会计:李莉,负责记账凭证的填制和账簿的登记工作。
稽核:周芳,负责对原始凭证和记账凭证进行审核。
出纳:刘婷,负责处理与现金和银行存款收支相关的经济业务。

实训要求:请根据资料填写原始凭证。

2×23年9月发生部分经济业务如下:

(1) 9月10日,出纳员刘婷从银行提取现金5 000元备用,并填写现金支票,如图5-13所示。

图5-13 现金支票

(2) 9 月 16 日，开出转账支票一张，支付东方公司广告费 100 000 元，填写转账支票，如图 5-14 所示。

中国建设银行
转账支票存根

10606810

03792001

出票日期　　年　月　日

收款人：
金额：
用途：

单位主管　　会计

中国建设银行　转账支票　10606810
03792001

付款期限自出票之日起十天

出票日期（大写）　　年　　月　　日　付款行名称：

收款人：　　出票人账号：

人民币（大写）	亿	千	百	十	万	千	百	十	元	角	分

用途 ________　　密码

上列款项请从
我账户内支付
出票人签章　　行号　　加验密码
复核　　记账

图 5-14　转账支票

(3) 9 月 21 日，一车间生产工人李强为生产 A 产品到 1 号仓库领用甲材料 100 kg，单价为 9 元/kg，领用乙材料 200 kg，单价为 6.50 元/kg，领料单已由车间主任刘伟签字，仓库管理员杨涛办理了发料手续，填写领料单，如图 5-15 所示。

领料单

领料部门：　　编　　号：
用　　途：　　年　　月　　日　　存放地点：

材料编号	材料名称	规格	计量单位	数量		单价	金额	备注
				请领	实领			
合计								

领料部门负责人：　　领料人：　　发料人：

图 5-15　领料单

(4) 9 月 28 日，宏达公司向明宇公司（纳税人登记号为 125300007916013366，公司位于昆明市和平路 58 号，开户银行为中国建设银行昆明和平支行，账号为 4367000000 2755399）销售 A 产品 600 kg，单价为 25 元/kg，增值税税率为 13%，价税款 16 950 元已收到并存入银行，填写增值税专用发票，如图 5-16 所示。

增值税专用发票

发 票 联

开票日期： 年 月 日

购货单位	名 称		纳税人登记号		
	地址、电话		开户银行及账号		

商品或劳务名称	计量单位	数量	单价	金 额	税率(%)	税 额
				百十万千百十元角分		百十万千百十元角分
合 计						
价税合计(大写)				(小写)：		

销货单位	名 称		纳税人登记号		
	地址、电话		开户银行及账号		

收款人： 复核： 开票人： 开票单位(章)

第三联 发票联 购买方记账凭证

图 5-16 增值税专用发票

实训二

资料：同实训一资料。

实训要求：请根据资料填制专用记账凭证，如图 5-17、图 5-18、图 5-19、图 5-20 所示。

付 款 凭 证

贷方科目： 年 月 日 付字第 号

摘 要	借方科目		金 额	记账签章
	总账科目	明细科目	千百十万千百十元角分	
合 计 金 额				

会计主管 记账 稽核 出纳 制单

图 5-17 付款凭证

付 款 凭 证

贷方科目：　　　　　　　　　　　年　月　日　　　　　　　____付字第____号

摘要	借方科目		金 额										记账签章
	总账科目	明细科目	千	百	十	万	千	百	十	元	角	分	
合 计 金 额													

会计主管　　　　　　记账　　　　　稽核　　　　　出纳　　　　　制单

附件　　张

图 5-18　付款凭证

转 账 凭 证

借方科目：　　　　　　　　　　　年　月　日　　　　　　　____转字第____号

摘要	总账科目	明细科目	借 方										贷 方										记账签章
			千	百	十	万	千	百	十	元	角	分	千	百	十	万	千	百	十	元	角	分	
合 计 金 额																							

会计主管　　　　　　记账　　　　　稽核　　　　　　　　　　　制单

附件　　张

图 5-19　转账凭证

收 款 凭 证

借方科目：　　　　　　　　　　　年　月　日　　　　　　　____收字第____号

摘要	贷方科目		金 额										记账签章
	总账科目	明细科目	千	百	十	万	千	百	十	元	角	分	
合 计 金 额													

会计主管　　　　　　记账　　　　　稽核　　　　　出纳　　　　　制单

附件　　张

图 5-20　收款凭证

模块六
会计账簿

1. 培养学生细致入微的观察力
2. 培养学生严谨的逻辑思维能力,会计账簿的编制需要遵循一定的逻辑和规则
3. 培养学生的保密意识,会计人员在账簿管理过程中应保护企业的财务信息,防止信息泄露和非法使用信息
4. 培养学生良好的沟通能力
5. 培养学生持续学习的能力

 知识目标

1. 理解会计账簿的概念
2. 理解设置会计账簿的意义及会计账簿的种类
3. 掌握日记账、总分类账和明细分类账的设置要求、格式与登记方法
4. 了解结账和对账的内容

 职业能力目标

1. 熟练运用会计账簿的登记规则
2. 熟悉错账的更正方法
3. 熟悉会计账簿的更换与保管

 知识框架结构

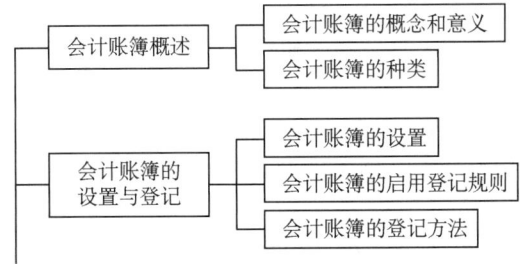

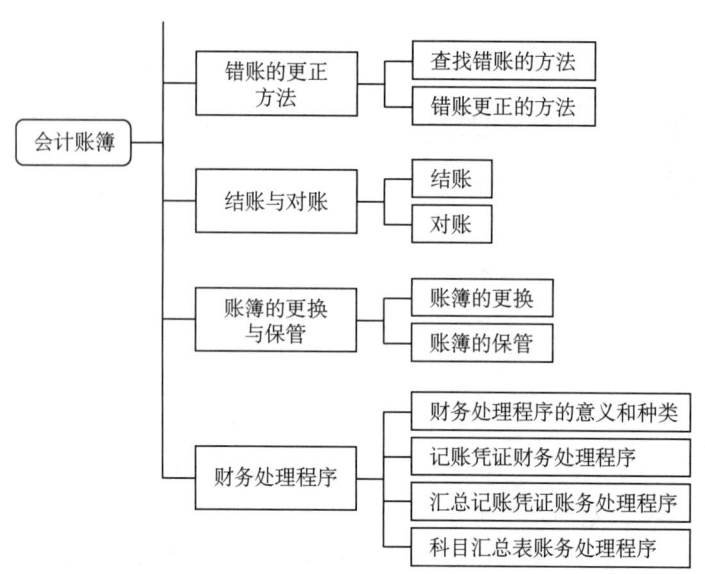

任务一 会计账簿概述

一、会计账簿的概念和意义

会计账簿是指以会计凭证为依据,全面、连续、系统地记录和反映经济业务的簿籍。它是由具有一定格式的账页按照一定的形式相互连接而成的。设置和登记会计账簿是会计核算的一种专门方法。通俗地说,会计账簿就是账户的合订本。

每个企业、经济单位所发生的经济业务,都必须取得、填制并审核原始凭证。企业通过会计凭证对经济业务的内容加以记录,以反映和监督各项经济业务的完成情况。但是,会计凭证数量多且分散,每张会计凭证只能反映自身记录的相关经济业务,说明个别经济业务的内容,无法连续、系统、全面地反映企业或经济单位在一定时期内同类和全部资金的增减变化情况,不能满足经济管理的需要。因此,每个经济单位都有必要设置账簿,将会计凭证所提供的零散会计资料加以归类整理,并登记到有关账簿中。这样企业或经济单位就可以了解各项财产物资和资金的增减变动情况,系统、全面地获取经济管理所需的各种数据资料和经济信息,以正确计算成本、费用和利润。

设置和登记会计账簿是会计工作的重要环节,具有以下重要意义:

(1) 设置和登记会计账簿是取得和积累会计资料的工具之一。

通过账簿记录,既能对经济活动进行序时核算,又能进行分类核算;既可以提供总括反映的会计核算资料,又可以提供明细核算资料。账簿能够全面反映企业的资产、负债、所有者权益的增减变动情况和资金的运动过程及其成果,便于企业加强经济核算,提高经营管理水平。

(2) 设置和登记会计账簿为编制财务报表提供系统的会计核算资料。

账簿提供的资料是编制财务报表的主要依据,会计账簿的科学设置和准确登记,对保证财务报表的准确性和编制的及时性具有十分重要的意义。

(3) 设置和登记会计账簿为考核经营成果、开展会计分析和会计检查提供重要依据。

会计账簿提供的会计核算资料记录反映了经营管理者的生产经营过程和结果,通过会计账簿可以考核经营管理者的经营成果。同时,会计账簿提供的生产经营过程和成果可以用数据表现出来,作为会计分析和会计检查的数据资料来源。

二、会计账簿的种类

会计账簿的种类很多,不同类别的会计账簿可以提供不同的信息,以满足不同的需要。各单位应当按照国家统一的会计制度的规定和会计业务的需要设置会计账簿。会计账簿的分类如图 6-1 所示,会计账簿根据用途分为序时账簿、分类账簿和备查账簿;根据外形特征形式分为订本式账簿、活页式账簿和卡片式账簿;根据账页格式分为两栏式账簿、三栏式账簿、多栏式账簿、数量金额式账簿和横线登记式账簿。

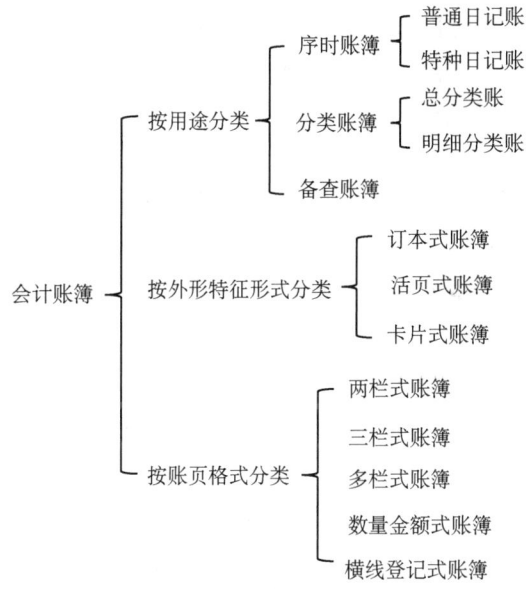

图 6-1 会计账簿的分类

(一)按照账簿的用途分类

会计账簿按照用途的不同可以分为三大类,即序时账簿、分类账簿和备查账簿。

1. 序时账簿

序时账簿又称日记账,是按照经济业务完成时间的先后顺序进行逐日逐笔登记的账簿。日记账又可分为普通日记账和特种日记账。普通日记账是将企业每天发生的所有经济业务,不论其性质如何,按其先后顺序,编成会计分录记入账簿,如图 6-2 所示;特种日记账是按经济业务性质单独设置的账簿,它只把特定项目按经济业务顺序记入账簿,反映其详细情况,如库存现金日记账和银行存款日记账。特种日记账的设置应根据业务特点和管理需要而定,特别是对于发生频繁、需严加控制的项目,应予以设置。

普通日记账

2×28年		凭证		摘　要	对应账户	借方金额									贷方金额									过账
月	日	种类	号数			千	百	十	万	千	百	十	元	角	分	千	百	十	万	千	百	十	元	角	分	
9	1	转	1	计算应付管理层薪金	管理费用			3	0	0	0	0	0	0	0											√
					应付职工薪酬													3	0	0	0	0	0	0	0	√
9	2	转	2	计算短期借款利息	财务费用					6	0	0	0	0	0											√
					应付利息															6	0	0	0	0	0	√

图 6-2　普通日记账

2. 分类账簿

分类账簿是对全部经济业务按总分类账和明细分类账进行分类登记的账簿。总分类账簿简称总账,是根据总账科目开设账户,用来分类登记全部经济业务,提供总括核算资料的账簿。明细分类账簿简称明细账,是根据总账科目所属明细科目开设账户,用以分类登记某一类经济业务,提供明细核算资料的账簿。

3. 备查账簿

备查账簿又称辅助账簿,是对某些在日记账和分类账等主要账簿中未能记载的会计事项或记载不全的经济业务进行补充登记的账簿。所以,备查账簿也叫补充登记簿。它可以对某些经济业务的内容提供必要的参考资料。备查账簿的设置应视实际需要而定,并非一定要设置,而且没有固定格式。

(二) 按照账簿的外形特征形式分类

纸质账簿按照外形特征形式的不同可以分为订本式账簿、活页式账簿和卡片式账簿。

1. 订本式账簿

订本式账簿简称订本账,是把具有一定格式的账页加以编号并订成固定本册的账簿。它可以避免账页的散失或被抽换,但不能根据需要增减账页。一本订本账同一时间只能由一人记账,不便于会计人员分工协作记账,也不便于计算机打印记账,但特种日记账,如库存现金日记账、银行存款日记账以及总分类账必须采用订本账。

2. 活页式账簿

活页式账簿简称活页账,是把零散的账页装在账夹内,可以随时增添账页的账簿。它可以根据需要灵活添页或排列,但账页容易散乱丢失。活页账由于账页并不事先固定装订在一起,故其同一时间可以由若干会计人员分工记账,也便于计算机打印记账。一般明细账都采用活页账。

3. 卡片式账簿

卡片式账簿简称卡片账,是将硬卡片作为账页,存放在卡片箱内保管的账簿。它实际上是一种活页账,为了防止因经常抽取造成破损而采用硬卡片形式,可以跨年度使用。例如,固定资产明细账常采用卡片账的形式。

(三) 按照账页格式分类

会计账簿按账页格式可分为两栏式账簿、三栏式账簿、多栏式账簿、数量金额式账簿和横线登记式账簿。按账页格式分类的各式会计账簿的含义和适用情形如表6-1所示。

表6-1 按账页格式分类的各式会计账簿的含义和适用情形

账簿名称	含义	适用于
两栏式账簿	只有借方和贷方两个基本金额栏目的账簿	多用于普通日记账和转账日记账
三栏式账簿	设有借方、贷方和余额三个基本栏目的账簿	多用于日记账、总账以及资本、债权、债务明细账
多栏式账簿	在账簿的两个金额栏目(借方和贷方)按需要分设若干专栏的账簿	多用于收入、成本、费用明细账,利润明细账,损益类明细账;管理费用下设置业务招待费、管理部门固定资产折旧费、差旅费等
数量金额式账簿	在借方、贷方和余额三个栏目内,分设数量、单价和金额三小栏,反映财产物资的实物数量和价值量	多用于库存商品、产成品等明细账

任务二 会计账簿的设置与登记

一、会计账簿的设置

(一) 会计账簿的设置要求

每一个会计主体需要设置哪些账簿,应当根据经济业务的特点和管理上的需要来确定。设置账簿应当符合以下三个要求:

(1) 账簿的设置能保证系统、全面地反映和监督经济活动的情况,满足经济管理的需要,为经济管理提供总括的和明细的核算资料。

(2) 账簿的设置能保证组织严密,使各账簿之间既有明确的分工,又有密切的联系,同时账簿的设置应考虑人力和物力的节约,力求避免重复或遗漏。

(3) 账簿的格式应简便适用,便于登记、查找、更正错误和保管。

(二) 会计账簿的基本内容

由于管理的要求不同,所设置的账簿形式多种多样,各种账簿所记录的经济业务也不同,但所有账簿一般都具备以下基本内容:

(1) 封面。封面上应写明账簿名称和记账单位名称。

(2) 扉页。扉页上应填明启用的日期和截止的日期、页数、册次、经管账簿人员一览表和签章、会计主管签章、账户目录等。

(3) 账页。账页的基本内容包括账户的名称(一级科目、二级科目或明细科目)、记账日期、凭证种类和号数栏、摘要栏、金额栏、总页次和分户页次等。

二、会计账簿的启用登记规则

（一）会计账簿的启用

新的会计年度开始时，每个会计主体都应该启用新的会计账簿，并在账簿的有关位置记录以下相关信息：

（1）设置账簿的封面与封底。除订本账不另设封面外，各种活页账都应设置封面和封底，并登记单位名称、账簿名称和所属会计年度。

（2）填写账簿启用及经管人员一览表。在启用新会计账簿时，应先填写在扉页上印制的"账簿启用及交接表"中的启用说明，其中包括单位名称、账簿名称、账簿编号、起止日期、单位负责人、主管会计、审核人员和记账人员等项目，并加盖单位公章。在会计人员发生变更时，应办理交接手续并填写"账簿启用及交接表"中的交接说明。

（3）填写账户目录。总账应按照会计科目的编号顺序填写科目名称及启用页码。在启用活页式明细分类账时，应按照所属会计科目填写科目名称和页码，在年度结账后，撤去空白账页，填写使用页码。

（4）粘贴印花税票。印花税票应粘贴在账簿的右上角，并且划线注销。

（二）会计账簿的登记规则

会计账簿记录是否客观、准确，内容是否清楚、完整，将直接影响会计核算能否顺利进行和会计资料的质量，也会影响会计职能作用能否正常发挥。因此，《会计基础工作规范》中会计账簿的登记规则如下：

（1）登记会计账簿时，应当将会计凭证日期、编号、业务内容摘要、金额和其他有关资料逐项记入账内，做到数字准确、摘要清楚、登记及时、字迹工整。

（2）登记完毕后，在记账凭证上签名或盖章，并注明已经登账的符号，表示已经记账。

（3）账簿中书写的文字和数字上面要留有适当空格，不要写满格，一般应占格距的二分之一。

（4）登记账簿要用蓝黑墨水或碳素墨水书写，不得使用圆珠笔或铅笔书写。

（5）在下列情况下，可以用红色墨水记账：①按照红字冲账的记账凭证，冲销错误记录；②在不设借贷等栏的多栏式账页中，登记减少数；③在三栏式账户的余额栏前，如未印明余额方向的，在余额栏内登记负数余额；④根据国家统一会计制度的规定可以用红字登记的其他会计记录。

（6）各种账簿按页次顺序连续登记，不得跳行、隔页。如果发生跳行、隔页，应当将空行、空页划线注销，或者注明"此行空白""此页空白"字样，并由记账人员签名或盖章。

（7）凡需要结出余额的账户，结出余额后，应当在"借或贷"等栏内写明"借"或"贷"等字样。没有余额的账户，应当在"借或贷"等栏内写明"平"字，并在余额栏内用"Q"表示。现金日记账和银行存款日记账必须逐日结出余额。

（8）每一账页登记完毕结转下页时，应当结出本页合计数及余额，将其写在本页最后一行和下页第一行有关栏内，并在摘要栏内注明"过次页"和"承前页"字样；也可以将本页合计数及金额只写在下页第一行有关栏内，并在摘要栏内注明"承前页"字样。

三、会计账簿的登记方法

(一)日记账簿的登记方法

1. 普通日记账的登记方法

普通日记账一般只设置借方和贷方两个金额栏,以便分别记录各项经济业务所确定的账户名称及其借方和贷方的金额,因此也被称为两栏式日记账或分录簿,其格式如表 6-2 所示。

表 6-2 普通日记账的格式

普通日记账　　　　　　　　　　　　　　　　单位:元

2×23年		凭证号数	摘要	对应账户	金额		过账
月	日				借方	贷方	
5	6	略	购入材料,价税款未付	在途物资 应交税费 应付账款	10 000 1 600	 11 600	
	18	略	偿还前欠款	应付账款 银行存款	11 600	 11 600	
	⋮						

采用这种日记账,每天应按照经济业务完成时间的先后顺序,逐笔进行登记。登记时,需要注意以下几个问题:

(1) 记入经济业务发生的具体时间。
(2) 在摘要栏里写下经济业务的简要说明。
(3) 在对应账户栏里记入应借或应贷的账户名称,即会计科目。
(4) 将借方金额和贷方金额分别记入两个金额栏内。

除了上述登记,每天还应根据日记账中应借和应贷的账户名称和金额登记总分类账。

2. 特种日记账的登记方法

特种日记账是专门用来登记某一类经济业务的日记账,它是普通日记账的进一步发展。常用的特种日记账有库存现金日记账和银行存款日记账。

1) 库存现金日记账

库存现金日记账是顺序登记库存现金收、付业务的日记账。它由出纳人员根据审核无误的有关收款凭证和付款凭证,序时逐日逐笔地登记。

其中,根据现金收款凭证登记收入金额,根据现金付款凭证登记支出金额。每日业务终了时,应分别计算库存现金收入、支出合计数并结出账面余额。本日余额的计算公式为:

$$本日余额 = 上日余额 + 本日收入额 - 本日支出额$$

结出日余额后,还应将账面余额数与库存现金实有数相核对,检查每日库存现金收、支、存的情况,做到日结日清。库存现金日记账除了三栏式,也可采用多栏式,即在收入和支出栏内再设对方科目,在收入栏内设应贷科目(借方为库存现金),在支出栏内设应借科目(贷方为库存现金)。库存现金日记账的格式如表 6-3 所示。

表 6-3 库存现金日记账的格式

库存现金日记账　　　　　　　　　　　　　　　单位:元

2×23年		凭证号数	摘要	对方账户	收入	付出	结余
月	日						
5	1	略	月初余额				200
	5	略	从银行提取现金	银行存款	11 000		11 200
	10	略	购买办公用品	管理费用		10 000	1 200
	⋮		⋮				

2)银行存款日记账

银行存款日记账是用来序时反映企业银行存款的增加、减少和结存情况的账簿。

该账簿由出纳人员根据银行存款的收款和付款凭证序时逐日逐笔登记,每日终了时结出该账户全日的银行存款收入、支出合计数和余额,并定期与银行对账单对账(核对方法是通过编制银行存款余额调节表来进行的)。

银行存款日记账的登记方法与库存现金日记账的登记方法基本相同。银行存款日记账的格式一般为三栏式,也可以采用多栏式。三栏式银行存款日记账的格式如表 6-4 所示。

表 6-4 三栏式银行存款日记账的格式

银行存款日记账　　　　　　　　　　　　　　　单位:元

2×23年		凭证号数	摘要	对方账户	收入	付出	结余
月	日						
5	1	略	月初余额				60 000
	6	略	从银行提取现金	库存现金		12 000	48 000
	12	略	收回货款	应收账款	20 000		68 000
	18	略	归还短期借款	短期借款		18 000	50 000
	⋮		⋮				

设置特种日记账的优点:

(1)减少根据日记账过入总分类账的过账工作量,以及登记总账的工作量。

(2)根据管理的不同要求设置相关的日记账。

(3)日记账同一时间可以由不同的会计人员进行登记,既便于会计人员分工协作,又可以提高记账效率和明确记账责任。

(二)分类账簿的登记方法

1. 总分类账

总分类账是按一级会计科目设置,提供总括核算资料的账簿。总分类账簿只能以货币作为计量单位,其最常用的格式为三栏式,即分为借方金额、贷方金额、余额三栏。总分类账可以按记账凭证逐笔登记,可以将记账凭证汇总进行登记,还可以根据多栏式日记账在月末汇总登记。三栏式总分类账的格式如表 6-5 所示。

表 6-5 三栏式总分类账的格式

原材料总分类账　　　　　　　　　　　　　　　　　　　　　单位:元

2×23年		凭证		摘要	借方	贷方	借或贷	余额
月	日	种类	号数					
5	1			月初余额			借	120 000
	6			入库	20 000		借	140 000
	12			领用		5 000	借	135 000
	⋮			⋮				
	31			本月合计	40 000	44 000	借	
	31			月末余额			借	116 000

2. 明细分类账

明细分类账是登记某类经济业务详细情况的账簿,它既可以反映资产、负债、所有者权益、收入、费用等价值变动情况,又可以反映资产等实物量的增减情况。明细分类账的格式主要是根据它所反映的经济业务的特点,以及实物管理的不同要求来设计的。明细分类账应根据原始凭证或原始凭证汇总表登记,也可以根据记账凭证登记。

明细分类账的格式主要有以下三种。

1) 三栏式明细账

三栏式明细账主要适用于只反映金额的经济业务,它一般记录只有金额而没有实物量的经济业务,如应收账款、应付账款、其他应收款、长期待摊费用等。三栏式明细账的格式如表 6-6 所示。

表 6-6 三栏式明细账的格式

其他应收款明细账　　　　　　　　　　　　　　　　　　　　单位:元

2×23年		凭证		摘要	借方	贷方	借或贷	余额
月	日	种类	号数					
5	1			月初余额			借	500
	8			报销差旅费		450	借	500
	8			报销差旅费		50	平	0
	31			本月发生额及月末余额		500	平	0

2) 数量金额式明细账

数量金额式明细账在收入、发出、结存三栏内,再增设数量、单价等栏目,分别登记实物的数量和金额。所以,它适用于既需要反映金额,又需要反映数量的经济业务,如原材料、库存商品、自制半成品等科目的明细核算。数量金额式明细账实质上是在三栏式明细账基础上发展起来的,是三栏式明细账的扩展,其格式如表 6-7 所示。

表 6-7　数量金额式明细账的格式

原材料明细账

二级科目:原料及主要材料　　　　　　　　　　　　　　　　　金额单位:元
材料名称:A 材料　　　　　　　　　　　　　　　　　　　　　　最高储备:
材料规格:　　　　　　　　　　　　　　　　　　　　　　　　　最低储备:

2×23 年		摘要	收入			发出			结存		
月	日		数量	单价	金额	数量	单价	金额	数量	单价	金额
5	1	月初余额							600	2	1 200
	6	车间领用				200	2	400	400	2	800
	12	入库	1 200	2	2 400				1 600	2	3 200
	14	车间领用				600	2	1 200	1 000	2	2 000
⋮	⋮										
	31	月末余额	4 000	2	8 000	36 00	2	7 200	1 000	2	2 000

3) 多栏式明细账

多栏式明细账是根据经济业务的特点和经营管理的要求,在某一总分类账项下,对属于同一级科目或二级科目的明细科目设置若干栏目,用以在同一张账页上集中反映各有关明细项目的详细资料。它主要适用于费用、成本、收入和利润等科目的明细核算。

各种多栏式明细账所记录的经济业务内容和所需要核算的指标不同,因此栏目的设置也不尽相同。多栏式明细账的格式如表 6-8 所示。

表 6-8　多栏式明细账的格式

生产成本明细账

产品名称:甲产品　　　　　　　　　　　　　　　　　　　　　　　　　　单位:元

2×23 年		凭证		摘要	成本项目			
月	日	种类	号数		直接材料	直接人工	制造费用	合计
5	1			月初余额	8 000	3 500	1 800	13 300
	30			本月领用材料	15 000			15 000
	30			生产工人薪酬		8 600		8 600
	30			本月电费	1 550			1 550
	30			本月制造费用			3 680	3 680
	30			本月发生额	16 550	8 600	3 680	28 830
	30			结转完工产品成本	24 550	12 100	5 480	42 130
	30			月末余额	0	0	0	0

(三)备查账簿的登记方法

备查账簿是指对一些在序时账簿和分类账簿中不能记载或记载不全的经济业务进行补充登记的账簿,对序时账簿和分类账簿起补充作用。相对于序时账簿和分类账簿这两种主要账簿而言,备查账簿属于辅助性账簿,它可以为经营管理提供参考资料,如委托加工材料登记簿、租入固定资产登记簿等。备查账簿的格式如表6-9所示。

表6-9 备查账簿的格式

租入固定资产登记簿

第 页

名称及规格	租约	租出单位	租入日期	租金	使用部门		归还日期
					日期	单位	
备注:							

任务三 错账的更正方法

在传统会计核算工作中,尽管我们在填制记账凭证和登记会计账簿前,对原始凭证、记账凭证都进行过数次的复核,但由于种种原因,账簿登记有时仍会出现错误。杜绝错误的想法是不实际的。对于出现的错误,应及时查找并完成更正。"不做假账,不做错账"是会计人员最基本的职业道德。

一、查找错账的方法

（一）差数法

差数法指的是先确定错误的差额,找出差数所在的范围,直接从账账之间的差额数字来查找错误的方法。这种方法主要适用于漏记、重记等原因形成的差错。

例如,现金日记账余额为5 000元,总账中库存现金账户的余额为4 800元。此时,可直接根据账面数（现金日记账余额）与核对数（总账中库存现金账户的余额）的差额（200元）进行查找。若因重记造成差错,可从账簿记录查找同一账户记录中是否有两个与上述差额（200元）相等的数额。若因漏记造成差错,可在记账凭证中直接查找数额为200元的经济业务,确定是否发生漏登。

（二）尾数法

尾数法是指对于发生的差错只查找末位数以提高查错效率的方法。

（三）除2法

除2法是指以差数除以2来查找错账的方法。如果试算平衡时借贷方之差是偶数,那么就可以将该差额除以2,根据得出的商去检索含有该商数的记账凭证,从而查找并更正记账差错。

出现这种差错的原因通常是会计分录的借方和贷方中的某一方出现记账方向错误,即某个会计分录中的借方金额在记账时被错记入贷方,或某个会计分录中的贷方金额错记入借方。在这类情况下,试算平衡时借方合计与贷方合计的差额便表现为该金额的2倍。因此,将该差额除以2得出的商即记错借贷方向的金额。

例如,应贷记"银行存款"账户2 000元,但记账时将其误记为借记"银行存款"账户2 000元,从而导致试算平衡时借方合计比贷方合计多4 000元。在追查错账时,将4 000元除以2,得出的商是2 000元。通过检索含有该商数(2 000)的记账凭证进行查找并更正记账差错。

(四) 除9法

除9法是指以差数除以9来查找错账的方法,适用于查找数字整体错位和邻数颠倒所导致的记账差错,具体包括以下三种情况:

(1) 将数字写小,即数字位数整体上小写一位,错误金额是正确金额的$\frac{1}{10}$。

例如,记账凭证上应记:

借:库存商品　　　　　　　　　　　　　　　　　　　　　　　　50 000
　　贷:银行存款　　　　　　　　　　　　　　　　　　　　　　　　　　50 000

在记账时,借记的金额正确,贷记的金额误记为5 000元。

借:库存商品　　　　　　　　　　　　　　　　　　　　　　　　50 000
　　贷:银行存款　　　　　　　　　　　　　　　　　　　　　　　　　　5 000

因此,在试算平衡时,借方合计比贷方合计多45 000元(50 000－5 000)。将该差额除以9,得出的商为5 000元(45 000÷9),即错误金额。将该商乘以10,得到的积为50 000元(5 000×10),即应记的正确金额。

(2) 将数字写大,即数字位数整体上大写一位,错误金额是正确金额的10倍。

例如,记账凭证上应记:

借:库存商品　　　　　　　　　　　　　　　　　　　　　　　　50 000
　　贷:银行存款　　　　　　　　　　　　　　　　　　　　　　　　　　50 000

在记账时,借记的金额正确,贷记的金额误记为500 000元。

借:库存商品　　　　　　　　　　　　　　　　　　　　　　　　50 000
　　贷:银行存款　　　　　　　　　　　　　　　　　　　　　　　　　　500 000

因此,在试算平衡时,借方合计比贷方合计少450 000元。将该差额除以9,得出的商为50 000元(450 000÷9),即应记的正确金额。将该商乘以10,得到的积为500 000元(50 000×10),即错误金额。

当然,在试算平衡时,对于借方合计和贷方合计之间存在的能被9整除的差额,会计人员并不能一眼看出究竟是将数字写小了还是写大了。所以,只能将该差额除以9,尝试着去寻找应记的正确金额。

(3) 邻数颠倒。在电子账务处理下,系统中设有借方金额和贷方金额的校验平衡程序。因此,记账时所录入的借方金额与贷方金额必然相等。但在手工记账的情况下,偶尔会出现借方金额(或贷方金额)相邻数字颠倒的情况。

例如,记账凭证上应记:

借:管理费用　　　　　　　　　　　　　　　　　　　　　　　　369 000
　　贷:银行存款　　　　　　　　　　　　　　　　　　　　　　　　　　369 000

在记账时,借记的金额误记为639 000元,贷记的金额正确。

借:管理费用　　　　　　　　　　　　　　　　　　　　　　　　639 000
　　贷:银行存款　　　　　　　　　　　　　　　　　　　　　　　　369 000

因此,在试算平衡时,借方发生额合计比贷方发生额合计多270 000元。将该差额除以9,得出的商为30 000元。由此判断,出现颠倒的数字可能在十万位和万位,且两个相邻数字的差为3。在这种情况下,会计人员就可以锁定十万位与万位的数字相差3的金额数字,然后根据这些数字逐个尝试,寻找出现记账差错的数据源头。

二、错账更正的方法

(一) 划线更正法

划线更正法是指在会计记录中,用划线注销原有记录,用于更正错误的一种方法。这种方法一般适用于以下几种情况:

(1) 记账前发现自制原始凭证或原始凭证汇总表上的文字和数字发生错误。

(2) 记账前发现记账凭证或记账凭证汇总表上的文字说明、科目、金额等发生错误。

(3) 结账前发现账簿记录的文字或数字发生错误,而其所依据的记账凭证是正确的。

使用划线更正法时,将错误的文字或数字划上一条红线表示注销。划线时要注意使原有的字迹能够辨认。注销数字时,必须将错误数字全部用红线划掉,不得只划掉其中的某个错误数字。最后,将正确的数字用蓝字写在红线上面,并在更正处盖章,以明确责任。

【例6-1】 某公司在过账时,将某经济业务的发生额526元误记为256元,采用划线更正法更正如下:

526　　李华

256

(二) 红字更正法

红字更正法又称红笔订正法、赤字冲账法,一般适用于以下两种情况。

(1) 记账以后,发现记账凭证的应借、应贷科目或金额有误。

其具体步骤为:①用红字金额填制一张与原始错误记账凭证内容完全相同的记账凭证,并在"摘要"栏内注明"更正第××××号凭证错误",以冲销原有的错误记账凭证;②根据红字凭证用红字登记入账,冲销原有的错误账簿记录;③用蓝字金额填写一张正确的记账凭证,并据以登记账簿。

【例6-2】 某公司管理部门领用一批价值100元的消耗性材料。在填制记账凭证时,误将其作为生产成本记账,编制了以下会计分录,并已经登记入账:

借:生产成本　　　　　　　　　　　　　　　　　　　　　　　　100
　　贷:原材料　　　　　　　　　　　　　　　　　　　　　　　　　100

发现错误时,公司应该先按照原来的错误分录用红字填制一张相同的记账凭证,我们使用方框表示红字:

借:生产成本　　　　　　　　　　　　　　　　　　　　　　　100
　　贷:原材料　　　　　　　　　　　　　　　　　　　　　　　　100

同时,再用蓝字填制一张正确的记账凭证:

借:管理费用　　　　　　　　　　　　　　　　　　　　　　　100
　　贷:原材料　　　　　　　　　　　　　　　　　　　　　　　　100

(2) 记账以后,如果发现记账凭证和账簿记录的金额有错误,而原始凭证中的应借、应贷科目并无错误,错误之处在于记录的金额大于应计金额,这时可以采用红字更正法。

其具体步骤为:①将多记的金额用红字填制一张与原来错误记账凭证内容完全相同的记账凭证;②在"金额"栏内填列多记的金额,在"摘要"栏内注明"冲销第××××号凭证多记数",以冲销原来多记的金额。

【例6-3】 某公司将现金360元存入银行,在填制记账凭证时,误将金额填为630元,编制了以下会计分录,并已经登记入账:

借:银行存款　　　　　　　　　　　　　　　　　　　　　　　630
　　贷:库存现金　　　　　　　　　　　　　　　　　　　　　　　630

发现错误后,应将多记的金额270元用红字做如下分录:

借:银行存款　　　　　　　　　　　　　　　　　　　　　　　270
　　贷:库存现金　　　　　　　　　　　　　　　　　　　　　　　270

红字更正法不仅能够保持账户间的对应关系,而且能够保持账簿中记录的正确发生额,不至于因改正错账而使数字虚增或虚减。

(三)补充登记法

补充登记法是在科目对应关系正确时,将少记的金额填制一张记账凭证,在"摘要"栏中注明"补记×字第×号凭证少记数",并据以登记入账,以补充原来少记的金额。这种方法适用于记账后发现记账凭证所填的金额小于正确的金额的情况。对于这种错误可以采用红字更正法,也可以采用补充登记法。

其具体做法是将少记的金额用蓝字填制一张与原错误记账凭证内容完全相同的记账凭证,只是在"金额"栏内填列少记的金额数,在"摘要"栏内注明"补记第××××号凭证少记数",以补充登记少记的金额。

【例6-4】 某公司用银行存款支付之前欠下的货款10 000元,由于公司会计的粗心,将其误记为1 000元,少记了9 000元。错误分录如下:

借:应付账款　　　　　　　　　　　　　　　　　　　　　　1 000
　　贷:银行存款　　　　　　　　　　　　　　　　　　　　　　1 000

发现错误后,应将少记的金额9 000元另外编制一张记账凭证:

借:应付账款　　　　　　　　　　　　　　　　　　　　　　9 000
　　贷:银行存款　　　　　　　　　　　　　　　　　　　　　　9 000

任务四 结账与对账

一、结账

(一) 结账的含义和内容

结账是一项将账簿记录定期结算清楚的账务工作。在一定时期结束时(如月末、季末或年末),为了编制财务报表,需要进行结账,具体包括月结、季结和年结。

根据结账的时间不同,结账可以分为月结、季结和年结三种。在实际工作中,一般采用划线结账的方法进行结账。

(1) 月结,即在每月终了进行的结账。办理月结时,先在各账户的本月份最后一笔记录下面划一条通栏红线,将本月借方、贷方发生额合计和余额填写在红线的下面一栏,在"摘要"栏注明"本月合计""本月发生额及余额"或"月结"字样,然后在月结下面再划一条通栏红线,表示与下月的经济业务分清。如果某账户本月月末无余额,则在"借/贷"栏内注明"平"字,同时在余额栏内注明"—0—"。对于本月未发生余额变化的账户,可以不进行月结。

(2) 季结,即在季末进行的结账。办理季结的手续与月结相似,先将本季度的借方、贷方发生额合计与余额填写在月结数的下一行内,在"摘要"栏内注明"本季合计""本季发生额及余额"或"季结"字样,然后再在季结下面划一条通栏红线,表示本季度的结账。

(3) 年结,即在年度终了进行的结账。办理年结时,先将本年度四个季度的借方、贷方发生额合计数与年末余额写在第四季度季结红线的下一行内,在"摘要"栏内注明"本年合计""本年发生额及余额"或"年结"字样,然后再在年结下面划两条通栏红线,表示封账。年度终了后更换新账需要结转新年度的余额时,可以将年结直接结转到下年度的新账中,在下年度新账各个账户第一行"余额"栏内登记填写上年度结转的余额,并在"摘要"栏内注明"上年结转"字样。

结账的基本格式如表6-10所示。

表6-10 结账的基本格式

年		凭证		摘要	借方	贷方	借/贷	余额
月	日	字	号					
7	1			承前页			借	
	10						借	
	31			本月合计			借	
8	1						借	
	10						借	
	31			本月合计			借	

(续表)

年		凭证		摘要	借方	贷方	借/贷	余额
月	日	字	号					
9	1						借	
	10						借	
	30			本月合计			借	
	30			本季合计			借	
12	1						借	
	10						借	
	31						借	
				本月合计			借	
				本季合计			借	
				本年合计			借	

（二）结账的步骤

（1）检查结账日止以前所发生的全部经济业务是否都已经登记入账。检查账簿记录的完整性和正确性，不能漏记、重记每一项经济业务，也不能有错误的记账分录。值得注意的是，各种收入和费用应该按照权责发生制的要求进行处理。

（2）编制结账分录。在有关经济业务都已经登记入账的基础上，将各种收入、费用等账户的余额进行结转，编制各种转账分录，并结转到利润账户，编制利润分配的分录。

（3）计算发生额和余额。计算各账户的发生额和余额，并进行结转，最终计算出资产、负债和所有者权益类账户的本期发生额和余额。

（三）结账的方法

结账方法的要点如下：

（1）对不需按月结计本期发生额的账户，每次记账以后都要随时结出余额。每月最后一笔余额是月末余额，即月末余额就是本月最后一笔经济业务记录的同一行内的余额。月末结账时，只需在最后一笔经济业务记录之下通栏划单红线，不需要再次结计余额。

（2）库存现金、银行存款日记账和需要按月结计发生额的收入、费用等明细账，每月结账时，要在最后一笔经济业务记录下通栏划单红线，结出本月发生额和余额，在摘要栏内注明"本月合计"字样，并在下面通栏划单红线。

（3）对于需要结计本年累计发生额的明细账户，每月结账时，应在"本月合计"行下结出自年初起至本月月末止的累计发生额，将其登记在月份发生额下面，在摘要栏内注明"本年累计"字样，并在下面通栏划单红线。12月月末的"本年累计"就是全年累计发生额，在全年累计发生额下通栏划双红线。

（4）总账账户平时只需结出月末余额。年终结账时，为了总结反映全年各项资金运动情况的全貌，应核对账目，将所有总账账户结出全年发生额和年末余额，在摘要栏内注明"本年合计"字样,并在合计数下通栏划双红线。

(5) 年度终了结账时,有余额的账户应将其余额结转下年,并在摘要栏注明"结转下年"字样。在下一会计年度新建有关账户的第一行余额栏内填写上年结转的余额,并在摘要栏注明"上年结转"字样,使年末有余额账户的余额如实地在账户中加以反映,以免混淆有余额的账户和无余额的账户。

二、对账

(一) 对账的含义

对账是指企业、行政事业单位定期对会计账簿记录的有关数字与相关的会计凭证、库存实物、货币资金、有价证券、往来单位或个人等进行相互核对,以保证账账相符、账证相符、账实相符的一项工作。

随着科技的发展,在实现会计电算化后,企业只需进行账实核对,账证核对和账账核对自动完成,无需人工干涉。在人工智能、云计算、大数据等技术广泛应用的背景下,企业的对账工作可实现实时完成。

对账就是按照一定的方法和手续核对账目,主要是对账簿记录进行核对。检查账簿记录是否真实、准确,将直接影响对经济活动效果的分析和财务会计报告的质量。在实际工作中,各种主客观原因可能会造成账簿记录的错记、漏记,因此,必须建立健全对账制度,定期组织好各项核对工作。

(二) 对账的内容

对账的内容主要包括账证核对、账账核对、账实核对和账表核对。

1. 账证核对

账簿是根据经过审核之后的会计凭证登记的,但实际工作中仍有可能发生账证不符的情况。记账后,应将账簿记录与会计凭证核对,核对账簿记录与原始凭证、记账凭证的时间、凭证字号、内容、金额等是否一致,记账方向是否相符,做到账证相符。会计期末如果发现账证不符,可以再将账簿记录与有关会计凭证进行核对以保证账证相符。

2. 账账核对

账账核对是对各种账簿之间的有关数字进行核对,具体包括:

(1) 总分类账各账户的借方期末余额合计数与贷方期末余额合计数核对相符。

(2) 明细分类账各账户的余额合计数与有关的总分类账的余额核对相符。

(3) 日记账的余额与总分类账各账户的余额核对相符。

(4) 会计部门各种财产物资明细分类账的期末余额与保管或使用部门的财产物资明细分类账的期末余额核对相符。

(5) 单位会计部门有关账簿的发生额和余额应该与外单位相应账簿的发生额和余额核对相符。

3. 账实核对

账实核对是指对各种财产物资的账面余额与实存数进行互相核对,具体包括:

(1) 库存现金日记账的账面余额与实有数互相核对。

(2) 银行存款日记账的账面余额与开户银行的账面余额互相核对。

(3) 各种财产物资明细分类账的账面余额与材料物资的实存数互相核对。

(4) 各种应收、应付款项明细账的账面余额与有关债务、债权单位的账面余额互相核对。在实际工作中,账实核对一般是通过财产清查进行的。

4. 账表核对

账表核对是指对账簿记录与各种会计报表进行相互核对,具体包括:

(1) 核对会计报表中某些数字是否与有关总分类账的期末余额相符。

(2) 核对会计报表中某些数字是否与有关明细分类账的期末余额相符。

(3) 核对会计报表中某些数字是否与有关明细分类账的发生额相符。

任务五 账簿的更换与保管

一、账簿的更换

会计账簿的更换是指在会计年度开始时启用新账簿,并将上年度的会计账簿归档保管。现金日记账、银行存款日记账、总分类账及绝大多数明细分类账,每年都要更换新账。对于个别采用卡片式的明细账,如固定资产卡片明细账,可以跨年度使用,不必每年更换新账。备查账簿则可以连续使用。

账簿更换的具体做法是:

(1) 检查本年度账簿记录在年终结账时是否全部结清。

(2) 在新账中有关账户的第一行日期栏内注明"1月1日",摘要栏内注明"上年结转"或"年初余额"字样。

(3) 将上年的年末余额以同方向记入新账中的余额栏内,并在借或贷栏内注明余额的方向(借方还是贷方)。

需要注意的是,新旧账簿更换时账户余额结转不编制记账凭证,也不要记入借方栏或贷方栏,而是直接记入余额栏。因此,凭证号栏、借方栏和贷方栏无需填制。

二、账簿的保管

会计账簿是各单位重要的经济资料,必须建立管理制度,妥善保管。账簿管理分为平时管理和归档保管两部分。

(一) 账簿平时管理

账簿平时管理的具体要求如下:

(1) 各种账簿要分工明确,指定专人管理,账簿经管人员既要负责记账、对账、结账等工作,又要负责保证账簿安全。

(2) 若会计账簿未经领导和会计负责人或有关人员批准,非经管人员不能随意翻阅查看会计账簿。

(3) 会计账簿除需要与外单位核对外,一般不能携带外出,对携带外出的账簿,一般应由经管人员或会计主管人指定专人负责。

(4) 会计账簿不能随意交与其他人员管理,以保证账簿安全和防止任意涂改账簿等问题发生。

(二)旧账归档保管

年度终了更换并启用新账后,对更换下来的旧账要整理装订,造册归档。归档前旧账的整理工作包括检查和补齐应办的手续,如改错盖章、注销空行及空页、结转余额等。活页账应撤出未使用的空白账页,再装订成册,并注明各账页号数。

旧账装订时应注意:活页账一般按账户分类装订成册,一个账户装订成一册或数册;某些账户账页较少,也可以合并装订成一册。装订时应检查账簿扉页的内容是否填写齐全。装订后应由经办人员及装订人员、会计主管人员在封口处签名或盖章。旧账装订完毕应编制目录和编写移交清单,然后按期移交档案部门保管。

各种会计账簿同会计凭证和会计报表一样,都是非常重要的经济档案,都必须按照制度统一规定的保存年限妥善保管好,不得丢失及任意销毁。

根据《会计档案管理办法》的相关规定,总分类账、明细分类账、辅助账、日记账均应该保存15年。其中,现金、银行存款日记账则要保存25年,涉外和对私改造账簿应该永久保存。保管期满后,应该按照规定的审批程序报经批准后才可以销毁。

任务六 账务处理程序

账务处理程序又称会计核算组织程序或会计核算形式,它是以账簿体系为核心,把会计凭证组织、账簿组织、会计报表组织,以及记账程序和方法有机结合的技术方式。

一、账务处理程序的意义与种类

(一)账务处理程序的意义

在不同的单位,合理组织本单位的账务处理程序,有利于会计工作的分工协作,增强会计信息的可靠性;有利于简化会计核算手续,提高工作效率;有利于充分发挥会计的职能作用。

科学、合理地选择适用于本单位的账务处理程序具有以下重要意义。

(1) 有利于会计工作程序的规范化,确定合理的凭证、账簿与报表之间的联系方式。

(2) 保证会计信息加工过程的严密性,提高会计信息的质量。

(3) 有利于保证会计记录的完整性、正确性,通过凭证、账簿及报表之间的牵制作用,增强会计信息的可靠性。

(4) 有利于减少不必要的会计核算环节,通过井然有序的账务处理程序,提高会计工作的效率,保证会计信息的及时性。

(二)账务处理程序的种类

财务处理程序的种类包括:

(1) 记账凭证账务处理程序。
(2) 汇总记账凭证账务处理程序。
(3) 科目汇总表账务处理程序(又称记账凭证汇总表账务处理程序)。

二、记账凭证账务处理程序

(一) 记账凭证账务处理程序概述

记账凭证账务处理程序是指对发生的经济业务事项,都要根据原始凭证或汇总原始凭证编制记账凭证,然后直接根据记账凭证逐笔登记总分类账的一种账务处理程序。它是基本的账务处理程序。记账凭证账务处理程序流程如图6-3所示,其一般流程为:

(1) 根据原始凭证编制汇总原始凭证。
(2) 根据原始凭证或汇总原始凭证,编制记账凭证。
(3) 根据收款凭证、付款凭证逐笔登记现金日记账和银行存款日记账。
(4) 根据原始凭证、汇总原始凭证和记账凭证,登记各种明细分类账。
(5) 根据记账凭证逐笔登记总分类账。
(6) 期末,将库存现金日记账、银行存款日记账和明细分类账的余额与有关总分类账的余额核对相符。
(7) 期末,根据总分类账和明细分类账的记录,编制会计报表。
(8) 根据会计报表资料进行会计分析。

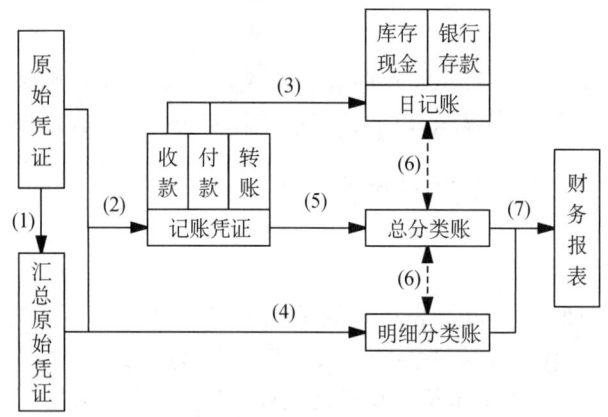

图6-3 记账凭证账务处理程序流程

(二) 记账凭证账务处理程序的特点、优缺点及适用范围

记账凭证账务处理程序的特点是直接根据记账凭证逐笔登记总分类账。

记账凭证账务处理程序简单明了,易于理解,总分类账可以较详细地反映经济业务的发生情况。其缺点是登记总分类账的工作量较大。

记账凭证账务处理程序适用于规模较小、经济业务量较少的单位。

三、汇总记账凭证账务处理程序

(一) 汇总记账凭证账务处理程序概述

汇总记账凭证账务处理程序是根据原始凭证或汇总原始凭证编制记账凭证,定期根据记账凭证分类编制汇总收款凭证、汇总付款凭证和汇总转账凭证,再根据汇总记账凭证登记总分类账的一种账务处理程序。汇总记账凭证账务处理程序流程如图 6-4 所示,其一般流程为:

(1) 根据原始凭证编制汇总原始凭证。
(2) 根据原始凭证或汇总原始凭证,编制记账凭证。
(3) 根据收款凭证、付款凭证逐笔登记现金日记账和银行存款日记账。
(4) 根据原始凭证、汇总原始凭证和记账凭证,登记各种明细分类账。
(5) 根据各种记账凭证编制有关汇总记账凭证。
(6) 根据各种汇总记账凭证登记总分类账。
(7) 期末,根据总分类账和明细分类账的记录,编制会计报表。
(8) 根据会计报表资料进行会计分析。

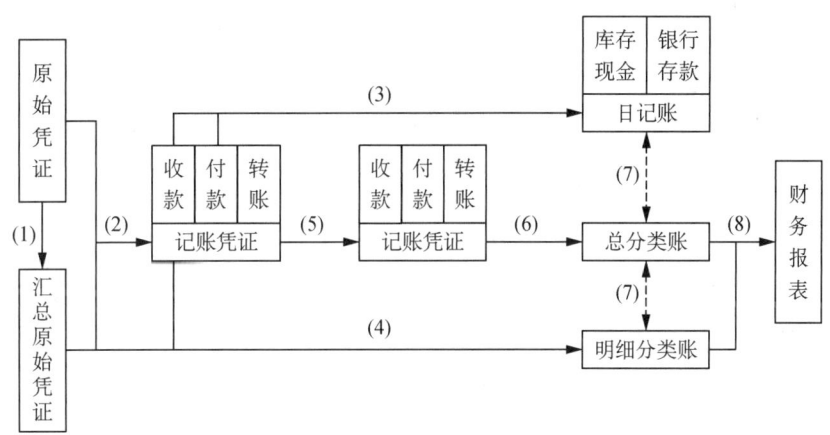

图 6-4 汇总记账凭证账务处理程序流程

(二) 汇总记账凭证账务处理程序的优缺点及适用范围

汇总记账凭证账务处理程序减轻了登记总分类账的工作量,便于了解账户之间的对应关系。其缺点是按每一贷方科目编制汇总转账凭证,不利于会计核算的日常分工,当转账凭证较多时,编制汇总转账凭证的工作量较大。该财务处理程序适用于规模较大、经济业务较多的单位。

汇总收款凭证根据库存现金或银行存款收款凭证,分别按"库存现金""银行存款"账户的借方设置,定期按对应的贷方科目加以归类、汇总,5 天或 10 天定期填列一次,每月编制 1 张。月终结出汇总收款凭证合计数后,分别登记"库存现金"或"银行存款"总账的借方以及各个对应账户的贷方。汇总收款凭证的格式如表 6-11 所示。

表 6-11　汇总收款凭证的格式

汇总收款凭证

借方科目：库存现金或银行存款　　　　　　　　　年　月　　　　　　　　　　　汇收字第　号

贷方科目	金额			合计	总账账页
	1～10日 收字第　号至　号	11～20日 收字第　号至　号	21～31日 收字第　号至　号		
合计					

汇总付款凭证根据库存现金或银行存款付款凭证，分别按"库存现金""银行存款"账户的贷方设置，定期按对应的借方科目加以归类、汇总，5天或10天定期填列一次，每月编制1张。月终结出汇总付款凭证合计数后，分别登记"库存现金"或"银行存款"总账的贷方及各个对应账户的借方。汇总付款凭证的格式如表6-12所示。

表 6-12　汇总付款凭证的格式

汇总付款凭证

借方科目：库存现金或银行存款　　　　　　　　　年　月　　　　　　　　　　　汇付字第　号

借方科目	金额			合计	总账账页
	1～10日 付字第　号至　号	11～20日 付字第　号至　号	21～31日 付字第　号至　号		
合计					

汇总转账凭证根据转账凭证按每一贷方科目分别设置，按对应的借方科目归类、汇总，5天或10天定期填列一次，每月编制1张，月终结出合计数并据以登记总账。按贷方科目设置，按对应的借方科目汇总，能够减少汇总工作量。由于是按贷方科目设置汇总转账凭证，为便于汇总，所有转账凭证可以是"一借一贷"或"一贷多借"的会计分录。若有"一借多贷"或"多借多贷"的会计分录，需分解为简单分录。以原材料为例的汇总转账凭证的格式如表6-13所示。

表 6-13　以原材料为例的汇总转账凭证的格式

汇总转账凭证

贷方科目：原材料　　　　　　　　　　　　　　　年　月　　　　　　　　　　　汇转字第　号

借方科目	金额			合计	总账账页
	1～10日 转字第　号至　号	11～20日 转字第　号至　号	21～31日 转字第　号至　号		
合计					

四、科目汇总表账务处理程序

(一)科目汇总表账务处理程序概述

科目汇总表账务处理程序又称记账凭证汇总表账务处理程序,它是根据记账凭证定期编制科目汇总表,再根据科目汇总表登记总分类账的一种账务处理程序。科目汇总表账务处理程序流程如图 6-5 所示,其一般流程为:

(1) 根据原始凭证编制汇总原始凭证。
(2) 根据原始凭证或汇总原始凭证编制记账凭证。
(3) 根据收款凭证、付款凭证逐笔登记现金日记账和银行存款日记账。
(4) 根据原始凭证、汇总原始凭证和记账凭证登记各种明细分类账。
(5) 根据各种记账凭证编制科目汇总表。
(6) 根据科目汇总表登记总分类账。
(7) 期末,现金日记账、银行存款日记账和明细分类账的余额同有关总分类账的余额核对相符。
(8) 期末,根据总分类账和明细分类账的记录,编制会计报表。

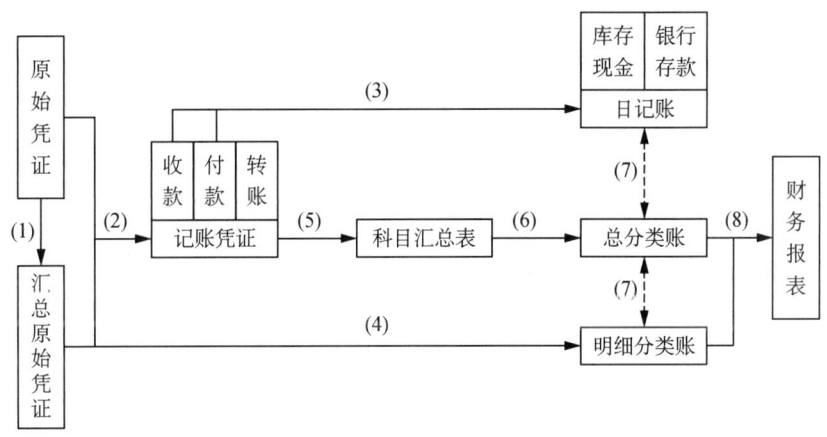

图 6-5 科目汇总表账务处理程序流程

(二)科目汇总表账务处理程序的优缺点及适用范围

科目汇总表账务处理程序的优点是减轻了登记总分类账的工作量,并可做到试算平衡,简明易懂,方便易学。其缺点是科目汇总表不能反映账户对应关系,不便于查对账目。

科目汇总表的编制方法是,将一定时期内的全部记账凭证,按相同的会计科目进行归类,定期(如 5 天、10 天)汇总编制。首先,将汇总期内各项经济业务所涉及的会计科目填列在科目汇总表的"会计科目"栏内,为了便于登记总分类账,会计科目的顺序按总分类账上会计科目的先后顺序填列;其次,根据汇总期内所有记账凭证,按会计科目分别加计借方发生额和贷方发生额,将汇总数填列在相应会计科目的"借方"和"贷方"栏;最后,按会计科目汇总后,加总本期借方发生额、贷方发生额,进行发生额的试算平衡。科目汇总表的编制时间,应根据各企业的业务量而定。业务量较多的可以每日汇总,业务量较少的可以定期汇总,但一般不超过 10 天。科目汇总表上,还应注明据以编制的各种记账凭证的起讫字号,以备进行核查。科目汇总表可以每汇总一次编一张汇总表,其格式如表6-14所示;也可以将每次的汇总结果填列到一张汇总表中,月末合计,并据以登记总账,其格式如表6-15所示。

表6-14 科目汇总表

年 月 日至 日　　　　　　　　　　　　科汇字第 号

会计科目	本期发生额		账页	记账凭证起讫号
	借方	贷方		
合计				

表6-15 科目汇总表

年 月　　　　　　　　　　　　　　　　科汇字第 号

会计科目	1~10日		11~20日		21~31日		合计		账页
	借方	贷方	借方	贷方	借方	贷方	借方	贷方	
合计									

本模块小结

(1) 会计账簿概述:会计账簿是指以会计凭证为依据,全面、连续、系统地记录和反映经济业务的簿籍。它是由具有一定格式的账页按照一定的形式相互连接而成的。设置和登记账簿是会计核算的一种专门方法。

(2) 会计账簿的设置与登记:每一个会计主体需要设置哪些账簿,应当根据经济业务的特点和管理上的需要来确定。新的会计年度开始时,每个会计主体都应该启用新的会计账簿。会计账簿记录是否客观、准确,内容是否清楚、完整,直接影响到会计核算的顺利进行和会计资料的质量,也会影响到会计职能作用的正常发挥。会计账簿的登记方法包括日记账簿的登记方法、分类账簿的登记方法和备查账簿的登记方法。

(3) 错账的更正方法:查找错账的方法包括差数法、尾数法、除2法、除9法;错账更正的方法包括划线更正法、红字更正法、补充登记法。

(4) 结账与对账:结账是一项将账簿记录定期结算清楚的账务工作。在一定时期结束时(如月末、季末或年末),为了编制财务报表,需要进行结账,具体包括月结、季结和年结。对账是指企业、行政事业单位定期对会计账簿记录的有关数字与相关的会计凭证、库存实物、货币资金、有价证券、往来单位或个人等进行相互核对,以保证账账相符、账证相符、账实相符的一项工作。

(5) 账簿的更换与保管:会计账簿的更换通常是在新会计年度建账的时候进行。会计账簿是各单位重要的经济资料,必须建立管理制度,妥善保管。账簿管理分为平时管理和归档保管两部分。

（6）账务处理程序：账务处理程序是从取得、填制和审核原始凭证开始，到填制记账凭证、登记账簿，最后编制财务报表、提供会计信息的工作流程和方法。建立科学、合理的账务处理程序可以使会计核算工作有序可循，保证会计核算工作的质量，提高会计核算工作效率。根据登记总账的依据和方法不同，有记账凭证账务处理程序、汇总记账凭证账务处理程序与科目汇总表账务处理程序三种主要的账务处理程序。企业应根据自身业务的特点、经营的规模、交易的多少、会计机构和会计人员的设置以及经济管理的要求来建立账务处理程序。

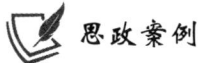

思政案例

小议"帐""账"及"账簿"

"帐"字本身与会计核算无关。在商代，人们把账簿叫作"册"；从西周开始又把它更名为"籍"或"籍书"；战国时代出现了"簿书"这个称号；西汉时，人们把登记会计事项的账册称为"簿"。

据现有史料考察，"帐"字引申到会计方面起源于南北朝。南北朝时，皇帝和高官显贵都习惯到外地巡游作乐。每次出游前，沿路派人张设帏帐，帐内备有各种生活必需品及装饰品，奢侈豪华，供其享用，此种帏帐被称为"供帐"。供帐内所用之物价值均相当昂贵，薪费数额巨大。为了维护这些财产的安全，皇帝和贵族指派专门官吏掌管并实行专门核算，在核算过程中，逐渐把登记这部分财产及供应之费的簿书称为"簿帐"或"帐"，把登记供帐内的经济事项称为"记帐"。

从此，"簿帐"或"帐"之称又逐渐扩展到整个会计核算领域，后来的财计官员便把登记日用款目的簿书通称作"簿帐"或"帐"，又写作"账簿"或"账"。从此，"帐""账"就取代了一切传统的名称。

在1983年中国社会科学院语言研究所词典编辑室编辑的《现代汉语词典》中，把"账"字归入"帐"字的第2义项之中，即把关于货币、货物出入记载意义的"账"字归并到"帐"字中，"账"字并无单独解释。

在1994年中国社会科学院语言研究所词典编辑室编辑的《现代汉语词典》中，把"帐"和"账"分开单独注释。"帐"字具有两种含义，一是用布、纱或绸子等做成的遮蔽用的东西，如帐幕、帐篷；二是"帐"同"账"。"账"字专用于关于货币、货物出入记载，如账本、账簿等。由此可见，"帐"字含义比"账"字含义更广一些，"帐"字通"账"字，换言之，有关货币、货物出入记载的意义用"账"或"帐"均可。

《会计法》也曾使用"帐"字，《人民日报》刊发时用的是"帐"字而未用"账"字；而在财政部会计司新近印发的一些文件中见到的是"账"字而不是"帐"。既然《现代汉语词典》中写明"帐"同"账"，帐簿、帐本、帐目中的"帐"字，用"帐"或"账"均可。

不过，在通篇财务报告和报表附注中应力求一致。

育人目标

（1）使学生了解"帐""账"及"账簿"的历史演变过程。
（2）引导学生赓续会计文化，坚定会计文化自信。

课证融通同步训练

一、单项选择题

1. (2018年真题)下列各项中,属于数量金额式账簿的是(　　)。
   A. 库存商品明细账　　　　　　　　B. 短期借款明细账
   C. 银行存款日记账　　　　　　　　D. 制造费用明细账

2. (2011年真题)下列账簿中,不采用三栏式账页格式的是(　　)。
   A. 现金日记账　　　　　　　　　　B. 银行存款日记账
   C. 总分类账　　　　　　　　　　　D. 包装物明细分类账

3. (2011年真题)下列账簿中,采用卡片式账簿的是(　　)。
   A. 现金日记账　　B. 固定资产　　C. 总分类账　　D. 明细分类账

4. (2011年真题)现金日记账和银行存款日记账必须采用(　　)账簿。
   A. 活页式　　　　B. 订本式　　　C. 备查　　　　D. 复币

5. (2011年真题)账簿按(　　)的不同,可分为序时账簿、分类账簿、备查账簿。
   A. 用途　　　　　B. 外表形式　　C. 格式　　　　D. 启用时间

6. (2020年真题)下列关于会计账簿保管的表述正确的是(　　)。
   A. 会计账簿除需要与外单位核对外,禁止携带外出
   B. 会计账簿未经领导和会计负责人或有关人员批准,非经管人员不能随意翻阅查看会计账簿
   C. 实行会计电算化的单位,不可仅以电子形式保存会计账簿
   D. 年度终了更换并启用新账后,对更换下来的旧账要整理装订,造册归档

7. (2021年真题)下列各项中,关于会计账簿分类的表述正确的是(　　)。
   A. 按照用途可分为序时账簿、分类账簿和备查账簿
   B. 按照外形特征可分为三栏式账簿、多栏式账簿和数量金额式账簿
   C. 按照账页格式可分为订本式账簿、活页式账簿和卡片式账簿
   D. 按照填制方法可分为总分类账簿和明细分类账簿

8. (2022年真题)某企业结账前发现记账凭证和账簿记录中一笔金额为100 000元的应收账款误记为10 000元。下列各项中,该企业应采用的错账更正法是(　　)。
   A. 红字更正法　　B. 补充登记法　　C. 更换账页法　　D. 划线更正法

9. (2023年真题)下列各项中,关于记账凭证填制基本要求的表述不正确的是(　　)。
   A. 登记账簿前,记账凭证填制错误的应重新填制
   B. 可以将不同内容和类别的原始凭证合并填制一张记账凭证
   C. 除结账和更正错账可以不附原始凭证外,其他记账凭证必须附原始凭证
   D. 记账凭证应连续编号

10. (2022年真题)下列各项中,适合采用数量金额式账簿的是(　　)。
    A. 管理费用明细账　　　　　　　　B. 库存商品明细账

C. 应收账款明细账 D. 主营业务收入明细账

11. (2020年真题)下列各项中,适合采用数量金额式账簿的是( )。
    A. 管理费用明细账 B. 库存商品明细账
    C. 应收账款明细账 D. 原材料总账

12. (2020年真题)下列各项中,不符合账簿登记要求的是( )。
    A. 根据红字冲账的记账凭证,用红字冲销错误记录
    B. 登记账簿一律使用蓝黑墨水或碳素墨水书写
    C. 日记账必须逐日结出余额
    D. 发生账簿记录错误不得刮、擦、补、挖

13. (2019年真题)下列各项中,关于银行存款日记账的表述正确的是( )。
    A. 应按实际发生的经济业务定期汇总登记
    B. 仅以银行存款付款凭证为记账依据
    C. 应按企业在银行开立的账户和币种分别设置
    D. 不得使用多栏式账页格式

14. (2018年真题)下列各项中,属于账实核对的是( )。
    A. 总账和明细账核对
    B. 银行存款日记账和银行对账单核对
    C. 账簿记录和记账凭证核对
    D. 总账和日记账核对

15. (2020年真题)下列各项中,属于账账核对的是( )。
    A. 各项财产物资明细账与财产物资的实有数额定期核对
    B. 银行存款日记账余额与银行对账单余额核对
    C. 总账账户借方发生额合计与其有关明细账账户借方发生额合计的核对
    D. 各种应收、应付账款明细账账面余额与有关债权、债务单位的账面记录核对

16. (2022年真题)会计人员在结账前发现记账凭证应借应贷会计科目无误,但由于疏忽将100 000元误记为10 000元并已登记入账,下列各项中应采用的错账更正方法是( )。
    A. 红字更正法 B. 更换账页
    C. 划线更正法 D. 补充登记法

17. (2022年真题)在记账凭证账务处理程序下,企业登记总分类账的直接依据是( )。
    A. 科目汇总表 B. 汇总记账凭证 C. 原始凭证 D. 记账凭证

二、多项选择题

1. (2019年真题)下列各项中,属于会计账簿的有( )。
    A. 备查账簿 B. 日记账 C. 总账 D. 明细账

2. (2019年真题)下列各项中,适合采用三栏式明细分类账簿进行明细账核算的有( )。
    A. 向客户赊销商品形成的应收账款
    B. 生产车间发生的制造费用
    C. 购买并验收入库的原材料
    D. 向银行借入的短期借款

3. (2020年真题)下列账户中,适合采用数量金额式账簿进行明细登记的有( )。
   A. 应收账款　　　B. 生产成本　　　C. 库存商品　　　D. 原材料
4. (2020年真题)下列各项中,属于账账核对内容的有( )。
   A. 总分类账簿与所辖明细分类账簿之间的核对
   B. 有关债权债务明细账账面余额与对方单位的账面记录核对是否相符
   C. 总分类账簿与序时账簿之间的核对
   D. 银行存款日记账账面余额与银行对账单的余额定期核对是否相符
5. (2020年真题)下列各项中,属于账账核对内容的有( )。
   A. 资产、负债、所有者权益各账户总账余额之间平衡关系的核对
   B. 有关债权债务明细账账面余额与对方单位的账面记录核对是否相符
   C. 总分类账簿与序时账簿之间的核对
   D. 银行存款日记账账面余额与银行对账单的余额定期核对是否相符
6. (2020年真题)下列各项中,属于账账核对内容的有( )。
   A. 总账与序时账期末余额核对
   B. 总账期末余额与其所属明细账期末余额之和核对
   C. 资产、负债、所有者权益各账户总账余额之间平衡关系的核对
   D. 债权债务明细账账面余额与对方单位债权债务账面记录核对
7. (2011年真题)"原材料""库存商品"等存货类明细账,一般不采用( )账簿。
   A. 三栏式　　　B. 多栏式　　　C. 数量金额式　　　D. 横线登记式
8. (2011年真题)明细分类账可以根据需要分别采用( )等不同格式的账页。
   A. 三栏式　　　B. 数量金额式　　　C. 多栏式　　　D. 平行登记式
9. (2009年真题)下列对账项目中,属于账实核对的有( )。
   A. 会计账簿记录与会计凭证核对
   B. 银行存款日记账与银行对账单核对
   C. 总分类账与所属明细分类账簿核对
   D. 债权债务明细账与对方单位账簿记录核对

三、判断题

1. (2021年真题)总分类账与所辖明细分类账平行登记时,应做到方向相同、期间一致、金额相等。　　　　　　　　　　　　　　　　　　　　　　　　　　　　　　( )
2. (2020年真题)会计账簿和记账凭证核对属于账账核对。　　　　　　　　( )
3. (2020年真题)企业结账前发现凭证无误而账簿记录出现金额错误,应当采用补充登记法更正。　　　　　　　　　　　　　　　　　　　　　　　　　　( )
4. (2021年真题)企业结账前发现账簿记录有数字错误,但记账凭证正确,应当采用红字更正法进行更正。　　　　　　　　　　　　　　　　　　　　　　　　( )
5. (2023年真题)企业在结账前发现总账账簿记录将8 000元误记为80 000元,但记账凭证无误,则应采用划线更正法更正。　　　　　　　　　　　　　　　　( )
6. (2010年真题)实行会计电算化的单位,发生收款和付款业务的,在输入收款凭证和付款凭证的当天必须打印现金日记账和银行存款日记账。　　　　　　　( )

7. (2008年真题)发现以前年度记账凭证是错误的,应当用红字填制一张更正的记账凭证。
                                                                （   ）
8. (2009年真题)结账是指年度终了时,为了编制会计报表而进行的一项将账簿记录结算清楚的账务工作。   （   ）
9. (2008年真题)费用明细账在月末结账时,要结出本月发生额和余额,在摘要栏内注明"本月合计"字样,并在下面通栏划单红线。   （   ）
10. 银行存款日记账通常也是由出纳人员根据审核后的银行存款收款凭证、银行存款付款凭证和现金付款凭证(存款业务),逐日逐笔按照经济业务发生的先后顺序进行登记。
                                                                （   ）

四、业务题

[业务题一]

目的:练习三栏式库存现金日记账和银行存款日记账的登记方法。

资料:广州太阳公司2×23年6月"库存现金"借方余额3 200元,"银行存款"借方余额45 000元。6月份发生以下经济业务:

(1) 6月2日,向银行借入为期6个月的借款100 000元,存入银行。

(2) 6月3日,向本市红光公司购进甲材料60吨,单价400元,货款24 000元,货款已用支票支付,材料已验收入库。

(3) 6月4日,以银行存款14 600元偿还前欠红星公司货款。

(4) 6月5日,用现金支付3日所购材料的运杂费400元。

(5) 6月6日,职工王放出差借差旅费2 000元,经审核开出现金支票。

(6) 6月8日,从银行提取现金15 000元,以备发放职工工资。

(7) 6月10日,以现金15 000元发放职工工资。

(8) 6月12日,以现金500元支付职工困难补助。

(9) 6月15日,销售商品40吨,单价800元,货款已收到。

(10) 6月18日,用银行存款支付销售商品所发生的费用600元。

(11) 6月25日,收到华夏公司前欠货款18 000元,存入银行。

(12) 6月26日,职工王放出差回来报销差旅费1 900元,余额退回。

(13) 6月30日,用银行存款28 000元交纳税金。

要求:

(1) 根据资料编制会计分录,并按经济业务的顺序编号。(为简化核算,不考虑增值税)

(2) 设置"库存现金日记账"和"银行存款日记账",登记并结出发生额和余额。

[业务题二]

目的:练习错账的更正方法。

资料:东方公司2×23年8月发生以下错账:

(1) 8月8日,管理人员张一出差,预借差旅费1 000元,用现金支付,原编记账凭证的会计分录为:

　　借:管理费用　　　　　　　　　　　　　　　　　　　　　　　1 000
　　　　贷:库存现金　　　　　　　　　　　　　　　　　　　　　　　　1 000

并已登记入账。

(2) 8月18日,用银行存款支付前欠A公司货款1 700元,原编记账凭证会计分录为:

借:应付账款——A公司　　　　　　　　　　　　　　　　　　　11 700
　　贷:银行存款　　　　　　　　　　　　　　　　　　　　　　　11 700

会计人员在登记"应付账款"账户时,将11 700元误写为1 170元。

(3) 8月30日,企业计算本月应交所得税34 000元,原编记账凭证会计分录为:

借:所得税费用　　　　　　　　　　　　　　　　　　　　　　　3 400
　　贷:应交税费　　　　　　　　　　　　　　　　　　　　　　　3 400

并已登记入账。

要求:

(1) 说明以下错账应采用的更正方法。

(2) 对错账进行更正。

本模块实训任务

【实训内容】

1. 银行存款日记账的编制

【实训目的】

1. 熟练掌握银行存款日记账的编制,注重实务操作能力的培养

2. 进一步加强会计处理的严谨性和规范性教育,使学生养成严谨、规范的工作态度

【实训要求】

1. 在登记账簿时,除按规定必须使用红墨水书写外,所有文字、数字都应该使用蓝(黑)墨水书写,不准使用铅笔和圆珠笔

2. 在训练过程中,对于出现的账务处理错误,应该按照规定的方法更正,不得任意涂改或刮擦挖补

3. 文字和数字的书写要正确、整洁、清楚、流畅,特别要注意会计数码字的书写应符合财会工作书写要求

资料:2×23年7月,北京光明实业公司发生以下银行存款业务(月初余额为1 087 898元):

(1) 1日,销售产品一批,价款100 000元,增值税销项税额13 000元,款项通过银行受托。(银收1)

(2) 7日,外购材料一批,货款60 000元,增值税进项税额7 800元,款项通过银行收妥。(银付1)

(3) 13日,以银行存款归还前欠A广告公司广告费6 000元。(银付2)

(4) 24日,收到利华公司偿还的货款80 000元,存入银行存款户。(银收2)

(5) 25日,开出现金支票一张,从银行提取现金14 000元备用。(银付3)

要求:根据提供的资料,在下图(图6-6)中完成银行存款日记账的登记。

银行存款日记帐

年		凭证		摘要	对方科目	日页	借方金额												√	贷方金额												√	借或贷	余额												√
月	日	种类	号数				十	亿	千	百	十	万	千	百	十	元	角	分		十	亿	千	百	十	万	千	百	十	元	角	分			十	亿	千	百	十	万	千	百	十	元	角	分	

财会主管

复核

记帐

图6–6　银行存款日记账

模块七 成本计算

1. 培育降本增效意识
2. 树立节约成本光荣、偷工减料可耻的观念

1. 了解成本的概念
2. 了解成本计算的一般程序
3. 掌握成本计算的要求
4. 掌握企业经营过程中的成本计算

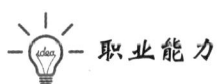

1. 掌握不同资产的入账价值的计算
2. 掌握发出存货的计价方法

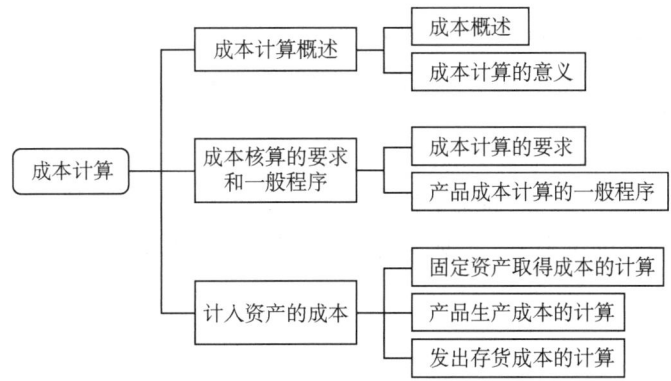

任务一 成本计算概述

一、成本概述

(一) 成本的概念

《现代汉语词典》中,成本的定义为"产品在生产和流通过程中所需的全部费用",费用是指"花费的钱;开支"。《牛津英汉双解词典》(1988年版)中,"cost"的定义为"价钱、成本、费用"或"代价",成本是资源的流失,是为了获取某物而必须付出的牺牲(代价)。

马克思在《资本论》第三卷中指出:"按照资本主义方式生产的每一个商品 w 的价值,用公式来表示是 w=c+v+m。如果我们从这个产品价值中减去剩余价值 m,那么,在商品中剩下的,只是一个在生产要素上耗费的资本价值 c+v 的等价物或补偿价值。"

美国会计学会(AAA)所属的成本概念与标准委员会于1951年在所发布的"成本概念与标准委员会报告"中定义的成本是"为达到特定的目的而发生或应发生的价值牺牲,它可用货币单位加以衡量"。美国会计师协会(AICPA)于1957年在所发布的第4号会计名词公报中,对成本的定义是"为获取财货或劳务而支付的现金或转移的其他资产,发行股票,提供劳务或发生负债而以货币衡量的数额"。美国著名会计学家埃尔登·亨德里克森在《会计理论》一书中,对成本的定义是"为了取得某一财产或某种服务而付出的现金或其他等支出"。

综上,会计学上的成本与马克思对成本的观点一致,即"产品成本"是指企业在生产产品过程中所发生的材料费用、职工薪酬等,以及不能直接计入产品成本而应按一定标准分配计入的各种间接费用。

(二) 成本和费用的关系

广义的成本是指取得各种资产的代价。狭义的成本则仅指生产产品所付出的代价,包括直接材料、直接人工和制造费用,即计入成本的费用。费用和成本是两个易被混淆的概念,这里我们取狭义的成本,将其与费用加以区分。

1. 成本与费用的联系

(1) 成本和费用都是企业除偿债性支出和分配性支出以外的支出的构成部分。

(2) 成本和费用都是企业经济资源的耗费。

(3) 期末应将当期已销产品的成本结转入当期的费用。

2. 成本与费用的区别

费用是企业在日常活动中发生的、会导致所有者权益减少的、与向所有者分配利润无关的经济利益的总流出,是构成产品成本的基础。产品成本是为生产某种产品而发生的各种耗费的总和,是对象化的费用。产品成本与费用的对比分析如表7-1所示。

表 7-1　产品成本与费用的对比分析

项目	产品成本	费用
范围	涵盖范围较窄	涵盖范围较宽
归集特点	按成本进行归集	按会计期间进行归集
计算依据	一般以成本计算单或成本汇总表及产品入库单等为计算依据	一般指生产过程中取得的各种原始凭证的计算依据

综上,成本是指企业为生产产品、提供劳务而发生的各种耗费;费用是指企业为销售商品、提供劳务等日常活动所发生的经济利益的流出。成本与特定支出或劳务相关。收益性支出形成费用,资本性支出形成资产。

二、成本计算的意义

成本是会计信息的重要组成部分,为计算利润、进行成本和利润预测提供数据,有助于提高企业的生产技术和经营管理水平。成本计算具有以下意义:

（1）通过成本计算,可以取得企业的实际成本资料,并据以确定实际成本同计划成本的差异,考核成本计划的完成情况,分析成本升降的原因,进一步挖掘降低成本的潜力。

（2）通过成本计算,可以反映和监督企业各项费用的支出,揭露企业经营管理中存在的问题,推动企业奖优罚劣,及时采取有效措施,改善经营管理。

（3）通过成本计算,可以为企业进行下一期各项成本指标的预算和规划,提供必要的参考数据。

总之,准确计算各项生产费用和经营管理费用的支出,分析和考核产品成本计划的执行情况,能够促使企业降低成本和费用,对加强企业经营管理、提高经济效益具有重要意义。

任务二　成本计算的要求和一般程序

一、产品成本计算的要求

为了正确、及时地计算成本,有关会计人员应遵循以下要求。

（一）做好各项基础工作

（1）建立健全各项原始记录,并做好各项材料物资的计量、收发、领退和盘点工作。

（2）制定或修订材料、工时、费用的各项定额,使成本计算具有可靠的基础。

（3）充分利用信息技术,加强对产品生产事中、事后的全过程控制,加强产品成本计算管理等各项基础工作。

各种方法一经确定,应保持相对稳定,不能随意更改,以保证成本信息的可比性。

（二）正确划分各种费用支出的界限

成本费用的划分应当遵循受益原则,即谁受益谁负担、何时受益何时负担、负担费用应与受益程度成正比。

(1) 正确划分收益性支出与资本性支出。
(2) 正确划分成本费用、期间费用和营业外支出。
(3) 正确划分本期费用和以后期间费用。
(4) 正确划分各种产品成本费用。
(5) 正确划分本期完工产品与期末在产品成本。

(三) 根据生产特点和管理要求选择适当的成本计算方法

常见的产品成本计算方法包括品种法、分批法、分步法、定额法、标准成本法等。

(四) 遵守一致性原则

企业产品成本计算采用的会计政策和会计估计一经确定,不得随意变更。在成本计算中各种处理方法要前后一致。

二、产品成本计算的一般程序

不同的成本计算对象,需要不同的计算方法。成本计算的一般程序如图7-1所示。

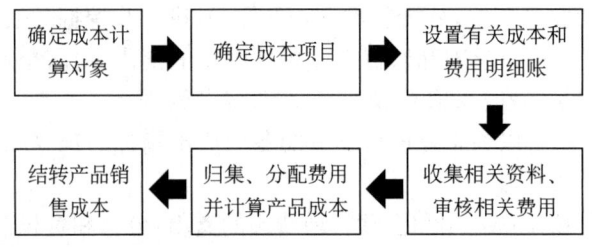

图7-1 成本计算一般程序图

(一) 确定成本计算对象

成本计算对象是指承担和归集费用的对象,即费用的受益对象,它是费用归集和分摊的依据。为了便于成本控制,落实成本责任制,进行成本考核以降低成本费用,企业在进行成本计算时需先确定成本计算对象。

企业应根据自身的经营性质和规模的不同,结合具体情况,确定成本计算对象,从而正确及时地归集和分配费用,计算成本,加强成本管理和控制,落实成本责任制,提高企业的经济和社会效益。

(二) 确定成本项目

为了取得更多的会计信息,还要将生产费用按其用途进行分类。对生产费用按其用途进行的分类,在会计上称为成本项目,一般包括直接材料、直接人工和制造费用等。借助于成本项目,企业可以清楚地了解费用的经济用途和成本的经济构成,获得更多有用的会计信息,并通过对一定对象的成本项目的分析,可以初步查明成本升降的原因,挖掘降低成本的潜力。

(三) 设置有关成本和费用明细账

在成本计算过程中,为系统地归集、分配应计入各种成本计算对象的费用,企业应按成本计算对象和成本计算项目分别设置、登记成本和费用明细分类账户,据此分类反映各种成本指标的构成和形成情况。

(四)收集相关资料、审核相关费用

收集确定各种产品的生产量、入库量、在产品盘存量,以及材料、工时、动力消耗等,并对所有已发生的费用进行审核。

(五)归集、分配费用并计算产品成本

正确地归集和分配各项费用,是正确进行成本计算的前提。为正确地归集和分配各种费用,企业应遵循权责发生制的有关要求,正确确定费用的受益期限。例如,对产品生产来说,对应计入产品成本的费用,还应将其划分为应由本期产品成本负担的费用和应由其他各期产品成本负担的费用。这对于如实反映各期生产费用,正确计算各期产品成本是十分重要的。

在费用的归集、分配和成本计算中,企业还应严格遵守相关法律规章规定的成本开支范围和费用开支标准。不能随意扩大成本开支范围,提高费用开支标准。凡超出开支范围和开支标准的费用,经企业管理当局认可,可以计入企业相关经营活动的成本或作为某个会计期间的期间费用,但不得从企业的应纳税所得额中扣除,要视同利润进行纳税。

(六)结转产品销售成本

结转产品销售成本是会计处理中的一个重要环节,它涉及将产品生产成本中的一定比例或数额转移到产品销售成本中,以便更准确地计算产品销售的实际成本和利润。

产品销售成本通常在月底进行结转,但也可能在销售发生时随时结转。无论采取哪种方式,都应该每月结转销售成本,使上个月的销售成本得到结转,从而确保财务数据的准确性。

任务三 计入资产的成本

当确定某一会计期间已经实现收入后,就必须确定与该收入有关的、已经发生了的成本,这样才能完整地反映特定时期的经营成果,从而有助于正确评价企业的经营业绩。本任务简要说明原材料采购成本、固定资产取得成本、产品生产成本和发出存货成本的基本计算方法。

一、原材料采购成本的计算

(一)原材料采购成本的构成

原材料的采购成本一般由买价和采购费用两个成本项目构成。其计算公式如下:

$$原材料采购成本 = 买价 + 采购费用$$

其中,买价是指供应单位开具的购货发票上标明的货物价格。采购费用包括:①运杂费,包括原材料采购过程中的运输费用、装卸费用、保险费用、包装费用、仓储费用等;②运输途中的合理损耗;③入库前的挑选整理费用,如在挑选整理中扣除回收下脚残料价值后的各种费用支出和必要的损耗等;④购入原材料应负担的税金和其他费用。

(二)原材料采购费用的核算

原材料的买价一般属于直接费用,应直接计入相应原材料的采购成本。

对于采购费用,凡是能直接分清受益对象的,应直接计入相应原材料的采购成本;凡是不能直接分清受益对象,且费用金额较大,不计入原材料的采购成本会导致原材料采购成本不实的,应在原材料的重量、买价、体积等分配标准中选择合适的分配标准,采用一定的方法,间接计入相应原材料的采购成本。此外,对于企业供应部门或原材料仓库所发生的经常性费用、采购人员的差旅费、采购机构经费及市内小额的运杂费等,这些费用一般不易分清具体的受益对象,费用金额较小,且对原材料采购成本升降水平的影响不大。因此,按重要性要求,这些费用不计入原材料的采购成本,而是作为期间费用处理,列入管理费用。

下面以运费为例说明不能直接分清具体受益对象的费用分配计算。假设某企业在同一地点采购两种材料,并同时运回企业而发生一笔运输费,这时就需要采用恰当的分配标准将该笔运输费合理计入这两种材料的成本。恰当的标准是指分配标准应与费用的发生有直接的关联,使导致较多费用发生的材料分配较多的费用。常用的分配标准有数量、重量、体积、价值等。费用分配的计算公式为:

$$分配率 = \frac{发生的共同采购费用}{各种材料数量或重量之和}$$

某分配对象应分配的费用 = 该对象的分配标准额 × 分配率

【例 7-1】 3月20日,雅米公司从东南公司购入甲、乙两种材料。收到的增值税专用发票注明甲材料 60 000 千克,单价 12 元,价款 720 000 元,增值税税额 93 600 元;乙材料 40 000 千克,单价 20 元,价款 800 000 元,增值税税额 104 000 元。材料由东南公司办理托运并垫付运输费,收到的增值税专用发票上注明运输费 5 000 元,增值税税额 450 元。4月17日,从东南公司购入的甲、乙两种材料运达并验收入库。4月22日,通过银行向东南公司支付购料与运输款项。

4月15日,雅米公司收到购料与运输费发票账单,因甲、乙两种材料按重量计付运输费,故以材料的重量为分配标准,计算甲、乙两种材料应分摊的运输费如下:

$$分配率 = \frac{5\ 000}{60\ 000 + 40\ 000} = 0.05$$

甲材料应分摊的费用 = 60 000 × 0.05 = 3 000(元)

乙材料应分摊的费用 = 40 000 × 0.05 = 2 000(元)

甲材料的价款 720 000 元与分摊的运输费 3 000 元之和为 723 000 元,这是该批 60 000 千克甲材料的采购成本,应记入"在途物资——甲材料"账户的借方;乙材料的价款 800 000 与分摊的运输费 2 000 元之和为 802 000 元,这是该批 40 000 千克乙材料的采购成本,应记入"在途物资——乙材料"账户的借方;增值税共计 197 600 元属于应交增值税的进项税额,应记入"应交税费——应交增值税(进项税额)"账户的借方;由于款项尚未支付,根据购料与运输费发票账单金额 1 722 600 元确认一笔负债,记入"应付账款"账户的贷方。由此,编制会计分录如下:

```
借:在途物资——甲材料                    723 000
         ——乙材料                    802 000
    应交税费——应交增值税(进项税额)      197 600
  贷:应付账款——东南公司                        1 722 600
```

二、固定资产取得成本的计算

固定资产取得时的入账成本,包括企业为购建某项固定资产达到预定可使用状态前所发生的一切合理的、必要的支出。这些支出既有直接发生的,如支付的固定资产的价款、运杂费、包装费和安装成本等,也有间接发生的,如应予以资本化的借款利息和外币借款折合差额以及应予分摊的其他间接费用等。固定资产取得的方式是多种多样的,包括外购、自行建造、投资者投入等。固定资产取得方式不同,其成本的具体构成也不同。固定资产取得时的入账成本应当根据具体情况分别确定。下面以常见的外购固定资产成本和自行建造固定资产成本为例进行说明。

(一)固定资产的购置成本

企业取得固定资产的方式是多种多样的,包括外购、自行建造、投资者投入等。固定资产取得的方式不同,其成本的具体构成也就不同。外购固定资产的成本包括购买价款、相关税费,以及使固定资产达到预定可使用状态前所发生的可归属于该项资产的运输费、装卸费、安装费和专业人员服务费等。自行建造固定资产的成本,由建造该项资产达到预定可使用状态前所发生的必要支出构成,包括工程物资成本、人工成本、缴纳的相关税费等。投资者投入固定资产的成本,按照投资合同或协议约定的价值确定。

【例 7-2】 2×23 年 3 月 1 日,雅米公司购入一台机器设备,取得的增值税专用发票上注明的价款为 100 000 元,增值税税额为 13 000 元;从运输单位取得的增值税专用发票上注明的运输费用为 2 000 元,增值税税额为 180 元。所有款项均已通过银行付讫,该机器设备经验收后直接投入使用。

固定资产达到预定可使用状态前的所有必要支出都应作为固定资产的成本入账。购入设备价款与运输费共计 102 000 元,都应计入固定资产成本,增值税进项税额共计 13 180 元,应记入"应交税费——应交增值税(进项税额)"账户。这项经济业务的发生,一方面记入"固定资产"和"应交税费——应交增值税(进项税额)"账户的借方,另一方面记入"银行存款"账户的贷方。为此,应编制会计分录如下:

借:固定资产　　　　　　　　　　　　　　　　　　　　102 000
　　应交税费——应交增值税(进项税额)　　　　　　　 13 180
　　贷:银行存款　　　　　　　　　　　　　　　　　　 115 180

(二)固定资产的建造成本

【例 7-3】 雅米公司 2×23 年 4 月购入了一套农用灌装设备,须安装调试(改建扩建)。增值税专用发票上注明的设备金额为 3 000 000 元,增值税税额为 390 000 元,价税合计为 3 390 000 元。另发生装卸费 6 000 元。安装调试阶段支付了工程项目组的工资 80 000 元。

雅米公司为建造需要安装的固定资产,应当以实际支付的买价和装卸费共计 3 006 000 元作为实际成本。增值税进项税额共计 390 000 元应记入"应交税费——应交增值税(进项税额)"账户。为此,应编制会计分录如下:

借:在建工程　　　　　　　　　　　　　　　　　　　3 006 000
　　应交税费——应交增值税(进项税额)　　　　　　　 390 000
　　贷:银行存款　　　　　　　　　　　　　　　　　 3 396 000

雅米公司为建造安装农用灌装设备中发生的人工费用 80 000 元,应计入在建工程成本。为此,应编制会计分录如下:

借:在建工程　　　　　　　　　　　　　　　　　　　　　　　　80 000
　　贷:银行存款　　　　　　　　　　　　　　　　　　　　　　　　80 000

雅米公司为建造安装农用灌装设备,使其达到预定可使用状态。为此,应编制会计分录如下:

借:固定资产　　　　　　　　　　　　　　　　　　　　　　　　3 086 000
　　贷:在建工程　　　　　　　　　　　　　　　　　　　　　　　　3 086 000

三、产品生产成本的计算

计算产品的生产成本,首先,应确定成本计算期,产品成本计算通常是定期按月进行的。对于单件小批生产,生产周期较长的产品,也可把产品生产周期作为成本计算期。其次,应按产品品种或批次确定成本计算对象。最后,将生产过程中的应计入产品生产成本的生产费用分配计入各相应产品,计算其制造总成本和单位成本。

生产过程中发生的应计入产品生产成本的生产费用,在计入相应产品成本时,是按生产费用的经济用途进行归集,计入相应的成本费用。产品成本计算的成本项目,一般由以下三项组成:

(1)直接材料。直接材料是指为产品生产而耗费的原材料、辅助材料、备品备件、外购半成品、燃料、动力、包装物、低值易耗品及其他直接材料等。

(2)直接人工。直接人工是指直接从事产品生产的工人工资、奖金、津贴和福利费等薪酬。

(3)制造费用。制造费用是指企业各生产单位为组织和管理生产发生的各项费用,包括车间管理人员薪酬、固定资产折旧费、机物料耗费、办公费、差旅费、水电费、劳动保护费等。

制造业务的账务处理涉及生产经营过程中直接生产费用的归集、制造费用的归集与分配、产品成本的计算,以及完工产品成本的结转等。制造业务的账务处理如图 7-2 所示。

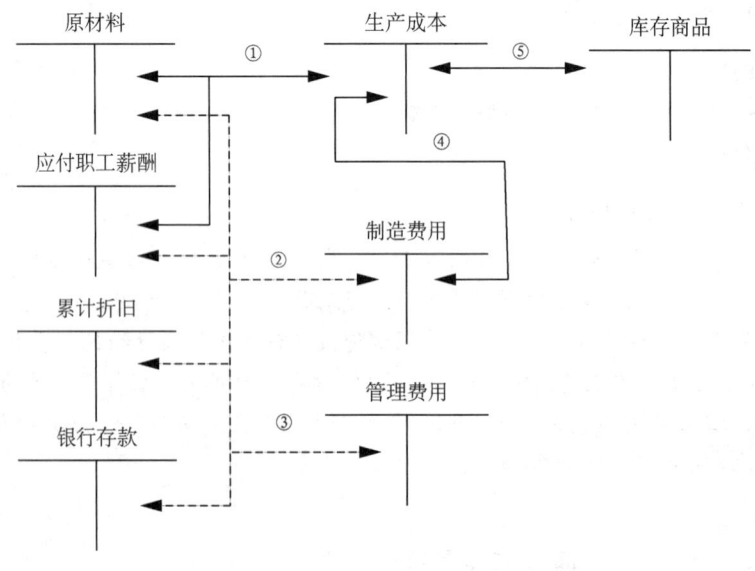

图 7-2　制造业务的账务处理

图 7-2 中的各项分别为:①归集各种直接生产费用,增加生产成本,同时减少原材料、增加应付职工薪酬等;②归集生产车间、部门发生的各种间接生产费用,增加制造费用,同时减少原材料、增加应付职工薪酬、增加累计折旧、减少银行存款等;③归集管理部门组织管理生产经营过程中发生的各种费用,增加管理费用,同时减少原材料、增加应付职工薪酬、增加累计折旧、减少银行存款等;④分配结转制造费用,增加有关成本计算对象的生产成本,同时减少制造费用;⑤结转完工产品成本,增加库存商品,同时减少有关成本计算对象的生产成本。

【例 7-4】 雅米公司生产 A、B 两种产品,6 月份领用材料的数量和金额汇总表如表 7-2 所示。

表 7-2　6 月份领用材料汇总表

耗用用途	甲材料(12元/千克)		乙材料(12元/千克)		丙材料(12元/千克)		合计(元)
	数量(千克)	金额(元)	数量(千克)	金额(元)	数量(千克)	金额(元)	
A 产品	50 000	600 000	25 000	500 000			1 100 000
B 产品	25 000	300 000	15 000	300 000			600 000
生产车间					3 000	120 000	120 000
管理部门					1 000	40 000	40 000
合计	75 000	900 000	40 000	800 000	4 000	160 000	1 860 000

由表 7-2 可知,在 6 月份生产经营过程中,一方面本月库存材料减少共计 1 860 000 元,另一方面材料耗费转入成本费用共计 1 860 000 元。根据利用材料的用途不同将耗用的材料计入不同的成本费用账户。直接投入生产 A 产品材料的金额 1 100 00 元,属于 A 产品的直接材料费用;直接投入生产 B 产品材料的金额 600 000 元,属于 B 产品的直接材料费用;生产车间耗用材料的金额 120 000 元,属于生产多种产品(本例为 A、B 两种产品)的间接生产费用,计入制造费用;管理部门耗用材料的金额 40 000 元,属于经营管理发生的耗费,计入管理费用。为此,编制会计分录如下:

借:生产成本——A 产品　　　　　　　　　　　　　　　　　　　1 100 000
　　　　　　——B 产品　　　　　　　　　　　　　　　　　　　　600 000
　　制造费用　　　　　　　　　　　　　　　　　　　　　　　　120 000
　　管理费用　　　　　　　　　　　　　　　　　　　　　　　　40 000
　　贷:原材料——甲材料　　　　　　　　　　　　　　　　　　　900 000
　　　　　　——乙材料　　　　　　　　　　　　　　　　　　　　800 000
　　　　　　——丙材料　　　　　　　　　　　　　　　　　　　　160 000

【例 7-5】 雅米公司 6 月月末结算单月应付职工的薪酬为 1 120 000 元。其中,生产 A 产品人员的薪酬为 410 000 元。生产 B 产品人员的薪酬为 280 000 元,车间管理人员的薪酬为 110 000 元,行政管理部门人员的薪酬为 320 000 元。

通常,在月末根据产量或出勤记录结算应付职工薪酬,按职工所在部门及岗位的不同,将发生的薪酬费用即人工费用计入不同的成本费用。为此,编制会计分录如下:

借:生产成本——A 产品　　　　　　　　　　　　　　　　　　　410 000
　　　　　　——B 产品　　　　　　　　　　　　　　　　　　　　280 000

制造费用	110 000
管理费用	320 000
贷:应付职工薪酬	1 120 000

【例 7-6】 雅米公司 6 月月末按照规定的固定资产折旧率,计提本月固定资产折旧 1 590 000 元,其中,生产车间固定资产计提折旧 910 000 元,行政管理部门固定资产计提折旧 680 000 元。

月末计提的固定资产折旧,一方面增加固定资产累计折旧,另一方面根据固定资产使用部门和用途的不同,将折旧费用记入相应的成本费用账户。为此,编制会计分录如下:

借:制造费用	910 000
管理费用	680 000
贷:累计折旧	1 590 000

【例 7-7】 雅米公司 6 月月末耗用的水电费显示,本月共耗用水电费 70 000 元,其中,生产车间耗用水电费 50 000 元,行政管理部门耗用水电费 20 000 元。

对于发生的水电费,一方面应将尚未支付的水电费作为一项负债记入应付账款;另一方面根据水电耗费的部门不同,应将水电费记入相应的成本费用账户。为此,编制会计分录如下:

借:制造费用	50 000
管理费用	20 000
贷:应付账款	70 000

【例 7-8】 雅米公司 6 月份发生的制造费用共计 1 190 000 元,将其分配结转至生产 A、B 两种产品成本。

制造费用是多种产品受益的间接生产费用,应按照谁受益谁承担的原则,采用合理的标准将其分配计入相关的产品成本。雅米公司本月生产 A、B 两种产品,假设根据雅米公司制定的成本核算规程,以产品生产过程中耗费的原材料费用作为标准分配制造费用,对于 6 月份发生的制造费用的分配计算如下:

$$分配率=\frac{1\ 190\ 000}{1\ 100\ 000+600\ 000}=0.7$$

A 产品应分配:1 100 000×0.7=770 000(元)
B 产品应分配:600 000×0.7=420 000(元)

将制造费用总额分配至 A、B 产品成本,编制会计分录如下:

借:生产成本——A 产品	770 000
——B 产品	420 000
贷:制造费用	1 190 000

【例 7-9】 假定 8 月月末雅米公司定制的产品完成全部工序,产成品已经从车间运至仓库。

"生产成本"科目中累积的 A、B 产品成本分别为:

A产品成本＝1 100 000＋410 000＋770 000＝2 280 000(元)

B产品成本＝600 000＋280 000＋420 000＝1 300 000(元)

编制会计分录如下：

借：库存商品——A产品　　　　　　　　　　　　　　　　　2 280 000
　　　　　　　——B产品　　　　　　　　　　　　　　　　　1 300 000
　　贷：生产成本——A产品　　　　　　　　　　　　　　　　2 280 000
　　　　　　　——B产品　　　　　　　　　　　　　　　　　1 300 000

四、发出存货成本的计算

存货是指企业在日常活动中持有的、以备出售的产成品和商品，处在生产过程中的在产品，以及在生产过程或提供劳务过程中耗用的材料或物料等。确定各项存货的账存数量的方法有永续盘存制和实地盘存制。确定发出存货单价的计价问题，常用的方法有先进先出法、加权平均法、移动加权平均法和个别计价法。

（一）存货盘存制度

生产领用材料或物料而确定其数量和单价是非常重要的内容。当数量确定后，选择何种单价也是很重要的。相同的存货可能是不同时间、不同批次购进或生产的，其单位成本不尽相同。因此，发出存货时选择不同的单价，就会形成不同的计价方法。确定各项存货账存数量的方法有两种：永续盘存制和实地盘存制。

1. 永续盘存制

永续盘存制又称账面盘存制，是通过设置存货明细账，对日常发生的各项存货的收入和发出，都根据原始凭证，在有关的账簿中逐笔进行登记，并随时结出账面余额的方法。账面结存数量的计算公式如下：

期末账面结存数量＝期初账面结存数量＋本期增加数量－本期减少数量

【例7-10】 雅米公司2×23年甲材料的期初结存及购进和发出的资料如下：

(1) 6月1日，结存200件，单价100元，金额20 000元。

(2) 6月5日，发出100件。

(3) 6月10日，购进300件，单价100元，金额30 000元。

(4) 6月20日，购进200件，单价100元，金额20 000元。

(5) 6月23日，发出500件。

(6) 6月30日，盘点结存100件。

根据上述资料，采用永续盘存制，登记材料明细账（表7-3）。

表7-3　材料明细账

材料名称：甲材料　　　　　　　　　　　　　　　　　　数量单位：件，金额单位：元

2×23年		凭证		摘要	收入			发出			结存		
月	日	字	号		数量	单价	金额	数量	单价	金额	数量	单价	金额
6	1			期初结存							200	100	20 000

(续表)

2×23年		凭证		摘要	收入			发出			结存		
月	日	字	号		数量	单价	金额	数量	单价	金额	数量	单价	金额
	5			发出				100	100	10 000	100	100	10 000
	10			购进	300	100	30 000				400	100	40 000
	20			购进	200	100	20 000				600	100	60 000
	23			发出				500	100	50 000	100	100	10 000
	30			盘点							100	100	10 000
	30			本期发生额及余额	500	100	50 000	600	100	60 000	100	100	10 000

通过上例可以看出,永续盘存制的特点是平时对存货的收入、发出数量都在存货明细账中进行连续登记,并随时结算出账面结存数量,从数量和金额两方面进行管理控制。永续盘存制的优点是随时反映财产物资收入、发出、结存情况;通过账面数量与实地盘点数量进行核对,能够及时发现存货的溢余或短缺;账面的结余数可随时与库存限额进行比较,及时取得财产积压或不足的信息。其缺点是由于对每一品种的存货都要开设一个明细账,存货的明细分类核算工作量较大。因此,永续盘存制适用于单位价值较高的存货。

2. 实地盘存制

实地盘存制是指对企业各项存货的账面记录,平时只登记收入数,不登记发出数,月末结账时,根据实地盘点各项财产物资的实际结存数作为各项存货的期末账面余额,倒轧出存货的发出数(期末结存数)。账面结存数量的计算公式如下:

$$本期存货发出数=期初存货账面数+本期增加数量-期末盘点结存数$$

【例7-11】承[例7-10],雅米公司期末盘点时,甲材料的结存数量为100件。采用实地盘存制,登记材料明细账(表7-4)。

表7-4 材料明细账

材料名称:甲材料　　　　　　　　　　　　　　　　　　数量单位:件,金额单位:元

2×23年		凭证		摘要	收入			发出			结存		
月	日	字	号		数量	单价	金额	数量	单价	金额	数量	单价	金额
6	1			期初结存							200	100	20 000
	10			购进	300	100	30 000						
	20			购进	200	100	20 000						
	30			盘点				600	100	60 000	100	100	10 000
	30			发出成本									
	30			本期发生额及余额	500	100	50 000	600	100	60 000	100	100	10 000

通过上例可以看出,实地盘存制的特点是平时对存货的收入在存货明细账中进行逐笔记录,期末对存货的数量进行盘点,确定存货结存成本,再推算出本期发出存货的数量和成本,即"以存计耗"。实地盘存制的优点是核算简单,工作量小,不会出现账实不符。其缺点

包括不能随时反映存货的耗用和结存情况;倒挤出的存货销售成本成分复杂,除了正常的销售或耗用外,可能隐含盗窃、毁损、丢失等非正常因素;必须通过实物盘点才能确定财产的耗用或销售成本,影响核算的及时性。因此,实地盘存制适用于品种杂、价值低、交易频繁、数量不稳定、损耗大且难于控制的商品(如鲜活商品)。

(二) 发出存货的计价方法

不同的发出存货计价方法将会直接关系到所计算的销货成本、当期利润和期末结存存货的账面价值。在实际工作中,企业的存货不仅品种繁多,而且由于存货购入的时间、产地不同或生产批次不同,相同存货的单位成本往往不一致,很难确定所发出存货的入库成本。因此,在计算发出和结存存货成本时,需要对存货成本流转做些假设,并以此为依据计算本期发出存货和期末结存存货的实际成本。我国企业会计准则针对实务中多批量采购的实际情况,规定了以下四种发出存货成本的计算方法:先进先出法、加权平均法、移动加权平均法和个别计价法。对于性质和用途相似的存货,应当采用相同的成本计算方法确定发出存货成本。

【例 7-12】 雅米公司 2×23 年 A 商品的库存商品明细账如表 7-5 所示。

表 7-5 库存商品明细账

品名:A 商品 数量单位:件,金额单位:元

2×23年		摘要	收入			发出			结存		
月	日		数量	单价	金额	数量	单价	金额	数量	单价	金额
9	9	采购	①2 000	6	12 000				2 000		
	10	销售				①600			1 400		
	15	采购	②1 000	8	8 000				2 400		
	16	销售				②1 200			1 200		
	20	采购	③2 000	9	18 000				3 200		
	21	销售				③2 000			1 200		
		本月合计	5 000			3 800			1 200		

下面以此例分别介绍按照上述方法计算发出存货的成本的具体步骤。

1. 先进先出法

先进先出法的理念是假定先购入的存货先发出,按照这样的假设计算发出存货的成本和期末存货的成本。

雅米公司采用先进先出法计算发出存货的成本,计算后填列的库存商品明细账如表 7-6 所示。

表 7-6 库存商品明细账

品名:A 商品 数量单位:件,金额单位:元

2×23年		摘要	收入			发出			结存		
月	日		数量	单价	金额	数量	单价	金额	数量	单价	金额
9	9	采购	①2 000	6	12 000				2 000	6	12 000

(续表)

2×23年		摘要	收入			发出			结存		
月	日		数量	单价	金额	数量	单价	金额	数量	单价	金额
	10	销售				①600	6	3 600	1 400	6	8 400
	15	采购	②1 000	8	8 000				1 400 1 000	6 8	8 400 8 000
	16	销售				②1 200	6	7 200	200 1 000	6 8	1 200 8 000
	20	采购	③2 000	9	18 000				200 1 000 2 000	6 8 9	1 200 8 000 180 000
	21	销售				③200 1 000 800	6 8 9	1 200 8 000 7 200	1 200	9	10 800
		本月合计	5 000		38 000	3 800		27 200	1 200	9	10 800

先进先出法的优点是据此计算出的期末结存存货的账面价值比较接近最新市价。其缺点是在手工核算的情形下工作量比较大。

2. 加权平均法

加权平均法的理念是仅在期末计算本期可供销售的存货的平均成本,然后以此计算发出存货的总成本。在这种方法下,只在月底计算一次平均单价。因此,该方法又称全月一次加权平均法。其计算公式如下:

$$加权平均单位成本 = \frac{本期全部可供销售的存货的实际成本}{全部可供销售的存货数量}$$

雅米公司采用加权平均法计算发出存货的成本,计算后填列的库存商品明细账如表7-7所示。

表7-7 库存商品明细账

品名:A商品　　　　　　　　　　　　　　　　　　　　　数量单位:件,金额单位:元

2×23年		摘要	收入			发出			结存		
月	日		数量	单价	金额	数量	单价	金额	数量	单价	金额
9	9	采购	①2 000	6.0	12 000				2 000		
	10	销售				①600	7.6	4 560	1 400		
	15	采购	②1 000	8.0	8 000				2 400		
	16	销售				②1 200	7.6	9 120	1 200		
	20	采购	③2 000	9.0	18 000				3 200		
	21	销售				③200	7.6	15 200	1 200		
		本月合计	5 000	7.6	38 000	3 800	7.6	28 880	1 200	7.6	9 120

$$\text{加权平均单位成本} = \frac{12\,000 + 8\,000 + 18\,000}{2\,000 + 1\,000 + 2\,000} = 7.6(元/件)$$

采用加权平均法计算的本期销售成本为 28 880 元,期末库存 A 产品的价值为 9 120 元。

采用加权平均法在月末计算得到的平均单价显得比较"公道"。这种方法的显著特点是平时只记录发出存货的数量而不记录金额,因此,在手工核算的情形下,该方法有助于减少工作量,但该方法不能随时提供存货的账面价值数据,对于企业管理而言多有不便。

3. 移动加权平均法

移动加权平均法克服了前述加权平均法不能随时提供存货账面价值数据的缺陷。在该方法下,每次进货后都要计算一次当时全部可供销售的存货的加权平均单位成本(即平均单价),从而得以采用该单价计算其后所售货物的销售成本和所结存货物的账面价值。其计算公式如下:

$$\text{加权平均单位成本} = \frac{\text{每次进货后全部可供销售的存货的实际成本}}{\text{每次进货后全部可供销售的存货数量}}$$

雅米公司采用移动加权平均法计算发出存货的成本,计算后填列的库存商品明细账如表 7-8 所示。

表 7-8　库存商品明细账

品名:A 商品　　　　　　　　　　　　　　　　　　　　　　　　数量单位:件,金额单位:元

2×23年		摘要	收入			发出			结存		
月	日		数量	单价	金额	数量	单价	金额	数量	单价	金额
9	9	采购	①2 000	6	12 000				2 000	6.000 0	12 000
	10	销售				①600	6.000 0	3 600	1 400	6.000 0	8 400
	15	采购	②1 000	8	8 000				2 400	6.833 3	16 400
	16	销售				②1 200	6.833 3	8 200	1 200	6.833 3	8 200
	20	采购	③2 000	9	18 000				3 200	8.187 5	26 200
	21	销售				③2 000	8.187 5	16 375	1 200	8.187 5	9 825
		本月合计	5 000		38 000	3 800		28 175	1 200	8.187 5	9 825

在本例中,第二次和第三次采购后计算的加权平均单位成本分别如下:

$$9月15日计算的加权平均单位成本 = \frac{8\,400 + 8\,000}{1\,400 + 1\,000} = 6.833\,3(元/件)$$

$$9月20日计算的加权平均单位成本 = \frac{8\,200 + 18\,000}{1\,200 + 2\,000} = 8.187\,5(元/件)$$

采用移动加权平均法计算的本期销售成本为 28 175 元,期末库存 A 产品的价值为 9 825 元。

移动加权平均法所计算出的加权平均单位成本也显得比较"公道"。与全月一次加权平均法相比,该方法还能使管理层及时了解存货的结存情况,有利于对存货进行适时控制。当然,在手工核算的情形下,其工作量也比较大。

4. 个别计价法

对于不能替代使用的存货(如大型设备)、价格高昂的存货(如名贵珠宝或奢侈品)、为特

定项目专门购入或制造的存货,通常采用个别计价法确定其销售成本。这种方法顾名思义,明显不适用于[例7-12]中的情况,不再赘述。

(三)发出存货计价方法的选择

按照企业会计准则的规定,发出存货的计价方法有先进先出法、加权平均法、移动加权平均法和个别计价法。在传统会计计算与管理中,会计人员需要做出职业判断来选择一种计价方法。随着业务与财务不断融合,企业处理数据的能力不断增强,信息化水平不断提高,精细化管理存货的发出已经没有障碍。因此,个别计价法将可以推广应用到全部的存货类别,会计职业判断对发出计价的影响将大幅度减小。

本模块小结

(1)会计学上的成本与马克思关于成本的观点一致,即"产品成本"。成本是指企业在生产产品过程中所发生的材料费用、职工薪酬等。费用和成本是两个易被混淆的概念,成本是会计信息的重要组成部分,为计算利润、进行成本和利润的预测提供数据,有助于提高企业生产技术和经营管理水平。

(2)为了正确、及时地计算成本,有关会计人员应遵循如下要求:做好各项基础工作,正确划分各种费用支出的界限,根据生产特点和管理要求选择适当的成本计算方法,以及遵守一致性原则;对于不同的成本计算对象,需要不同的计算方法,但成本计算的一般程序应包括确定成本计算对象,确定成本项目,设置有关成本和费用明细账,收集相关资料、审核相关费用,归集、分配费用并计算产品和结转产品销售成本。

(3)当确定某一会计期间已经实现收入后,就必须确定与该收入有关的、已经发生了的成本,这样才能完整地反映特定时期的经营成果,从而有助于正确评价企业的经营业绩。根据原材料采购成本、固定资产采购成本、产品生产成本和发出存货成本的基本计算方法计算计入资产的成本。

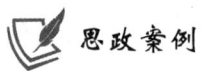

思政案例

控制成本才能打败对手

——王永庆经营管理之道

作为世界化工行业的一位传奇人物,王永庆带领台湾塑胶集团(以下简称台塑集团)迈入世界化工工业50强。取得如此辉煌成就的背后蕴含着王永庆经营管理之道——控制成本才能打败对手。

控制成本是王永庆在经营企业过程中追求的主要目标。无论是投资扩建还是产品生产,成本理念始终贯穿于他的每一个决策和管理行为。王永庆特别注意比较不同国家的优劣势,将最小成本项目进行组合,以实现整个项目的最低成本。

例如,在建造新厂房时,王永庆开创了一种新模式:计划落地于美国的厂房在中国台湾地区制造。王永庆注意到美国的制造成本和人工成本大大高于中国台湾地区。因此,当台塑集团在美国得克萨斯州建造PVC塑胶工厂时,王永庆提出所有硬件设备均由公司机械事业部在中国台湾地区制造完成后,再运到美国安装。经过成本计算,整个厂的建厂成本按照上述方案大约只有美国人投资相同工厂所需经费的 63%。最终,聚乙烯厂投资总计花费 12 亿台币,聚丙烯厂花费 16 亿台币,成本均只有国外同类企业投资建厂经费的 70%。投入成本低为台塑集团打赢产品价格战创造了条件。台塑集团的产品上市价格比市场同类产品每千克低 20 元,其竞争优势不言而喻。

王永庆在成本管理方面可谓"点滴不漏",他如同剥竹笋一般将项目层层分解,对每一层的成本都进行比较、分析和控制。他曾提出著名的"鱼骨理论":考虑任何大小事务的成本,都要对其构成要素不断进行分解,把所有可能考虑到的影响成本的因素像鱼骨那样具体、分明、详细地找出来。他强调,要谋求成本的有效降低,必须分析在影响成本的各种因素中最本质的东西,也就是要做到对"单元成本"的分析。只有彻底地把有关问题一一列举出来并加以检讨改善,才能建立一个具体的标准成本。王永庆还特别强调两点:一是竭力自行减少成本结构中的不合理部分,避免浪费;二是减少不合理成本的过程是永无止境的,不可能一蹴而就,只有积少成多,日复一日,方能竟其全功。其控制成本的理念是台塑集团的各成本中心能够积极主动地深入发掘各项目成本变动的根源。

☞ 育人目标

(1) 引导学生思考问题:作为财务人员,我们是否应该学习掌握这种管理理念呢?

(2) 结合案例,认真解读、领会国家发展和改革委员会等部门联合发布的《关于做好 2023 年降成本重点工作的通知》,用所学知识为实体经济降低成本,支持经营主体纾困发展。

课证融通同步训练

一、单项选择题

1. (2018年真题)某企业为增值税一般纳税人。2019年9月该企业为自行建造厂房购入工程物资一批,取得的增值税专用发票上注明的价款为800 000元,增值税税额为104 000元,物资全部用于建造厂房工程项目。不考虑其他因素,该企业2019年9月领用工程物资应计入在建工程的成本为(　　)元。
   A. 841 600　　　　B. 800 000　　　　C. 904 000　　　　D. 862 400

2. (2020年真题)下列各项中,不应计入产品成本的是(　　)。
   A. 直接材料成本　　　　　　　　B. 直接人工成本
   C. 生产车间管理人员的工资　　　D. 销售机构相关的固定资产修理费用

3. (2022年真题)下列各项中,属于制造业企业产品成本项目的是(　　)。
   A. 制造费用　　　B. 财务费用　　　C. 销售费用　　　D. 管理费用

4. (2020年真题)某制造业企业采用机器工时比例法分配制造费用。2019年11月基本生产车间生产M、N两种产品,共发生制造费用1 000万元,M产品机器工时为1 000小时,N产品机器工时为1 500小时。不考虑其他因素,M产品应分配的制造费用金额为(　　)万元。
   A. 500　　　　　B. 1 000　　　　　C. 600　　　　　D. 400

5. (2022年真题)某企业为增值税一般纳税人。2021年9月购入一批原材料900千克,每千克不含税价格为50元,运输途中发生合理损耗30千克,入库前发生挑选整理费用1 000元(不含税)。不考虑其他因素,该批原材料的入账价值为(　　)元。
   A. 44 500　　　　B. 45 000　　　　C. 43 500　　　　D. 46 000

6. (2019年真题)2019年9月,某企业(为一般纳税人)购入一批材料,取得经税务机关认证的增值税专用发票上注明价款100 000元,增值税税额13 000元,材料入库前发生挑选整理费900元。不考虑其他因素,该批材料的实际成本为(　　)元。
   A. 100 000　　　B. 113 000　　　C. 100 900　　　D. 113 900

7. (2020年真题)某企业为增值税一般纳税人,本期购入一批商品100千克,进货价格为100万元,增值税进项税额为13万元。所购商品到达后,验收发现商品短缺25%,其中合理损失15%,另10%的短缺无法查明原因。该批商品的单位成本为(　　)万元。
   A. 1　　　　　B. 1.4　　　　　C. 1.2　　　　　D. 1.25

8. (2018年真题)某企业采用先进先出法核算原材料,2017年3月1日库存甲材料500千克,实际成本为3 000元;3月5日购入甲材料1 200千克,实际成本为7 440元;3月8日购入甲材料300千克,实际成本为1 830元;3月10日发出甲材料900千克。不考虑其他因素,该企业发出的甲材料实际成本为(　　)元。
   A. 5 550　　　　B. 5 580　　　　C. 5 521.5　　　　D. 5 480

9. (2020年真题)某企业采用先进先出法计算发出材料成本。2019年8月1日库存甲材料

200千克,单位成本40元;8月份该企业甲材料收发业务如下:12日购入甲材料800千克,单位成本45元;16日行政管理部门领用甲材料100千克;20日车间生产M产品领用甲材料600千克。该企业8月发出甲材料时,计入M产品生产成本的金额为( )元。
   A. 26 000　　　　B. 20 500　　　　C. 27 000　　　　D. 26 500

10. (2022年真题)某企业采用先进先出法核算甲材料。2021年2月初,该企业结存甲材料400千克,每千克实际成本100元。2月15日,入库甲材料600千克,每千克实际成本110元。2月28日,发出甲材料800千克。不考虑其他因素,该企业2月末库存甲材料的实际成本为( )元。
   A. 22 000　　　　B. 23 000　　　　C. 20 000　　　　D. 21 000

11. (2022年真题)某企业存货发出计价采用月末一次加权平均法。2021年9月1日,原材料期初结存数量为2 000件,单价为2万元;9月5日,发出原材料1 500件;9月17日,购进原材料2 000件,单价为2.2万元;9月27日,发出原材料1 000件。该企业9月30日结存原材料的实际成本为( )万元。
   A. 3 150　　　　B. 0　　　　C. 3 300　　　　D. 3 000

二、多项选择题

1. 制造费用是指企业为生产产品和提供劳务而发生的各项间接费用,包括( )。
   A. 生产车间生产人员的工资、福利费
   B. 生产车间固定资产日常修理费
   C. 生产车间的房屋、设备的折旧费
   D. 生产车间季节性停工损失

2. (2020年真题)下列各项中,属于制造费用分配方法的有( )。
   A. 按年度计划分配率分配法　　　B. 生产工人工资比例法
   C. 生产工人工时比例法　　　　　D. 机器工时比例法

3. (2021年真题)某企业为增值税一般纳税人,自营建造一幢厂房。下列各项中,应计入该厂房成本的有( )。
   A. 领用工程物资的成本　　　　　B. 领用本企业自产产品的成本
   C. 购买工程物资支付的增值税　　D. 确认工程人员的薪酬

4. (2022年真题)下列各项中,应计入存货采购成本的有( )。
   A. 运输途中的合理损耗　　　　　B. 存货采购过程中发生的装卸费
   C. 存货入库前发生的挑选整理费　D. 购买存货发生的保险费

5. (2019年真题)下列各项中,企业应计入外购存货采购成本的有( )。
   A. 入库后的挑选整理费　　　　　B. 材料购买价款(不含增值税)
   C. 享受的商业折扣　　　　　　　D. 采购过程中发生的仓储费

6. (2022年真题)某企业为增值税一般纳税人,购入一台需要安装的设备。下列各项中,应计入该设备成本的有( )。
   A. 增值税专用发票上注明的增值税税额
   B. 发生的安装费
   C. 采购中发生的运输费
   D. 增值税专用发票上注明的设备价款

三、判断题

1. (2019年真题)企业进行成本核算时,应根据生产经营特点和管理要求来确定成本核算对象。（ ）
2. (2019年真题)企业自行建造的固定资产应当以建造该项目固定资产达到预定可使用状态前所发生的必要支出作为固定资产的成本。（ ）
3. (2019年真题)在物价持续上升时,采用先进先出法核算发出存货的成本,会低估企业当期利润和期末结存存货的价值。（ ）
4. (2020年真题)如果企业采用先进先出法核算发出存货的成本,则在物价持续上升时会高估企业当期利润。（ ）
5. (2021年真题)物价持续上涨时,采用先进先出法计算的期末库存商品成本比采用月末一次加权平均法高。（ ）
6. (2022年真题)企业采用月末一次加权平均法计量发出材料的成本,在本月有材料入库的情况下,物价上涨时,当月月初发出材料的单位成本小于月末发出材料的单位成本。（ ）
7. (2022年真题)月末,企业应将已验收入库但尚未收到发票且尚未支付款项的存货,依照合同协议上的价格作暂估入库。（ ）
8. (2020年真题)企业生产车间发生的固定资产日常修理费,应通过"制造费用"科目核算。（ ）
9. (2022年真题)增值税小规模纳税人购买固定资产发生的增值税进项税额应计入固定资产成本。（ ）

四、业务题

[业务题一]

目的:练习制造费用的核算。

资料:假定甲工业企业2×23年5月基本生产车间P产品机器工时为50 000小时,S产品机器工时为40 000小时,本月共发生制造费用900 000元。

要求：

(1) 按照机器工时总数分配制造费。

(2) 编制会计分录。

[业务题二]

目的:计算原材料的入账价值。

资料:京南实业有限公司为增值税一般纳税人,2×23年8月采购一批原材料,增值税专用发票上注明的原材料金额为3 000 000元,增值税税额为390 000元,价税合计为3 390 000元。发生运费150 000元(不含增值税),货物已经验收入库。

要求:请计算该批原材料的入账价值。

[业务题三]

目的:计算固定资产的入账价值。

资料:京北科技股份有限公司2×23年购入了一套需安装调试的机器设备。增值税专用发票上注明的设备金额为4 000 000元,税额为520 000元,价税合计为4 520 000元。另发生装卸费8 600元(不含增值税)。安装调试阶段支付公司工程项目组的工资为90 000元。

要求:请计算该固定资产的入账价值。

[业务题四]

目的:结转本月已售产品生产成本。

资料:南方公司2×23年8月份销售甲产品200件、乙产品150件。本月生产的甲产品和乙产品全部完工入库,假设本月甲、乙产品期初及完工入库情况如表7-9所示。

表7-9 完工产品成本情况表

项目	甲产品			乙产品		
	数量(件)	单位成本(元/件)	总成本(元)	数量(件)	单位成本(元/件)	总成本(元)
期初结存	50	180	9 000	100	380	38 000
7月5日完工入库	50	200	10 000			
7月10日完工入库				50	400	20 000
7月20日完工入库	150	220	33 000		4	
7月25日完工入库				100	20	42 000

要求:

(1)假设南方公司采用加权平均法确定发出存货的成本,请计算已售甲、乙两种产品的生产成本。

(2)编制相关会计分录。

本模块实训任务

【实训内容】
1. 练习原材料采购成本的计算
2. 练习生产成本的计算
3. 练习发出存货成本的计算

【实训目的】
1. 培育学生"降成本、增效益、促发展"的理念
2. 提高学生成本计算能力

【实训要求】
1. 完成各项实训任务要求
2. 阅读与降低成本相关的文献

实训一 练习原材料采购成本的计算

材料：雅米公司分两批购进甲、乙两种材料，第一批购进甲材料 2 000 千克，单价为 1.90 元/千克，乙材料 1 000 千克，单价为 1.00 元/千克，将甲、乙两种材料运回企业共支付运杂费 480 元（不考虑运费中涉及的增值税问题，下同）。第二批购进乙材料 3 000 千克，单价为 1.00 元/千克，将乙材料运回企业共支付运杂费 180 元。按审核后的会计凭证，经整理得到的材料采购成本如表 7-10 所示。

表 7-10 材料采购成本

金额单位：元

材料名称	重量（千克）	单价（元/千克）	买价	运费	
				直接	间接
甲材料	2 000	1.90	3 800		480
乙材料	6 000	1.00	6 000		
	3 000	1.00	3 000	180	

假定甲、乙两种材料共同发生的运费按材料采购重量比率分配。

要求：根据以上资料，填写材料采购成本计算表（表 7-11）。

表 7-11 材料采购成本计算表

金额单位：元

成本项目	甲材料（2 000 千克）		乙材料（9 000 千克）		成本合计
	总成本	单位成本（元/千克）	总成本	单位成本（元/千克）	
买价					
采购费用					
成本合计					

实训二　练习生产成本的计算

材料： 雅米公司 2×23 年 6 月关于产品生产的资料如下：

（1）生产 A 产品 80 件，月末全部完工；B 产品 100 件，均在月末全部完工，6 月生产费用表如表 7-12 所示。

表 7-12　6 月生产费用表

金额单位：元

产品名称	期初在产品	本月生产费用				
		直接材料	直接人工		制造费用	合计
			工资	福利费		
A 产品		50 000	2 000			
B 产品	7 000	40 000	20 000			
合计	7 000	90 000	45 000			

（2）公司生产工人福利费根据历史经验数据按工资总额的 14% 预计计算提取。

（3）本月共发生制造费用 13 500 元，按生产工人工资比例分配。

要求：

（1）按历史经验数据计算提取生产工人的福利费，并将计算结果填入表中。

（2）计算制造费用分配率，分配 A、B 两种产品本月应分摊的制造费用，并将计算结果填入表中。

（3）计算 A、B 两种产品的总成本和单位成本。

实训三　练习发出存货成本的计算

材料： 雅米公司 2×23 年 9 月关于 A 商品购销情况的库存商品明细账如表 7-13 所示。

表 7-13　库存商品明细账

品名：A 商品　　　　　　　　　　　　　　　　　　　　　　　　数量单位：件，金额单位：元

2×23 年		摘要	收入			发出			结存		
月	日		数量	单价	金额	数量	单价	金额	数量	单价	金额
9	9	采购	①3 000	60							
	10	销售				①1 600					
	15	采购	②2 000	70							
	16	销售				②1 200					
	20	采购	③1 000	80							
	21	销售				③2 000					
		本月合计									

要求： 请采用先进先出法、加权平均法和移动加权平均法，分别计算企业月末 A 商品账面结存金额和当月的主营业务成本。

模块八 财产清查

 素质目标

1. 引导学生养成客观公正的职业素养
2. 引导学生养成细心严谨的职业态度
3. 引导学生树立社会责任意识

 知识目标

1. 了解财产清查的意义和种类
2. 理解财产清查的程序
3. 掌握财产清查的方法
4. 掌握财产清查结果的账务处理

 职业能力目标

1. 熟悉财产清查工作的内容和方法
2. 具备会计工作的风险防范意识
3. 具备良好的沟通协调能力

 知识框架结构

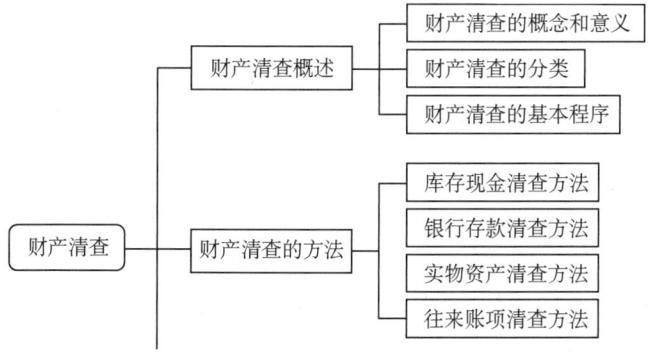

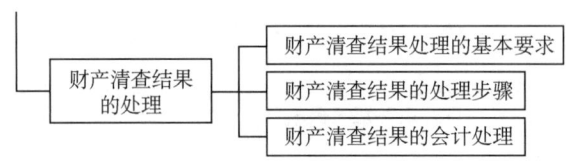

任务一 财产清查概述

在实际工作中,尽管会计人员通过加强对原始凭证的审核,依据审核无误的原始凭证填制和审核记账凭证,及时登记各种账簿,定期进行账证和账账核对等一系列工作,基本保证了账簿记录的准确性,但仍有很多客观原因造成了各项财产的账面数额与实际结存数额有差异,账簿记录的客观性和真实性无法得到绝对保证。因此,会计人员需要通过财产清查,准确掌握各项财产的真实情况,调整账簿记录,保证账实相符。

一、财产清查的概念和意义

财产清查是指通过对库存现金、实物资产的实地盘点,对银行存款和往来账款的核对,明确其实际存数,并将其与账存数核对,以查明账实是否相符的一种专门方法。

财产清查的意义主要体现在以下几个方面:

(1) 保证会计核算资料的真实可靠。通过财产清查,确定各项财产物资的实存数,查明实存数与账存数是否相符。若两者不符则及时调整账存记录,使账面数额与实存数额相符,从而保证会计核算资料的真实可靠。

(2) 保护财产物资的安全完整。通过财产清查,查明各项财产盘盈、盘亏的原因和责任,从而找出财产管理中存在的问题,改善经营管理。同时,在清查过程中还可以发现财产物资是否存在被非法挪用、盗窃等问题,从而及时采取措施加以保护。

(3) 促进财产物资的有效使用。通过财产清查,可以查明各项财产物资的储备情况,储存不足的应及时补足,多余积压的应及时处理。了解财产物资节约使用的经验和铺张浪费的教训,促进财产物资的有效使用,充分发挥财产物资的潜力,加速资金周转,避免损失浪费。

(4) 建立健全有关规章制度,提高管理水平。在财产清查中发现的问题不仅是财产管理上的问题,往往也涉及企业的制度建设和管理水平。通过财产清查,可以促使企业不断改进财产物资管理,建立健全财产物资管理制度,提高自身管理水平。

总的来说,财产清查的意义在于确保企业资产的安全、完整和有效使用,保证会计核算资料的真实可靠,促进企业管理水平的提高,为企业的发展提供有力的保障。

二、财产清查的分类

(一) 按照清查的范围分类

根据财产清查的范围不同,财产清查分为全面清查和局部清查。

全面清查是指对全部财产进行全面的检查和核实。这种清查通常在企业或组织进行重大决策(如合并、分立、清算等)或年度审计时进行。全面清查的目的是确保企业或组织的财务报表真实、完整、准确,为企业或组织的管理层提供准确的财务信息,以便进行正确的决策。全面清查需要对企业或组织的所有账簿、凭证、报表等进行全面的核对和审查,工作量较大,需要由专业的会计人员进行。

局部清查是指根据需要对部分财产进行盘点或核对。这种清查通常在企业或组织需要进行专项审计、内部控制评估或特定业务领域的风险评估时进行。局部清查的目的是发现企业或组织在特定领域的问题和风险,为企业或组织的管理层提供有针对性的改进建议。局部清查需要根据清查的目的和范围,有针对性地选择需要检查和核实的账簿、凭证、报表等,工作量相对较小,但也需要具备一定的专业知识。

(二) 按照清查的时间分类

根据财产清查发生的时间区别,财产清查分为定期清查和不定期清查。

定期清查是指按照预先计划安排的时间对财产进行的盘点和核对,通常在年末、季末、月末进行。这种清查的目的是确定各项财产物资的实有数,查明账存数与实存数是否相符,为企业或组织的管理层提供准确的财务信息,以便进行正确的决策。

不定期清查是指事前不规定清查日期,而是根据特殊需要临时进行的盘点和核对。例如,更换出纳员时,需要对库存现金、银行存款进行清查;更换仓库保管员时,需要对其保管的财产进行清查;发生自然灾害或意外时,需要对可能受到影响的财产进行清查等。不定期清查一般是局部清查,目的在于查明情况、分清责任。

(三) 按照清查的执行系统分类

根据财产清查的执行单位不同,财产清查分为内部清查和外部清查。

内部清查是由本单位内部自行组织清查工作小组所进行的财产清查工作,大多数财产清查都是内部清查。这种清查的目的是通过对本单位各项财产物资、现金的实际盘点,以及对银行存款、债权债务等往来款项的核对,查明某一时点的实际结存数与账面余额数是否相符,即账实是否相符。通过内部财产清查,可以加强物资管理,监督财产是否完整,并为正确核算损益提供正确的资料。

外部清查是由上级主管部门、审计机关、司法部门、承担注册会计师业务的中介服务机构等根据国家有关规定或情况需要对本单位进行的财产清查。进行外部清查时,需要有本单位相关人员参加,外部清查根据实际需要,按照清查的对象和范围可分为外部的全面清查和外部的局部清查。

三、财产清查的基本程序

财产清查是对各项财产物资进行实物盘点、账面核对,以及对各项往来款项进行查询、核对的一种专门方法,旨在查明账存数与实存数是否相符,以保证账实相符。财产清查的基本程序为:

(1) 成立清查组。在财产清查前应先成立清查组,由其负责组织和管理清查工作。清查组的主要职责包括清查以前的工作安排,清查过程中的监督、检查和指导,以及清查结束后的处理意见和建议提出。

(2) 制订清查计划。清查组需要制订详细的清查计划,计划内容包括清查的范围、对象、时间、方法和人员等,以确保清查工作的有序进行。

(3) 进行实地盘点和核对。根据清查计划,对各项财产物资进行实地盘点和核对,查明财产物资、货币资金和结算款项的实有数额,确定其账面结存数额和实际结存数额是否一致。

(4) 对账务进行调整。根据盘点和核对的结果,及时调整账务,以保证账实相符。如果发现盘盈或盘亏情况,需要进行相应的处理,即盘盈处理和盘亏处理。

(5) 编制清查报告。清查结束后,清查组需要编制清查报告,对清查结果进行总结和分析,并提出改进意见和建议。

任务二 财产清查的方法

财产清查是一项涉及面广、业务量大的会计工作。由于各项财产存在的形态不同,保管使用情况也不同,为了保证财产清查的工作质量,提高清查工作效率,达到财产清查的目的,在财产清查时应针对不同的清查内容采用不同的方法。

一、库存现金清查方法

库存现金的清查通常采用实地盘点法。实地盘点法是指通过点数、过磅、量尺等方法来确定实物资产的实有数量。在库存现金的清查过程中,应由清查人员会同现金出纳人员共同负责。查明实存数后,将其与库存现金日记账的余额数进行核对,查明账实是否相符。

库存现金的清查主要分为经常性的现金清查和定期或不定期的现金清查。经常性的现金清查由出纳人员每日清点库存现金实有数,并与库存现金日记账的账面余额核对。定期或不定期的现金清查由清查小组对库存现金进行定期或不定期清查。清查小组清查时出纳人员也必须在场。清查过程中,如发现盘盈、盘亏,要分清责任,责令整改。盘点结束后,应根据盘点的结果填制"库存现金盘点报告单","库存现金盘点报告单"是重要的原始凭证,它同时具有"盘存单"和"实存账存对比表"的作用。库存现金盘点报告单如表8-1所示。

表8-1 库存现金盘点报告单

单位名称:　　　　　　　　　　　　　　　　　　年　月　日

实存金额	账存金额	实存与账存对比		备注
		盘盈	盘亏	

盘点人签章:　　　　　　　　　　　　　　出纳员签章:

二、银行存款清查方法

银行存款清查通常采用核对法。核对法是指将开户银行定期送来的对账单与本单位的银行存款日记账逐笔进行核对,以查明银行存款收、付及余额是否正确相符。这种清查方法也被称为银行对账。

银行存款清查的基本方法和步骤包括:

(1) 获取银行对账单。向银行索取最近的对账单,确保对账单的完整性和准确性。

(2) 核对银行对账单和银行存款日记账。将银行对账单与银行存款日记账进行逐行核对,确保双方的记录一致。

(3) 发现和纠正错误。如果发现记录不一致或存在错误,及时与银行联系并进行纠正。

(4) 发现未达账项。对于未达账项,应及时进行调整,确保银行存款余额的准确性。

未达账项是由于企业与银行取得凭证的实际时间不同,导致记账时间不一致,而发生的一方已取得结算凭证且已登记入账,另一方因未收到相关凭证,尚未登记入账的事项。具体来说,可能会发生以下四种情况:

(1) 银行已经收款入账,而企业尚未收到银行的收款通知因而未收款入账的款项,如委托银行收款等;

(2) 银行已经付款入账,而企业尚未收到银行的付款通知因而未付款入账的款项,如借款利息的扣付、托收无承付等;

(3) 企业已经收款入账,而银行尚未办理完转账手续因而未收款入账的款项,如收到外单位的转账支票等;

(4) 企业已经付款入账,而银行尚未办理完转账手续因而未付款入账的款项,如企业已开出支票而持票人尚未向银行提现或转账等。

上述任何一种未达账项存在,都会使企业银行存款日记账余额与银行提供的"对账单"上的余额不符。在与银行对账时,应首先查明有无未达账项,如果存在未达账项,可编制"银行存款余额调节表"予以调整。其计算公式如下:

银行对账单存款余额+企业已收而银行未收账项−企业已付而银行未付账项
=企业账面存款余额+银行已收而企业未收账项−银行已付而企业未付账项

下面举例说明"银行存款余额调节表"的格式和编制方法。

【例 8-1】 2×23 年 8 月 30 日,雅米公司的银行存款日记账余额为 367 000 元,银行对账单余额为 363 000 元。经过逐笔核对,发现有下列未达账项:

(1) 29 日,雅米公司销售商品,收到客户开出的 8 000 元转账支票,已经增记银行存款,但该支票尚未送达银行。

(2) 29 日,雅米公司开出 2 000 元的转账支票支付采购款,但银行尚未划款(即客户尚未提示付款)。

(3) 30 日,工商银行收到雅米公司的客户汇过来的货款 6 000 元,但进账单尚未送达雅米公司。

(4) 30 日,开户银行代雅米公司支付水电费 4 000 元,但结算单据尚未送达雅米公司。

根据上述资料编制"银行存款余额调节表",如表 8-2 所示。

表 8-2 银行存款余额调节表

2×23 年 8 月 30 日 单位:元

项目	金额	项目	金额
银行对账单余额	363 000	企业银行存款日记账月	367 000

(续表)

项目	金额	项目	金额
加:企业已收而银行未收款	8 000	加:银行已收而企业未收款	6 000
减:企业已付而银行未付款	2 000	减:银行已付而企业未付款	4 000
调节后的余额	369 000	调节后的余额	369 000

调节后的存款余额为369 000元,这是企业可以实际动用的款项,并非企业银行存款的实际数。"银行存款余额调节表"只是银行存款清查的一种形式,它只起到对账的作用,不能作为调节账面余额的原始凭证。银行存款日记账的登记,必须在收到有关原始凭证后再进行。如果调节后的存款余额不符,说明存在错误,应及时查明原因,予以更正。

三、实物资产清查方法

实物资产的清查是指对原材料、在产品、库存商品、固定资产等财产物资的清查。由于实物资产的品种繁多,且实物形态、体积重量、堆放方式等各不相同,因此需要采用不同的方法进行清查。

常用的实物资产清查方法主要有以下四种:

(1)实地盘点法。在财产物资存放现场逐一清点数量或用计量仪器确定其实存数。这种方法适用于容易清点或计量的财产物资和现金等货币资金。其优点是数字准确可靠,缺点是工作量较大。

(2)技术推算法。利用技术方法推算财产物资实存数。这种方法适用于大量成堆、难以逐一清点的财产物资,如煤炭、矿石等。

(3)抽样盘存法。在列入检查范围的各种物资中,抽取一部分价值较大、收发频繁、容易流失的物资进行盘点的方法。这种方法适用于价值小、数量多、质量比较均匀的财产物资,如煤、盐、包装前仓库内的粮食等。

(4)函证核对法。函证核对法是指通过向对方发函的方式对实物资产的实有数进行确定的一种方法。这种方法一般适用于对委托外单位加工或保管的实物资产的清查。

以上几种方法无论采用哪一种,都应按计划、有步骤地进行,以免重复或遗漏。为了明确经济责任,进行财产清查时,有关实物财产的保管人员必须在场,并参加盘点工作。对各项财产的盘点结果,应如实准确地登记在"盘存单"上,并由有关参加盘点的人员同时签章。盘存单是企业用于记录实物财产盘点结果的书面文件,其实质是用于反映企业财产实存数目的原始凭证。通过盘存单对实物资产进行登记,有助于确保企业盘存工作的准确性,同时提高了盘存工作的效率。盘存单的格式如表8-3所示。

表8-3 盘存单的格式

盘存单

单位名称: 盘点时间: 编号:
财产类别: 存放地点:

序号	名称	规格型号	计量单位	实存数量	单价	金额	备注

盘点人签章: 保管人签章:

盘存单是记录盘点结果的书面证明,也是反映实物资产实存数的原始凭证。为了进一步查明账实是否一致,财会部门应根据"盘存单"和账簿记录编制"实存账存对比表"。通过编制"实存账存对比表",可以确定盘盈或盘亏情况,进而分析产生差异的原因,明确经济责任。实存账存对比表的格式如表 8-4 所示。

表 8-4　实存账存对比表的格式

实存账存对比表

单位名称：　　　　　　　　　　　　　年　月　日

编号	类别及名称	计量单位	单价	实存		账存		对比结果				备注
				数量	金额	数量	金额	盘盈		盘亏		
								数量	金额	数量	金额	

主管：　　　　　　　会计：　　　　　　　制表：

四、往来款项清查方法

往来款项的清查是指对企业与其他单位或个人之间的各种应收账款、应付账款、预收账款、预付账款及其他应收、应付款项进行核对和清理。往来款项是企业资产和负债的重要组成部分,其是否准确直接决定了企业财务状况的真实性。为了保证往来款项项目的正确性,并促使及时清算,防止长期拖欠,应对往来款项及时清查。

往来款项的清查一般采取"函证核对法"进行。清查单位按每一个经济往来单位编制往来款项对账单,送往各经济往来单位。对方经过核对相符后,在回联单上加盖公章退回,表示已核对；如果经核对发现数字不相符,对方应在回联单上注明情况,或另抄写对账单退回本单位,以进一步查明原因,直至核对相符为止。往来款项对账单的格式和内容如表 8-5 所示。

表 8-5　往来款项对账单的格式和内容

往来款项对账单

＿＿＿＿＿＿＿＿＿＿单位：

你单位于 2×23 年 10 月 8 日购入我单位 W 产品 1 500 件,已付货款 20 000 元,尚有 25 000 元货款未付,

请核对后将回联单寄回。

清查单位：(盖章)
2×23 年 12 月 18 日

沿此虚线裁开,将以下回联单寄回!

往来款项对账单(回联)

＿＿＿＿＿＿＿＿＿＿清查单位：

你单位寄来的"往来款项对账单"已经收到,经核对相符无误。

××单位(盖章)
2×23 年 12 月 22 日

往来款项清查工作完成后,应根据清查结果编制往来款项清查结果报告单,对有财务纠

纷的款项、无法收回或无法清偿的款项予以说明，并报请上级处理。往来款项清查结果报告单的样式如表 8-6 所示。

表 8-6　往来款项清查结果报告单

单位名称：　　　　　　　　　　　　年　月　日　　　　　　　　　　编号：
　　　　　　　　　　　　　　　　　　　　　　　　　　　　　　　金额单位：元

明细分类账户			核对不符款项原因分析			
名称	账面结余额	核对相符金额	核对不符金额	未达账项金额	有争执的金额	无法收回（支付）的金额	其他

清查人员：　　　　　　　　　　　　　　　　经管人员：

通过往来款项的清查，可以保证会计核算的真实性，保护财产物资的安全完整，维护财经纪律，使企业能够最大限度地利用资源，贯彻执行企业财务制度及会计准则，促使企业对外经济往来正常进行。

任务三　财产清查结果的处理

一、财产清查结果处理的基本要求

财产清查结果通常是指在财产清查过程中，对各项财产、物资进行实地盘点、核对和估价后得出的结果。对于财产清查中发现的问题，应根据国家相关法律法规的规定进行相应的处理。财产清查结果处理的基本要求有：

（1）积极处理多余积压财产，清理往来款项。在财产清查中，会明确企业存在的积压财产和长期挂账的往来款项。积压财产和被拖欠的款项都是企业资金的占用形态。这意味着企业的资金有相应的部分没有有效地运转并给企业带来效益，在一定程度上降低了企业资金利润率。因此，在财产清查后，应及时积极处理多余积压财产、清理往来款项，以减少资金不必要的占用，提高资金使用效率。

（2）总结经验教训，建立健全各项管理制度。在财产清查中，会发现企业在管理中存在的种种问题，这些问题大多数是企业的各项管理制度不完善或管理制度没有得到严格执行造成的。因此，在总结财产清查发现的问题后，企业的管理部门应及时建立健全各项规章制度，以防止相同问题再次发生。由此可见，财产清查对建立健全管理制度有促进作用。

（3）及时调整账簿记录，保证账实相符。财产清查是为了检查企业的财产物资是否账实相符。在发现财产物资的盘盈和盘亏后，应按照一定的程序报请企业领导部门的批准，并在得到批准的情况下调整账簿记录，以保证账实相符，使会计资料符合实际情况。

总之，财产清查结果是企业管理的重要依据之一，通过对财产清查结果的详细分析和处理，可以更好地了解企业资产状况，为决策提供有力支持。

二、财产清查结果的处理步骤

对于财产清查的结果,企业必须按国家有关财务制度的规定,严肃认真地给予处理。对于财产清查中发现的盘盈、盘亏、毁损和变质或超储、积压等问题,企业应认真核对数字,按规定的程序上报批准后再行处理。对于长期不清或有争执的债权、债务,企业也应核准数额上报,待批准后处理。财产清查结果的具体处理步骤如下:

(1) 核准数字,查明原因。根据清查情况,编制全部清查结果的"实存账存对比表"(亦称"财产盈亏报告单"),对各项差异产生的原因进行分析,明确经济责任,据实提出处理意见,并呈报有关领导和部门批准。对于债权债务在核对过程中出现的争议问题,应及时组织清理。对于超储积压的物资,应及时提出处理方案。

(2) 调整账簿,做到账实相符。在核准数字,查明原因的基础上,根据"实存账存对比表"编制记账凭证,并据以登记账簿,使各项财产物资做到账实相符。在做好以上调整账簿工作后,可将编制的"实存账存对比表"和撰写的文字说明,一并报送有关领导和部门批准。

(3) 经批准,进行账务处理。当有关领导和部门对所呈报的财产清查结果提出处理意见后,应严格按批复意见进行账务处理,编制记账凭证,登记有关账簿,并追回由责任者个人原因造成的损失。

三、财产清查结果的会计处理

为了反映和监督各单位在财产清查过程中查明的各种财产的盘盈、盘亏或毁损及其处理情况,企业应设置"待处理财产损溢"账户。该账户经常设置两个明细科目,即"待处理固定资产损溢"和"待处理流动资产损溢"。"待处理财产损溢"账户具有过渡性,一般期末是没有余额的,它的余额都进入了当期损益类科目。因此,该账户对于核算和反映企业在财产清查过程中查明的各种财产物资的盘盈、盘亏或毁损的情况起着重要的作用。"待处理财产损溢"账户的结构如图8-1所示。

借方	待处理财产损溢	贷方
发生额:①发生的待处理财产盘亏、毁损数 ②已批准处理的财产盘盈数		发生额:①发生的待处理财产盘盈数 ②已批准处理的财产盘亏、毁损数
结余额:期末尚未处理的各种财产物资净损失		结余额:期末尚未处理的各种财产物资净溢余

图 8-1 "待处理财产损溢"账户的结构

(一)库存现金清查结果的会计处理

现金清查过程中发现的盘盈(长款)或盘亏(短款),应根据"库存现金盘点报告表"及有关的批准文件进行批准前和批准后的账务处理。

【例 8-2】 雅米公司在库存现金清查中发现,实存现金为1 650元,现金日记账余额为2 000元。保险柜中发现一张单据:出纳张某开给职工甲的白条借据,金额为350元。要求根据以上情况做出会计分录。

批准前:

借:待处理财产损溢——待处理流动资产损溢　　　　　　　　　　　　350
　　贷:库存现金　　　　　　　　　　　　　　　　　　　　　　　350

经审查,出纳应负责补齐短款。

借:其他应收款——张某　　　　　　　　　　　　　　　　　　　350
　　贷:待处理财产损溢——待处理流动资产损溢　　　　　　　　　350

【例8-3】　雅米公司在库存现金清查中发现账款200元。要求根据以上情况做出会计分录。

批准前:

借:库存现金　　　　　　　　　　　　　　　　　　　　　　　　200
　　贷:待处理财产损溢——待处理流动资产损溢　　　　　　　　　200

经反复核查,未查明原因,报经批准转作营业外收入。

借:待处理财产损溢——待处理流动资产损溢　　　　　　　　　　200
　　贷:营业外收入　　　　　　　　　　　　　　　　　　　　　200

(二)存货清查结果的会计处理

1. 存货盘盈的会计处理

对于存货的盘盈,应根据"实存账存对比表"进行会计处理,具体步骤如下:在批准前,按照其重置成本借记"原材料"或"库存商品"等科目,贷记"待处理财产损溢——待处理流动资产损溢"科目;查明原因并按管理权限报经批准后,再借记"待处理财产损溢"科目,贷记"管理费用"科目。

【例8-4】　雅米公司在财产清查中,发现盘盈甲材料2 400元,经查明是由收发计量上的错误所致。要求根据以上情况做出会计分录。

发生盘盈时:

借:原材料——甲材料　　　　　　　　　　　　　　　　　　　2 400
　　贷:待处理财产损溢——待处理流动资产损溢　　　　　　　　2 400

报经批准后,结平待处理财产损溢科目。

借:待处理财产损溢——待处理流动资产损溢　　　　　　　　　2 400
　　贷:管理费用　　　　　　　　　　　　　　　　　　　　　2 400

2. 存货盘亏的会计处理

对于存货的盘亏或毁损,会计处理的具体步骤如下:在批准前,借记"待处理财产损溢"科目,贷记"原材料"(或"库存商品")科目。批准后,再根据造成亏损的原因,分别进行账务处理。

(1)属于定额内的合理损耗,经批准后即可计入管理费用。

(2)属于超定额短缺的,能明确过失责任人的,应由过失人负责赔偿;属于保险责任范围的,应向保险公司索赔;扣除过失人或保险公司赔款和残料价值后的余额,应计入管理费用。

(3) 属于非常损失造成的存货毁损,扣除保险公司赔款和残料价值后,应计入营业外支出。

【例8-5】 雅米公司盘亏乙材料2 000元,经查明部分是由保管人员过失造成的材料毁损,应由过失人赔偿1 500元(其余为自然灾害造成,假设不考虑增值税因素)。要求根据以上情况做出会计分录。

发生盘亏时:

借:待处理财产损溢——待处理流动资产损溢	2 000
贷:原材料——乙材料	1 660
应交税费——应交增值税(进项税额转出)	340

报经批准后,结平待处理财产损溢科目。

借:其他应收款——保管人员	1 500
营业外支出	500
贷:待处理财产损溢——待处理流动资产损溢	2 000

存货清查的目的是核实企业存货的实际数量和价值,以便及时发现和纠正存货管理中的问题,确保财务报表的真实性和准确性。

(三) 固定资产清查结果的会计处理

1. 固定资产盘盈的会计处理

对于固定资产的盘盈,应当按照重置成本计价入账。在批准前,借记"固定资产(重置成本)"科目,贷记"以前年度损益调整"科目。查明原因并按管理权限报经批准后,再借记"以前年度损益调整",贷记"盈余公积""利润分配——未分配利润""营业外收入"等科目。

【例8-6】 雅米公司财产清查时发现账外机器一台,其重置价值为10 000元,现九成新。要求根据以上情况做出会计分录。

批准前:

借:固定资产	10 000
贷:累计折旧	1 000
以前年度损益调整	9 000

无法查明原因,报经批准后,计入营业外收入。

借:以前年度损益调整	9 000
贷:营业外收入	9 000

2. 固定资产盘亏的会计处理

对于固定资产的盘亏,应先进行批准前的处理,借记"待处理财产损溢(盘亏固定资产的账面价值)""累计折旧(已计提的累计折旧)""固定资产减值准备(已计提的减值准备)"科目,贷记"固定资产(盘亏固定资产的原价)"科目。报经批准后,借记"其他应收款(保险赔偿或过失人赔偿)""营业外支出(盘亏净损失)"科目,贷记"待处理财产损溢"科目。

【例8-7】 雅米公司在财产清查中,发现盘亏设备一台,其原值为50 000元,已提折旧额为30 000元。

发生盘亏时,让账实相符。

借:待处理财产损溢——待处理固定资产损溢　　　　　　20 000
　　累计折旧　　　　　　　　　　　　　　　　　　　　　30 000
　　贷:固定资产　　　　　　　　　　　　　　　　　　　　　50 000

报经批准后,结平"待处理财产损溢"科目。

借:营业外支出　　　　　　　　　　　　　　　　　　　　20 000
　　贷:待处理财产损溢——待处理固定资产损溢　　　　　　20 000

(四)往来款项清查结果的会计处理

往来款项的清查重点是所有往来明细账当前余额,如发现长期应收而收不回的款项,即坏账损失,经批准应予以转销,其会计处理不再通过"待处理财产损溢"账户。

转销一般采用备抵法,企业通常需要设置"坏账准备"账户。当企业发现有长时间收不回的应收款时,首次计提坏账准备,借记"信用减值损失"科目,贷记"坏账准备"科目。这表示应收账款账面价值的计算要减去计提的坏账准备。坏账准备增加,应收账款科目余额并没有发生变化,所以计提坏账准备会减少应收账款的账面价值。当企业通过努力,确认无法收回款项,明确发生坏账损失时,借记"坏账准备"科目,贷记"应收账款"科目。

【例8-8】 雅米公司财产清查时发现,有一笔应收账款100 000元难以收回,该企业各年坏账准备的提取比例均为5%。要求根据以上情况编制会计分录。

借:信用减值损失　　　　　　　　　　　　　　　　　　　5 000
　　贷:坏账准备　　　　　　　　　　　　　　　　　　　　5 000

【例8-9】 承接[例8-8],雅米公司确认无法收回100 000元应收款。要求根据以上情况编制会计分录。

确定减值损失时:

借:坏账准备　　　　　　　　　　　　　　　　　　　　100 000
　　贷:应收账款　　　　　　　　　　　　　　　　　　　100 000

计提坏账准备时:

借:信用减值损失　　　　　　　　　　　　　　　　　　95 000
　　贷:坏账准备　　　　　　　　　　　　　　　　　　　95 000

本模块小结

(1)财产清查是组织为保证账实相符而采取的行动,通过对库存现金、实物资产的实地盘点,对银行存款和往来账款的核对,明确实际数和账面数,确保会计核算资料的真实性。永续盘存制和实地盘存制是财产物资清查的两种制度。在实地盘存制下,需要进行实地盘点,以便确定实存数,并查明账实是否相符以及账实不符的原因。在永续盘存制下,存货明细分类账能随时反映商品的结存数量和销售数量。在核算存货时,要从先进先出法、加权平均法和个别计价法中选择适合的方法,并确保方法的稳定性。

(2) 根据清查对象的不同,财产清查的科学方法分为库存现金清查方法、银行存款清查方法、实物资产清查方法、往来款项清查方法,掌握清查的方法,能够有效提高财产清查的效率和质量。

(3) 为反映清查结果,企业应设置"待处理财产损溢"账户。这个账户经常设置两个明细科目,即"待处理固定资产损溢"和"待处理流动资产损溢"。不同清查对象的会计处理思路一致,但具体做法各有要点。

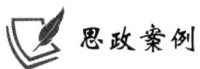
思政案例

揭露财务造假　勇担社会责任

中国经济环境的清洁师——刘姝威

新时代以来,习近平总书记强调保证国家安全是头等大事,提出总体国家安全观。总体国家安全观涵盖了政治、军事、国土、经济、文化、社会等诸多领域,要求全党增强斗争精神、提高斗争本领,落实防范化解各种风险的领导责任和工作责任。秉持国家利益和人民利益至上,主动肩负社会责任的刘姝威女士正是我们学习的榜样。

刘姝威毕业于北京大学,师从陈岱孙教授和厉以宁教授,曾任中央财经大学中国企业研究中心研究员,从事国际金融理论和实务以及商业银行管理研究,曾被评为中央电视台"2002年中国经济年度人物""感动中国2002年度人物"和2021—2022年度北京学联"我心目中的大先生",入围第七届"首都十大教育新闻人物"评选,被誉为"中国经济环境的清洁师"。

2001年,刘姝威与"中国股市神话"——蓝田股份有限公司(以下简称蓝田股份)的事件轰动全国。蓝田股份自1996年上市以后,以5年间股本扩张360%的骄人成绩,创造了中国股市的神话。然而在神话背后,其净营运资金已经下降至-1.27亿元。这说明蓝田股份已经没有创造现金流量的能力,完全在依靠银行贷款维持生计。由此,刘姝威得出结论:这是非常危险的,对蓝田股份危险,对银行更危险。经过半个多月的分析,刘姝威动笔撰写了《应立即停止对蓝田股份发放贷款》的600字文章。文章最先发表在印数仅有180份,读者为中央金融工委、人民银行总行司局级以上领导的《金融内参》。12月13日,蓝田股份起诉刘姝威"该文所述事实完全失实",属"捏造事实",请求湖北省洪湖市人民法院判令刘姝威"公开赔礼道歉,恢复名誉,消除影响,赔偿经济损失50万元,并承担全部诉讼费用"。与此同时,蓝田集团总公司总裁瞿兆玉、副总裁陈行亮"登门造访",刘姝威接连不断地收到恐吓电话和电子信件。

2002年,因涉嫌提供虚假财务信息,蓝田股份的10名管理人员被拘传,生态农业(原蓝田股份)被强制停牌,随后,蓝田股份的起诉被法院驳回。一个文弱、普通的知识女性在恶势力面前,不可能不害怕、不悲伤、不委屈。背水一战的刘姝威背后一直有一个信念支撑——当国家利益受到侵犯时,一个学者应有的良知和责任。

社会的文明和进步,固然需要财富的创造者,也同样需要以公众利益为己任、抱有先天下之忧而忧情怀的人们。社科院的一位专家在评价蓝田事件时,对于刘姝威的行为给予这样的评价:刘姝威看到了问题的所在,看到了问题的严重性。她敢于用所学、所积累的知识站出来,为社会、为广大公众说话。这不同于一般的学者和专家,这必须具有英雄的胆识。

首届《感动中国》2002年度人物事迹的颁奖词叙说道:"她用自己的大智大勇向一个虚假的神话提出质疑,面对一个强大的集团,面对一张深不可测的网,面对死亡的威胁,她以自己个人的力量坚持着这场强弱悬殊的战争,坚守着正义和良心的壁垒。正是这种中国知识分子的风骨,完美地证明了中国还有一双揉不进沙子的眼睛,推动了中国股市早日走上正轨,推动了中国经济的发展。"

育人目标

(1) 根植"国家利益、公众利益至上"的理念,培养学生的责任意识和大局意识。

(2) 培养学生的会计职业道德,培养学生独立思考的能力和勇于质疑的精神。

(3) 弘扬中国知识分子的风骨与敢于担当的品质,培养学生的爱国主义精神。

课证融通同步训练

一、单项选择题

1. (2023年真题)2022年12月31日,某企业银行存款日记账余额为53 000元,当月未达账项情况如下:29日,企业购买材料签发转账支票8 000元并登记入账,但对方尚未送存银行;30日,银行代企业支付水电费2 000元,但企业尚未入账;31日,银行确认企业的存款利息500元并入账,但企业尚未收到通知,不考虑其他因素,该企业编制的银行存款余额调节表中的"调节后的存款余额"项目金额为( )元。
   A. 51 500   B. 59 500   C. 61 000   D. 5 400

2. (2023年真题)下列各项中,企业报经批准后应计入营业外支出的是( )。
   A. 无法查明原因的现金短缺   B. 出售生产设备产生的处置净损失
   C. 台风导致的库存材料盘亏净损失   D. 采购原材料途中发生的合理损耗

3. (2023年真题)银行存款日记账与银行对账单之间的核对属于( )。
   A. 账实核对   B. 余额核对   C. 账证核对   D. 账账核对

4. (2023年真题)某企业因遭遇台风灾害发生原材料盘亏损失,该批原材料的实际成本为30 000元,适用的增值税税率为13%,保险公司按合同约定已确认赔偿10 000元。不考虑其他因素,下列关于该企业原材料盘亏净损失的会计处理结果正确的是( )。
   A. 计入营业外支出20 000元   B. 计入营业外支出30 000元
   C. 计入管理费用20 000元   D. 计入其他应付款10 000元

5. (2022年真题)下列各项中,企业财产清查中盘亏和毁损的存货,按管理权限报经批准后,应计入营业外支出的是( )。
   A. 管理不善造成的存货净损失   B. 计量差错引起的存货盘亏
   C. 外购存货运输途中发生的合理损耗 D. 自然灾害造成的存货净损失

6. (2022年真题)企业需要进行全面财产清查的情况是( )。
   A. 年终决算前   B. 原材料发生火灾受损时
   C. 包装物发生毁损时   D. 出纳人员离职时

7. (2022年真题)对于大型机器设备采用的清查方法是( )。
   A. 技术推算法   B. 测量计算法   C. 实地盘点法   D. 抽样盘点法

8. (2022年真题)企业现金清查中,对于应由相关责任人赔偿的现金短缺,经批准后应计入( )。
   A. 管理费用   B. 营业外支出   C. 财务费用   D. 其他应收款

9. (2022年真题)某企业盘盈一台生产设备,重置成本为300 000元。该企业按净利润的10%提取盈余公积。不考虑相关税费等因素,留存收益金额为( )元。
   A. 3 000   B. 30 000   C. 0   D. 270 000

10. (2021年真题)下列各项中,应通过"信用减值损失"科目核算的是( )。
    A. 转回已计提的存货跌价准备   B. 计提应收账款坏账准备确认的损失

C. 计提存货跌价准备确认的损失　　　D. 计提无形资产减值准备确认的损失

11. (2021年真题)下列各项中,报经批准后计入营业外支出的是(　　)。
    A. 生产车间季节性停工损失　　　　B. 采购原材料途中发生的合理损耗
    C. 台风导致的库存材料盘亏净损失　D. 出售生产设备产生的处置净损失

12. (2021年真题)下列各项中,企业现金清查发现的无法查明原因的短缺,经批准后应记入的会计科目是(　　)。
    A. 管理费用　　　B. 财务费用　　　C. 其他应收款　　　D. 营业外支出

13. (2020年真题)下列各项中,企业通过"待处理财产损溢"科目核算的业务是(　　)。
    A. 固定资产报废　　　　　　　　　B. 固定资产减值
    C. 固定资产盘盈　　　　　　　　　D. 固定资产盘亏

14. (2020年真题)下列各项中,存货盘亏损失报经批准后,计入营业外支出的是(　　)。
    A. 自然灾害造成的净损失　　　　　B. 收发计量差错造成的净损失
    C. 计算错误造成的净损失　　　　　D. 管理不善造成的净损失

15. (2020年真题)下列各项中,企业计入营业外支出的是(　　)。
    A. 出售闲置设备净损失
    B. 确认房屋减值损失
    C. 原材料因管理不善发生的盘亏净损失
    D. 对外捐赠设备支出

16. 下列各项中,应通过"营业外支出"科目核算的是(　　)。
    A. 确认的专利权减值损失　　　　　B. 原材料因管理不善盘亏净损失
    C. 闲置设备出售净损失　　　　　　D. 仓库因自然灾害毁损净损失

二、多项选择题

1. (2023年真题)下列各项中,关于财产清查的表述正确的有(　　)。
   A. 库存现金清查时,出纳人员应在现场
   B. 年终决算时,需对企业的财产物资进行全面清查
   C. 银行存款余额调节表是调整银行存款日记账记账错误的依据
   D. 应收账款适合采用发函询证的方式清查

2. (2023年真题)以下需要进行全面清查的有(　　)。
   A. 原材料短缺　　　　　　　　　　B. 出纳人员离职
   C. 年终决算前　　　　　　　　　　D. 股份制改造前

3. (2022年真题)下列各项中,企业在财产清查中盘亏固定资产的会计处理正确的有(　　)。
   A. 盘亏固定资产的净损失计入营业外支出
   B. 盘亏的固定资产应作为重要的前期差错
   C. 盘亏固定资产的账面价值通过"待处理财产损溢"科目核算
   D. 盘亏固定资产的账面价值通过"以前年度损益调整"科目核算

4. (2022年真题)下列各项中,关于财产清查方法的表述正确的有(　　)。
   A. 露天堆放煤炭的清查一般采用技术推算的方法
   B. 库存现金的清查一般采用实地盘点的方法

C. 银行存款的清查一般采用与开户行核对账目的方法
D. 应收账款的清查一般采用发函询证的方法

5. (2020年真题)下列各项中,企业应通过"营业外收入"科目核算的有( )。
   A. 盘盈周转材料   B. 转销确实无法清偿的应付账款
   C. 转让商品使用权的使用费收入   D. 无法查明原因的现金溢余

6. (2020年真题)下列各项中,会引起企业期末存货账面价值变动的有( )。
   A. 已发出商品但尚未确认销售收入   B. 委托外单位加工发出的材料
   C. 发生的存货盘亏   D. 冲回多计提的存货跌价准备

7. (2020年真题)下列各项中,单位应通过"待处理财产损溢"科目核算的有( )。
   A. 盘盈固定资产   B. 无偿调入固定资产
   C. 盘亏固定资产   D. 报废固定资产

8. (2020年真题)甲公司为增值税一般纳税人,2020年12月发生经济业务如下:
(1) 1日,向乙公司销售M产品一批,开具的增值税专用发票注明的价款为500万元,增值税额为65万元,该批产品实际成本为350万元。乙公司收到产品并验收入库,同时开出一张面值为565万元商业承兑汇票结算全部款项。甲公司销售M产品符合收入确认条件。确认收入的同时结转销售成本。
(2) 5日,以银行存款支付下列款项,专设销售机构的办公设备日常维修费5.5万元、增值税0.715万元,中介机构服务费3万元、增值税0.18万元,所支付的款项均已取得增值税专用发票。维修费、中介机构服务费全部计入当期损益。
(3) 20日,因自然灾害造成该批库存商品毁损,实际成本为7万元。根据保险合同约定,由保险公司赔偿4万元,赔偿款尚未收到。
(4) 31日,将一项专利权转让给丙公司实现净收益10万元。

要求: 根据上述资料,分析回答下列小题。
根据上述资料,不考虑其他因素。(案例中的金额单位用万元表示)
下列各项中,关于甲公司库存商品毁损的会计处理表述正确的有( )。
   A. 库存商品损毁的净损失为7万元
   B. 发生库存商品损毁时应借记"待处理财产损溢"科目
   C. 库存商品损毁的净损失应计入营业外支出
   D. 尚未收到的保险公司赔偿款应计入应收账款

三、判断题

1. (2021年真题)企业报经批准后,应将无法查明原因的现金短缺净损失计入当期营业外支出。 ( )
2. (2021年真题)企业在财产清查中盘盈固定资产的重置成本,应通过"营业外收入"科目核算。 ( )
3. (2020年真题)企业固定资产盘盈利得应计入营业外收入。 ( )
4. 通过财产清查,可以发现记账错误并予以纠正。 ( )
5. 永续盘存制下不需要进行实地盘点,而实地盘存制则需要进行永续盘存。 ( )
6. 在进行现金和存货清查时,出纳人员和实物保管人员不得在场。 ( )
7. 某企业在清查煤炭时,可以采用技术推算法进行财产清查。 ( )

8. 不定期清查可以是全面清查,也可以是局部清查。　　　　　　　(　　)
9. 财产清查就是对各种实物资产进行的清查盘点。　　　　　　　(　　)
10. 清查到不能替代使用的存货时,使用个别计价法。　　　　　　(　　)

四、业务题

[业务题一]

目的: 库存现金清查结果的会计处理。

资料: 雅米公司10月30日盘点库存现金,发现实存现金为1 300元,库存现金日记账余额为2 000元。现金保险柜中有账外单据4张:

(1) 职工甲开出的白条借据1张,金额为400元。

(2) 职工乙的医药费用报销单据2张,金额为220元。

(3) 职工丙的市内交通费报销单据2张,金额为80元。

(4) 上述各项,除白条借据400元应由出纳人员自行垫补,其余各项均责令出纳员补记入账。

要求: 根据以上清查情况及处理意见做出会计分录。

[业务题二]

目的: 实物资产清查结果的会计处理。

资料: 雅米公司在10月30日对存货和固定资产清查发现以下情况:

(1) 库存A产品账面结存数量1 000件,单位成本50元,金额50 000元;实存985件,盘亏15件,价值750元。经查明系保管人员过失所致,经批准责令赔偿。

(2) 甲材料账面结存数量200千克,每千克15元,金额3 000元,实际全部毁损,作为废料处理,计价150元。经查明由自然灾害所致,其损失经批准作为非常损失处理。

(3) 发现账外机器一合,估计原价10 000元,七成新,原因待查,经批准同意转销处理。

(4) 乙材料账面结存数量125吨,每吨成本100元,价值12 500元;实存122吨,盘亏3吨,价值300元。经查明属于定额内损耗,经批准转销处理。

(5) 丁材料账面结存数量280千克,每千克10元,价值2 800元;实存288千克,盘盈8千克,价值80元。经查明为收发计量差错原因造成,经批准转销处理。

要求: 根据以上材料,编制存货和固定资产清查结果审批前后的会计分录。

本模块实训任务

【实训内容】
1. 编制库存现金盘点报告表
2. 编制银行存款余额调节表

【实训目的】
1. 熟练掌握库存现金盘点报告表的编制及结果分析
2. 熟练掌握银行存款余额调节表的编制及结果分析

【实训要求】
1. 通过实地见习,熟悉库存现金盘点报告表、银行存款余额调节表的编制要求和作用
2. 阅读《企业会计准则——基本准则》

资料:2×23年11月30日,某企业按照预定的清查计划,对货币资金、实物进行清查,详细情况如下:

(1) 清查小组采用实地盘点法清查现金,在清查人员的监督下,出纳人员张某盘点出现金32 000元,清查人员审核相关凭证和账簿后,发现账簿记录的金额为30 000元。账实不符的原因是出纳应支付职工许某差旅费2 000元,该职工未领取。清查小组组长为李某,盘点人为王某。

(2) 清查小组通过开户银行转来的对账单进行银行存款核对,银行对账单余额为350 000元,而企业账上记录的银行存款余额为280 000元。经查,差额由以下未达账项引起:①11月28日,企业支付水电费,计8 000元,已开出支票并已编制会计凭证且登记入账,银行尚未处理。②11月28日,银行将借给企业的130 000元划入企业的存款账户,企业未收到入账通知。③企业因开空头支票,被银行罚款18 000元。11月29日,银行将款项从企业账户划出,企业未作处理。④11月29日,企业收到转账支票一张,金额为50 000元,是上个月赊销的货款,企业已入账,但未将支票带去银行办理手续。

要求:根据上述资料,完成以下表格。
(1) 编制库存现金盘点报告表并作简要分析。
(2) 编制银行存款余额调节表并作简要分析。

模块九 财务报告

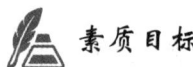 **素质目标**

1. 树立财务会计报告具有社会属性和经济后果的责任意识
2. 树立高质量的信息才是有价值的信息的思想
3. 培养服务意识

  知识目标

1. 了解财务报表的构成
2. 理解财务报表列报的基本要求
3. 了解资产负债表等四表一附注的内容
4. 掌握财务报表的内容、格式及编制方法

  职业能力目标

1. 掌握会计、管理、经济、法律的基本理论
2. 具备较强的学习能力、写作能力、语言表达能力、人际沟通和跨文化交流能力
3. 具备计算机和信息技术应用等方面的基本能力

  知识框架结构

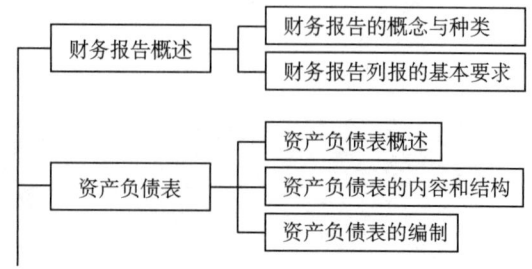

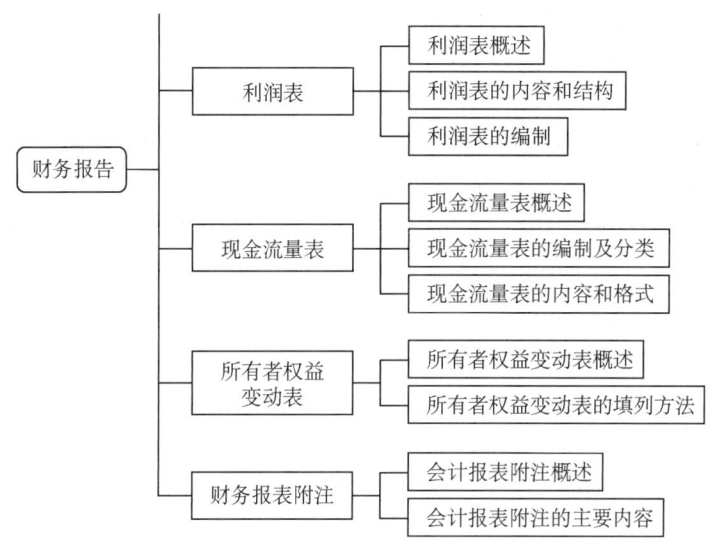

任务一 财务报告概述

一、财务报告的概念与体系

（一）财务报告的概念

财务报告是指企业对外提供的反映企业某一特定日期的财务状况和某一会计期间的经营成果、现金流量等会计信息的文件。财务报告提供的关于企业财务状况、经营成果和现金流量等的信息，是企业投资者、债权人、政府管理者和社会公众等利益相关者评价、考核、监督企业管理者受托经管责任履行状况的基本手段，是企业投资者、债权人等作出投资或信贷决策的重要依据。

（二）财务报告的体系及其构成

财务报告包括财务报表和其他应当在财务报告中披露的相关信息和资料。财务报表是财务报告的主体和核心内容，其他应当在财务报告中披露的相关信息和资料是对财务报表的补充和说明，两者共同构成财务报告体系。

1. 财务报告的构成

财务报表是指对企业财务状况、经营成果和现金流量的结构性表述。一套完整的财务报告至少应当包括下列组成部分：

（1）资产负债表；

（2）利润表；

（3）现金流量表；

（4）所有者权益（或股东权益）变动表；

（5）附注。附注是对在资产负债表、利润表、现金流量表和所有者权益变动表等报表中列示项目的文字描述或明细资料,以及对未能在这些报表中列示项目的说明等。

上述各组成部分具有同等的重要程度。

2. 财务报表的分类

《企业财务会计报告条例》规定,按照编报时间的不同,财务报表分为年报和中期报表。年报是年度财务报表的简称,是指以会计年度为基础编制的财务报表。中期报告是中期财务报告的简称,是指报告期间短于一个完整会计年度的财务报告。中期报告分为月度报告(简称月报)、季度报告(简称季报)和半年度报告(简称半年报)。按照编报主体的不同,财务报表分为个别财务报表和合并财务报表。个别财务报表,是指反映母公司所属子公司财务状况、经营成果和现金流量的财务报表。合并财务报表,是指反映母公司及其全部子公司形成的企业集团整体财务状况、经营成果和现金流量的财务报表。按照报表使用者的不同,财务报表分为对外报表和对内报表。对外报表是企业根据外部使用者的需要编报的财务报表,如向投资者、债权人、财税和其他监管部门报送的报表。对内报表是企业根据内部经营管理的需要,供内部管理人员使用而编制的财务报表,如企业编制的成本费用报表等。财务报表的分类如表9-1所示。

表9-1 财务报表的分类

分类标准		分类
编报时间	财务报告	(1) 年报 (2) 中期报告(中期财务报告至少应当包括资产负债表、利润表、现金流量表和附注)
	财务报表	(1) 年度财务会计报表 (2) 中期财务会计报表(中期财务报表分为月度、季度和半年度财务会计报表)
编报主体	财务报表	(1) 个别财务报表 (2) 合并财务报表
报告使用者	财务报表	(1) 对外报表 (2) 对内报表

二、财务报告列报的基本要求

财务报表的列报是指企业发生的交易和事项在财务报表中的列示和在附注中的披露。企业对外报送的财务报表应当符合以下基本要求。

(一)依据各项会计准则确认和计量的结果编制财务报表

企业应当根据实际发生的交易和事项,遵循会计基本准则和各项具体会计准则及解释的规定进行确认和计量,并在此基础上编制财务报表。

(二)以持续经营为列报基础

持续经营是会计的基本前提,也是会计确认、计量及编制财务报表的基础。在编制财务报表的过程中,企业管理层应当全面评估企业的持续经营能力。评估时,应当利用其所有可获得的信息,评估涵盖的期间应包括企业自资产负债表日起至少12个月,评估需要考虑的因素包括宏观政策风险、市场经营风险、企业目前或长期的盈利能力、偿债能力、财务弹性，以及企业管理层改变经营政策的意向等。评价结果表明对持续经营能力产生重大怀疑的，企业应当在附注中披露导致对持续经营能力产生重大怀疑的影响因素以及企业拟采取的改善措施。

企业如果存在以下情况之一，通常表明其处于非持续经营状态：①企业已在当期进行清算或停止营业；②企业已经正式决定在下一个会计期间进行清算或停止营业；③企业已确定在当期或下一个会计期间没有其他可供选择的方案而将被迫进行清算或停止营业。

企业处于非持续经营状态时，应当采用清算价值等其他基础编制财务报表。例如，破产企业的资产采用可变现净值计量，其负债按照预计的结算金额计量等。在非持续经营情况下，企业应当在附注中声明财务报表未以持续经营为基础列报、披露未以持续经营为基础的原因以及财务报表的编制基础。

（三）权责发生制

除现金流量表按照收付实现制编制外，企业应当按照权责发生制编制其他财务报表。在采用权责发生制会计的情况下，当项目符合基本准则中财务报表要素的定义和确认标准时，企业就应当确认相应的资产、负债、所有者权益、收入和费用，并在财务报表中加以反映。

（四）列报的一致性

财务报表项目的列报应当在各个会计期间保持一致，不得随意变更。财务报表中的项目名称、项目分类和项目的排列顺序等都应保持一致。

【注意】 在下列情况下，企业可以变更财务报表项目的列报：

（1）会计准则要求改变财务报表项目的列报。

（2）企业经营业务的性质发生重大变化或对企业经营影响较大的交易或事项发生后，变更财务报表项目的列报能够提供更可靠、更相关的会计信息。

（五）依据重要性原则单独或汇总列报项目

对于财务报表中的项目是单独列报还是汇总列报，应当依据重要性原则来判断。企业在进行重要性判断时，从项目的性质和金额大小两方面予以判断：一方面，应当考虑该项目的性质是否属于企业日常活动，以及是否显著影响企业的财务状况、经营成果和现金流量等因素；另一方面，判断项目金额大小的重要性，应当通过单项金额占资产总额、负债总额、所有者权益总额、营业收入总额、营业成本总额、净利润、综合收益总额等直接相关或所属报表单列项目金额的比重加以确定。如果某项目不具有重要性，可将其与其他项目汇总列报；若具有重要性，则应当单独列报。企业对于各个项目的重要性判断标准一经确定，不得随意变更。

（六）总额列报

财务报表项目应当以总额列报，资产和负债、收入和费用、直接计入当期利润的利得项目和损失项目的金额不能相互抵销，即不得以净额列报，但另有规定的除外。

【注意】 以下三种情况不属于抵销，可以以净额列示：

（1）一组类似交易形成的利得和损失以净额列示的，不属于抵销。

（2）资产或负债项目按扣除备抵项目后的净额列示的，不属于抵销。

（3）非日常活动产生的利得和损失，以同一交易形成的收益扣减相关费用后的净额列示更能反映交易实质的,不属于抵销。

(七)比较信息的列报

企业在列报当期财务报表时,至少应当提供所有列报项目上一个可比会计期间的比较数据,以及与理解当期财务报表相关的说明,以提高信息在会计期间的可比性。列报比较信息的要求适用于财务报表中包括"四表一注"的所有组成部分。通常情况下,企业列报的所有项目至少包括两期各报表及相关附注的比较数据。

(八)财务报表表首的列报要求

财务报表通常与其他信息(如企业年度报告等)一起公布,企业应当将按照企业会计准则编制的财务报告与一起公布的同一文件中的其他信息进行区分。企业在财务报表的显著位置(通常是表首部分)应当至少披露下列基本信息:①编报企业的名称,若企业名称在所属当期发生了变更,则应明确标明;②对资产负债表而言,应当披露资产负债表日;③对利润表、现金流量表、所有者权益变动表而言,应当披露报表涵盖的会计期间;④货币名称和单位,按照我国企业会计准则的规定,企业应当以人民币作为记账本位币列报,并标明金额单位,如人民币元、人民币万元等。

(九)报告期间

企业至少应当按年编制财务报表。年度财务报表涵盖的期间短于1年的,应当披露年度财务报表的涵盖期间、短于1年的原因,以及报表数据不具有可比性的事实。

对于在沪深交易所上市的公司,其财务报表必须按照第一季度、半年度、第三季度、年度进行定期披露。

任务二 资产负债表

一、资产负债表概述

(一)资产负债表的概念

资产负债表是反映企业在某一特定日期的财务状况的报表,是对企业特定日期的资产、负债和所有者权益的结构性表述,它反映企业在某一特定日期所拥有或控制的经济资源、所承担的现时义务和所有者对净资产的要求权。其中,特定日期分别指会计期间中会计年度的年末及中期的月末、季末和半年末(如6月30日)等;财务状况是指企业经营活动及其结果在某一特定日期的资金结构状况和表现,表明企业取得资金的方式与来路和这些资金的使用状态与去向。

(二)资产负债表的作用

资产负债表可以反映企业在某一特定日期所拥有或控制的经济资源、所承担的现时义务和所有者对净资产的要求权,帮助财务报表使用者全面了解企业的财务状况、分析企业的偿债能力等,从而为其作出经济决策提供依据。

二、资产负债表的内容和结构

资产负债表是根据"资产＝负债＋所有者权益"这一平衡公式,以各具体项目的性质和功能为分类标准,依次将某一特定日期的资产、负债、所有者权益的具体项目进行适当的排列编制而成。

资产负债表主要由表首和表体两部分组成,资产负债表的组成如表 9-2 所示。

表 9-2　资产负债表的组成

构成	内容
表首	列明报表名称、编制单位名称、资产负债表日、报表编号和计量单位
表体	列示企业财务状况的各个项目

我国企业的资产负债表采用账户式结构,分为左右两方。左方为资产项目,一般按资产的流动性强弱排列,流动性强的资产如"货币资金""交易性金融资产"等排在前面,流动性弱的资产如"长期股权投资""固定资产"等排在后面;右方为负债及所有者权益项目,一般按要求清偿期限的长短排列,"短期借款""应付票据""应付账款"等需要在 1 年内或一个 1 年以上的正常营业周期内偿还的流动负债排在前面,"长期借款"等在 1 年以上才需偿还的非流动负债排在中间,在企业清算之前不需要偿还的所有者权益项目排在后面。负债与所有者权益的排列顺序表明了负债具有优先偿还的要求权,所有者权益对负债具有担保责任。资产各项目的合计金额等于负债和所有者权益各项目的合计金额。我国企业资产负债表如表 9-3 所示。

表 9-3　资产负债表

编制单位:　　　　　　　　　　　　　　年　月　日　　　　　　　　　　　　　　单位:元

资产	期末余额	年初余额	负债和所有者权益（或股东权益）	期末余额	年初余额
流动资产:			流动负债:		
货币资金			短期借款		
交易性金融资产			交易性金融负债		
衍生金融资产			衍生金融负债*		
应收票据			应付票据		
应收账款			应付账款		
应收款项融资*			预收款项		
预付款项			合同负债*		
其他应收款			应付职工薪酬		
存货			应交税费		
合同资产			其他应付款		
持有待售资产*			持有待售负债*		

(续表)

资产	期末余额	年初余额	负债和所有者权益（或股东权益）	期末余额	年初余额
一年内到期的非流动产			一年内到期的非流动负债		
其他流动资产			其他流动负债		
流动资产合计			流动负债合计		
非流动资产：			非流动负债：		
债权投资*			长期借款		
其他债权投资*			应付债券		
长期应收款*			其中:优先股		
长期股权投资*			永续债		
其他权益工具投资*			租赁负债*		
其他非流动金融资产			长期应付款*		
投资性房地产*			预计负债*		
固定资产			递延收益*		
在建工程			递延所得税负债*		
生产性生物资产			其他非流动负债		
油气资产*			非流动负债合计		
使用权资产			负债合计		
无形资产			所有者权益(或股东权益)：		
开发支出			实收资本(或股本)		
商誉*			其他权益工具		
长期待摊费用*			其中:优先股		
递延所得税资产*			永续债		
其他非流动资产			资本公积		
非流动资产合计			减:库存股		
			其他综合收益		
			专项储备*		
			盈余公积		
			未分配利润		
			所有者权益(或股东权益)合计		
资产总计			负债和所有者权益(或股东权益)总计		

注：标有 * 的报表项目超出了本课程的教学范围，不要求掌握。

三、资产负债表的编制

(一) 资产负债表项目的填列方法

资产负债表各项目均须填列"期末余额"和"年初余额"两栏。

1. "年初余额"栏的填列方法

资产负债表"年初余额"栏内的各项数字,应根据上年年末资产负债表的"期末余额"栏内所列数字填列。如果上年度资产负债表规定的各个项目的名称和内容与本年度不一致,应按照本年度的规定对上年年末资产负债表各项目的名称和数字进行调整,调整后填入本表"年初余额"栏内。

2. "期末余额"栏的填列方法

资产负债表"期末余额"栏内的各项数字,一般应根据资产、负债和所有者权益类科目的期末余额填列,具体方法如下:

(1) 根据总账科目余额直接填列。如"交易性金融资产""短期借款""应付职工薪酬""实收资本""盈余公积"等项目。

(2) 根据多个总账科目余额的加总数字填列。例如,"货币资金"项目需要根据"库存现金""银行存款""其他货币资金"三个总账科目的期末借方余额计算填列。

(3) 根据总账科目和明细账科目余额分析计算填列。如"一年内到期的非流动资产""一年内到期的非流动负债"等项目。

(4) 根据总账科目余额减去其备抵科目余额后的净额填列。例如,"固定资产"项目列示的是其账面价值,固定资产账面价值等于固定资产原价减去"累计折旧"和"固定资产减值准备"后的差额。

(5) 综合运用上述方法填列。例如,"存货"项目应根据存货类各科目期末余额合计,减去"存货跌价准备"科目期末余额后的金额填列。资产负债表附注的内容根据实际需要和有关备查账簿等的记录分析填列。

(二) 资产负债表中各个项目的具体填列方法

1. 资产项目的填列说明

(1) "货币资金"项目反映企业库存现金、银行结算户存款、银行汇票存款、银行本票存款、信用卡存款、信用证保证金存款、外埠存款等的合计数。本项目应根据"库存现金""银行存款""其他货币资金"科目期末余额的合计数填列。

(2) "交易性金融资产"项目反映分类为以公允价值计量且其变动计入当期损益的金融资产,以及直接指定以公允价值计量且其变动计入当期损益的金融资产的期末账面价值。本项目应根据"交易性金融资产"科目的相关明细科目期末余额分析填列。自资产负债表日起超过一年到期且预期持有超过一年的以公允价值计量且其变动计入当期损益的非流动金融资产的期末账面价值,在"其他非流动金融资产"项目反映。

(3) "应收票据"项目反映资产负债表日以摊余成本计量的、企业因销售商品、提供服务等收到的商业汇票,包括银行承兑汇票和商业承兑汇票。本项目应根据"应收票据"科目的期末余额,减去"坏账准备"科目中的相关坏账准备期末余额后的金额分析填列。

(4) "应收账款"项目反映资产负债表日以摊余成本计量的、企业因销售商品、提供服等经营活动应收取的款项。本项目应根据"应收账款"和"预收账款"科目所属明细科目的期末借方余额合计数,减去"坏账准备"科目中相关坏账准备期末余额后的金额分析填列。

(5)"应收款项融资"项目反映资产负债表日以公允价值计量且其变动计入其他综合收益的应收票据和应收账款等。

(6)"预付款项"项目反映企业按照购货合同的规定预付给供应单位的款项等。本项目应根据"预付账款"和"应付账款"科目所属各明细科目的期末借方余额合计数,减去"坏账准备"科目中有关预付款项计提的坏账准备期末余额后的金额填列。

(7)"其他应收款"项目根据"应收利息""应收股利"和"其他应收款"科目的期末余额合计数,减去"坏账准备"科目中的相关坏账准备期末余额后的金额填列。其中的"应收利息"仅反映相关金融工具已到期可收取但于资产负债表日尚未收到的利息。基于实际利率法计提的金融工具的利息应包含在相应金融工具的账面余额中。

(8)"存货"项目反映企业期末在库、在途和在加工中的各项存货的账面价值,需要根据原材料、生产成本、库存商品、低值易耗品等科目的期末余额合计数,减去"存货跌价准备"科目期末余额后的金额填列。

(9)"合同资产"项目反映企业按照《企业会计准则第14号——收入》(2017)的相关规定,根据本企业履行履约义务与客户付款之间的关系在资产负债表中列示的合同资产。本项目应根据"合同资产"科目的相关明细科目期末余额分析填列。同一合同下的合同资产和合同负债应当以净额列示,其中,净额为借方余额的,应当根据其流动性在"合同资产"或"其他非流动资产"项目中填列,已计提减值准备的,还应以减去"合同资产减值准备"科目中相关的期末余额后的金额填列;净额为贷方余额的,应当根据其流动性在"合同负债"或"其他非流动负债"项目中填列。

(10)"持有待售资产"项目反映资产负债表日划分为持有待售类别的非流动资产及划分为持有待售类别的处置组中的流动资产和非流动资产的期末账面价值。本项目应根据"持有待售资产"科目的期末余额,减去"持有待售资产减值准备"科目的期末余额后的金额填列。

(11)"一年内到期的非流动资产"项目反映企业将于1年内(含1年)到期的非流动资产项目金额。本项目应根据有关科目的期末余额填列。

(12)"债权投资"项目反映资产负债表日企业以摊余成本计量的长期债权投资的期末账面价值。本项目应根据"债权投资"科目的相关明细科目期末余额,减去"债权投资减值准备"科目中相关减值准备的期末余额后的金额分析填列。自资产负债表日起1年内到期的长期债权投资的期末账面价值,在"一年内到期的非流动资产"项目反映。企业购入的以摊余成本计量的1年内到期的债权投资的期末账面价值,在"其他流动资产"项目反映。

(13)"其他债权投资"项目反映资产负债表日企业分类为以公允价值计量且其变动计入其他综合收益的长期债权投资的期末账面价值。本项目应根据"其他债权投资"科目的相关明细科目期末余额分析填列。自资产负债表日起1年内到期的长期债权投资的期末账面价值,在"一年内到期的非流动资产"项目反映。企业购入的以公允价值计量且其变动计入其他综合收益的1年内到期的债权投资的期末账面价值,在"其他流动资产"项目反映。

(14)"长期应收款"项目反映企业租赁产生的应收款项和采用递延方式分期收款、实质上具有融资性质的销售商品和提供劳务等经营活动产生的应收款项。本项目应根据"长期应收款"科目的期末余额,减去相应的"未实现融资收益"科目和"坏账准备"科目所属相关明细科目期末余额后的金额填列。

(15)"长期股权投资"项目反映投资方对被投资单位实施控制、重大影响的权益性投资,以及对其合营企业的权益性投资。本项目应根据"长期股权投资"科目的期末余额,减去"长期股权投资减值准备"科目的期末余额后的净额填列。

(16)"其他权益工具投资"项目反映资产负债表日企业指定为以公允价值计量且其变动计入其他综合收益的非交易性权益工具投资的期末账面价值。本项目应根据"其他权益工具投资"科目的期末余额填列。

(17)"长期股权投资"项目反映企业对子公司、联营企业和合营企业的长期股权投资。本项目应根据"长期股权投资"科目的期末余额,减去"长期股权投资减值准备"科目期末余额后的金额填列。

(18)"固定资产"项目反映资产负债表日企业固定资产的期末账面价值(即固定资产原价减去累计折旧和累计减值准备后的净额)和企业尚未清理完毕的固定资产清理净损益。本项目应根据"固定资产"科目的期末余额,减去"累计折旧"和"固定资产减值准备"科目的期末余额后的金额,以及"固定资产清理"科目的期末余额填列。

(19)"在建工程"项目反映资产负债表日企业尚未达到预定可使用状态的在建工程的期末账面价值(即在建工程的期末余额减去在建工程减值准备的期末余额后的净额)和企业为在建工程准备的各种物资的期末账面价值(即"工程物资"的期末余额减去"工程物资减值准备"的期末余额后的净额)。本项目应根据"在建工程"科目的期末余额减去"在建工程减值准备"科目的期末余额后的金额,以及"工程物资"科目的期末余额减去"工程物资减值准备"科目的期末余额后的金额填列。

(20)"使用权资产"项目反映资产负债表日承租人企业持有的使用权资产的期末账面价值。本项目应根据"使用权资产"科目的期末余额,减去"使用权资产累计折旧"和"使用权资产减值准备"科目的期末余额后的金额填列。

(21)"开发支出"项目反映企业开发无形资产过程中能够资本化形成无形资产成本的支出部分。本项目应根据"研发支出"科目所属的"资本化支出"明细科目期末余额填列。

(22)"长期待摊费用"项目反映企业已经发生但应由本期和以后各期负担的分摊期限在1年以上的各项费用。本项目应根据"长期待摊费用"科目的期末余额分析填列。长期待摊费用的摊销年限只剩1年或不足1年的,或预计在1年内(含1年)进行摊销的部分,不得归类为流动资产,仍在本项目中填列,不转入"一年内到期的非流动资产"项目。

(23)"递延所得税资产"项目反映企业根据所得税准则确认的可抵扣暂时性差异产生的所得税资产。本项目应根据"递延所得税资产"科目的期末余额填列。

(24)"其他流动资产"项目反映企业除上述流动资产以外的其他流动资产。本项目应根据有关科目的期末余额填列。

2. 负债项目的填列说明

(1)"短期借款"项目反映企业向银行或其他金融机构等借入的期限在1年以下(含1年)的各种借款。本项目应根据"短期借款"科目的期末余额填列。

(2)"交易性金融负债"项目反映企业资产负债表日承担的交易性金融负债,以及企业持有的直接指定为以公允价值计量且其变动计入当期损益的金融负债的期末账面价值。本项目应根据"交易性金融负债"科目的相关明细科目期末余额填列。

(3)"应付票据"项目反映资产负债表日以摊余成本计量的、企业因购买材料、商品和接受服务等开出、承兑的商业汇票,包括银行承兑汇票和商业承兑汇票。本项目应根据"应付票据"科目的期末余额填列。

(4)"应付账款"项目反映资产负债表日以摊余成本计量的,企业因购买材料、商品和接受服务等经营活动应支付的款项。本项目应根据"应付账款"和"预付账款"科目所属的相关明细科目的期末贷方余额合计数填列。

(5)"预收款项"项目反映企业按照销货合同的规定预收购买单位的款项。本项目应根据"预收账款"和"应收账款"科目所属各明细科目的期末贷方余额合计数填列。

(6)"合同负债"项目反映企业按照《企业会计准则第14号——收入》(2017)的相关规定,根据本企业履行履约义务与客户付款之间的关系在资产负债表中列示的合同负债。合同负债是指企业已收或应收客户对价而应向客户转让商品的义务。本项目应根据"合同负债"的相关明细科目期末余额分析填列。

(7)"应付职工薪酬"项目反映企业根据有关规定应付给职工的工资、职工福利费、社会保险费、住房公积金、工会经费、职工教育经费、非货币性福利、辞退福利等各种薪酬。本项目应根据"应付职工薪酬"科目期末贷方余额填列。

(8)"应交税费"项目反映企业按照税法规定计算应交纳的各种税费,包括增值税、消费税、城市维护建设税、教育费附加、企业所得税、资源税、土地增值税、房产税、城镇土地使用税、车船税、环境保护税等。企业代扣代缴的个人所得税也通过本项目列示。企业所交纳的税金不需要预计应交数的,如印花税、耕地占用税等,不在本项目列示。本项目应根据"应交税费"科目的期末贷方余额填列;若"应交税费"科目期末为借方余额,应以"—"号填列。

(9)"其他应付款"项目反映企业除应付票据、应付账款、预收账款、应付职工薪酬、应交税费等经营活动以外的其他各项应付、暂收的款项。本项目应根据"应付股利""应付利息""其他应付款"科目的期末余额合计数填列。其中,"应付利息"科目仅反映相关金融工具已到期应支付但于资产负债表日尚未支付的利息。基于实际利率法计提的金融工具的利息应包含在相应金融工具的账面余额中。

(10)"持有待售负债"项目反映资产负债表日处置组中与划分为持有待售类别的资产直接相关的负债的期末账面价值。本项目应根据"持有待售负债"科目的期末余额填列。

(11)"一年内到期的非流动负债"项目反映企业非流动负债中将于资产负债表日后1年内到期部分的金额,如将于1年内偿还的长期借款。本项目应根据有关科目的期末余额填列。

(12)"长期借款"项目反映企业向银行或其他金融机构借入的尚未归还的1年期以上(不含1年)的各项借款。本项目应根据"长期借款"科目的期末余额,扣除"长期借款"科目所属的明细科目中将在资产负债表日起1年内到期且企业不能自主地将清偿义务展期的长期借款后的金额计算填列。

(13)"应付债券"项目反映企业为筹集长期资金而发行的债券本金和应付的利息。本项目应根据"应付债券"总账科目余额扣除"应付债券"科目所属的明细科目中将在1年内到期且企业不能自主地将清偿义务展期的应付债券后的金额计算填列。

(14)"租赁负债"项目反映资产负债表日承租人企业尚未支付的租赁付款额的期末账

面价值。本项目应根据"租赁负债"科目的期末余额填列。自资产负债表日起1年内到期应予以清偿的租赁负债的期末账面价值,在"一年内到期的非流动负债"项目反映。

(15)"长期应付款"项目反映资产负债表日企业除长期借款和应付债券以外的其他各种长期应付款项的期末账面价值。本项目应根据"长期应付款"科目的期末余额,减去相关的"未确认融资费用"科目的期末余额后的金额,以及"专项应付款"科目的期末余额填列。

(16)"预计负债"项目反映企业根据或有事项等相关准则确认的各项预计负债,包括对外提供担保、未决诉讼、产品质量保证、重组义务以及固定资产和矿区权益弃置义务等产生的预计负债。本项目应根据"预计负债"科目的期末余额填列。企业按照金融工具确认和计量的相关规定,对贷款承诺等项目计提的损失准备,应当在本项目中填列。

(17)"递延收益"项目反映尚待确认的收入或收益。本项目核算包括企业根据政府补助准则确认的应在以后期间计入当期损益的政府补助金额、售后租回形成融资租赁的售价与资产账面价值差额等其他递延性收入。本项目应根据"递延收益"科目的期末余额填列。本项目中摊销期限只剩1年或不足1年的,或预计在1年内(含1年)进行摊销的部分,不得归类为流动负债,仍在本项目中填列,不转入"一年内到期的非流动负债"项目。

(18)"递延所得税负债"项目反映企业根据所得税准则确认的应纳税暂时性差异产生的所得税负债。本项目应根据"递延所得税负债"科目的期末余额填列。

(19)"其他非流动负债"项目反映企业除上述非流动负债以外的其他非流动负债。本项目应根据有关科目的期末余额,减去将于1年内(含1年)到期偿还数后的余额分析填列。非流动负债各项目中将于1年内(含1年)到期的非流动负债,应在"一年内到期的非流动负债"项目内反映。

3. 所有者权益项目的填列说明

(1)"实收资本(或股本)"项目反映企业各投资者实际投入的资本(或股本)总额。本项目应根据"实收资本(或股本)"科目的期末余额填列。

(2)"其他权益工具"项目反映资产负债表日企业发行在外的除普通股以外分类为权益工具的金融工具的期末账面价值。该项目下设"优先股"和"永续债"两个项目,分别反映企业发行的分类为权益工具的优先股和永续债的账面价值。

(3)"资本公积"项目反映企业收到的投资者出资超出其在注册资本或股本中所占的份额以及直接计入所有者权益的利得和损失等。本项目应根据"资本公积"科目的期末余额填列。

(4)"其他综合收益"项目应根据"其他综合收益"科目的期末余额填列。

(5)"盈余公积"项目反映企业盈余公积的期末余额。本项目应根据"盈余公积"明细科目的期末余额之和填列。

(6)"未分配利润"项目反映企业尚未分配的利润。本项目应根据"利润分配——未分配利润"明细科目的余额计算填列。未弥补的亏损在本项目内以"—"号填列。

资产负债表编制总结如表9-4所示。

表9-4 资产负债表编制总结

项目	编制说明
货币资金	库存现金+银行存款+其他货币资金

(续表)

项目	编制说明
交易性金融资产	根据明细科目余额分析填列
应收账款	应收账款期末余额－相关坏账准备
预付款项	（应付账款＋预付账款）明细账借方余额－相关坏账准备
其他应收款	其他应收款＋应收股利＋应收利息－相关坏账准备
存货	原材料、在途物资、周转材料、委托加工物资、库存商品、发出商品、生产成本等 材料成本差异：借加贷减 存货跌价准备：减
长期股权投资	账面余额－长期股权投资减值准备
固定资产	账面余额－累计折旧－固定资产减值准备±固定资产清理
在建工程	在建工程、工程物资账面余额－在建工程、工程物资减值准备
开发支出	"研发支出"科目所属"资本化支出"明细科目期末余额
无形资产	账面余额－累计摊销－无形资产减值准备
一年内到期的非流动资产	一年内到期的长期应收款等
短期借款	根据总账直接填列
应付账款	（应付账款＋预付账款）明细账贷方余额
预收款项	（应收账款＋预收账款）明细账贷方余额
应付职工薪酬	根据所属各明细科目期末贷方余额填列
应交税费	根据期末贷方余额填列
其他应付款	其他应付款＋应付股利＋应付利息
长期借款	长期借款总账余额－"长期借款"明细账中一年内到期的金额
一年内到期的非流动负债	一年内到期的长期借款等
实收资本	根据总账直接填列
盈余公积	根据总账直接填列
未分配利润	本年利润±利润分配

任务三 利 润 表

一、利润表概述

（一）利润表的概念

利润表又称损益表，是反映企业在一定会计期间的经营成果的报表。它是在会计凭证、会计账簿等会计资料的基础上进一步确认企业在一定会计期间经营成果的结构性表述,也是对企业在一定会计期间经营业绩的系统总结。利润表属于动态报表,能够综合反映企业利润的实现过程和利润的来源及构成情况。

(二)利润表的作用

利润表具有以下作用:

(1)有助于使用者分析判断企业净利润的质量及其风险,评价企业经营管理效率,预测企业净利润的持续性,从而作出正确的决策。

(2)可以反映企业在一定会计期间的收入实现情况,如实现的营业收入、取得的投资收益、发生的公允价值变动损益及营业外收入等对利润的贡献大小。

(3)可以反映企业在一定会计期间的费用耗费情况,如发生的营业成本、税金及附加、销售费用、管理费用、财务费用、营业外支出等对利润的影响程度。

(4)可以反映企业在一定会计期间的净利润实现情况,有助于企业管理者分析判断企业受托责任的履行情况,进而还可以反映企业资本的保值增值情况,为企业管理者解脱受托责任提供依据。

(5)通过将利润表资料及信息与资产负债表资料及信息相结合进行综合计算分析,例如,将营业成本与存货或资产总额的平均余额进行比较,可以反映企业运用其资源的能力和效率,便于企业管理者分析判断企业资金周转情况及盈利能力,进而判断企业未来的盈利增长和发展趋势,作出相应经济决策。

二、利润表的内容和结构

利润表主要由表首和表体两部分组成,如表9-5所示。

表9-5 利润表的组成

构成	内容
表首	列明报表名称、编制单位名称、编制日期、报表编号和计量单位
表体(主体)	列示形成经营成果的各个项目和计算过程

利润表的表体结构有单步式和多步式两种。单步式利润表是将当期所有的收入列在一起,所有的费用列在一起,然后将两者相减得出当期净损益。我国企业的利润表采用多步式格式,即通过对当期的收入、费用、支出项目按性质加以归类,按利润形成的主要环节列示一些中间性利润指标,分步计算当期净损益,以便财务报表使用者理解企业经营成果的不同来源。

为了使财务报表使用者通过比较不同期间利润的实现情况,判断企业经营成果的未来发展趋势,企业需要提供比较利润表。为此,利润表金额栏分为"本期金额"和"上期金额"两栏分别填列。我国企业的利润表如表9-6所示。

表9-6 利润表

编制单位　　　　　　　　　　　　年度　　　　　　　　　　　　单位:元

项目	本期金额	上期金额
一、营业收入		

(续表)

项目	本期金额	上期金额
减：营业成本		
税金及附加		
销售费用		
管理费用		
研发费用		
财务费用		
其中：利息费用		
利息收入		
加：其他收益		
投资收益		
其中：对联营企业和合营企业投资的收益		
净敞口套期收益（损失以"－"号填列）*		
以摊余成本计量的金融资产终止确认收益（损失以"－"号填列）*		
公允价值变动收益（损失以"－"号填列）*		
资产减值损失（损失以"－"号填列）*		
信用减值损失（损失以"－"号填列）*		
资产处置收益（损失以"－"号填列）		
二、营业利润（亏损以"－"号填列）		
加：营业外收入		
减：营业外支出		
三、利润总额（亏损总额以"－"号填列）		
减：所得税费用		
四、净利润（净亏损以"－"号填列）		
（一）持续经营净利润（净亏损以"－"号填列）		
（二）终止经营净利润（净亏损以"－"号填列）		
五、其他综合收益的税后净额		
（一）以后不能重分类进损益的其他综合收益		
（二）以后将重分类进损益的其他综合收益		
六、综合收益总额		
七、每股收益*：		
（一）基本每股收益		
（二）稀释每股收益		

注：标有 * 的报表项目超出了本课程的教学范围，不要求掌握。

三、利润表的编制

(一) 利润表的编制要求

利润表各项目需填列"本期金额"和"上期金额"两栏。其中"上期金额"栏内各项数字,应根据上年该期利润表的"本期金额"栏内所列数字填列。"本期金额"栏内各期数字,除"基本每股收益"和"稀释每股收益"项目外,应当按照相关科目的发生额分析填列。

(二) 利润表中各主要项目的具体填列方法

(1) "营业收入"项目反映企业经营主要业务和其他业务所确认的收入总额。本项目应根据"主营业务收入"和"其他业务收入"科目的发生额分析填列。

(2) "营业成本"项目反映企业经营主营业务和其他业务所发生的成本总额。本项目应根据"主营业务成本"和"其他业务成本"科目的发生额分析填列。

(3) "税金及附加"项目反映企业经营业务应负担的消费税、城市维护建设税、教育费附加、地方教育费附加、资源税、房产税、城镇土地使用税、车船税、土地增值税等。本项目应根据"税金及附加"科目的发生额分析填列。

(4) "销售费用"项目反映企业在销售商品过程中发生的包装费、广告费等费用,以及为销售本企业商品而专设的销售机构的职工薪酬、业务费等经营费用。本项目应根据"销售费用"科目的发生额分析填列。

(5) "管理费用"项目反映企业为组织和管理生产经营发生的管理费用。本项目应根据"管理费用"科目的发生额分析填列。

(6) "研发费用"项目反映企业在研究与开发过程中发生的费用化支出,以及计入管理费用的自行开发无形资产的摊销。该项目应根据"管理费用"科目下的"研究费用"明细科目的发生额,以及"管理费用"科目下的"无形资产摊销"明细科目的发生额分析填列。

(7) "财务费用"项目反映企业为筹集生产经营所需资金等而发生的筹资费用。本项目应根据"财务费用"科目的发生额分析填列。如果利息费用大于利息收入,按正数填列;如果利息收入大于利息费用,按负数填列。

① "财务费用"项目下的"利息费用"项目,反映企业为筹集生产经营所需资金等而发生的应予费用化的利息支出。本项目应根据"财务费用"科目的相关明细科目的发生额分析填列。

② "财务费用"项目下的"利息收入"项目,反映企业应冲减财务费用的利息收入。本项目应根据"财务费用"科目的相关明细科目的发生额分析填列。

(8) "其他收益"项目反映计入其他收益的政府补助,以及其他与日常活动相关且计入其他收益的项目。本项目应根据"其他收益"科目的发生额分析填列。企业作为个人所得税的扣缴义务人,根据《中华人民共和国个人所得税法》收到的扣缴税款手续费,应作为其他与日常活动相关的收益在本项目中填列。

(9) "投资收益"项目反映企业以各种方式对外投资所取得的收益。本项目应根据"投资收益"科目的发生额分析填列。如为投资损失,以"—"号填列。

(10) "净敞口套期收益"项目反映净敞口套期下被套期项目累计公允价值变动转入当期损益的金额或现金流量套期储备转入当期损益的金额。本项目应根据"净敞口套期损益"科目的发生额分析填列;如为套期损失,以"—"号填列。

(11)"公允价值变动收益"项目反映企业应当计入当期损益的资产或负债公允价值变动收益。本项目应根据"公允价值变动损益"科目的发生额分析填列。如为净损失,以"一"号填列。

(12)"信用减值损失"项目反映企业按照金融工具确认和计量的要求计提的各项金融工具信用减值准备所确认的信用损失。本项目应根据"信用减值损失"科目的发生额分析填列。

(13)"资产减值损失"项目反映企业有关资产发生的减值损失。本项目应根据"资产减值损失"科目的发生额分析填列。

(14)"资产处置收益"项目反映企业出售划分为持有待售的非流动资产(金融工具、长期股权投资和投资性房地产除外)或处置组(子公司和业务除外)时确认的处置利得或损失,以及处置未划分为持有待售的固定资产、在建工程、生产性生物资产及无形资产而产生的处置利得或损失。债务重组中因处置非流动资产(金融工具、长期股权投资和投资性房地产除外)和非货币性资产交换中换出非流动资产(金融工具、长期股权投资和投资性房地产除外)产生的利得或损失也包括在本项目内。本项目应根据"资产处置损益"科目的发生额分析填列;如为处置损失,以"一"号填列。

(15)"营业利润"项目反映企业实现的营业利润。如为亏损,以"一"号填列。

(16)"营业外收入"项目反映企业发生的除营业利润以外的收益,主要包括非流动资产损毁报废收益、与企业日常活动无关的政府补助、盘盈利得、捐赠利得(经济实质属于股东对企业的资本性投入的除外)等。本项目应根据"营业外收入"科目的发生额分析填列。

(17)"营业外支出"项目反映企业发生的除营业利润以外的支出,主要包括公益性捐赠支出、盘亏损失、非常损失、非流动资产毁损报废损失等。本项目应根据"营业外支出"科目的发生额分析填列。

(18)"利润总额"项目反映企业实现的利润。如为亏损,以"一"号填列。

(19)"所得税费用"项目反映企业应从当期利润总额中扣除的所得税费用。本项目应根据"所得税费用"科目的发生额分析填列。

(20)"净利润"项目反映企业实现的净利润。如为亏损,以"一"号填列。

(21)"其他综合收益的税后净额"项目反映企业根据企业会计准则规定未在损益中确认的各项利得和损失扣除所得税影响后的净额。

(22)"综合收益总额"项目反映企业净利润与其他综合收益的税后净额的合计金额。

(23)"每股收益"项目包括基本每股收益和稀释每股收益两项指标,反映普通股或潜在普通股已公开交易的企业,以及正处在公开发行普通股或潜在普通股过程中的企业的每股收益信息。

任务四 现金流量表

一、现金流量表概述

(一)现金流量表的概念

现金流量表是指反映企业在一定会计期间现金和现金等价物流入和流出的报表。它以资产负债表和利润表等会计核算资料为依据,按照收付实现制要求对现金流量的结构性进行表述,具有揭示企业在一定会计期间获取现金及现金等价物的能力。

现金流量是指现金和现金等价物的流入和流出。企业从银行提取现金、用现金购买短期到期的国库券等现金和现金等价物之间的转换不会导致现金流量的变化。

(二)现金流量表的作用

现金流量表相较于资产负债表和利润表具有许多不同的重要作用,主要表现在以下几个方面:

(1)现金流量表提供了企业一定会计期间内现金和现金等价物流入和流出的现金流量信息,可以弥补基于权责发生制基础编报提供的资产负债表和利润表的某些固有缺陷,在资产负债表与利润表之间架起一座连接的桥梁,揭示企业财务状况与经营成果之间的内在关系,便于会计报表使用者了解企业净利润的质量。

(2)现金流量表分别提供了经营活动、投资活动和筹资活动产生的现金流量,每类又分为若干具体项目,分别从不同角度反映企业业务活动的现金流入、流出及其影响现金净流量的因素,弥补了资产负债表和利润表分类列报内容的某些不足,从而帮助使用者了解和评价企业获取现金及现金等价物的能力,包括企业支付能力、偿债能力和周转能力,进而预测企业未来的现金流量情况,为其决策提供有力依据。

(3)现金流量表以收付实现制为基础编制,对现金的确认和计量在不同企业间基本一致,提高了企业之间会计信息的可比性,有利于会计报表使用者提高决策的质量和效率。

(4)现金流量表以收付实现制为基础编制,降低了企业盈余管理程度,提高了会计信息质量,有利于会计监督职能作用的发挥,改善公司治理状况,从而实现维护经济资源配置秩序、提高经济效益的目标要求。

二、现金流量表的编制及分类

现金流量表是以现金及现金等价物为基础,划分为经营活动、投资活动和筹资活动,按照收付实现制原则编制,将权责发生制下的盈利信息调整为收付实现制下的现金流量信息的报表。

现金是指企业库存现金以及可以随时用于支付的存款,主要包括库存现金、银行存款、其他货币资金。不能随时用于支付的存款不属于现金。

现金等价物是指企业持有的期限短、流动性强、易于转换为已知金额现金、价值变动风险很小的投资。其中,期限短(一般是指从购买日起3个月内到期)、流动性强,强调了变现能力,而易于转换为已知金额的现金、价值变动风险很小,则强调了支付能力的大小。现金等价物虽然不是现金,但其支付能力与现金的差别不大,故可视为现金。现金等价物通常包括3个月内到期的债券投资等。权益性投资变现的金额通常不确定,所以不属于现金等价物。企业应当根据具体情况,确定现金等价物的范围,一经确定不得随意变更。

根据企业业务活动的性质和现金流量的来源,现金流量表准则将企业一定期间产生的现金流量分为以下三类,即经营活动产生的现金流量、投资活动产生的现金流量和筹资活动产生的现金流量。

（一）经营活动产生的现金流量

经营活动是指企业投资活动和筹资活动以外的所有交易和事项，即除投资活动和筹资活动以外的所有交易和事项，都可归属于经营活动。对于工商企业而言，经营活动主要包括销售商品、提供劳务、购买商品、接受劳务、支付税费等。

通常情况下，经营活动产生的现金流入项目主要有销售商品、提供劳务收到的现金，收到的税费返还，以及收到其他与经营活动有关的现金。经营活动产生的现金流出项目主要有购买商品、接受劳务支付的现金，支付给职工及为职工支付的现金，支付的各项税费，以及支付其他与经营活动有关的现金。

（二）投资活动产生的现金流量

投资活动是指企业长期资产的购建和不包括在现金等价物范围内的投资及其处置活动。

通常情况下，投资活动产生的现金流入项目主要有收回投资收到的现金，取得投资收益收到的现金，处置固定资产、无形资产和其他长期资产收回的现金净额，处置子公司及其他营业单位收到的现金净额，以及收到其他与投资活动有关的现金。投资活动产生的现金流出项目主要有购建固定资产、无形资产和其他长期资产支付的现金，投资支付的现金，取得子公司及其他营业单位支付的现金净额，以及支付其他与投资活动有关的现金。

（三）筹资活动产生的现金流量

筹资活动是指导致企业资本及债务规模和构成发生变化的活动。通常情况下，筹资活动产生的现金流入项目主要有吸收投资收到的现金，取得借款收到的现金，以及收到其他与筹资活动有关的现金。筹资活动产生的现金流出项目主要有偿还债务支付的现金，分配股利、利润或偿付利息支付的现金，以及支付其他与筹资活动有关的现金。需要注意的是，对于企业日常活动之外不经常发生的特殊项目，如自然灾害损失、保险赔款、捐赠等，企业应当将其归并到相关类别中单独反映。

三、现金流量表的内容和格式

现金流量表分为表首和正表两部分，其组成如表9-7所示。

表9-7 现金流量表组成

构成	内容
表首	列明报表名称、编制单位名称、报表所属年度、报表编号、货币名称和计量单位
正表	正表反映现金流量表的各项目内容

正表反映现金流量表的各项目内容。正表包括五项内容：①经营活动产生的现金流量；②投资活动产生的现金流量；③筹资活动产生的现金流量；④汇率变动对现金及现金等价物的影响；⑤现金及现金等价物净增加额。其中，经营活动产生的现金流量是按直接法编制的。现金流量表如表9-8所示。

表 9-8　现金流量表

编制单位：　　　　　　　　　　年度　　　　　　　　　　　　　　单位：元

项目	本期金额	上期金额
一、经营活动产生的现金流量：		
销售商品、提供劳务收到的现金		
收到的税费返还		
收到其他与经营活动有关的现金		
经营活动现金流入小计		
购买商品、接受劳务支付的现金		
支付给职工以及为职工支付的现金		
支付的各项税费		
支付其他与经营活动有关的现金		
经营活动现金流出小计		
经营活动产生的现金流量净额		
二、投资活动产生的现金流量：		
收回投资收到的现金		
取得投资收益收到的现金		
处置固定资产、无形资产和其他长期资产收回的现金净额		
处置子公司及其他营业单位收到的现金净额		
收到其他与投资活动有关的现金		
投资活动现金流入小计		
购建固定资产、无形资产和其他长期资产支付的现金		
投资支付的现金		
取得子公司及其他营业单位支付的现金净额		
支付其他与投资活动有关的现金		
投资活动现金流出小计		
投资活动产生的现金流量净额		
三、筹资活动产生的现金流量：		
吸收投资收到的现金		
取得借款收到的现金		
收到其他与筹资活动有关的现金		
筹资活动现金流入小计		
偿还债务支付的现金		

(续表)

项目	本期金额	上期金额
分配股利、利润或偿付利息支付的现金		
支付其他与筹资活动有关的现金		
筹资活动现金流出小计		
筹资活动产生的现金流量净额		
四、汇率变动对现金及现金等价物的影响		
五、现金及现金等价物净增加额		
加:期初现金及现金等价物余额		
六、期末现金及现金等价物余额		

值得注意的是,现金流量表应当分别列报经营活动、投资活动和筹资活动产生的现金流量,且应分别按照现金流入和现金流出总额列报。但是,下列各项可以按照净额列报:

(1) 代客户收取或支付的现金。

(2) 周转快、金额大、期限短项目的现金流入和现金流出。

(3) 金融企业的有关项目,包括短期贷款发放与收回的贷款本金、活期存款的吸收与支付、同业存款和存放同业款项的存取、向其他金融企业拆借的资金,以及证券的买入与卖出等。

(4) 自然灾害损失、保险索赔等特殊项目应当根据其性质,分别归并到经营活动、投资活动和筹资活动现金流量类别中单独列报。

(5) 外币现金流量以及境外子公司的现金流量,应当采用现金流量发生日的即期汇率或按照系统合理的方法确定的、与现金流量发生日即期汇率近似的汇率折算。汇率变动对现金的影响额应当作为调整项目,在现金流量表中单独列报"汇率变动对现金及现金等价物的影响"。

任务五 所有者权益(或股东权益)变动表

一、所有者权益(或股东权益)变动表概述

(一)所有者权益(或股东权益)变动表的概念

所有者权益(或股东权益)变动表是反映企业年末所有者权益(或股东权益)增减变动情况的报表。通过该表,使用者可以了解企业某一会计年度所有者权益(或股东权益)的各项目的增加、减少及其余额的情况,从而分析其变动原因并预测未来的变动趋势。所有者权益(或股东权益)的各项目包括实收资本(或股本)、资本公积、盈余公积和未分配利润等。

(二)所有者权益(或股东权益)变动表的作用

(1)所有者权益变动表既可以为财务报表使用者提供所有者权益总量增减变动的信息,也能为其提供所有者权益增减变动的结构性信息,特别是能够让财务报表使用者理解所有者权益增减变动的根源。

(2)所有者权益变动表将综合收益和所有者(或股东)的资本交易导致的所有者权益的变动分项列示,有利于分清导致所有者权益增减变动的缘由与责任,对于考察、评价企业一定时期所有者权益的保全状况及正确评价管理当局受托责任的履行情况等具有重要的作用。

二、所有者权益(或股东权益)变动表的填列方法

按照《企业会计准则第30号——财务报表列报》的规定,所有者权益(或股东权益)变动表至少应当单独列示下列信息项目:

(1)综合收益总额。
(2)会计政策变更和差错更正的累计影响金额。
(3)所有者投入资本和向所有者分配利润等。
(4)按照规定提取的盈余公积。
(5)所有者权益各组成部分的期初和期末余额及其调节情况。

所有者权益变动表一般由表首和正表组成。表首部分列示报表名称、编制单位名称、报表所属期间和货币计量单位等几项内容。正表是所有者权益变动表的主体部分。所有者权益变动表不仅应反映构成所有者权益的各组成部分当期的增减变动情况,还应对所有者权益变动情况分项单独列示。因此,所有者权益变动表以矩阵形式列报:从上往下看,以所有者权益的上年度余额作为起始,分项列示导致所有者权益变动的交易或事项,从而得出本年年末余额;从左往右看,对所有者权益总额及其组成部分分项列示以反映相关交易或事项对所有者权益的影响。

所有者权益变动表的具体格式如表9-9所示。

1."上年金额"栏的填列方法

所有者权益变动表"上年金额"栏内的各项数字应根据上年度所有者权益变动表"本年金额"栏内所列数字填列。上年度所有者权益变动表规定的各个项目的名称和内容同本年度不一致的,应对上年度所有者权益变动表各项目的名称和数字按照本年度的相关规定进行调整后,填入本年度所有者权益变动表的"上年金额"栏内。

2."本年金额"栏的填列方法

所有者权益变动表"本年金额"栏内的各项目金额一般应根据资产负债表所有者权益项目金额或"实收资本(或股本)""其他权益工具""资本公积""库存股""其他综合收益""专项储备""盈余公积""利润分配""以前年度损益调整"等科目及其明细科目的发生额分析填列。

表 9-9　所有者权益变动表

编制单位：　　　　　　　　　　　　年度　　　　　　　　　　　　　　　　　　　　　　　　　　　　　　　　　单位：元

项目	本年金额							上年金额						
	实收资本（或股本）	资本公积	减：库存股	其他综合收益	盈余公积	未分配利润	所有者权益合计	实收资本（或股本）	资本公积	减：库存股	其他综合收益	盈余公积	未分配利润	所有者权益合计
一、上年年末余额														
加：会计政策变更														
前期差错更正														
二、本年年初余额														
三、本年增减变动金额（减少以"—"号填列）														
（一）综合收益总额														
（二）所有者投入和减少资本														
1. 所有者投入资本														
2. 股份支付计入所有者权益的金额														
3. 其他														
（三）利润分配														
1. 提取盈余公积														
2. 对所有者（或股东）的分配														
3. 其他														
（四）所有者权益内部结转														
1. 资本公积转增资本（或股本）														
2. 盈余公积转增资本（或股本）														
3. 盈余公积弥补亏损														
4. 其他														
四、本年年末余额														

任务六　会计报表附注

一、财务报表附注概述

（一）财务报表附注的概念

财务报表附注是对在资产负债表、利润表、现金流量表和所有者权益变动表等报表中列示项目的文字描述或明细资料，以及对未能在这些报表中列示项目的说明等。

附注应当披露财务报表的编制基础，其中的相关信息应当与资产负债表、利润表、现金流量表和所有者权益变动表等报表中列示的项目相互参照。

（二）财务报表附注的作用

（1）附注的编制和披露是对资产负债表、利润表、现金流量表和所有者权益变动表列示项目含义的补充说明，以帮助财务报表使用者更准确地把握其含义。

（2）附注提供了对资产负债表、利润表、现金流量表和所有者权益变动表中未列示项目的详细或明细说明。

（3）通过附注与资产负债表、利润表、现金流量表和所有者权益变动表列示项目的相互参照关系，以及对未能在财务报表中列示项目的说明，财务报表使用者可以全面了解企业的财务状况、经营成果、现金流量和所有者权益的情况。

二、财务报表附注的主要内容

附注是财务报表的重要组成部分。根据企业会计准则的规定，企业应当按照以下顺序编制、披露附注的主要内容。

（一）企业简介和主要财务指标

（1）企业名称、注册地、组织形式和总部地址。

（2）企业的业务性质和主要经营活动。

（3）母公司及集团最终母公司的名称。

（4）财务报告的批准报出者和财务报告的批准报出日。

（5）营业期限有限的企业，还应当披露有关营业期限的信息。

（6）截至报告期末，公司近3年的主要会计数据和财务指标。

（二）财务报表的编制基础

财务报表的编制基础是指财务报表是在持续经营基础上还是在非持续经营基础上编制的。企业一般是在持续经营基础上编制财务报表，清算、破产属于非持续经营基础。

（三）遵循企业会计准则的声明

企业应当声明编制的财务报表符合企业会计准则的要求，真实、完整地反映了企业的财务状况、经营成果和现金流量等有关信息，以此明确企业编制财务报表所依据的制度基础。

(四)重要会计政策和会计估计

企业应当披露采用的重要会计政策和会计估计,不重要的会计政策和会计估计可以不披露。在披露重要会计政策和会计估计时,企业应当披露重要会计政策的确定依据和财务报表项目的计量基础,以及会计估计中所采用的关键假设和不确定因素。

(五)会计政策和会计估计变更以及差错更正的说明

企业应当按照会计政策、会计估计变更和差错更正会计准则的规定,披露会计政策和会计估计变更以及差错更正的有关情况。

(六)报表重要项目的说明

企业对报表重要项目的说明,应当按照资产负债表、利润表、现金流量表、所有者权益变动表及其项目列示的顺序,采用文字和数字描述相结合的方式进行披露。报表重要项目的明细金额合计应当与报表项目金额相衔接,主要包括以下重要项目:应收款项、存货、长期股权投资、投资性房地产、固定资产、无形资产、职工薪酬、应交税费、短期借款和长期借款、应付债券、长期应付款、营业收入、公允价值变动收益、投资收益、资产减值损失、营业外收入、营业外支出、所得税费用、其他综合收益、政府补助、借款费用。

(七)或有事项和承诺事项、资产负债表日后非调整事项、关联方关系及其交易等需要说明的事项

(八)有助于财务报表使用者评价企业管理资本的目标、政策及程序的信息

本模块小结

(1)财务报告是指企业对外提供的反映企业某一特定日期的财务状况和某一会计期间的经营成果、现金流量等会计信息的文件。财务报表是财务报告的主体和核心内容,包括"四表一注",即资产负债表、利润表、现金流量表、所有者权益(或股东权益)变动表和附注。

(2)资产负债表是反映企业某一特定日期财务状况的静态报表。资产负债表是根据"资产=负债+所有者权益"等式编制的,其结构有账户式和报告式,我国采用账户式。资产负债表提供企业资产、负债及所有者权益的各项内容,主要根据资产类账户、负债类账户、所有者权益类账户的期末余额编制。

(3)利润表是反映企业在一定会计期间经营成果的动态报表。利润表是根据"收入—费用=利润"等式编制的,其结构有单步式和多步式,我国一般采用多步式。利润表反映企业利润的形成情况,主要根据损益类账户的发生额分析填列。

(4)现金流量表是反映企业一定会计期间现金和现金等价物流入和流出的报表。正表反映现金流量表的各项目内容。

(5)所有者权益(或股东权益)变动表是反映构成所有者权益(或股东权益)的各组成部分当期的增减变动情况的报表。通过该表,使用者可以了解企业某一会计年度所有者权益(或股东权益)的各项目实收资本(或股本)、资本公积、盈余公积和未分配利润等的增加、减少及其余额的情况,分析其变动原因并预测未来的变动趋势。

(6)附注是对在资产负债表、利润表、所有者权益(或股东权益)变动表和现金流量表等

报表中列示项目的文字描述或明细资料,以及对未能在这些报表中列示项目的说明等。

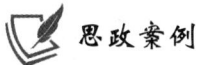

轻舟已过万重山
——从华为看"自主创新"

2023年9月,华为新一代旗舰手机Mate 60 Pro引发了广泛关注。华为门店再现排队盛况,甚至出现了一机难求的情况。尽管华为官方并未谈及太多该手机各方面的技术参数,但根据实际测算,其网速已经达到5G标准。这意味着,在经历近年来的外部技术封锁和打压后,华为并未停滞不前,反而迎来了新生。

"剑外忽传收蓟北,初闻涕泪满衣裳",这是很多人听到华为Mate 60发售消息后的第一反应。许多网友之所以倍感振奋,并不在于一台手机能够实现怎样的技术跨越,而是这种突破本身传递的信心和彰显的底气。事实表明,矢志创新的中国企业并不会被外界的压力轻易击倒。打不倒我们的,只会使我们更强大。中央广播电视总台主持人在"主播说联播"中点评道:"华为不但没有倒下,还在不断壮大,1万多个零部件已经实现国产化。华为突围,说明自主创新大有可为。"

从华为的报表来看,它的成功并不是无迹可寻,华为虽然和许多民营企业一样从做"贸易"起步,但是华为没有同部分企业一般,只沿着"贸易"的路线发展,而是踏踏实实地搞起了自主研发。

表9-10 华为2018—2022年利润表分析

单位:百万元

	2018年	2019年	2020年	2021年	2022年
营业收入	721 202	858 833	891 368	630 698	642 338
营业利润	73 287	77 835	72 501	121 412	42 216
研发费用	101 509	131 659	141 893	142 666	161 499
净利润	59 345	62 656	64 649	113 718	35 562

华为2018—2022年利润表分析如表9-10所示。从表中可知,华为2020年的营业收入为891 368百万元人民币。较之其他几年,2020年的营业收入是最高的。2021年,华为在营业收入方面出现了首次下降,下降幅度超过28%。其原因是美国打压、疫情影响和5G建设需求减弱。虽然华为2021年的净利润增长幅度是近几年中最大的,增长幅度达到75%以上。但根据华为公布的业绩,增长的主要原因是华为销售了X86的业务,提高了运营质量,以及优化了公司的产品结构。从表中还可以看出,华为将每年销售收入的10%投入研发。据统计,华为近10年累计投入的研发费用超过9 773亿元人民币。其中,2022年的研发费用支出约为1 615亿元人民币,占全年收入的25.1%;2022年年末,研发员工约11.4万名,占总员工数量的55.4%,在华为员工中,有多于一半的人在从事技术研发。为了保持技术领先优势,华为在招揽人才时提供的薪资往往比很多外资企业还高。截至2022年年底,华为在全球共持有有效授权专利超过12万件。

表 9-11 华为 2018—2022 年资产负债总额变动情况

单位：百万元

	2018 年	2019 年	2020 年	2021 年	2022 年
总资产	665 792	858 661	876 854	982 971	1 063 804
总负债	432 727	563 124	546 446	568 319	626 728
所有者权益	233 065	295 537	330 408	414 652	437 076

华为 2018—2022 年资产负债总额变动情况如表 9-11 所示。从表中可以看出，华为在 2018—2022 年期间，每年年末的资产总额稳步上升，由 2018 年的 665 792 百万元增长至 2022 年的 1 063 804 百万元，五年时间里增长了约 1.6 倍，这说明华为在这五个会计年度处于稳定扩张期。

科技兴则国家兴，科技强则国家强。在国际竞争日趋激烈的今天，只有把核心技术掌握在自己手中，才能真正掌握竞争和发展的主动权。真正的核心技术是买不来的，要想突破西方国家的技术封锁，唯有科技自立，不断创新。自主创新不仅是企业的需求，更是国家的需要。我们不能仅仅依赖于引进和模仿，而是要通过自主研发和创新，走出一条具有中国特色的科技发展道路。永远不要低估一个奋进者的决心。华为创始人任正非曾这样说："除了胜利，我们已经无路可走。"一台能够达到 5G 速率的智能手机绝非终点。只有始终保持锐意进取、顽强拼搏的精神状态，在开放中创新，在创新中自强，才能看到前方更壮丽的风景。

育人目标

(1) 结合案例，思考大学生应当如何培养自主创新能力。
(2) 结合华为财务报表，对华为的资产结构和净利润进行分析。

课证融通同步训练

一、单项选择题

1. (2022年真题)下列各项中,反映企业某一特定日期财务状况的报表是(　　)。
   A. 利润表　　　　　　　　　　B. 现金流量表
   C. 资产负债表　　　　　　　　D. 所有者权益变动表

2. (2022年真题)2021年12月31日,某企业应付款项相关会计科目期末贷方余额为:其他应付款40万元,应付利息10万元,应付股利300万元。不考虑其他因素,2021年12月31日该企业资产负债表中"其他应付款"项目期末余额栏应填列的金额为(　　)万元。
   A. 0　　　　B. 350　　　　C. 310　　　　D. 300

3. (2022年真题)某企业有一笔长期借款将于2022年6月1日到期,在编制2021年12月31日资产负债表时,该笔长期借款应列入的报表项目是(　　)。
   A. 一年内到期的非流动负债　　　　B. 长期借款
   C. 短期借款　　　　　　　　　　　D. 其他非流动负债

4. (2022年真题)下列各项中,应根据有关科目余额减去其备抵科目余额的净额填列的项目是(　　)。
   A. 货币资金　　　B. 预收款项　　　C. 短期借款　　　D. 无形资产

5. (2022年真题)2021年12月31日,某企业有关科目余额如下:"库存商品"科目借方余额1 000万元,"原材料"科目借方余额580万元,"材料成本差异"科目借方余额80万元,"工程物资"科目借方余额150万元。不考虑其他因素,该企业2021年12月31日资产负债表中"存货"项目期末余额栏应填列的金额为(　　)万元。
   A. 1 660　　　B. 1 580　　　C. 1 500　　　D. 1 650

6. (2021年真题)某企业年末"应收账款"科目借方余额为100万元,其中明细科目借方余额合计为120万元,贷方余额合计为20万元,年末"坏账准备——应收账款"科目贷方余额为10万元。不考虑其他因素,该企业年末资产负债表中"应收账款"项目期末余额栏应填列的金额为(　　)万元。
   A. 120　　　B. 110　　　C. 90　　　D. 100

7. (2021年真题)2020年12月31日,某公司下列会计科目余额为:"固定资产"科目借方余额1 000万元,"累计折旧"科目贷方余额400万元,"在建工程"科目借方余额80万元,"固定资产减值准备"科目贷方余额80万元,"固定资产清理"科目借方余额20万元。2020年12月31日,该公司资产负债表中"固定资产"项目期末余额应列报的金额为(　　)万元。
   A. 600　　　B. 520　　　C. 620　　　D. 540

8. 下列各项中,应在企业资产负债表"预付款项"项目填列的是(　　)。
   A. "预收账款"科目所属明细科目的期末贷方余额
   B. "应收账款"科目所属明细科目的期末贷方余额

C. "预付账款"科目所属明细科目的期末借方余额
D. "应付账款"科目所属明细科目的期末借方余额

9. (2022年真题)某企业有一笔长期借款将于2022年6月1日到期。企业在编制2021年12月31日资产负债表时,应填列的报表项目是( )。
   A. 短期借款　　　　　　　　　　B. 长期借款
   C. 其他非流动负债　　　　　　　　D. 一年内到期的非流动负债

10. (2022年真题)2020年12月31日,甲公司"长期借款"科目余额为650万元,其中:从乙银行借入的50万元借款距离到期日尚余8个月,甲公司不具有自主展期清偿的权利;从丙银行借入的200万元借款距离到期日尚余13个月;从丁银行借入的400万元借款距离到期日尚余24个月。不考虑其他因素,甲公司2020年12月31日资产负债表"长期借款"项目的期末余额为( )万元。
    A. 650　　　　B. 400　　　　C. 600　　　　D. 50

11. (2022年真题)下列各项中,属于企业资产负债表中负债项目的是( )。
    A. 递延收益　　B. 预付款项　　C. 其他收益　　D. 其他综合收益

12. (2020年真题)2019年12月31日,甲公司有关科目的期末贷方余额如下:实收资本80万元,资本公积20万元,盈余公积35万元,利润分配——未分配利润5万元。不考虑其他因素,2019年12月31日,该公司资产负债表中"所有者权益合计"项目期末余额填列的金额为( )万元。
    A. 80　　　　B. 100　　　　C. 120　　　　D. 140

13. (2022年真题)下列各项中,不应列入利润表"营业成本"项目的是( )。
    A. 已对外销售的原材料的成本
    B. 以经营租赁方式出租的固定资产的折旧额
    C. 无形资产出售净损失
    D. 成本模式计量的投资性房地产的折旧或摊销额

14. (2022年真题)下列各项中,应在利润表"管理费用"项目填列的是( )。
    A. 行政管理用外购非专利技术的摊销额　　B. 支付的商品质量三包费
    C. 专利权处置净损失　　　　　　　　　　D. 签订合同交纳的印花税

15. (2022年真题)下列各项中,属于企业利润表中"营业外支出"项目列报内容的是( )。
    A. 出售固定资产确认的净损失　　　　B. 交易性金融资产的公允价值变动净损失
    C. 自然灾害造成的存货毁损净损失　　D. 存货的减值净损失

16. (2021年真题)下列各项中,制造业企业应在利润表"营业成本"项目填列的是( )。
    A. 出售固定资产发生的净损失　　　　B. 在建工程领用产品的成本
    C. 为取得生产技术服务合同发生的投标费　D. 出租包装物的摊销额

17. (2021年真题)甲公司为增值税一般纳税人。2020年12月22日销售M商品200件,每件商品的标价为6万元(不含增值税),给予购货方200万元的商业折扣。M商品适用的增值税税率为13%,开具增值税专用发票,销售商品符合收入确认条件。不考虑其他因素,甲公司2020年度利润表中"营业收入"项目"本期金额"栏的填列金额增加( )万元。
    A. 1 130　　　　B. 1 000　　　　C. 1 356　　　　D. 1 200

18. (2022年真题)下列各项中,应在现金流量表"经营活动产生的现金流量"项目中填列的是(　　)。
    A. 为客户代垫的商品运杂费　　　　B. 支付短期借款利息
    C. 收到被投资单位发放的现金股利　　D. 从银行借入短期借款

19. (2022年真题)下列各项中,应列入企业现金流量表中"筹资活动产生的现金流量"项目的是(　　)。
    A. 支付的各项税费　　　　　　　　B. 取得子公司支付的现金净额
    C. 购建固定资产支付的现金　　　　D. 偿还借款支付的现金

20. (2022年真题)下列各项中,属于所有者权益变动表中单独列示的项目是(　　)。
    A. 营业利润　　B. 净利润　　C. 利润总额　　D. 综合收益总额

二、多项选择题

1. (2022年真题)下列资产负债表项目中,属于非流动资产的有(　　)。
    A. 持有待售资产　　　　　　　　B. 债权投资
    C. 其他债权投资　　　　　　　　D. 其他权益工具投资

2. (2022年真题)企业应根据总账科目期末余额直接填列的有(　　)。
    A. 固定资产　　B. 短期借款　　C. 资本公积　　D. 长期借款

3. (2022年真题)下列各项中,应在资产负债表"应付账款"项目列报的有(　　)。
    A. "应付账款"明细科目的借方余额　　B. "应付账款"明细科目的贷方余额
    C. "预收账款"明细科目的借方余额　　D. "预付账款"明细科目的贷方余额

4. (2022年真题)下列应在资产负债表"其他应收款"项目填列的有(　　)。
    A. 确认被投资方已宣告但尚未发放的现金股利
    B. 支付的租入包装物押金
    C. 为购买方代垫的商品包装费
    D. 为职工代垫的房租

5. (2022年真题)下列各项中,资产负债表"期末余额"栏金额应根据相关总账科目和明细账科目余额分析计算填列的项目有(　　)。
    A. 长期借款　　　　　　　　　　B. 资本公积
    C. 其他非流动资产　　　　　　　D. 货币资金

6. (2022年真题)下列各项中,应在企业资产负债表"存货"项目填列的有(　　)。
    A. 生产成本　　B. 委托加工物资　　C. 原材料　　D. 工程物资

7. (2020年真题)下列各项中,应在资产负债表"在建工程"项目中列报的有(　　)。
    A. 在建工程减值准备　　　　　　B. 工程物资
    C. 在建工程　　　　　　　　　　D. 固定资产清理

8. (2020年真题)下列会计科目中,其余额应在资产负债表"无形资产"项目填列的有(　　)。
    A. 研发支出　　　　　　　　　　B. 累计摊销
    C. 无形资产　　　　　　　　　　D. 无形资产减值准备

9. (2020年真题)下列各项中,应列入企业资产负债表"应交税费"项目的有(　　)。
    A. "应交税费——应交消费税"科目期末贷方余额

B. "应交税费——应交资源税"科目期末贷方余额

C. "应交税费——应交车船税"科目期末贷方余额

D. "应交税费——应交个人所得税"科目期末贷方余额

10. (2020年真题)下列各项中,不属于企业资产负债表"所有者权益"项目的有( )。
    A. 库存股
    B. 公允价值变动收益
    C. 每股收益
    D. 其他综合收益

11. (2021年真题)下列各项中,应在制造业企业利润表"营业收入"项目列示的有( )。
    A. 持有交易性金融资产期间取得的利息收入
    B. 销售商品取得的收入
    C. 出租无形资产的租金收入
    D. 出售固定资产实现的净收益

12. (2022年真题)下列各项中,导致现金流量表中"现金及现金等价物净增加额"项目本期金额变动的有( )。
    A. 为购货方代垫运费
    B. 计提固定资产减值准备
    C. 以银行存款归还短期借款
    D. 取得投资收益收到的现金股利

13. (2022年真题)下列各项中,属于经营活动产生的现金流量的项目有( )。
    A. 购建固定资产支付的现金
    B. 购买债券支付的现金
    C. 广告宣传支付的现金
    D. 购买商品支付的现金

14. (2020年真题)下列各项中,属于所有者权益变动表"本年增减变动金额"项目的有( )。
    A. 盈余公积转增资本
    B. 提取盈余公积
    C. 盈余公积弥补亏损
    D. 资本公积转增资本

15. (2022年真题)企业财务报表附注应披露的内容有( )。
    A. 会计差错更正的说明
    B. 财务报表编制基础
    C. 重要会计政策
    D. 报表重要项目的说明

三、判断题

1. (2022年真题)资产负债表中"短期借款"项目期末余额应根据"短期借款"总账科目的余额直接填列。( )

2. (2022年真题)企业"生产成本"科目的期末余额,应在资产负债表"存货"项目中填列。( )

3. (2021年真题)资产负债表中的"开发支出"项目应根据"研发支出"科目所属的"资本化支出"明细科目期末余额填列。( )

4. (2021年真题)企业资产负债表中"使用权资产"项目应根据"使用权资产"科目的期末余额减去"使用权资产累计折旧"和"使用权资产减值准备"科目的期末余额后的金额填列。( )

5. (2022年真题)企业"预付账款"科目所属明细科目期末为贷方余额的,应将其贷方余额在资产负债表"应付账款"项目内填列。( )

6. (2022年真题)企业实现的净利润经过弥补亏损、提取盈余公积和向投资者分配利润后留存在企业的、历年结存的利润应作为未分配利润在资产负债表"未分配利润"项目列报。
（　　）

7. （2021年真题）企业应交纳的增值税应在利润表的"税金及附加"项目中填列。（　　）

8. （2021年真题）利润表中"综合收益总额"项目依据企业净利润和其他综合收益（税后净额）的合计金额填列。（　　）

9. （2022年真题）出售固定资产收到的现金属于投资活动的现金流量。（　　）

10. （2022年真题）企业购建固定资产支付的现金，应在现金流量表"经营活动产生的现金流量"项目填列。（　　）

11. （2022年真题）企业在财务报表附注中披露存货增减变动情况，可使财务报表使用者了解资产负债表中未单列的存货分类信息。（　　）

12. （2022年真题）企业在编制年报时，所有者权益变动表"未分配利润"栏目的本年年末余额，应当与资产负债表"未分配利润"项目的年末余额相等。（　　）

13. （2020年真题）企业采用的重要会计政策和会计估计属于财务报表附注披露的内容。（　　）

四、业务题

[业务题一]

目的： 填列资产负债表应收账款、预收款项、预付款项和应付账款项目。

资料： 甲公司2×23年12月31日结账后有关科目余额如表9-12所示。

表9-12　甲公司2×23年12月31日结账后有关科目余额

单位：元

科目名称	明细科目借方余额	明细科目贷方余额
应收账款	500	30
坏账准备——应收账款		50
预收账款		200
应付账款	100	300
预付账款	200	60

要求： 根据上述资料，分别计算资产负债表中应收账款、预收款项、预付款项和应付账款项目的金额。

[业务题二]

目的： 填列资产负债表存货项目。

资料： 2×23年12月31日，某企业"生产成本"科目借方余额250万元，"原材料"科目借方余额150万元，"发出商品"科目借方余额50万元，"材料成本差异"科目贷方余额10万元，"委托加工物资"科目借方余额50万元，"存货跌价准备"科目贷方余额40万元，"工程物资"科目借方余额100万元。

要求： 计算期末资产负债表"存货"项目的金额。

[业务题三]

目的： 利润表的填列。

资料：丁公司2×23年4月月末有关损益类账户结转前的资料如表9-13所示。

表9-13 丁公司2×23年4月月末有关损益类账户结转前的资料

单位：元

账户名称	本期发生额		账户名称	本期发生额	
	借方	贷方		借方	贷方
主营业务收入	20 000	670 000	主营业务成本	250 000	10 000
其他业务收入		130 000	销售费用	60 000	
营业外收入		20 000	税金及附加	40 000	
投资收益	140 000	100 000	其他业务成本	50 000	
			营业外支出	10 000	
			管理费用	50 000	4 000
			财务费用	25 000	5 000
			所得税费用	26 000	

要求：根据上述资料，分析填写本月利润表下列各项目金额。

（1）营业收入为（　　　）元；

（2）营业成本为（　　　）元；

（3）财务费用为（　　　）元；

（4）营业利润为（　　　）元；

（5）利润总额为（　　　）元。

[业务题四]

目的：填列资产负债表其他应收款项目。

资料：2×23年12月31日，某企业"其他应收款"科目借方余额为1 000万元，"应收利息"科目借方余额为200万元，"应收股利"科目借方余额为150万元，"坏账准备"科目中有关其他应收款的坏账准备余额为60万元。

要求：不考虑其他因素，计算该企业2×23年12月31日资产负债表中"其他应收款"项目的金额。

本模块实训任务

【实训内容】
1. 编制资产负债表
2. 编制利润表

【实训目的】
1. 了解财务会计报告的基本概念
2. 掌握财务会计报告的基本编制方法
3. 较为熟练地掌握资产负债表和利润表的基本编制方法

【实训要求】
1. 完成资产负债表的编制
2. 完成利润表的编制

实训一　资产负债表的编制

A 公司 2×23 年 12 月 31 日全部总账和有关明细账余额如表 9-14 所示。

表 9-14　总分类账户期末余额

2×23 年 12 月 31 日　　　　　　　　　　　　　　　单位:元

账户名称	借方余额	账户名称	贷方余额
库存现金	35 000	短期借款	1 000 000
银行存款	550 000	应付票据	150 000
其他货币资金	350 000	应付账款	260 000
应收票据	55 000	其他应付款	102 250
应收账款	315 000	应付职工薪酬	−70 000
坏账准备	−1 800	应交税费	77 600
其他应收款	45 000	长期借款	750 000
材料采购	55 000	其中:一年内到期的借款	100 000
原材料	110 000	长期应付款	275 000
材料成本差异	−16 150	实收资本	750 000
库存商品	195 000	资本公积	300 000
生产成本	43 000	盈余公积	100 000
长期股权投资	360 000	其中:公益金	35 000
债权投资	34 300	利润分配—未分配利润	73 000
固定资产	1 200 000		
累计折旧	−250 000		
工程物资	80 000		

(续表)

账户名称	借方余额	账户名称	贷方余额
在建工程	520 000		
无形资产	50 000		
长期待摊费用	38 500		

"坏账准备"科目贷方余额中有关应收账款计提的坏账准备余额为1 575元,有关其他应收款计提的坏账准备余额为225元。根据上述资料分析,编制下列资产负债表(表9-15)。

表9-15 资产负债表(简表)

编制单位: 2×23年12月31日 单位:元

资产	期末余额	期初余额	负债和所有者权益（或股东权益）	期末余额	期初余额
流动资产:			流动负债:		
货币资金			短期借款		
应收票据			应付票据		
应收账款			应付账款		
其他应收款			应付职工薪酬		
存货			应交税费		
合同资产			其他应付款		
一年内到期的非流动资产			一年内到期的非流动负债		
流动资产合计			流动负债合计		
非流动资产:			非流动负债		
债权投资			长期借款		
长期应收款			应付债券		
长期股权投资			其中:优先股		
其他非流动资产			永续股		
投资性房地产			租赁负债		
固定资产			长期应付款		
在建工程			预计负债		
无形资产			递延收益		
开发支出			递延所得税负债		
商誉			其他非流动负债		
长期待摊费用			非流动负债合计		
其他非流动资产			负债合计		
非流动资产合计			所有者权益(或股东权益)		

(续表)

资产	期末余额	期初余额	负债和所有者权益（或股东权益）	期末余额	期初余额
			实收资本（或股本）		
			其中：优先股		
			永续股		
			资本公积		
			减：库存股		
			其他综合收益		
			专项储备		
			盈余公积		
			未分配利润		
			所有者权益（或股东权益）合计		
资产总计			负债和所有者权益（或股东权益）总计		

实训二 利润表的编制

B公司2×23年8月份有关账户发生额数据如表9-16所示。

表9-16 B公司2×23年8月份有关账户发生额

主营业务收入	3 600 000元
其他业务收入	200 000元
主营业务成本	2 040 000元
其他业务成本	80 000元
税金及附加	120 000元
管理费用	288 000元
财务费用	72 000元
销售费用	180 000元
投资收益	240 000元
营业外收入	45 000元
营业外支出	28 500元
所得税费用	319 125元

根据上述资料分析，编制B公司2×23年8月份的利润表（表9-17）。

表 9-17　利润表

编制　　　　　　　　　　　　　年　月　　　　　　　　　　　　　　　单位：元

项目	本期金额
一、营业收入	
减：营业成本	
税金及附加	
销售费用	
管理费用	
研发费用	
财务费用	
其中：利息费用	
利息收入	
加：其他收益	
投资收益	
其中：对联营企业和合营企业投资的收益	
净敞口套期收益（损失以"—"号填列）*	
以摊余成本计量的金融资产终止确认收益（损失以"—"号填列）	
公允价值变动收益（损失以"—"号填列）*	
资产减值损失（损失以"—"号填列）*	
信用减值损失（损失以"—"号填列）*	
资产处置收益（损失以"—"号填列）	
二、营业利润（亏损以"—"号填列）	
加：营业外收入	
减：营业外支出	
三、利润总额（亏损总额以"—"号填列）	
减：所得税费用	
四、净利润（净亏损以"—"号填列）	
（一）持续经营净利润（净亏损以"—"号填列）	
（二）终止经营净利润（净亏损以"—"号填列）	
五、其他综合收益的税后净额	
（一）以后不能重分类进损益的其他综合收益	
（二）以后将重分类进损益的其他综合收益	
六、综合收益总额	
七、每股收益：	
（一）基本每股收益	
（二）稀释每股收益	

模块十 会计规范

素质目标

1. 培育会计法治素养
2. 培育会计技术素养
3. 培育职业道德意识

知识目标

1. 了解会计规范的内容
2. 理解会计规范的意义
3. 掌握会计工作规范

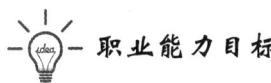
职业能力目标

1. 正确判断会计行为的合法性
2. 熟悉会计基本法规和基础工作规范
3. 熟悉会计人员职业道德

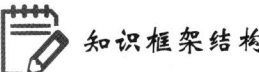
知识框架结构

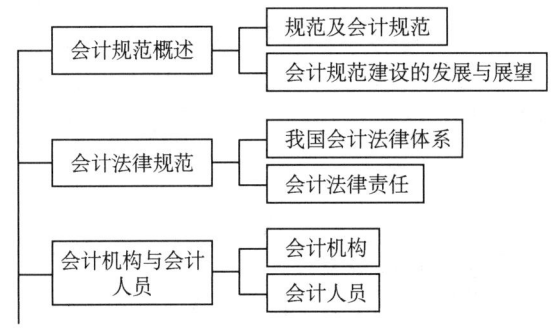

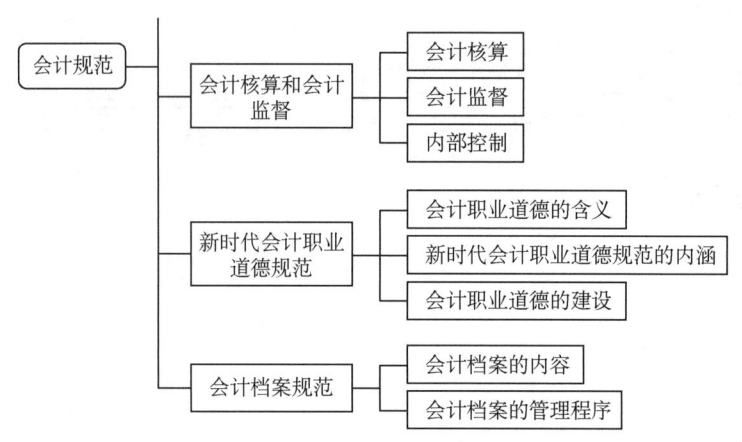

任务一 会计规范概述

一、规范及会计规范

(一) 什么是规范

在《说文解字》中,"规,有法度也。从夫、从见"。男子拿着类似测量长度单位的工具进行测量计度范围是规之范式。"规"的本义是指有法度的正圆之器,引申指法则、章程、标准。"范"本指一种出行时的祭祀,古代文献中多用来表示模子、法则。《说文解字》一般认为"范,法也","范"是"笵"的通假。"规"与"范"两者分别是对物、料的约束器具,两者合用为"规范",拓展为对思维和行为的约束力量,如法律、规章制度、纪律、某一行为或活动所达到或超越规定的标准等。

会计工作是宏观经济管理和市场资源配置的基础性工作。经济越发展,会计越重要,会计工作的重要性日益得到社会认同,包括会计信息在内的财会信息是经济发展的"晴雨表",是营商环境的"检测剂",是宏观经济决策的重要依据。没有高质量的会计信息支持,就难以实现高质量发展,难以营造更加宽松、公平的营商环境,难以进行更加务实、科学的宏观经济决策。会计工作必须遵循统一的标准,按照会计程序,采用会计方法,将经济数据进行分类、加工和整理,使其成为会计资料,从而提炼出有用的会计信息。

会计的两大基本职能是会计核算与监督。会计规范是指在会计活动中应当遵循的约束性或指导性的行为准则,即在会计活动中依法核算经济业务、依法进行财会监督,"依法"就是依据我国的法律制度。

(二) 会计规范建设的意义

1. 会计规范是会计法治建设的需要

会计规范是国家或社会为防止和纠正市场经济行为偏差而做出的制度安排,这种制度安排需要随着会计环境的变化而不断发展和完善。我们要从加快完善中国特色社会主义会计法律规范体系、保障社会主义市场经济正常运行的高度,深刻认识会计规范工作对扎实推进会计法治建设具有重大意义。

2. 会计规范是财会监督的需要

党的十九大把坚持全面依法治国作为新时代坚持和发展中国特色社会主义的基本方略之一,十九届中央纪委四次全会首次将财会监督纳入党和国家监督体系。党的二十大报告指出,全面建设社会主义现代化国家的 12 项重点任务之一是坚持全面依法治国,推进法治中国建设。2023 年 2 月,中共中央办公厅、国务院办公厅印发《关于进一步加强财会监督工作的意见》,这是做好新时代财会监督工作的纲领性文件和行动指南。我们要从健全党和国家监督体系、完善中国特色社会主义制度的高度,深刻认识会计规范工作对进一步加强财会监督工作具有重大意义。

会计规范建设以法律法规为准绳,在我国已形成了较完整的法律体系,从事会计工作必须了解相关内在关系。

二、会计规范建设的发展与展望

(一) 会计规范建设的历程

会计规范的发展和完善实质上是一个制度改革和创新的过程,总体划分为五个阶段:

1. 起步阶段

1949 年至 1978 年,是我国计划经济体制时期,这一阶段的会计制度主要表现为高度统一的,分所有制、分行业、分部会计制度体系。

1979 年,党的十一届三中全会召开,至 1991 年,是有计划的商品经济时期,财政部开始施行有别于以前的工业企业、国营供销企业、国营施工企业、建设单位会计制度。为适应对外开放政策的需要,我国颁布了《国营对外承包企业示范会计制度——会计科目和会计报表》《中外合资经营企业会计制度》《中外合资经营工业企业会计科目和会计报表》。轻工业部、农垦总局、水利部、机械部、电力部、商业部等都结合本部门的具体情况制定了会计制度。

1985 年 1 月 21 日,新中国第一部《会计法》的诞生,标志着会计工作法治化建设开始起步。

2. 探索阶段

1992 年至 2007 年,是中国特色社会主义市场经济时期。在这一阶段,会计制度的改革步伐进一步加快,财政部不断出台新的会计准则,不断修订运用中存在问题的会计准则,发布了国家统一的《企业会计制度》《企业财务通则》《企业会计准则——基本准则》等 38 项新的会计具体准则和《企业会计准则应用指南》。此时的会计制度不再按所有制、行业和部门进行区分,而采用国际通行的借贷记账法、会计要素分类法、会计等式和会计报表体系,实行国际会计惯例,这标志着我国会计规范从延续了 40 多年的统一会计制度进入了会计准则和会计制度并存的局面。期间,经 1993 年 12 月、1999 年 10 月修正和修订后的《会计法》,自 2000 年 7 月 1 日起实施。

3. 稳固阶段

2008 年至 2015 年,我国以财政部制定第一个《会计改革与发展纲要(修订稿)》为起点,与国家规划、国家财政规划同步同向,每五年制定会计改革与发展规划纲要,这意味着我国的会计规范化工作得到巩固并取得突破。

其中,2008年至2010年,我国建成企业会计准则并有效实施,构建完成企业内部控制规范体系,发布可拓展商业报告语言(extensible business reporting language,XBRL)技术规范系列国家标准和企业会计准则通用分类标准,会计信息化建设取得重大突破,会计准则国际趋同向纵深发展。

2011年至2015年,我国初步形成了较为系统完善的会计法律法规体系,企业会计准则体系进一步完善。围绕党的十八届三中全会关于"建立权责发生制政府综合财务报告制度"的指示精神,全面推进政府会计改革并取得初步成果;管理会计体系建设全面启动,内部控制规范全面有效实施;会计信息化标准体系建设深入推进,企业会计准则通用分类标准不断完善,会计资料无纸化程度不断提高;我国会计话语权不断提升,会计标准获国际认可。

4. 高速发展阶段

2016年至2020年,我国会计法治建设成效明显,并于2017年对《会计法》进行第二次修订,全面启动修法工作。2020年以来,结合贯彻落实习近平总书记关于财会监督的重要讲话精神和党中央、国务院关于加强财会监督工作的决策部署,形成《会计法修订草案(送审稿)》,4项部门规章完成修订并有效实施,16项规范性文件相继出台;政府会计准则制度体系基本建成并全面实施,制定发布10项具体准则及2项具体准则应用指南、1项《政府会计制度——行政事业单位会计科目和报表》、3项政府会计准则制度解释及1项事业单位成本核算基本指引、系列补充规定及新旧衔接规定等;企业会计准则高质量建设和高标准执行相互促进,修订发布11项会计准则并组织编写应用指南,发布5项企业会计准则解释,制定《增值税会计处理规定》等会计处理规定;推动会计职能拓展升级,管理会计、内部控制和会计信息化建设迈上更高台阶。至此,我国形成了以1项管理会计基本指引为统领、以34项管理会计应用指引为具体指导、以50余项案例示范为补充的管理会计指引体系。在内部控制建设方面,印发《关于全面推进行政事业单位内部控制建设的指导意见》《小企业内部控制规范(试行)》等;在会计信息化建设方面,发布海关电子缴款书扩展分类标准等会计信息化标准。

5. 高质量发展阶段

2021年12月,财政部正式印发《会计改革与发展"十四五"规划纲要》(以下简称《规划纲要》),对未来五年我国会计改革与发展作出全面部署。会计工作作为财政工作的重要组成,在融入经济社会发展大局和财政管理工作全局,以及推动高质量发展方面,必将实现更高质量、更加公平、更可持续的发展。2024年6月28日第十四届全国人民代表大会常务委员会第十次会议《关于修改〈中华人民共和国会计法〉的决定》对会计法进行了第三次修正。

随着新技术的发展,特别是人工智能、电子会计凭证等新技术、新事物的出现,会计职能顺应经济社会发展要求,正在从传统的确认、计量、记录、报告向价值管理、决策支持等进行转型,并拓展到管理会计、内部控制和会计信息化建设。提质增效是会计改革与发展的最终目标。未来5年,会计工作将围绕"会计法治更具约束刚性"的总目标,加快形成完备的会计法律规范体系,推进《中华人民共和国注册会计师法》(以下简称《注册会计师法》)及其配套规章制度的修订;加快形成高效的会计法治实施体系,加大会计执法力度,创新会计执法方式,强化执法协作机制;加快营造诚实守信的会计法治环境,探索建立会计诚信体系,加大会计诚信教育,健全会计人员守信激励机制等。会计规范建设随着我国法治建设的进程,也会取得长足发展。

从当前会计实际工作的会计规范出发,本模块主要从会计法律规范、会计机构与会计人员、会计核算与会计监督、新时代会计职业道德规范和会计档案规范五个方面论述会计规范的主要内容。

任务二 会计法律规范

会计法律制度是指国家权力机关和行政机关制定的关于会计工作的法律法规、规章和规范性文件的总称。

一、我国会计法律体系

我国已构建相对完善的中国特色社会主义会计法律规范体系,它以《会计法》和《注册会计师法》两部法律为统领,以《总会计师条例》和《企业财务会计报告条例》两部行政法规和若干部门规章为主干,以国家统一的会计制度和行业管理制度为重要组成部分,以地方会计法规制度为补充。我国会计法律体系主要包括四个层次:会计法律、会计行政法规、国家统一的会计制度和地方性会计法规,其构成如表10-1所示。法律规范强调国家统一的权威性,具有法律的强制性特征,国家机关、社会团体、公司企业、事业单位或其他的组织和会计人员必须执行。

表 10-1 我国会计法律体系的构成

会计法律制度		制定机关	法律文件
会计基本法		全国人大常务委员会	《会计法》
会计行政法规		国务院	《总会计师条例》《企业财务会计报告条例》
国家统一的会计制度	部门规章	财政部	(财政部令)《企业会计准则》及其解释、《基本建设财务规则》《会计档案管理办法》
	会计规范性文件	财政部	(财政部文件)《企业会计制度》及其准则《科学事业单位财务制度》《关于规范电子会计凭证报销入账归档的通知》《会计人员管理办法》《会计基础工作规范》《企业内部控制基本规范》《会计人员继续教育专业科目指南(2022年版)》等
地方性会计法规		省、自治区、直辖市人民代表大会或常务委员会	《厦门市会计人员条例》《云南省会计条例》

(一)会计法律

会计法律是由全国人民代表大会及其常委会经过一定立法程序制定的有关会计工作的法律,是会计法规体系的最高层次,是制定其他会计法规的依据,也是指导会计工作的最高准则,是会计机构、会计工作、会计人员的根本大法。现行相关法律主要有《会计法》《注册会计师法》《中华人民共和国预算法》(以下简称《预算法》)等。

(二)会计行政法规

会计行政法规由国务院制定发布或由国务院有关部门拟订、经国务院批准发布,其制定依据是《会计法》,一般以条例的形式发布。如《总会计师条例》《企业财务会计报告条例》。

(三)国家统一的会计制度

国家统一的会计制度由财政部制定,包括部门规章和规范性文件,其内容主要涉及会计核算制度、会计监督制度、会计机构和会计人员制度和会计工作管理制度。

1. 会计部门规章

会计部门规章是由财政部制定,并由部门首长签署命令予以公布的制度办法。它以财政部令形式发布,如财政部令第76号《企业会计准则——基本准则》、财政部国家档案局令第79号《会计档案管理办法》、财政部令第81号《基本建设财务规则》、财政部令第108号《事业单位财务规则》、财政部令第113号《行政单位财务规则》等。

2. 会计规范性文件

会计规范性文件是指财政部就会计工作中的某些方面所制定的规范性文件,一般以制度、准则、规定、办法、规范、通知等形式发布。如《企业会计制度》及其准则、《科学事业单位财务制度》《关于规范电子会计凭证报销入账归档的通知》《会计人员管理办法》《会计基础工作规范》《企业内部控制基本规范》《会计人员继续教育专业科目指南(2022年版)》等。

(四)地方性会计法规

地方性会计法规是由省、自治区、直辖市人民代表大会或常务委员会在同宪法、会计法律、行政法规不相抵触的前提下,根据本地区情况制定发布的关于会计核算、会计监督、会计机构和会计人员以及会计工作管理的规范性文件。如《厦门市会计人员条例》《云南省会计条例》。

需要注意的是,在我国的会计法律体系中,法律效力是依次递减的,除单位会计制度和地方性会计法规以外,会计规范性文件的法律效力最低。

二、会计法律责任

(一)法律责任的内容

法律责任是指违反法律规定的行为应当承担的法律后果,也就是对违法者的制裁。法律责任分为民事责任、行政责任、刑事责任。会计法律责任是指单位、会计机构、会计人员违反会计法律制度的行为应承担的法律后果。会计法律责任主要包括应承担的行政责任和刑事责任,如表10-2所示。

表 10-2 会计法律责任

行为	被处罚对象	处罚(处分)
(1) 不依法设置会计账簿 (2) 私设会计账簿 (3) 未按照规定填制、取得原始凭证或者填制、取得的原始凭证不符合规定 (4) 以未经审核的会计凭证为依据登记会计账簿或者登记会计账簿不符合规定 (5) 随意变更会计处理方法 (6) 向不同的会计资料使用者提供的财务会计报告编制依据不一致 (7) 未按照规定使用会计记录文字或者记账本位币 (8) 未按照规定保管会计资料,致使会计资料毁损、灭失 (9) 未按照规定建立并实施单位内部会计监督制度或者拒绝依法实施的监督或者不如实提供有关会计资料及有关情况 (10) 任用会计人员不符合《会计法》规定	单位	① 责令限期改正,警告、通报批评 ② 罚款: 　200 000 元以下 　200 000～1 000 000 元(情节严重)
	直接责任主管人员 直接责任人员	① 责令限期改正,警告、通报批评 ② 罚款: 　50 000 元以下 　50 000～500 000 元(情节严重) ③ 行政处分(公职人员):警告、记过、记大过、降级、撤职、开除 ④ 5 年内不得从事会计工作:(会计人员,情节严重)
(11) 伪造变造会计凭证、会计账簿,编制虚假会计报告 (12) 隐匿或者故意销毁依法应当保存的会计凭证、会计账簿、财务会计报告	单位	① 责令限期改正,警告、通报批评 ② 没收违法所得 ③ 罚款: 　200 000～2 000 000 元(没有违法所得或者违法所得不足二十万元) 　处违法所得一倍以上十倍以下的罚款(违法所得二十万元以上)
	直接责任主管人员 直接责任人员	① 责令限期改正予警告、通报批评 ② 没收违法所得 ③ 罚款: 　100 000～500 000 元 　500 000～2 000 000 元以下(情节严重) ④ 行政处分(公职人员):警告、记过、记大过、降级、撤职、开除 ⑤ 5 年内不得从事会计工作(会计人员,情节严重)
(13) 授意、指使、强令会计机构、会计人员及其他人员伪造、变造会计凭证、会计账簿,编制虚假财务会计报告或者隐匿、故意销毁依法应当保存的会计凭证、会计账簿、财务会计报告	单位 直接责任主管人员 直接责任人员	① 警告、通报批评 ② 罚款: 　200 000～1 000 000 元 　1 000 000～5 000 000 元(情节严重) ③ 行政处分(公职人员):警告、记过、记大过、降级、撤职、开除
上述(1)—(13)行为构成犯罪	直接责任主管人员 直接责任人员	刑事责任
上述(1)—(13)行为受到处罚	单位 直接责任主管人员 直接责任人员	记入信用记录

1. 不依法设置会计账簿等会计违法行为的范围

不依法设置会计账簿等会计违法行为有10项,分别是不依法设置会计账簿;私设会计账簿;未按照规定填制、取得原始凭证或者填制、取得的原始凭证不符合规定;以未经审核的会计凭证为依据登记会计账簿或者登记会计账簿不符合规定;随意变更会计处理方法;向不同的会计资料使用者提供的财务会计报告编制依据不一致;未按照规定使用会计记录文字或者记账本位币;未按照规定保管会计资料,致使会计资料毁损、灭失;未按照规定建立并实施单位内部会计监督制度或者拒绝依法实施的监督或者不如实提供有关会计资料及有关情况;任用会计人员不符合《会计法》规定。

2. 不依法设置会计账簿等会计违法行为应承担的法律责任

县级以上人民政府财政部门可以责令限期改正,给予警告、通报批评,对单位可以并处二十万元以下的罚款;对其直接负责的主管人员和其他直接责任人员,可以处五万元以下的罚款;情节严重的,对单位可以并处二十万元以上一百万元以下的罚款,对其直接负责的主管人员和其他直接责任人员可以处五万元以上五十万元以下的罚款;属于公职人员的,应依法给予行政处分;会计人员存在不依法设置会计账簿等会计违法行为之一,情节严重的,五年内不得从事会计工作。构成犯罪的,依法追究刑事责任。

3. 伪造变造会计凭证、会计账簿,编制虚假会计报告的法律责任

由县级以上人民政府财政部门责令限期改正,给予警告、通报批评,没收违法所得;没有违法所得或者违法所得不足二十万元的,可以对单位并处二十万元以上二百万元以下的罚款,违法所得二十万元以上的,对单位可以并处违法所得一倍以上十倍以下的罚款;对其直接负责的主管人员和其他直接责任人员,可以处十万元以上五十万元以下的罚款,情节严重的,可以处五十万元以上二百万元以下的罚款;属于公职人员的,还应当依法给予行政处分;其中的会计人员,五年内不得从事会计工作。构成犯罪的,依法追究刑事责任。

4. 隐匿或者故意销毁依法应当保存的会计凭证、会计账簿、财务会计报告的法律责任

由县级以上人民政府财政部门责令限期改正,给予警告、通报批评,没收违法所得;没有违法所得或者违法所得不足二十万元的,可以对单位并处二十万元以上二百万元以下的罚款,违法所得二十万元以上的,对单位可以并处违法所得一倍以上十倍以下的罚款;对其直接负责的主管人员和其他直接责任人员,可以处十万元以上五十万元以下的罚款,情节严重的,可以处五十万元以上二百万元以下的罚款;属于公职人员的,还应当依法给予行政处分;其中的会计人员,五年内不得从事会计工作。构成犯罪的,依法追究刑事责任。

5. 授意、指使、强令会计机构、会计人员及其他人员伪造、变造会计凭证、会计账簿,编制虚假财务会计报告或者隐匿、故意销毁依法应当保存的会计凭证、会计账簿、财务会计报告的法律责任

由县级以上人民政府财政部门给予警告、通报批评,并处二十万元以上一百万元以下的罚款;情节严重的,可以并处一百万元以上五百万元以下的罚款;属于公职人员的,还应当依法给予行政处分。构成犯罪的,依法追究刑事责任。

6. 单位负责人对会计人员实行打击报复的法律责任,以及对受打击报复的会计人员的补救措施

单位负责人对依法履行职责、抵制违反《会计法》规定行为的会计人员以降级、撤职、调离工作岗位、解聘或者开除等方式实行打击报复,依法给予处分;构成犯罪的,依法追究刑事

责任。对受打击报复的会计人员,恢复其名誉和原有职务、级别。

7. 其他违反会计法律行为的法律责任和处罚措施

财政部门及有关行政部门的工作人员在实施监督管理中滥用职权、玩忽职守、徇私舞弊或者泄露国家秘密、工作秘密、商业秘密、个人隐私、个人信息的,依法给予处分;构成犯罪的,依法追究刑事责任。

违反本法规定,将检举人姓名和检举材料转给被检举单位和被检举人个人的,依法给予处分。

因违反《会计法》受到处罚的,按照国家有关规定记入信用记录。

任务三 会计机构与会计人员

建立健全各单位的会计机构,配备与工作要求相适应的、具有一定素质和数量的会计人员,是保证会计工作正常进行,充分发挥会计管理职能作用的重要条件。我国《会计法》《会计基础工作规范》等会计规范对会计机构设置和会计人员配备的相关要求作了具体的规定。

一、会计机构

(一) 会计机构设置

会计机构是各单位根据会计工作需要而设置的专门办理会计事务的职能部门。《会计法》第34条规定:各单位应当根据会计业务的需要,依法采取下列一种方式组织本单位的会计工作。

(1) 设置会计机构;

(2) 在有关机构中设置会计岗位并指定会计主管人员;

(3) 委托经批准设立从事会计代理记账业务的中介机构代理记账;

(4) 国务院财政部门规定的其他方式。

该条款对会计机构的设置作出了四种规定,我们可以这样理解。

1. 根据业务需要设置会计机构

各单位可以根据本单位的会计业务繁简情况决定是否设置会计机构,并没有要求每个单位都必须设置会计机构。一般来说,实行企业化管理的事业单位和大、中型企业(包括集团公司、股份有限公司、有限责任公司等)应当设置独立会计机构。规模很小的企业或业务和人员都不多的行政单位等,可以不单独设置会计机构,可将其业务并入其他职能部门或者进行代理记账;为了满足新时代深化改革、转型升级的政策要求和实践需要,一些单位积极探索出企业集团财务共享服务、行政事业单位集中核算、村级会计委托代理服务等新型会计工作组织方式,则可以按国务院财政部门规定的其他方式组织会计工作。

2. 根据业务需要设置会计人员

设置独立会计机构应配备会计机构负责人;不能单独设置会计机构的单位,应当在有关机构中设置会计人员并指定会计主管人员,这是由会计工作专业性、政策性强等特点决定的。"会计主管人员"不是指通常所说的"会计主管""主管会计""主办会计"等,而是指负责组织管理会计事务、行使会计机构负责人职权的负责人。会计主管人员行使会计机构负责人的职权,需按照规定的程序任免。

3. 实行代理记账

不具备设置会计机构和会计人员条件的单位,可以委托经批准设立从事会计代理记账业务的中介机构代理记账。代理记账是指由依法批准设立的中介机构(如会计咨询服务机构)或具备一定条件的单位代替独立核算单位办理记账、结账、报账业务。村级组织(村集体经济组织和村民委员会)则采用村级会计委托代理服务模式,由乡镇人民政府或街道办事处(以下简称代理服务机构)为村级组织代办会计业务。代理服务机构在接受委托后,各行政村不再设会计和出纳,只配备报账员,其资金由代理服务机构根据自愿签订的委托协议,以及会计法及《农村集体经济组织会计制度》等有关要求进行统一管理,实现统一资金账户、统一报账时间、统一报账程序、统一会计核算、统一档案管理"五个统一"。

(二) 会计岗位设置

会计工作岗位是指一个单位会计机构内部根据业务分工而设置的职能岗位。在会计机构内部设置会计工作岗位,有利于明确分工和确定岗位职责,建立岗位责任制;有利于会计人员钻研业务,提高工作效率和质量;有利于会计工作的程序化和规范化,加强会计基础工作;有利于强化会计管理职能,提高会计工作的作用。会计工作岗位的设置原则如下:

1. 根据本单位会计业务的需要设置会计工作岗位

会计工作岗位一般可分为会计机构负责人或者会计主管人员、出纳、财产物资核算、工资核算、成本费用核算、财务成果核算、资金核算、往来结算、总账报表、稽核、档案管理等。各单位会计工作岗位的设置应与本单位业务活动的规模、特点和管理要求相适应。因此,会计岗位可以一人一岗、一人多岗或一岗多人。通常,对于业务活动规模大、业务过程复杂、经济业务量较多的、管理较严格的单位,其会计机构会相应较大,会计机构内部的分工会相应较细,会计人员和岗位相应较多;相反,对于业务活动规模小、业务过程简单、经济业务量较少的管理要求不高的单位,其会计机构会相应较小,会计机构内部的分工会相应较粗,会计人员和岗位也相应较少。

2. 符合内部控制制度的要求

内部控制制度是指凡是涉及款项和财务收付、结算及登记的任何一项工作,必须由两人或两人以上分工办理,以起到相互制约作用的一种工作制度,内部控制制度是企业管理体系的重要组成部分。根据规定,会计工作岗位虽然可以一人一岗、一人多岗或一岗多人,但出纳不得兼管稽核、会计档案保管和收入、费用、债权债务账目的登记工作。出纳以外的人员不得经管现金、有价证券、票据。

(三) 会计机构的组织形式

与会计机构设置相关的是企业或单位采用的会计工作组织形式。会计工作组织形式一般分为集中核算和分散核算。

集中核算是指企业一般只设有一个厂级会计机构或集团共享服务。厂级会计机构将整个企业的主要会计核算工作,包括总分类核算、明细分类核算、会计报表的编制和各有关项目的考核分析等,都集中在企业财会部门进行。其他职能部门(如车间、仓库配备的专职或兼职核算人员)对本部门发生的经济业务,只负责填制或取得原始凭证,并对原始凭证进行适当的汇总,定期将其送交企业会计部门,为企业会计部门进行会计核算提供资料。采这种集中核算形式,可根据会计部门的记录随时了解企业内部各部门的生产经营活动情况;便于会计人员运用现代化手段进行合理的分工,简化和加速核算工作;可通过科学的凭证整理程序,提高核算效率,节约核算费用。随着数字经济时代的飞速发展,大型企业集团开始采用财务共享服务模式进行集中核算,即企业依托现代信息技术将分散于下属分子公司重复性高、易于标准化的财会业务交由财务共享服务中心统一集中核算处理,并将财务共享服务中心作为中枢管理系统,推动对企业多部门、各业务、全流程的一体化管理,将财务延伸到企业管理的各个环节,推动业财税深度融合,有效辅助企业开展风险管控、战略决策、融资管理等活动,实现由会计核算向价值管理、由职能管理向协同共享、由事后监督向源头治理的转变。这种集中核算形式,集中会计核算和电子化报销入账归档,大大节约了人工、打印、系统等管理运营成本,提升了企业治理现代化水平。

分散核算又称非集中核算,是指由企业内部各部门核算本部门发生的经济业务,包括凭证的整理、明细账的登记、成本的核算、有关会计报表(特别是内部报表的编制和分析)等工作,而会计部门只是根据企业内部各部门报来的资料进行总分类核算、编报整个企业的综合性会计报表,并负责指导、检查和监督企业内部各部门的核算工作。采用分散核算形式,可以使企业内部各部门随时利用有关核算资料检查本部门工作,及时发现问题、解决问题。

对于一个企业单位而言,采用集中核算组织形式还是非集中核算组织形式并不是绝对的。单位既可以单一地选用集中核算或分散核算形式,也可以两者兼而有之,即对某些业务采用集中核算而对另外的业务采用分散核算形式。但是,无论是采取哪一种核算组织形式,企业采购材料物资、销售商品、结算债权债务、现金往来等对外业务都应由一个会计部门办理。总之,企业在确定应采用何种的会计工作组织形式时,既要考虑能准确、及时地反映整个企业的经济活动情况,又要注意简化核算手续,提高工作效率。

二、会计人员

单位设置了会计机构后,还必须配备相应的会计人员。会计人员通常是指在国家机关、社会团体、公司、企事业单位和其他组织中从事财务会计工作的人员,包括会计机构负责人(会计主管人员)及具体从事会计工作的会计师、会计员和出纳员等。合理地配备会计人员,提高会计人员的综合素质是每个单位做好会计工作的决定性因素,对会计核算管理系统的运行起着关键的作用。此外,提高会计人员的素质是新时代加快数字转型步伐的需要,更是企业单位自身发展的需要。

《会计法》第36条规定,从事会计工作的人员,必须具备从事会计工作所需要的专业能力;会计人员应当遵守职业道德,提高业务素质,严格遵守国家有关保密规定;担任会计机构负责人的,还应当具备会计师以上专业技术职务资格或者从事会计工作三年以上经历。《会计基础工作规范》第14条规定,会计人员应当具备必要的专业知识和专业技能,熟悉国家有关法律法规、规章和国家统一会计制度,遵守职业道德。以上都是对会计人员任职资格的具体规定。

明确会计人员的职责、权限和任免的各项规定有助于充分发挥会计人员积极性,使会计人员在工作时有明确的方向和办事准则,以便更好地完成会计的各项工作任务。

(一)会计人员的主要职责

1. 进行会计核算

会计人员要按照会计制度的规定,以实际发生的经济业务为依据,认真进行会计核算工作。在会计业务处理过程中,会计人员要认真填制、审核会计凭证,登记账簿,正确地计算各项收入、支出、成本、费用、财务成果,按期对账、结账,进行财产清查,编制和报送会计报表,保证会计数字真实、准确、完整,对外对内如实反映经济活动情况。这是会计人员的最基本职责。

2. 实行会计监督

会计人员依法对本单位经济业务、财务收支的合法性和合理性进行监督。对于不真实、不合法的原始凭证有权不予受理,并向单位负责人报告,请求查明原因,追究有关当事人的责任;对于记载不准确、不完整的原始凭证予以退回,并要求经办人员按照国家统一的会计制度规定进行更正、补充。会计人员如果发现账簿记录的实物款项不符,应当按照有关规定进行处理;无权进行处理的,应当及时报请单位负责人作出处理。会计人员还必须如实向审计机关、财政机关和税务机关提供会计凭证、账簿、报表以及其他有关资料和情况,不得拒绝、隐匿、谎报。

3. 拟订本单位办理会计事项的具体办法

会计人员应根据国家的统一法规,结合本单位的特点和需要,选择本单位办理具体会计事项的会计政策,建立健全本单位办理会计事务的具体办法、规章制度及核算程序,如会计人员的岗位责任制度、内部控制制度、内部稽核制度、分级核算办法以及成本计算和成本管理制度等。

4. 参与制定经济计划、业务计划,考核和分析各项预算、计划的执行情况

会计人员应参与本单位的经济计划、业务计划和财务计划的制定,并根据会计资料,结合计划、统计等资料,负责编制费用预算。这在增收节支、杜绝浪费等方面发挥重要作用。

5. 办理其他会计事项

随着社会经济的发展,会计事务也日趋丰富多样。会计人员应依法办理其他会计事项。

(二)会计人员的主要权限

会计人员的主要权限包括:

(1)会计人员有权要求本单位有关部门、人员认真执行本单位制定的计划和预算;有权督促本单位负责人和内部各有关部门、人员严格遵守国家财经法规和财务会计制度。

(2)会计人员有权参与本单位编制计划、制定定额、对外签订经济合同等工作,有权参加有关的生产、经营管理会议和业务会议,了解企业的生产经营情况和计划、预算及定额的执行情况,并有权提出自己的建议。

(3)会计人员有权对本单位所有会计事项进行会计监督,对本单位各业务部门和业务人员经办的业务进行监督和检查。各业务部门应大力支持和协助会计人员履行其监督职责,以确保会计工作的顺利进行和会计信息质量的提高。

为了保障会计人员顺利地依法履行工作职责和正确行使权限,《会计法》为会计人员提供了法律保障。《会计法》明确规定:单位负责人为第一会计责任主体,单位负责人授意、指使、强令会计人员及其他人员编造、变造会计凭证、会计账簿或编制虚假会计报表,构成犯罪的,依法追究刑事责任;单位负责人对依法履行职责、抵制违反《会计法》规定行为的会计人员实行打击、报复,构成犯罪的,依法追究其刑事责任,尚不构成犯罪的,由其所在单位或有关单位依法给予行政处分。

（三）会计人员的岗位责任制

会计人员的岗位责任制是指在会计机构内部按照会计工作的内容和会计人员的配备情况,将会计机构的工作划分为若干个岗位,并按每个岗位规定职责和要求进行考核的一种责任制度。

会计人员岗位责任制的建立,应当从本单位的实际情况出发,考虑会计业务量和会计人员的配备情况,依照效益和精简相结合的原则划分工作岗位。会计人员的工作岗位,因采用的会计核算手段不同而不同。会计人员的工作岗位,在手工记账方式下,一般可分为会计机构负责人或会计主管、出纳、财产物资核算、工资核算、成本费用核算、财务成果核算、资金核算、往来核算、总账核算、稽核和档案管理等岗位;在开展会计电算化和管理会计的单位,应设置电算主管、软件操作、审核记账、电算维护、电算审查和数据分析等岗位。这些岗位,可以一人一岗、一人多岗或一岗多人。但需要注意的是出纳人员不得监管稽核、会计档案保管和收入、费用、债权债务账目的登记工作。

不同岗位的会计人员在完成本职工作的同时,应互相配合,共同做好本单位的会计工作。此外,会计人员的工作岗位应有计划地进行轮岗,以防止舞弊行为的发生。

任务四 会计核算和会计监督

一、会计核算

会计核算是以货币为主要计量单位,对企业、事业等单位的经济活动进行真实、正确、完整的记录、计量和报告。会计核算是会计工作的基本职责之一,是会计工作的重要环节。

（一）会计核算的基本要求

1. 依法建立会计账簿

国家机关、社会团体、公司、企业、事业单位和其他组织都应当依照《会计法》的规定设置会计账簿,进行会计核算,及时提供合法、真实、准确完整的会计信息。会计账簿的种类和具体要求应符合《会计法》和国家统一会计制度的规定。

2. 保证会计资料的真实、完整

《会计法》第13条规定,会计凭证、会计账簿、会计报表和其他会计资料的内容和要求必须符合国家统一会计制度的规定,不得伪造、编造会计凭证和会计账簿,不得设置账外账,不得提供虚假财务报告。如果以虚假的经济业务事项或资料为前提进行会计核算,会造成依此填制的会计凭证、登记的会计账簿、自制的财务报告的失真失实,影响会计资料的有效使用,扰乱社会秩序,这是法律禁止的违法行为。

3. 会计核算必须以各单位实际发生的经济业务事项为依据

实际发生的经济业务事项是指单位在生产经营或预算执行过程中发生的包括引起或未引起资金增减变化的经济活动。各单位在不影响会计核算要求、会计报表指标汇总和对外统一会计报表的前提下,可以根据实际情况自行设置和使用会计科目,按照规定的会计处理方法进行,保证会计指标的口径一致、相互可比和会计处理方法的前后各期相一致。

4. 正确使用会计记录文字

根据《会计法》第22条的规定,会计记录的文字,应当使用中文;在民族自治地方会计记录可以同时使用当地通用的一种民族文字;在中国境内的外商投资企业、外国企业和其他外国组织的会计记录可以同时使用一种外国文字。

5. 会计电算化应符合国家相关法律规范

《会计基础工作规范》明确规定,实行会计电算化的单位,所使用的会计软件和电子计算机生成的会计凭证、会计账簿、会计报表资料应当符合财政部发布的《会计电算化管理办法》和《会计电算化工作规范》等规章中的具体规定。

(二)会计核算的内容

《会计法》第10条规定,下列经济业务事项,应当办理会计手续,进行会计核算。

(1) 资产的增减和使用;
(2) 负债的增减;
(3) 净资产(所有者权益)的增减;
(4) 收入、支出、费用、成本的增减;
(5) 财务成果的计算和处理;
(6) 需要办理会计手续、进行其他会计核算的其他事项。

二、会计监督

会计监督是会计的基本职能之一,是对经济活动的本身进行检查监督,借以控制经济活动,使经济活动能够根据一定的方向、目标、计划,遵循一定的原则正常进行。我国已建成三位一体的会计监督体系,其包括单位内部会计监督、社会监督、政府监督。会计监督体系如表10-3所示。

表10-3　会计监督体系

监督体系	属性	监督内容	监督形式	监督层级	效力	监督主体	监督对象
单位内部监督	内部监督	本单位经济活动合法性、合理性和有效性	日常检查	低	自我监督	会计机构、会计人员	本单位的经济活动
						内部审计、内部控制职责部门	

(续表)

监督体系	属性	监督内容	监督形式	监督层级效力	监督主体	监督对象
社会监督	外部监督	审计鉴证、资产评估、税收服务、会计服务	接受单位委托的专项服务和鉴证	中 对单位内部监督的再监督	中介机构和执业人员（如：注册会计师及其所在会计师事务所）	委托单位经济活动
		违反法律法规的经济行为	检举		单位和个人	单位的经济违法行为
政府监督	外部监督	会计行为	会计工作：会计核算执行《会计法》和国家统一会计制度规定情况会计人员：专业能力、遵守职业道德情况	专项监督检查	高 对单位内部监督和社会监督的再监督	财政部门（国务院财政部门、省级以上人民政府财政部门的派出机构、县级以上人民政府财政部门）	单位的会计资料
			财务管理、内部控制、会计行为			审计、税务、人民银行、证券监管、保险监管	

1. 单位内部会计监督

单位内部会计监督是指对本单位经济活动的日常监督。会计机构和人员是其主体，负责本单位经济业务、财会行为和会计资料的日常监督检查；单位内部审计、内部控制职责部门等机构根据相应的职责和权限，对本单位经济业务、会计行为进行监督。单位内部会计监督的目的是保护单位资产的安全、完整，保证其经营活动符合国家法律法规和内部有关管理制度，从而提高单位的经营管理水平和效率。随着经济社会的发展，单位内部会计监督的外延不断扩大，对单位、个人、单位负责人均有相应的职责要求。

(1) 单位内部会计监督的基本要求。一是要明确记账人员与经济业务事项和会计事项审批人员、经办人员、财物保管人员的职责权限，做到职责相互分离，相互制约；二是对重大对外投资、资产处置、资金调度和其他重要经济业务事项的决策和执行有相互监督，相互制约的程序；三是要明确对财产清查的范围、期限和组织程序；四是要明确单位内部审计的办法和程序。单位内部会计监督的本质是内部控制，是一种自我监督。

(2) 对会计机构和会计人员的要求，即会计机构和会计人员的职责。会计机构和会计人员可以拒绝办理或按照职权纠正违反法律法规规定的财会事项，有权检举单位或个人的违法违规行为。如违反《会计法》和国家统一的会计制度规定的会计事项。会计机构和会计人员发现会计账簿记录与实物、款项及有关资料不相符时，按照国家统一的会计制度的规定有权自行处理的，应当及时处理；无权处理的，应当立即向单位负责人报告，请求查明原因，作出处理。

(3) 单位主要负责人的职责。单位主要负责人是本单位会计监督工作的第一责任人，对本单位财会工作和财会资料的真实性、完整性负责。单位负责人在履行内部监督职责时，应当保证会计人员依法履行职责,不得授意、指使、强令会计机构或会计人员违法办理会计事项。

2. 社会监督

社会监督是指会计师事务所、资产评估机构、税务师事务所、代理记账机构等中介机构的执业监督。中介机构依法通过审计鉴证、资产评估、税收服务、会计服务等执业业务,促进单位持续提升财会信息质量和内部控制有效性。中介机构及其从业人员对发现的违法违规行为,应及时向主管部门、监管部门和行业协会报告,并在配合政府财会监督执法的过程中提供专业意见。

单位和个人也是社会监督的重要力量,对发现的经济业务违法行为有权进行检举。

3. 政府监督

政府监督是指各级财政部门作为本级财会监督的主责部门,牵头组织对财政、财务、会计管理法律法规及规章制度执行情况的监督。监督的内容主要是单位预算管理情况,行政事业性国有资产管理规章制度、政府采购制度实施情况,单位财务管理、内部控制情况,以及会计行为。其目的是推动构建完善综合统筹、规范透明、约束有力、讲求绩效、持续安全的现代预算制度,推进全面实施预算绩效管理;保障国有资产安全完整,规范政府采购行为;督促指导相关单位规范财务管理,提升内部管理水平,提高会计信息质量。

审计、税务、人民银行、证券监管、保险监管等部门应当依照有关法律、行政法规规定的职责,对有关单位的会计资料实施监督检查。

三、内部控制

内部控制是进行单位内部监督的重要手段,内部控制建设在提高单位内部管理水平,加强廉政风险防控机制建设,推动法治政府和服务型政府建设,推进国家治理体系和治理能力现代化等方面取得了明显成效。

1. 内部控制概述

内部控制是指行政事业单位、企业管理层和全体员工实施的,通过制定制度、实施措施和执行程序,旨在实现控制目标的过程。《企业内部控制基本规范》于 2008 年 5 月由财政部发布,自 2009 年 7 月 1 日起在上市公司范围内施行,且鼓励非上市的大中型企业执行。《行政事业单位内部控制规范(试行)》于 2012 年 11 月由财政部发布,自 2014 年 1 月 1 日起施行。

根据单位的性质,内部控制的目标不尽相同,但总体是对经济活动的风险进行防范和管控。企业内部控制的目标是合理保证企业经营管理合法合规,资产安全、财务报告及相关信息真实完整,从而提高经营效率和效果,促进企业实现发展战略。行政事业单位的内部控制的目标是合理保证单位经济活动合法合规、资产安全和使用有效、财务信息真实完整,有效防范舞弊和预防腐败,提高公共服务的效率和效果。

2. 内部控制的责任人

企业内部控制的责任人是董事会、监事会、经理层、专门机构;行政事业单位内部控制的责任人是单位负责人。

3. 内部控制的内容

内部控制的内容又称内部控制的要素,企业关注的是内部环境、风险评估、控制活动、信息沟通、内部监督；行政事业单位重点关注行政事业单位重点领域和关键岗位，主要是财政资金分配使用、国有资产监管、政府投资、政府采购、公共资源转让、公共工程建设等权力集中的部门和岗位进行内部流程控制，防止权力滥用。

4. 内部控制的控制措施

为着力防范可能产生的重大风险，行政事业单位、企业按管理的不同要求，制定了不同的防范措施。企业主要在不相容职务分离控制、授权审批控制、会计系统控制、财产保护控制、预算控制、运营分析控制和绩效考评控制方面开展内部控制建设；行政事业单位主要在不相容岗位相互分离、内部授权审批控制、归口管理、预算控制、财产保护控制、会计控制、单据控制和信息内部公开等方面开展内部控制建设。内部控制的控制措施如表10-4所示。

表10-4 内部控制的控制措施

过程控制	企业	行政事业单位
事前	不相容职务分离控制	不相容岗位相互分离
事中	授权审批控制	内部授权审批控制
	会计系统控制	会计控制
	财产保护控制	财产保护控制
	预算控制	预算控制
		归口管理
		单据控制
事后	运营分析控制	
	绩效考评控制	
		信息内部公开

上述内部控制措施在单位经济活动中，实现了事前、事中、事后的全过程管理。行政事业单位、企业在内部控制方面的事前控制措施是不相容职务分离制度，即授权审批与业务经办、业务经办与会计记录、会计记录与财产保管、业务经办与稽核检查、授权审批与监督检查，这些岗位和职务不能是同一人。有了这个基本措施，才能推进授权审批控制、会计控制、预算控制、财产保管、归口管理、单据控制这些重点环节的事中内部控制。企业事后进行运营分析控制和绩效考评控制，实现经营成果、绩效的考核机制建设；行政事业单位事后进行信息内部公开，实现权力的制约机制。

任务五 新时代会计职业道德规范

马克思主义伦理学认为，道德是人类社会特有的，由社会经济关系决定的，依靠内心信念和社会舆论、风俗习惯等方式来调整人与人之间、个人与社会之间及人与自然之间的关系的特殊行为规范的总和。

一、会计职业道德的含义

职业道德是道德的一个重要组成部分,是对公民个人行为的一种要求,是劳动者素质结构中的重要组成部分。我国《公民道德建设实施纲要》提出了职业道德的基本内容,即"爱岗敬业、诚实守信、办事公道、服务群众、奉献社会"。职业道德由于冠上了"职业"两个字,成为了人们在一定职业活动中应遵循的、体现一定职业特征的、调整一定职业关系的职业规范或操守。会计职业作为社会经济活动中的一种特殊职业,其职业道德具有自身的显著特征。

(一)规范性

规范性又称强制性。法律是具有强制性的,它要求人们必须这样或那样做,而道德一般不具有强制性,它仅要求人们应该这样或那样做。但在我国,会计职业道德和其他职业道德的要求不同,关于会计职业道德的许多内容都直接纳入了会计法律制度。因此,会计职业道德是一种思想立法,它已经超出了应该怎样做的界限,跨入必须怎样做的范围。如果不按照守则准则条例去做,是违反职业纪律的,更是职业道德所不允许的。会计职业道德的这种独特的强制性,是由会计工作在市场经济活动中的特殊地位决定的。当然,会计职业道德的许多非强制性内容仍然存在,也在发挥着作用。

(二)社会性

会计职业的另一个显著特征是会计职业活动与社会公众利益密切联系。会计职业道德是社会对于会计职业行为的客观要求,会计职业行为的好坏直接影响着国家和社会公众的利益,影响着社会经济的发展和社会经济秩序的健康运行。因此,会计职业道德具有广泛的社会性,且关系着较多公众利益。

会计人员自身的经济利益,往往与所处的经济主体的利益一致。当经济主体利益与国家利益和社会公众利益出现矛盾时,如果会计人员的利益指向偏向经济主体,那么国家和社会公众的利益就会受损,便会产生会计职业道德危机,因此,会计职业的特殊性对会计职业道德提出了更高的要求,会计职业道德要求经济主体和会计人员应配合国家法律制度,把社会公众利益放在第一位,调整经济利益关系,维护正常的经济秩序。

(三)时代性

会计职业道德随着会计行为贯穿各发展阶段,不同历史时期存在不同的道德标准。会计职业随着经济和科技的进步,会计职能实现从传统的算账、记账、核账、报账向价值管理、资本运营、战略决策辅助等职能的持续转型升级。作为会计人员普遍认同和自觉践行的行为准则,会计职业道德与国际审计准则、国际会计师职业道德守则的持续动态趋同。

二、新时代会计职业道德规范的内涵

党的十八大以来,党中央、国务院部署加快社会信用体系建设、构筑诚实守信的经济社会环境,将会计人员作为职业信用建设的重点人群,要求引导职业道德建设与行为规范。职业道德已作为会计人员评价的重要标准。2023年1月,财政部印发了《会计人员职业道德规范》,这是我国首次制定全国性的会计人员职业道德规范。新时代会计职业道德规范的内容如表10-5所示。

表 10-5　新时代会计职业道德规范的内容

项目	内容
坚持诚信,守法奉公	牢固树立诚信理念,以诚立身、以信立业,严于律己、心存敬畏。学法知法守法,公私分明、克己奉公,树立良好职业形象,维护会计行业声誉
坚持准则,守责敬业	严格执行准则制度,保证会计信息真实完整。勤勉尽责、爱岗敬业,忠于职守、敢于斗争,自觉抵制会计造假行为,维护国家财经纪律和经济秩序
坚持学习,守正创新	始终秉持专业精神,勤于学习、锐意进取,持续提升会计专业能力。不断适应新形势新要求,与时俱进、开拓创新,努力推动会计事业高质量发展

(1) 会计职业道德规范提出的"三坚三守",强调了会计人员"坚"和"守"的职业特性和价值追求,是对会计人员职业道德要求的集中表达。

(2) 坚持诚信是会计职业道德的精髓,守法奉公是会计职业道德的根本;坚持准则是会计职业道德的核心,守责敬业是会计职业道德的基础;坚持学习是会计职业道德的前提,守正创新是会计职业道德追求的目标

(一) 坚持诚信,守法奉公

1. 坚持诚信

"民无信不立",诚实守信既是中华民族最重要的传统美德和做人原则,也是会计行业的道德底线和市场经济的基石。诚实守信具有内在的因果联系,一般来说,诚实即守信,守信就是诚实。有诚无信,道德品质得不到推广和延伸;有信无诚,信就失去了根基,德就失去了依托。因此,诚实必须守信。

坚持诚信要求会计人员牢固树立诚信理念,以诚立身、以信立业,严于律己、心存敬畏。即会计人员要做老实人,说老实话,办老实事,不做假账;保持职业谨慎,不弄虚作假;不为利益所诱惑,不泄露秘密。诚实守信是做人的基本准则,坚持诚信是会计职业道德的精髓。

【案例 10-1】

会计造假的危害

会计造假损害了国家财经法律法规和会计制度的严肃性,扰乱了社会经济秩序,使我国尚未成熟的证券市场饱受虚假错误信息的冲击,严重误导证券投资者的行为,加剧了市场投机和市场波动,影响社会安定。

2019 年"康得新财务造假事件"是资本市场的一个"爆款"新闻。

2019 年 7 月 8 日,因财务年报涉嫌虚假记载和重大遗漏的康得新复合材料集团股份有限公司(以下简称康得斯)股票(*ST 康得)停牌。根据监管部门认定的事实,该公司涉嫌在 2015 年至 2018 年期间,通过虚构销售业务等方式虚增业务收入,并通过虚构采购费用、生产研发费用、产品运输费用等方式,虚增营业成本及相关费用。通过上述方式,康得新虚增利润总额 119 亿元。对于虚增多达上百亿元的天量利润,众多股民一片惊呼,称此案为"A 股市场上的最大造假案"。康得新在 2015 年至 2018 年连续 4 年的净利润实际为负,却虚增利润总额 119 亿元。对于这一违法事实,其背后的会计人员和会计师事务所自然难辞其咎。

其实,上市公司财务年报会计造假是这类问题的集大成者,当中更多的企业财务造假行为表现为"做假账"。

朱女士退休前曾在地方的国税局工作多年,对于企业通过"作假账"的手段来逃税偷税、

贪污腐化、中饱私囊的行为,她很了解。

据朱女士介绍,企业会计报表造假主要有两种类型:一是虚增资产,虚增利润;二是虚增负债,隐瞒利润。前者主要是国有企业和上市公司,因为国有企业经营业绩的好坏,直接影响企业领导人的升迁;上市公司经营业绩的优劣,直接影响公司股票价格的高低。后者主要是私营企业和个人出资的有限责任公司,因为这类企业不注重企业业绩,更关心的是如何逃避国家的税收。后者代表了我国大多数企业的"需求"。

"会计造假的危害很大,最直接的就是侵犯公司股东债权人的合法权益,使其蒙受巨大经济损失。同时,企业通过隐匿收入、虚列支出偷逃国家税款,导致国家税收流失",中国政法大学财税法研究中心主任施正文说。

——摘自《法制日报》2019年10月29日

2. 守法奉公

守法奉公是要求会计人员践行法治精神,学法知法守法,公私分明,克己奉公,树立良好职业形象,维护会计行业声誉。守法奉公是会计职业道德的根本。

随着我国会计法治体系不断完善,会计准则制度不断健全,会计人员应熟练掌握法规制度,践行法治精神,严格按照会计法和国家统一的会计制度开展会计核算工作,履行会计监督职责,保证会计信息质量,充分发挥会计人员在经济活动、监督管理等业务关口的作用,服务经济社会高质量发展。

(二)坚持准则,守责敬业

1. 坚持准则

坚持准则要求会计人员严格执行准则制度,保证会计信息真实完整。会计人员应当按照会计法律法规和国家统一会计制度规定的程序和要求开展会计工作,保证所提供的会计信息合法、真实、准确、及时、完整。坚持准则是会计职业道德的核心,是会计人员履行会计职责的标准和依据。

会计人员坚持准则时,也许会受到单位负责人和其他人员的阻挠刁难,甚至打击报复。为了切实维护会计人员的合法权益,《会计法》强化了单位负责人对单位会计工作的法律责任,也赋予了会计人员相应的权利,改善了会计人员的执业环境。会计人员应认真执行国家统一的会计制度,依法履行会计监督职责,发生利益冲突时,首先应当坚持准则,对法律负责,对国家和社会公众负责,敢于同违反会计法律法规和财务制度的现象作斗争,确保会计信息的真实性和完整性。

2. 守责敬业

守责敬业是我国传统职业道德的精华所在。勤勉尽责、爱岗敬业、忠于职守体现了公忠为国、恪尽职守的社会责任感。孟子提出"达则兼善天下,穷则独善其身",朱熹解释"敬业"为"专心致志,以事其业"。这些都成为了历代知识分子的处世原则。会计人员应当正确认知会计职业,热爱会计工作,敬重会计职业,忠于职守,尽心尽力,尽职尽责。如果会计人员对所从事的会计工作缺乏热爱,工作中就难以做到兢兢业业、刻苦钻研,无法具备与其职务相适应的业务素质和能力,不会珍惜会计这份工作,也不会努力维护会计职业的声誉与形象,更不会以维护国家和集体的利益为己任。反之,会计人员虽有对会计职业的热情,但如果没有勤奋踏实的工作作风和忠于职守的实际行动,敬业也就成为一句空话。

守责敬业要求会计人员勤勉尽责,爱岗敬业,忠于职守,敢于斗争,坚持职业标准,严格自我约束,自觉抵制会计造假行为和不良欲望的侵袭、干扰,维护国家财经纪律和经济秩序。守责敬业是指忠于职守的事业精神,这是会计职业道德的基础,是否守责敬业是判断每个从业者是否具有职业道德的首要标志。

【案例 10-2】

大股东眼里的"好会计师"

2019 年 6 月,证监会的一纸行政处罚决定书揭开了某食品股份有限公司为完成"对赌业绩"而上演的一场造假大戏。在 2013 年与 2015 年,某投资合伙企业(有限合伙)、某投资咨询有限公司、某投资有限责任公司、某资产管理有限公司等以增资控股的形式合计持有某食品股份有限公司 7.24% 的股份,并与公司控股股东及董事长签订业绩对赌协议。协议规定,若公司净利润未达到协议约定的金额,控股股东需向投资方无偿转让其所持有的股权。这便为某公司股份的"舞弊大戏"埋下了伏笔。

证监会的处罚公告显示,该股份公司通过伪造与收入相关的银行收款等方式,虚增主营业务收入近 7.3 亿元,占公开披露金额比例的 53.03%。公司甚至还形成了造假工作指南,并建立了长期、系统的造假账务处理及考核流程。该股份控股股东根据对赌协议上的业绩确定需要虚增的业绩,财务部门则根据虚增目标进行造假,公司甚至按月度对财务人员造假完成情况进行考核。此外,为其新三板挂牌申报进行审计的北京 B 会计师事务所及签字注册会计师,也因出具了无保留意见的审计报告而受到了证监会的处罚。

此案中,该股份的会计师与审计师出于对控股股东利益的考量,对其应遵守的"客观公正"原则置若罔闻,未做到坚持客观立场、公正处事、实事求是。他们无疑是大股东眼中的"好会计师",其带有极大偏向性的行为为大股东带来了想要的利益,但极大地损害了其他投资人的利益。

(三)坚持学习,守正创新

1. 坚持学习

会计人员应始终秉持专业精神,勤于学习,锐意进取,持续提升会计专业能力。会计工作者享有参加继续教育的权利和接受继续教育的义务,可自从事会计工作的次年开始参加继续教育,并在规定时间内取得规定学分,不断提高自身职业技能。这也是会计人员在职业活动中做到守法奉公、守责敬业的基础。

当前,数字经济和实体经济深度融合,赋能传统产业转型升级,催生出许多新产业、新业态、新模式。这对会计人员的专业素质和能力提出了更高要求。谦虚好学、刻苦钻研、锲而不舍是练就高超的专业技术和过硬本领的唯一途径,是衡量会计人员职业道德水准高低的重要标志之一。会计职业技能包括会计理论水平、会计实务操作能力、职业判断能力、自动更新知识能力、提供会计信息的能力、沟通交流能力及职业经验等。

2. 守正创新

守正创新精神是中华优秀传统文化的宝贵基因。回顾中华文明的发展史,从商王汤的自勉箴言"苟日新,日日新,又日新",到屈原《天问》中的"路漫漫其修远兮,吾将上下而求索"、司马迁《史记》中的"循法守正者见侮于世"、《汉书·刘向传》中的"君子独处守正,不桡众枉",以及守正不阿、守正不移、革弊创新等成语的广泛应用,都在一定程度上说明中华文化历来就有重视守正和创新的优秀传统。

守正创新指的是既要恪守正道,坚持按照事物发展变化的基本规律办事,又要勇于开拓创新,不断自觉探索出符合事物客观规律的创新性思想认识和实践活动。守正与创新是辩证统一的关系。习近平总书记指出:"守正才能不迷失方向、不犯颠覆性错误,创新才能把握时代、引领时代。"守正和创新相辅相成。两者体现了"变"与"不变"、继承与发展、原则性与创造性的辩证统一。守正是前提、是根本,创新是必须、是方向。

在会计职业道德中,守正要求会计人员端正态度,依法办事,实事求是,不偏不倚,保持应有的独立性;创新要求会计人员要不断适应新一轮科技革命和产业变革带来的新型商业模式,适应会计工作在职能职责、组织方式、处理流程、工具手段等方面发生的重大而深刻的变化,与时俱进,开拓创新,努力推动会计事业高质量发展。守正创新是会计职业道德所追求的理想目标,是会计职业道德的灵魂。

三、会计职业道德的建设

会计工作中经常发生这样的情况,会计人员缺乏必要的专业能力,业务素质低下,知识贫乏,对新颁布的会计准则和会计制度知之甚少,从而导致记账不符合规范,账簿混乱,账账、账表不符,报表挤数现象时有发生。还有一些会计人员一味按照领导的意志,放弃了客观性原则,钻准则、制度的空子,通过改变会计估计或会计方法,调节利润或亏损,从而达到隐瞒拖欠或逃避应缴税利的目的。这些做法有的虽然没有触犯法律,却违反了会计职业道德的要求。因此,引导、规范和约束会计人员树立正确的职业观念,遵循职业道德要求以达到规范会计行为的目的,需要财政主管部门、行业、经济主体等建立健全会计诚信体系,推进会计职业道德建设。会计职业道德建设是一个系统工程,下面介绍我国现阶段有关这方面的措施和管理规定。

(一)会计职业道德建设的组织与实施

财政部门组织和领导会计职业道德建设,依法治理,探索会计职业道德建设的有效途径和实现形式,规定违反会计职业道德将受到的惩戒和处罚。例如,《会计法》规定,会计人员应当遵守会计职业道德。《会计专业技术资格考试暂行办法》等均把遵守会计职业道德作为参加会计资格考试的前提条件。财政部门可以对会计职业道德进行监督检查,对违反职业道德行为的会计人员,可以在其会计从业资格证书上进行记载,情节严重的,将依法吊销其会计从业资格证书。对于诚实守信、忠于职守、坚持原则、做出显著成绩的会计人员则依法表彰奖励。财政部规定,对从事会计工作满30年的会计人员颁发《会计人员荣誉证书》,并在全国范围内召开表彰先进大会。

会计职业组织负责建立行业自律机制和会计职业道德惩戒制度,例如,建立注册会计师职业道德守则,组织注册会计师职业道德准则的贯彻实施。

企事业单位任用合格会计人员,开展会计人员职业道德教育,建立和完善内部控制制度,形成内部约束机制,防范舞弊和经营风险,支持并督促会计人员遵循会计职业道德,依法开展会计工作。

(二)会计职业道德建设的管理规定

近年来,关于会计职业道德建设的管理规定,主要有3个建设性文件。2018年4月财政部印发的《关于加强会计人员诚信建设的指导意见》(财会〔2018〕9号),从增强会计人员诚信意识、加强会计人员信用档案建设、健全会计人员守信联合激励和失信联合惩戒机制3个方面提出了8项具体措施。2021年11月,财政部印发的《会计改革与发展"十四五"规划纲要》(财会〔2021〕27号),从深入开展会计诚信教育、加强会计诚信机制建设、加强会计诚信体系建设、会计人员的表彰奖励、加强会计诚信文化建设5个方面提出8项具体措施。2023年1月,财政部研究制定了《会计人员职业道德规范》(财会〔2023〕1号),将新时代会计人员职业道德要求总结提炼为三条核心表述,即"坚持诚信,守法奉公""坚持准则,守责敬业""坚持学习,守正创新"。3个文件将会计职业道德建设作为会计人才培养教育的重要内容,引导会计人员践行会计职业道德的要求,其中的主要措施可总结为以下三个方面。

1. 增强会计人员诚信意识建设

强化会计职业道德意识,将会计职业道德作为会计人才培养、评价、继续教育的重要内容,将遵守职业道德情况作为评价、选用会计人员的重要标准。加强会计诚信教育,不断提升会计人员的诚信素养。对准备从事会计工作的人员进行岗前职业道德教育,对已从事会计工作的会计人员进行继续教育。推动财会类专业教育,加强职业道德课程建设,对潜在的会计人员进行职业道德教育。积极营造良好职业道德环境,加强典型宣传和警示教育,通过鼓励先进、树立典型,激励广大会计人员自觉遵守职业道德规范,形成见贤思齐、争当先进的生动局面,同时加强对典型失信案例的警示教育,形成扶正祛邪、惩恶扬善的行业风气。

2. 建立会计人员信用档案

依托会计管理信息平台,建立会计人员信用管理制度,建立严重失信会计人员"黑名单"制度,完善会计人员信用信息管理系统,实现跨层级、跨部门、跨系统数据的互联互通。

3. 建立健全失信联合惩戒机制

对于违法失信会计人员,可采取以下10项措施:①罚款、限制从事会计工作,追究刑事责任;②记入会计从业人员信用档案;③将会计领域违法失信当事人信息通过财政部网站、"信用中国"网站予以发布,同时协调相关互联网新闻信息服务单位向社会公布;④实行行业惩戒;⑤限制取得相关从业任职资格,限制获得认证证书;⑥依法限制参与评先、评优或取得荣誉称号;⑦依法限制担任金融机构董事、监事、高级管理人员;⑧依法限制担任国有企业法定代表人、董事、监事;⑨限制登记为事业单位法定代表人;⑩将其违法失信记录作为招录(聘)为公务员或事业单位工作人员及业绩考核、干部选任的参考。

任务六 会计档案规范

会计档案规范是会计基础工作的重要环节。为加强会计档案管理,有效保护和利用会计档案,2016年1月开始施行《会计档案管理办法》(财政部、国家档案局令第79号)。财政部新修订的《会计档案管理办法》完善了会计档案的定义和范围,调整了会计档案的定期保管期限,增加并明确了电子会计档案的管理要求,以规范会计档案管理工作,提高会计档案现代化管理水平。2020年3月,财政部、国家档案局印发《关于规范电子会计凭证报销入账归档的通知》,围绕电子会计凭证报销入账归档的合法性、规范性,从五个方面提出了具体要求,以规范电子会计凭证纸质打印件报销入账归档工作,推动实现会计凭证报销入账归档全流程电子化。

一、会计档案的内容

会计档案是指单位在进行会计核算等过程中接收或形成的，记录和反映单位经济业务事项的，具有保存价值的文字、图表等各种形式的会计资料，包括通过计算机等电子设备形成、传输和存储的电子会计档案。按照介质的不同，会计档案分为一般会计档案和电子会计档案。

（一）一般会计档案

一般会计档案以纸质形态呈现，分为会计凭证、会计账簿、财务会计报告和其他会计资料。一般会计档案的分类如表10-6所示。会计凭证包括原始凭证、记账凭证；会计账簿包括总账、明细账、日记账、固定资产卡片及其他辅助性账簿；财务会计报告包括月度、季度、半年度、年度财务会计报告；其他会计资料包括银行存款余额调节表、银行对账单、纳税申报表、会计档案移交清册、会计档案保管清册、会计档案销毁清册、会计档案鉴定意见书及其他具有保存价值的会计资料。

需要注意的是，预算、计划、制度等文件材料属于文书档案管理，不属于会计档案。

表10-6 一般会计档案的分类

分类	具体内容
会计凭证	原始凭证、记账凭证
会计账簿	总账、明细账、日记账、固定资产卡片及其他辅助性账簿
财务会计报告	财务会计报告，包括月度、季度、半年度、年度财务会计报告；其他会计资料
其他会计资料	银行存款余额调节表、银行对账单、纳税申报表、会计档案移交清册、会计档案保管清册、会计档案销毁清册、会计档案鉴定意见书及其他具有保存价值的会计资料
注：预算、计划、制度等文件材料属于文书档案管理，不属于会计档案	

（二）电子会计档案

单位可以利用计算机、网络通信等信息技术手段管理会计档案。以电子形式保存的、满足一定条件的、单位内部形成的、属于归档范围的电子会计资料形成电子会计档案。

形成电子档案的条件：

(1) 形成的电子会计资料来源真实有效，由计算机等电子设备形成和传输。

(2) 使用的会计核算系统能够准确、完整、有效接收和读取电子会计资料，能够输出符合国家标准归档格式的会计凭证、会计账簿、财务会计报表等会计资料，且设定了经办、审核、审批等必要的审签程序。

(3) 使用的电子档案管理系统能够有效接收、管理、利用电子会计档案，符合电子档案的长期保管要求，并建立了电子会计档案与相关联的其他纸质会计档案的检索关系。

(4) 采取有效措施，防止电子会计档案被篡改。

(5) 建立电子会计档案备份制度，能够有效防范自然灾害、意外事故和人为破坏的影响。

(6) 形成的电子会计资料不属于具有永久保存价值或其他重要保存价值的会计档案。

需要注意的是,来源合法、真实的电子会计档案与一般会计档案一致,包含电子的会计凭证、会计账簿、财务会计报告、其他会计资料。其中,电子会计资料(电子会计凭证)与纸质会计凭证具有同等法律效力,包括电子发票、财政电子票据、电子客票、电子行程单、电子海关专用缴款书、银行电子回单等。

二、会计档案的管理程序

(一) 归档

单位的档案机构或档案工作人员所属机构(以下统称单位档案管理机构)负责管理本单位的会计档案。单位也可以委托具备档案管理条件的机构代为管理会计档案。

单位的会计机构或会计人员所属机构(以下统称单位会计管理机构)按照归档范围和归档要求,负责定期将应当归档的会计资料整理立卷,编制会计档案保管清册。

(二) 保管

1. 临时保管

当年形成的会计档案,在会计年度终了后,可由单位会计管理机构临时保管1年,再移交单位档案管理机构保管。因工作需要确需推迟移交的,应当经单位档案管理机构同意。

单位会计管理机构临时保管会计档案最长不超过3年。临时保管期间,会计档案的保管应当符合国家档案管理的有关规定,且出纳人员不得兼管会计档案。

2. 保管期限

会计档案的保管期限分为永久和定期两类。定期保管期限一般分为10年和30年。会计档案的保管期限从会计年度终了后的第一天算起。会计档案保管期限为最低保管期限。企业和其他组织会计档案保管期限表如表10-7所示。

表10-7 企业和其他组织会计档案保管期限表

序号	档案名称	保管期限	备注
一	会计凭证		
1	原始凭证	30年	
2	记账凭证	30年	
二	会计账簿		
3	总账	30年	
4	明细账	30年	
5	日记账	30年	
6	固定资产卡片		固定资产报废清理后保管5年
7	其他辅助性账簿	30年	
三	财务会计报告		
8	月度、季度、半年度财务会计报告	10年	

(续表)

序号	档案名称	保管期限	备注
9	年度财务会计报告	永久	
四	其他会计资料		
10	银行存款余额调节表	10年	
11	银行对账单	10年	
12	纳税申报表	10年	
13	会计档案移交清册	30年	
14	会计档案保管清册	永久	
15	会计档案销毁清册	永久	
16	会计档案鉴定意见书	永久	

(三)移交与接收

1. 编制清册

办理会计档案移交时,由单位会计管理机构编制会计档案移交清册。

2. 移交

纸质会计档案移交时应保持原卷的封装。电子会计档案移交时要将电子会计档案及其元数据一并移交,且文件格式应当符合国家档案管理的有关规定。特殊格式的电子会计档案应当与其读取平台一并移交。

3. 接收

单位档案管理机构接收电子会计档案时,须对电子会计档案的准确性、完整性、可用性、安全性进行检测,符合要求的才能接收。

4. 外借

单位保存的会计档案一般不得对外借出。确因工作需要且根据国家有关规定必须借出的,要严格按照规定办理相关手续。会计档案借用单位必须妥善保管和利用借入的会计档案,确保借入会计档案的安全完整,并在规定时间内归还。

(四)已到保管期限的会计档案鉴定与销毁

1. 鉴定

鉴定工作由单位档案管理机构牵头,组织单位会计、审计、纪检监察等机构或人员共同进行,并形成会计档案鉴定意见书。经鉴定,对于仍需继续保存的会计档案,应当重新划定保管期限;对保管期满且确无保存价值的会计档案,可以销毁。

2. 编制会计档案销毁清册

可以销毁的会计档案,由单位档案管理机构编制会计档案销毁清册,列明拟销毁会计档案的名称、卷号、册数、起止年度、档案编号、应保管期限、已保管期限和销毁时间等内容。单位负责人、档案管理机构负责人、会计管理机构负责人、档案管理机构经办人、会计管理机构经办人在会计档案销毁清册上签署意见。

3. 监销

单位档案管理机构负责组织会计档案销毁工作,并与会计管理机构共同派员监销。监销人在会计档案销毁前,应当按照会计档案销毁清册所列内容进行清点核对;在会计档案销毁后,应当在会计档案销毁清册上签名或盖章。

电子会计档案的销毁还应当符合国家有关电子档案的规定,并由单位档案管理机构、会计管理机构和信息系统管理机构共同派员监销。

4. 保存不得销毁的会计档案

保管期满但未结清的债权债务会计凭证和涉及其他未了事项的会计凭证不得销毁,纸质会计档案应当单独抽出立卷,电子会计档案应单独转存,保管到未了事项完结时为止。单独抽出立卷或转存的会计档案,应当在会计档案鉴定意见书、会计档案销毁清册和会计档案保管清册中列明。

综上,会计档案管理程序如表10-8所示。

表10-8 会计档案管理程序

程序	主体	条件
归档	单位会计管理机构	1. 一般会计档案 2. 电子会计档案 除法律和行政法规另有规定外,"同时"满足下列条件的,单位可以"仅可使用"电子会计凭证进行报销入账归档。 (1) 来源真实,接收的电子会计凭证经查验合法、真实; (2) 电算化系统完善,使用的会计核算系统能够准确、完整、有效接收和读取电子会计凭证及其元数据,设定了经办、审核、审批等必要的审签程序,且能有效防止电子会计凭证重复入账; (3) 信息安全,电子会计凭证的传输、存储安全、可靠,对电子会计凭证的任何篡改能够及时被发现; (4) 电子档案管理系统完善,能够接收、读取、输出符合规定的会计资料; (5) 有备份; (6) 非需永久保存或有重要价值的会计档案
保管	单位会计管理机构	临时保管。当年形成的会计档案,在会计年度终了后,可由单位会计管理机构临时保管1年,再移交单位档案管理机构保管。因工作需要确需推迟移交的,应当经单位档案管理机构同意。单位会计管理机构临时保管会计档案最长不超过3年。临时保管期间,会计档案的保管应当符合国家档案管理的有关规定,且出纳人员不得兼管会计档案
	单位档案管理机构	统一保管。会计档案的保管期限分为永久、定期两类。定期保管期限一般分为10年和30年。会计档案的保管期限,从会计年度终了后的第一天算起。会计档案保管期限为最低保管期限
移交	单位会计管理机构	编制清册,纸质会计档案移交时应保持原卷的封装。电子会计档案移交时要将电子会计档案及其元数据一并移交,且文件格式应当符合国家档案管理的有关规定。特殊格式的电子会计档案应当与其读取平台一并移交 【提示】 建设单位在项目建设期间形成的会计档案,应当在办理竣工财务决算后及时移交给建设项目接收单位,并按照规定办理交接手续
接收	单位档案管理机构	单位档案管理机构接收电子会计档案时,须对电子会计档案的准确性、完整性、可用性、安全性进行检测,符合要求的才能接收

(续表)

程序	主体	条件
外借	单位档案管理机构	单位保存的会计档案一般不得对外借出。确因工作需要且根据国家有关规定必须借出的,要严格按照规定办理相关手续。会计档案借用单位必须妥善保管和利用借入的会计档案,确保借入会计档案的安全完整,并在规定时间内归还
销毁	单位档案管理机构牵头	(1) 鉴定。鉴定工作由单位档案管理机构牵头,组织单位会计、审计、纪检监察等机构或人员共同进行,并形成会计档案鉴定意见书。经鉴定,对于仍需继续保存的会计档案,应当重新划定保管期限;对保管期满,确无保存价值的会计档案,可以销毁。 (2) 编制会计档案销毁清册。可以销毁的会计档案,由单位档案管理机构编制会计档案销毁清册,列明拟销毁会计档案的名称、卷号、册数、起止年度、档案编号、应保管期限、已保管期限和销毁时间等内容。单位负责人、档案管理机构负责人、会计管理机构负责人、档案管理机构经办人、会计管理机构经办人在会计档案销毁清册上签署意见。 (3) 监销。单位档案管理机构负责组织会计档案销毁工作,并与会计管理机构共同派员监销。监销人在会计档案销毁前,应当按照会计档案销毁清册所列内容进行清点核对;在会计档案销毁后,应当在会计档案销毁清册上签名或盖章。 电子会计档案的销毁还应当符合国家有关电子档案的规定,并由单位档案管理机构、会计管理机构和信息系统管理机构共同派员监销。 【提示】①已到保管期限的会计档案才能销毁。②保管期满但未结清的债权债务会计凭证和涉及其他未了事项的会计凭证不得销毁,纸质会计档案应当单独抽出立卷,电子会计档案应单独转存,保管到未了事项完结时为止

(五) 会计工作的交接

会计人员工作调动或因故离职时,必须将本人所经管的会计工作全部移交给接替人员。没有办清交接手续的,不得调动或者离职。接替人员应当认真接管移交工作,并继续办理移交的未了事项。办理交接手续,是划分会计责任的需要。

会计人员办理移交手续前,必须及时做好以下工作:

(1) 已经受理的经济业务尚未填制会计凭证的,应当填制完毕。

(2) 尚未登记的账目,应当登记完毕,并在最后一笔余额后加盖经办人员印章。

(3) 整理应该移交的各项资料,对未了事项写出书面材料。

(4) 编制移交清册,列明应当移交的会计凭证、会计账簿、财务报表、印章、现金、有价证券、支票簿、发票、文件、其他会计资料和物品等内容;实行会计电算化的单位,从事该项工作的移交人员还应当在移交清册中列明会计软件及密码、会计软件数据磁盘(磁带等)及有关资料、实物等内容。

会计人员办理交接手续时,必须有监交人负责监交。一般会计人员交接,由单位会计机构负责人、会计主管人员负责监交;会计机构负责人、会计主管人员交接,由单位领导人负责监交,必要时可由上级主管部门派人会同监交。

交接完毕后,交接双方和监交人员要在移交清册上签名或盖章,并应在移交清册上注明单位名称,交接日期,交接双方和监交人员的职务、姓名,移交清册页数及需要说明的问题和意见等。移交清册一般应当填制一式三份,交接双方各执一份,存档一份。接替人员应当继续使用移交的会计账簿,不得自行另立新账,以保持会计记录的连续性。

会计人员临时离职或因病不能工作且需要接替或代理的,会计机构负责人、会计主管人员或单位领导人必须指定有关人员接替或代理,并办理交接手续。临时离职或因病不能工作的会计人员恢复工作的,应当与接替或代理人员办理交接手续。移交人员因病或其他特殊原因不能亲自办理移交的,经单位领导人批准,可由移交人员委托他人代办移交,但委托人应当承担相应的责任。单位撤销时,必须留有必要的会计人员,会同有关人员办理清理工作,编制决算。未移交前,不得离职。接收单位和移交日期由主管部门确定。单位合并、分立的,其会计工作交接手续比照上述有关规定办理。

移交人员对所移交的会计凭证、会计账簿、财务报表和其他有关资料的合法性、真实性承担法律责任。

本模块小结

(1) 会计规范是从事会计职业或会计工作所应遵循的约束性或指导性的行为准则。会计规范的发展和完善实质上是一个制度改革和创新的过程。

(2) 会计法律制度是指国家权力机关和行政机关制定的关于会计工作的法律法规、规章和规范性文件的总称。我国会计法律规范是以《会计法》为中心,由会计法律、会计行政法规、会计部门规章与地方性会计法规四个层次构成的相对完整的法律规范体系。

(3) 建立健全各单位的会计机构,配备与工作要求相适应的、具有一定素质和数量的会计人员,是保证会计工作正常进行,充分发挥会计管理职能作用的重要条件。我国《会计法》《会计基础工作规范》等会计规范对会计机构设置和会计人员配备的相关要求作了具体的规定。

(4) 会计核算是会计工作的基本职责之一,是会计工作的重要环节。会计监督分为单位内部会计监督、社会监督、政府监督,其主体分别是会计机构和人员、中介执业机构、各级财政部门。

(5) 新时代会计职业道德规范的主要内容是"坚持诚信,守法奉公""坚持准则,守责敬业""坚持学习,守正创新"。会计人员应熟悉会计职业道德建设的相关管理规定。

(6) 会计档案是指记录和反映经济业务事项的重要历史资料和证据。会计人员要做好档案管理和移交工作及会计工作的交接。

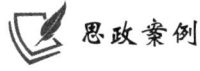

董必武同志遵纪守法的故事

习近平总书记强调:"依法治国是我们党提出来的,把依法治国上升为党领导人民治理国家的基本方略也是我们党提出来的,而且党一直带领人民在实践中推进依法治国。"当今世界正经历百年未有之大变局,我国正处于实现中华民族伟大复兴的关键时期,在面临重大考验的关头,必须全面推进依法治国,加强社会主义法治建设。作为新中国法制建设的重要开拓者,董必武时时强调"党员和国家机关工作人员应成为守法的模范"。重新考察董必武坚持遵纪守法的论述和言行,对于更好地继承我党的优良传统,推进全面依法治国具有重要意义。

1949年冬,董必武到南京出差,随行人员发现了他早年在南京办事处工作期间乘坐过的一辆黑色"别克牌"小汽车,认为其具有重要纪念意义,便想把车要来带回北京供他使用。他得知后,严肃地对工作人员说:"我和你们约法三章,不许向地方要东西;不许以我的名义在任何部门搞活动;不许接受礼物。你们若是违反了,我就送你们到公安局去。"此后,不论谁调到董必武身边工作,他都首先申明这个"约法三章"。

他还总是严格要求子女及亲属遵纪守法,不搞特殊化。1954年秋,他率领代表团出国访问。临行前,长子董良羽托警卫秘书买台照相机,于是警卫秘书就通过大使馆同志帮其买了一台。董必武知晓后,严厉批评了儿子,随即让警卫秘书带着相机和买相机的钱到外交部做检讨,并请外交部的同志选择留钱还是留相机,最后外交部的同志决定把相机留下作为公用,钱让秘书带了回去。他也曾在信中对亲戚提出批评:"除了法律规定的职权外,任何人没有特权。在你的思想中对这点似乎还不很清楚。"

1964年,董必武到旅顺海军基地视察,当地干部设宴招待。当看到餐桌上摆满好酒好菜时,他对秘书说:"中央有明文规定,待客不准摆宴,为什么还准备这么多的酒菜?"随后回房闭门不出。地方干部看到他的反应,一时间不知如何是好,只得站在门口默默等待,不敢贸然前去敲门。秘书出来后,当地干部急忙上前询问,秘书回答说:"中央明文规定,待客不得大摆宴席,董老很生气,说不把名酒和名菜撤掉,今天的午饭他就不吃了。"当地干部急忙解释,这是他们潜水中队在潜水训练时,顺便带上来的海味,改善改善生活。即使是这样,董必武还是强调禁止大摆宴席与铺张浪费,当地干部只好把好酒好菜都撤走,只留下少量海鲜,他才答应吃这顿便饭。

在董必武模范守法的严格要求和表率引领下,他身边工作人员都认真遵守各项规定,养成了良好的工作作风。

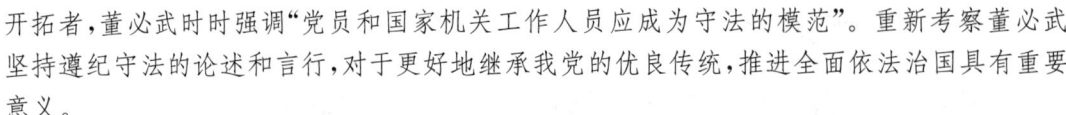育人目标

(1) 结合董必武同志的事例,学习老一辈革命家的高贵品质和崇高思想境界。

(2) 作为一名拟从事会计工作的从业人员,谈谈对会计职业道德的理解。

课证融通同步训练

一、单项选择题

1. (2023年真题)下列各项中,关于记账凭证填制基本要求的表述不正确的是( )。
   A. 登记账簿前记账凭证填制错误的应重新填制
   B. 可以将不同内容和类别的原始凭证合并填制一张记账凭证
   C. 除结账和更正错账可以不附原始凭证外,其他记账凭证必须附原始凭证
   D. 记账凭证应连续编号

2. (2023年真题)张某为事业单位会计机构负责人,妻子是会计人员,那么其妻子不能担任的岗位是( )。
   A. 出纳　　　　B. 稽核　　　　C. 经营成果核算　　D. 成本核算

3. (2023年真题)根据会计法律制度的规定,会计专业技术资格人员每年参加继续教育取得的学分最低为( )。
   A. 45学分　　　B. 30学分　　　C. 90学分　　　D. 60学分

4. (2023年真题)下列各项中,属于刑事责任中主刑的是( )。
   A. 罚金　　　　B. 没收财产　　C. 管制　　　　D. 赔偿损失

5. (2023年真题)下列法律责任形式中,属于行政处罚的是( )。
   A. 排除妨碍　　B. 没收财产　　C. 停止侵害　　D. 责令停产停业

6. (2022年真题)下列关于英国M公司会计记录使用文字的表述中正确的是( )。
   A. 可以任意选择使用一种文字
   B. 经当地财政部门批准后,可以只使用外国文字
   C. 应当使用中文,并可以同时使用一种外国文字
   D. 只能使用中文

7. (2022年真题)下列法律责任形式中,属于行政责任形式的是( )。
   A. 责令停产停业　B. 支付违约金　C. 赔偿损失　　D. 继续履行

8. (2022年真题)下列法律责任形式中,属于民事责任的是( )。
   A. 赔偿损失　　B. 没收财产　　C. 罚款　　　　D. 罚金

9. (2022年真题)甲公司财务部门在讨论某项业务的税务处理依据时,列举了以下四部规范性文件,其中属于法律的是( )。
   A. 《中华人民共和国增值税暂行条例实施细则》
   B. 《中华人民共和国企业所得税法》
   C. 《中华人民共和国增值税暂行条例》
   D. 《中华人民共和国个人所得税法实施条例》

10. (2022年真题)下列关于会计职业道德内容的表述中,体现参与管理要求的是( )。
    A. 保守本单位的商业秘密　　　　B. 广泛宣传国家统一的会计制度
    C. 客观公正地办理会计事务　　　D. 树立正确的人生观和价值观

11. (2022年真题)下列各项中,关于诚实守信要求表述正确的是(　　)。
    A. 不偏不倚,保持应有的独立性
    B. 树立职业荣誉感,热爱会计工作
    C. 清正廉洁,严格自我约束
    D. 不弄虚作假,保密守信

12. (2022年真题)根据税收征收管理法律制度的规定,除另有规定外,从事生产、经营的纳税人的账簿、记账凭证、报表、完税凭证、发票、出口凭证以及其他有关涉税资料应当保存一定期限,该期限为(　　)。
    A. 30年　　　　B. 10年　　　　C. 15年　　　　D. 20年

13. (2022年真题)下列各项中,属于会计职业道德核心内容的是(　　)。
    A. 诚信　　　　B. 自律　　　　C. 敬业　　　　D. 参与管理

14. (2021年真题)会计人员宋某将其经管的全部会计资料移交给接替人员王某,会计机构负责人孙某监交。事后发现会计资料的真实性、合法性存在问题,应对会计资料真实性、合法性承担法律责任的是(　　)。
    A. 宋某　　　　B. 宋某和王某　　　　C. 王某　　　　D. 孙某

15. (2021年真题)下列法律责任形式中,属于行政处分的是(　　)。
    A. 拘留　　　　B. 罚款　　　　C. 记过　　　　D. 拘役

16. (2020年真题)下列各项中,对企业会计核算资料的真实性、完整性、合法性和合理性进行审查的会计职能是(　　)。
    A. 参与经济决策职能　　　　B. 评价经营业绩职能
    C. 监督职能　　　　D. 核算职能

17. (2020年真题)根据会计法律制度的规定,下列各项中,不属于会计核算内容的是(　　)。
    A. 递延税款的余额调整　　　　B. 货物买卖合同的审核
    C. 有价证券溢价的摊销　　　　D. 资本公积的增减变动

18. (2020年真题)按照会计法律制度的规定,下列单位中任用会计人员时应当实行回避制度的是(　　)。
    A. 国家机关、国有企业、事业单位
    B. 国家机关、国有企业、企事业单位
    C. 国有企业、企事业单位、外资企业
    D. 国有企业、事业单位、外资企业

19. (2019年真题)根据会计法律制度的规定,下列企业中必须设置总会计师的是(　　)。
    A. 普通合伙企业　　　　B. 个人独资企业
    C. 外商投资企业　　　　D. 国有大中型企业

20. (2019年真题)下列法律责任形式中,属于行政处罚的是(　　)。
    A. 记过　　　　B. 开除　　　　C. 罚款　　　　D. 降级

21. 下列关于财务报告的表述中,不正确的是(　　)。
    A. 财务报表是财务报告的主体和核心内容
    B. 中期财务报告至少应包括资产负债表、利润表、现金流量表和附注

C. 性质或功能不同的项目,一般应当在财务报表中单独列报
D. 判断某个项目是否具有重要性,只需看该项目的性质是否重要

22. 根据会计法律制度的规定,下列行为中,属于伪造会计资料的是( )。
   A. 用挖补的手段改变会计凭证和会计账簿的真实内容
   B. 由于失真导致会计凭证与会计账簿记录不一致
   C. 以虚假的经济业务编制会计凭证和会计账簿
   D. 用涂改的手段改变会计凭证和会计账簿的真实内容

二、多项选择题

1. (2022年真题)下列国有企业对会计工作岗位的设置中,符合会计法律制度的有( )。
   A. 丁企业由董事长的女婿吴某担任会计机构负责人
   B. 丙企业由会计机构负责人的儿子周某担任出纳工作
   C. 甲企业出纳人员赵某临时兼任人事档案保管工作
   D. 乙企业的财务成果核算岗位由会计人员钱某、孙某和李某同时担任

2. (2022年真题)根据会计法律制度的规定,下列人员中应在企业对外提供的财务会计报告上签名并盖章的有( )。
   A. 企业负责人
   B. 内审机构负责人
   C. 会计机构负责人
   D. 主管会计工作负责人

3. (2022年真题)下列各项中,属于外来原始凭证的有( )。
   A. 职工出差报销餐饮费增值税普通发票
   B. 产品生产完工入库填制的入库单
   C. 购买材料取得的增值税专用发票
   D. 职工出差预借现金填制的借款单

4. (2022年真题)下列各项中,属于专用原始凭证的有( )。
   A. 取得的增值税专用发票
   B. 固定资产折旧计算表
   C. 差旅费报销单
   D. 车间的工资费用分配表

5. (2022年真题)下列各项中,属于原始凭证审核内容的有( )。
   A. 基本要素是否齐全
   B. 金额是否正确
   C. 公章和填制人员的签章是否齐全
   D. 业务内容是否真实

6. (2022年真题)下列企业会计人员行为中,属于遵守客观公正会计职业道德的有( )。
   A. 积极参与管理,促进企业可持续高质量发展
   B. 坚持以合法有效的原始凭证为依据进行会计处理
   C. 在处理社会公众的利益关系时,保持应有的独立性
   D. 刻苦钻研,不断提高业务技能水平

7. (2022年真题)下列各项中,属于遵守客观公正会计职业道德的有( )。
   A. 面对不同的利益相关者始终保持不偏不倚的客观态度
   B. 在处理股东和债权人利益时保持独立性
   C. 为避免企业发生亏损,不计提固定资产减值准备
   D. 坚持以合法有效的原始凭证为依据进行会计核算

8. (2020年真题)根据会计法律制度的规定,下列关于登记会计账簿基本要求的表述中,正

确的有( )。
A. 在不设借贷等栏的多栏式战役中只登记增加数,不登记减少数
B. 会计账簿按页次顺序连续登记,不得跳行、隔页
C. 账簿中书写的文字和数字上面要留有适当空格,一般应占格距的1/2
D. 按照红字记账凭证冲销错误记录时,可以用红色墨水记账

9. (2020年真题)下列各项中,属于账账核对的内容有( )。
A. 总分类账簿与序时账簿之间的核对
B. 总分类账簿与所辖明细分类账簿之间的核对
C. 明细分类账簿之间的核对
D. 银行存款日记账余额与银行对账单余额之间的核对

10. (2020年真题)下列法律责任形式中,属于行政责任的有( )。
A. 没收违法所得   B. 吊销许可证
C. 剥夺政治权利   D. 恢复原状

11. (2019年真题)单位档案管理机构在接收电子会计档案时,应当对电子档案进行检测,下列各项中,属于应检测的内容有( )。
A. 可用性   B. 安全性   C. 准确性   D. 完整性

12. (2019年真题)根据会计法律制度的规定,下列各项中,出纳不得兼任的有( )。
A. 会计档案保管   B. 稽核
C. 收入费用账目的登记工作   D. 债权债务账目的登记工作

13. (2024年新增)按照我国《会计人员职业道德规范》,新时代会计人员应当遵守的职业道德有( )。
A. 坚持诚信,守法奉公   B. 坚持准则,守责敬业
C. 坚持惯例,守护传统   D. 坚持学习,守正创新

三、判断题

1. (2023年真题)在记账凭证账务处理程序下,企业登记总分类账的直接依据是汇总记账凭证。( )
2. (2023年真题)原始凭证不得外借,其他单位如因特殊原因需要借用原始凭证的,经本单位会计机构负责人、会计主管人员批准可以复制借出。( )
3. (2023年真题)企业在结账前发现总账账簿记录将8 000元误计为80 000元,但记账凭证无误,则应采用划线更正法更正。( )
4. (2023年真题)单位负责人应保证财务报告的真实、完整。( )
5. (2023年真题)采用挖补的手段改变会计凭证真实内容的行为属于伪造会计资料。( )
6. (2022年真题)总分类账和明细分类账平行登记要求做到方向相同,期间一致,金额相等。( )
7. (2022年真题)原始凭证错误的,应由出具单位更正,并在更正处加盖出具单位印章。( )
8. (2022年真题)法律制度是会计职业道德的重要补充,会计职业道德是会计法律制度的最低要求。( )

9. (2021年真题)管制是对犯罪分子实行关押的刑罚方法。（ ）
10. (2021年真题)结账前,发现账簿记录有错误,但记账凭证没有错误,应采用划线更正法予以更正。（ ）
11. (2020年真题)宪法具有最高法律效力。（ ）
12. (2019年真题)企业生产车间在一定时期内领用原材料,多次使用同一张"限额领料单",该领料单属于累计原始凭证。（ ）
13. (2019年真题)我国会计年度为每年公历的1月1日起至12月31日止。（ ）
14. (2024年新增)坚持诚信、守法奉公,是对会计人员的履职要求。（ ）

本模块实训任务

【实训内容】

1. 结合《会计人员职业道德规范》(财会〔2023〕1号)文件及相关材料撰写心得

【实训目的】

1. 学习领会最新职业道德规范

2. 通过撰写心得,弘扬会计职业道德规范,为今后从事会计工作并在职业活动中保持恰当的价值观与行为模式奠定基础

【实训工具】

1. 了解《会计人员职业道德规范》(财会〔2023〕1号)

2023年1月,《会计人员职业道德规范》(财会〔2023〕1号)的出台,明确了会计从业人员在职业道德方面"三坚三守"的具体要求:坚持诚信,守法奉公;坚持准则,守责敬业;坚持学习,守正创新。

2. 阅读《中华人民共和国国民经济和社会发展第十四个五年规划和2035年远景目标纲要》《财政"十四五"规划》和《会计改革与发展"十四五"规划纲要》相关政策法规

材料一: 在明清500年间有一批商人,他们走南闯北,其足迹横跨欧亚,南至香港、东南亚,北到莫斯科、圣彼得堡等,东起大阪、仁川,西到伊犁、喀什噶尔。因山西为古晋国封疆,这批商人又被称为晋商。晋商依托山西富产盐、铁、麦、棉、皮、毛、木材等特产的优势,进行长途贩运,并发展为票号商人,其经营范围十分广泛,夺中国金融之先声,创造了前无古人的繁荣。2017年6月,习近平总书记在视察山西时高度评价晋商精神并指出,山西自古就有重商文化传统,形成了诚实守信、开拓进取、和衷共济、务实经营、经世济民的晋商精神。晋商精神作为明清山西商人成功的精神,涵盖了诚信、敬业、进取等品质,凝聚了"信、义、廉、洁、和、勤、俭、创"的核心价值观和行为准则。

材料二: 一位自称是某运输公司司机的顾客,走进一家汽车维修店对店主张老板说:"你给我多写点零件、多开点费用,我回公司报销后,有你一份好处。""不行!"张老板拒绝了他的要求。顾客纠缠说:"我的生意不算小,会常来的,你肯定能赚很多钱!"张老板郑重地告诉他,这事无论如何也不会做。顾客气急败坏地嚷:"谁都会这么干的,我看你是太傻了。"张老板火了,他请那位顾客马上离开。这时,那位顾客露出了微笑,并满怀敬佩地握住张老板的手说:"我就是那家运输公司的老板。我一直在寻找一个固定的、信得过的维修店,今天我找到了,就是你的店了!"

【实训要求】

1. 任选上述两材料之一,紧扣《会计人员职业道德规范》(财会〔2023〕1号)等相关文件精神,撰写一篇不少于1000字的心得体会

2. 言之有物,逻辑清晰

3. 材料丰富,持论有据

参考文献

[1] 中华人民共和国财政部. 企业会计准则:合订本[M]. 北京:经济科学出版社,2020.
[2] 财政部会计师编写组. 企业会计准则汇编2021[M]. 北京:经济科学出版社,2021.
[3] 何玉. 企业会计准则精要解读[M]. 北京:人民邮电出版社,2019.
[4] 中华人民共和国财政部. 会计改革与发展"十四五"规划纲要[R]. 北京:财政部,2021.
[5] 中华人民共和国财政部. 会计人员职业道德规范[R]. 北京:财政部,2023.
[6] 中华人民共和国财政部,国家档案局. 会计档案管理办法[R]. 北京:财政部,国家档案局,2015.
[7] 平准. 会计基础工作规范详解与实务[M]. 北京:人民邮电出版社,2019.
[8] 张维新. 中国古代法制史学史研究——以历代古籍为中心[D]. 上海:华东政法大学,2011.
[9] 中国注册会计师协会. 会计[M]. 北京:中国财政经济出版社,2021.
[10] 王爱国,韩跃. 智能会计概论[M]. 北京:高等教育出版社,2021.
[11] 邵瑞庆. 会计学原理[M]. 上海:立信会计出版社,2021.
[12] 周华. 会计学基础[M]. 北京:中国人民大学出版社,2020.
[13] 朱小平. 基础会计(原初级会计学)[M]. 北京:中国人民大学出版社,2021.
[14] 李海波. 新编会计学原理——基础会计[M]. 上海:立信会计出版社,2019.
[15] 陈国辉,迟旭升. 基础会计[M]. 大连:东北财经大学出版社,2018.
[16] 刘永泽,陈文铭. 会计学[M]. 大连:东北财经大学出版社,2018.
[17] 张海梅,高玉梅. 基础会计[M]. 上海:立信会计出版社,2020.
[18] 陈红,姚荣辉,康旋. 会计原理与实务[M]. 上海:立信会计出版社,2020.
[19] 吴国萍. 基础会计学[M]. 上海:上海财经大学出版社,2019.
[20] 陈伟清,张玉森. 基础会计[M]. 北京:高等教育出版社,2019.